普通高等学校应用型教材 · 电子商务



# 电子商务项目管理

第3版

主　编　左美云
副主编　杨　波

E-COMMERCE
PROJECT MANAGEMENT

中国人民大学出版社
· 北京 ·

图书在版编目(CIP)数据

电子商务项目管理/左美云主编；杨波副主编. --3版. --北京：中国人民大学出版社，2021.11
普通高等学校应用型教材. 电子商务
ISBN 978-7-300-29849-8

Ⅰ.①电… Ⅱ.①左… ②杨… Ⅲ.①电子商务-项目管理-高等学校-教材 Ⅳ.①F713.36

中国版本图书馆CIP数据核字（2021）第182074号

普通高等学校应用型教材·电子商务
**电子商务项目管理（第3版）**
主　编　左美云
副主编　杨　波
Dianzi Shangwu Xiangmu Guanli

| | | | |
|---|---|---|---|
| 出版发行 | 中国人民大学出版社 | | |
| 社　址 | 北京中关村大街31号 | 邮政编码 | 100080 |
| 电　话 | 010－62511242（总编室） | | 010－62511770（质管部） |
| | 010－82501766（邮购部） | | 010－62514148（门市部） |
| | 010－62515195（发行公司） | | 010－62515275（盗版举报） |
| 网　址 | http://www.crup.com.cn | | |
| 经　销 | 新华书店 | | |
| 印　刷 | 北京昌联印刷有限公司 | 版　次 | 2008年4月第1版 |
| 规　格 | 185 mm×260 mm　16开本 | | 2021年11月第3版 |
| 印　张 | 15.5 | 印　次 | 2021年11月第1次印刷 |
| 字　数 | 363 000 | 定　价 | 38.00元 |

# 前言

“两岸猿声啼不住，轻舟已过万重山”。电子商务（简称电商）在持续的争议中成长，一晃 20 年，已经深度渗透到人们生活的方方面面。截至 2020 年 12 月 31 日，国内共有电商上市公司 74 家，2020 年电商上市公司总市值达 11 万亿元；过去 20 年电商行业融资总金额近 13 万亿元；2020 年我国网络零售规模超 8 万亿元，电商渗透率接近 30%。大家可以看到，电商的规模已经以“万亿”作为单位了！移动电商、跨境电商、农村电商、直播电商、社区电商等如海浪般一浪接一浪涌来，夹杂着新的机遇和新的问题，需要我们去归纳这些电子商务发展过程中的经验和教训。

与此同时，“工欲善其事，必先利其器”，项目管理也在不断地发展。美国项目管理学会（Project Management Institute，简称 PMI）在 2017 年推出了第 6 版《项目管理知识体系指南》（Project Management Body of Knowledge Guid，简称 PMBOK 指南）。国际项目管理协会（International Project Management Association，简称 IPMA）推出的第 4 版《个人项目管理能力基准——项目管理、项目集群管理和项目组合管理》（Individual Competence Baseline for Project，Programme & Portfolio Management，简称 ICB 4.0）认证体系自 2019 年 7 月起在中国全面施行。微软公司也推出了项目管理软件的新版本 Microsoft Project 2019。我们需要吸收这些国际上的最新项目管理研究和实践的成果。

随着数智化时代的深入发展，电子商务越来越成为现代企业日常运营的基本组成部分。企业要实施电子商务，首先需要对电子商务的运作模式进行策划，其次要进行电子商务系统的建设，然后在电子商务系统的基础上，承接订单、组织生产和配送，进行电子商务的运营管理。显然，上述工作都可以项目的方式运作，分别对应着三类电子商务项目：电子商务策划项目、电子商务系统项目、电子商务运营项目。如何对上述三类项目进行有效管理，是从事电子商务的人士必须面对的问题。

作为电子商务及其相关专业的一门必修的核心课程，《电子商务项目管理》的重要性日趋凸显。本教材的第 1 版和第 2 版得到了很多教师和同学的厚爱，作为教材的编者，我们深感责任重大，现在电子商务的应用和实践日新月异，需要根据新的技术、新的实践、新的理念对本教材进行深入的修订和完善，以适应不断发展的现实需求。

基于电子商务发展的新趋势和新特点，以及 PMBOK 指南第 6 版的内容，结合编者实际教学中的体会，以及使用本教材的老师们和同学们的意见和反馈，听取合理化建议，我们对本教材第 2 版的内容进行了更新、修订和完善。大的修订主要体现在如下几方面：

第一，突出了电子商务项目的知识管理。PMBOK 指南第 6 版特别强调要对项目中用到的知识进行管理，要注意识别项目团队的最佳实践，并逐渐形成企业的一套项目管理方法论。因而，我们强化了项目管理方法论的内容，增加了关于项目管理规范和电子商务项目知识转移的内容。

第二，突出了新型电子商务项目的内容。电子商务出现了很多新类型，特别是移动电商和跨境电商。因而，本书的内容一方面尽可能结合这些新的项目类型进行讲解，另一方面，贯穿全书的案例由前两版中的“校园二手用品跳蚤市场网站建设项目”改为了“校园二手用品跳蚤市场移动 App 项目”，结合相应的章节讲解各种项目管理模板的使用。

第三，修订项目管理软件内容到最新版。微软已经发布了 Microsoft Project 2019，因而我们把第 2 版中的项目管理软件 Microsoft Project 2013 修订为 Microsoft Project 2019，对其常用功能、新增功能进行了讲解，主体部分采用了“校园二手用品跳蚤市场移动 App 项目”的案例进行讲解，方便读者的阅读和理解。

第四，努力使本书具有一定的超前性。一般来说，美国项目管理学会每隔四年左右都会发布一个 PMBOK 指南新版本，PMBOK 指南第 6 版是 2017 年发布的，因而第 7 版应该已经在路上了。根据 PMI 发布的 PMBOK 指南第 7 版项目管理标准部分的征求意见稿来看，新版本可能会更加侧重项目管理的绩效导向，对项目的规划、生命期、团队、干系人等会有更多的重视。因而，本书在写作过程中，注意了对这些内容的强调。并且我们还结合越来越多的电子商务系统采用敏捷开发，用户越来越强势的特点，增加了基于敏捷的项目管理和妥善处理强势用户关系的内容。

为了体现 PMBOK 指南第 6 版的思想，并顺应第 7 版的发展，我们专门增加了第 2 章“电子商务项目的规划与规范”，突出了项目规划与项目知识管理的重要性。除以上较大的修订外，本书还有很多小的修订，这里就不再赘述。

本书经过 2008 年第 1 版和 2014 年第 2 版的发行使用，得到很多同行的建议和意见，在此一并表示感谢。我们希望通过本次的修订和提升，使本书不断求“精”，不断求“新”。我们真诚地希望第 3 版能继续得到同行和读者的支持和指导，请将意见或反馈等发送至中国人民大学信息学院经济信息管理系左美云教授（邮政编码：100872），或电子邮箱 zuomy@ruc.edu.cn。

本书第 3 版共由 8 章组成。具体分工如下：余力和左美云共同完成第 1 章和第 4 章的修订；杨波和左美云共同完成第 2 章、第 3 章和附录的修订；左美云完成第 5 章的修订；李倩和左美云共同完成第 6 章和第 7 章的修订；薛怡宁和左美云共同完成第 8 章和全书案例的修订。

因水平和精力有限，错误与不足之处在所难免，敬请读者不吝指正。

编者

# 目 录

# 第 1 章

# 电子商务项目管理概述

“要么电子商务，要么无商可务”这一句广告词尽管略微有些夸大，但也振聋发聩。随着互联网、物联网、大数据、人工智能等现代信息技术的推动和经济全球化的发展，电子商务越来越成为现代企业运作的基本平台。企业要实施电子商务，首先需要对电子商务的运作模式进行策划，其次要进行电子商务系统的建设，然后在电子商务系统的基础上，承接订单、组织生产和配送，进行电子商务的运营管理。显然，上述工作都可以项目的方式运作，分别对应着三类电子商务项目：电子商务策划项目、电子商务系统项目、电子商务运营项目。

本章首先介绍电子商务项目的含义和类型，接下来阐述项目管理的基本内容，最后讨论不同类型电子商务项目的生命期。

## 1.1 电子商务项目的含义

电子商务项目对企业的成功具有重要作用。但究竟什么是项目？什么是电子商务项目？电子商务项目有哪些特点？本节将围绕项目及电子商务项目的基本概念进行阐述。

### 1.1.1 项目的基本概念

一提到项目，大家一般会想到大型的工程项目，如三峡工程、奥运场馆建设、黄河小浪底工程、上海洋山港工程、青藏铁路、南水北调、西气东输、西电东送、探月工程、火星探测等大型工程项目，确实，工程项目是一类非常重要的项目。事实上，除了上述工程项目外，还有其他类别的项目，典型的如手机 App 开发项目、科研型项目。此外，还有像家庭装修、旅游、婚宴、培训、电影拍摄、电视节目制作等这样一次性的活动都可以作为项目来进行管理。

一般来讲，项目就是在一定的资源约束下完成既定目标的一次性任务。这个定义包含三层意思：一定资源约束、一定目标、一次性任务。这里的资源包括时间资源、经费资源、人力资源、物质资源（比如工具、设备）等。

一般来讲，项目具有以下几个典型特征：

（1）一次性。每个项目都有明确的开始时间和结束时间，项目在此之前从来没有发生过，这是项目最基本的特点。

（2）独特性。每个项目都有自己的特点，每个项目都不同于其他的项目。项目所产生的产品、服务或完成的任务与已有的相似产品、服务或任务在一些方面有明显的差别。项目自身有具体的时间期限、费用和性能质量等方面的要求。因此，项目的过程具有自身的独特性。但要注意的是，项目的独特性并不排除项目的类似性。有些项目尽管不同，但它们在内容和管理方法上是类似的。

（3）目标的明确性。每个项目都有自己明确的目标，为了在一定的约束条件下达到目标，项目经理在项目实施以前必须进行合理的计划，事实上，项目实施过程中的各项工作都是为实现项目的预定目标而进行的。

（4）项目的约束性。任何项目都要在一定的时间和成本等约束条件下，完成一定质量的可交付物，并以此作为项目团队的目标。这里的约束有广义和狭义之分。狭义上的约束主要指项目要受到资源的约束，如人力、物力、财力等。广义的约束除了资源约束外，还指项目的完成要受到外部环境的约束，如经济环境、社会环境等。

项目的上述特点决定了它与日常运作有着本质的区别。项目是一项独一无二的任务，而日常运作是连续不断、周而复始的重复活动。需要强调的是，尽管项目和日常运作从理论上来讲是两个完全不同的概念，但在事实上，在一定条件下，两者可以相互转化。当对某项目的管理变得足够成熟，以至于可以完全实现标准化管理和操作时，项目的管理实质上就转化为日常运作。相反，对一些老员工来讲是日常运作的事情，也许对于新员工需要从项目管理的角度来进行管理和执行。

### 1.1.2 电子商务项目的概念

电子商务项目是人类社会经济活动中以电子商务模式为主导开展起来的项目。电子商务项目也指为了实现一定的目标，用电子手段来装备一切商务活动过程中的种种努力。电子商务项目可应用于任何一个拥有电子商务平台的公司、企业及个人。电子商务项目的重要特点之一就是涉及很多不同的项目干系人，除了买家、卖家外，可能还要有银行或金融机构、政府机构、认证机构、配送中心等机构的加入才行。此外，由于参与电子商务的各方在物理上一般是互不谋面的，因此整个电子商务过程并不是物理世界商务活动的翻版，网上银行、在线电子支付等条件和数据加密、电子签名等技术在电子商务中发挥着重要的不可或缺的作用。

随着互联网的发展和企业信息化程度的提高，电子商务越来越成为企业经营管理的一个非常重要的手段和平台。一家企业要将电子商务作为日常经营管理的手段，至少需要经历三个过程：首先需要对电子商务的运作模式进行策划，其次要进行电子商务系统的建设，然后在电子商务系统的基础上，承接订单、按订单组织生产和配送，进行电子商务的运营。显然，电子商务的模式策划、系统开发、按订单运营可以分别看作三种不同类型的项目，即电子商务策划项目、电子商务系统项目、电子商务运营项目，都可以按照项目的方式来管理。这是因为上述三类有关电子商务的活动符合一般项目的特点：都是一次性的任务，都有一定的任务范围和质量要求，都有时间或进度的要求，都有经费或资源的限制。所以可以采用项目管理的思想和方法来指导有关电子商务活动。

从学术界对电子商务项目的理解来看，出现了两种含义，即狭义的含义和广义的含义。狭义的电子商务项目仅指电子商务系统项目；广义的含义则认为电子商务项目有三种类型，即电子商务策划项目、电子商务系统项目、电子商务运营项目。实际上，电子商务运营项目是将基于电子商务的企业业务按照项目管理方式运作，我们一般称之为企业的项目化运作，即用项目管理的思想管理企业的所有业务，含义确实比较广。也有的学者认为电子商务策划属于电子商务系统项目中的一个阶段，即前期策划阶段。这也是可以的，因为项目的任何一个阶段都可以当作一个子项目来进行管理。但是，如果电子商务的模式策划和电子商务的系统建设由不同的主体或单位来承担的话，还是按照分开的电子商务策划项目和电子商务系统项目来管理会更加清晰。

随着企业国际化程度的提升，电子商务的运营也开始国际化，出现一系列的跨境电子商务项目；随着智能手机等移动设备的普及，移动信息技术在电子商务中也得到迅速发展，出现一系列的移动电子商务项目。跨境电子商务和移动电子商务都会分别涉及策划、系统开发和运营，是前述三类项目的新的应用类型，比如跨境电子商务策划项目、跨境电子商务系统项目和跨境电子商务运营项目。在本书中，为了主线清晰，我们主要采用狭义的含义进行讲解，即主要讨论电子商务系统项目管理。由于项目管理的思想对各类项目都是普遍适用的，所以也同样也适用于另外两类广义的电子商务项目，即电子商务策划项目和电子商务运营项目。

### 1.1.3　电子商务项目的特点

电子商务项目除具备一般项目的共同特征外，还具有如下几个特点。

1. 角色多样性

在一般项目中，主要角色大多是两个：一个是项目的投资者（客户或业主），一个是项目的承建方。对于电子商务项目来说，比较复杂的项目所涉及的角色往往还可以有独立的策划者、设计者、承建方和其他干系人（如买家、卖家、监管方）。当然，对于简单的电子商务项目，策划者和设计者往往是一体的，或是独立实体，或是客户本身，或是项目承建方。在特殊情况下，一个人也可以做一个电子商务项目，自己出资、自己设计和执行，那么这个人自己就承担了双重角色，既是项目的客户又是项目的承建方。

2. 复杂性

电子商务项目具有复杂性的原因，主要是在项目的实施过程中，管理、技术、商业活动、竞争及其他因素混合在一起，需要控制多重关联的商业和业务活动中的变化。这些变化出现在公司之间和公司内部的部门之间，从而使沟通与协调变得更加困难，也使得电子商务的管理面临着诸多的挑战。复杂性主要表现在：高层管理者的期望值很高；为适应电子商务的要求，很多单位的内部机构需要调整；项目的实施过程中存在着紧迫的时间压力；由于电子商务的应用软件，尤其是电子交易软件在不断发展，而且项目在进行中也在持续发展，新产品层出不穷，这些因素会带来竞争、机遇与挑战；项目信息技术的基础结构十分复杂；项目存在着严重的预算压力，而电子商务项目实施初期很少获得大规模的利润；等等。

3. 动态性

当今电子商务项目正处于一种激烈的竞争环境中，快速演变升级的信息技术、持续竞争和新的工具改变了以前项目运行所必须遵循的逻辑顺序，电子商务项目不再只是一个按部就班的软件生产过程，必须以快速应变和充满创造力的开发过程应对市场压力。电子商务项目的实施是动态的，主要表现在：客户在电子商务项目的实施过程中，往往会频繁改变他们的要求和需要，这就要不断调整商务和业务规划，使其与电子商务系统同步；在项目实施中由于很多问题浮现出来了，项目实施方将不得不修改原来的规划和设计；新的软件、硬件或网络技术诞生，比已有的技术更有吸引力；当竞争者改进了电子商务网站的创意或改善了市场推广方式，项目实施方必须快速对此做出反应，否则，正在进行的电子商务项目就会面临相应的困难；上级管理层在未与项目实施团队商议的情况下，改变了业务方向、范围或进度；等等。

4. 风险较大

相对工程类项目或信息系统类项目，电子商务项目，特别是电子商务运营类项目和策划类项目，需要在电子商务的模式设计或机制设计方面投入较多的精力，项目结果主要是形成无形的管理与服务能力。此外，电子商务项目通常不是简单地将现有业务搬到网上运作，其实施将改变现有的业务流程，影响业务结构，不仅涉及技术问题，还涉及内部管理、外部渠道及同业竞争等多种因素，一旦失败很难弥补。

5. 无形资产比重大

一般建设项目执行的结果，往往是形成较大比例的固定资产。但电子商务项目需要在软件方面或者知识方面投入较大比重，如前所述，其执行结果主要是形成无形的管理与服务能力，项目投资主要是形成无形资产而不是固定资产，这是电子商务项目和一般工程建设项目相比的另一个不同之处。

## 1.2 电子商务项目的类型

电子商务项目的类型可以从不同的角度进行划分。根据电子商务项目在整个电子商务过程中的作用来看，可以分为电子商务策划项目、电子商务系统项目、电子商务运营项目等。此外，由于电子商务的国际化推进和对移动信息技术的采纳，出现了新兴的跨境电子商务项目、移动电子商务项目等项目类型。

### 1.2.1 电子商务策划项目

所谓电子商务策划项目，是指根据企业的战略目标和产品定位，选择合适的电子商务运作模式，明确电子商务需求的过程。一般来讲，根据交易主体，策划时要考虑的电子商务运作模式主要有：B2C、B2B、C2C、C2B、O2O等。以这些模式策划的项目分别是B2C策划项目、B2B策划项目、C2C策划项目、C2B策划项目、O2O策划项目。因而，对于电子商务策划项目来说，就需要确定到底选用上述的哪种模式。

1. B2C 策划项目

B2C（business to consumer）指企业与消费者之间的电子商务。B2C 中的 B 是 business，意思是企业，2（two）则是 to 的谐音，C 是 consumer，意思是消费者。这种形式的电子商务一般以网络零售业为主，主要借助互联网和独立网店平台开展在线销售活动，是我国最早产生的电子商务模式。适合开展 B2C 电子商务的销售型企业，通过互联网为消费者提供了一个新型的购物环境，这种模式节省了客户和企业的时间和空间，大大提高了交易效率。同时又能有效地控制“商场”运营的成本，开辟了一个新的销售渠道。著名的 B2C 电商平台如天猫、京东商城等。

2. B2B 策划项目

B2B（business to business）指企业与企业之间的电子商务。B2B 电子商务是指以企业为主体，在企业之间进行的电子商务活动。B2B 方式是最受企业重视的电子商务形式之一，企业可以使用互联网或其他网络为每笔交易寻找最佳合作伙伴，完成从定购到结算的全部交易行为。B2B 主要是针对企业（B）与上下游合作厂商（B）之间的信息整合，并在互联网上进行的企业与企业间交易。借由企业内联网（intranet）建构信息流通的基础，及外联网（extranet）结合产业的上下游厂商，达到供应链管理（supply chain management，SCM）的整合。通过运作 B2B 的商业模式，可使企业与企业之间的交易流程更快速，同时降低双方的运作成本。B2B 的代表是阿里巴巴旗下的 1688 平台。

3. C2C 策划项目

C2C（consumer to consumer）指消费者与消费者之间的电子商务。C2C 是指消费者与消费者之间的互动交易行为，这种交易方式是多变的。C2C 商务平台就是通过为买卖双方提供一个在线交易平台，使卖方可以主动提供商品上网拍卖或销售，而买方可以自行选择商品进行竞价或购买。例如消费者可在某一竞标网站或拍卖网站中，共同在线上出价而由价高者得标，诸如此类因消费者间的互动而完成的交易，就是 C2C 的交易。C2C 的代表是 eBay、淘宝网站及淘宝的二手网站闲鱼等平台。

4. C2B 策划项目

C2B（consumer to business）指消费者与企业之间的电子商务。C2B 是数字经济时代新的商业模式，这一模式改变了原来的企业和消费者之间的关系，是一种消费者和企业共创价值（value co-creation）的模式。C2B 的核心是以消费者为中心，通常情况为消费者根据自身需求定制产品和价格，或主动参与产品设计、生产和定价，产品、价格等彰显消费者的个性化需求，生产企业进行定制化生产。如果从 C2B 产品属性来分，可以分为实物定制、服务定制和技术定制。比如，企业可以通过为消费者提供 C2B 平台来实现服装、鞋、家具等的实物定制，或者家政护理、旅游、婚庆等的服务定制，或者类似于 3D 打印产品的技术定制。

5. O2O 策划项目

O2O（online to offline 或者 offline to offline）指线上与线下之间互动的电子商务。通过 O2O 的设计，可以把互联网商店与线下实体店完美对接，既可以实现互联网商店落地，也可以实现线下实体店的线上化，是一种线上与线下相结合的电子商务。这种模式让互联网成为线下交易的前台，这样线下服务就可以用线上来揽客，消费者可以用线上来筛选服务，让消费者在享受线上优惠价格的同时，又可享受线下贴心的服务。比如，家具领域的电子商务平台美乐乐，其 O2O 模式具体表现为线上家具网站与线下体验馆的双平台运营。O2O 核心概念是线上订单成交线下完成交易，目前最为主流的 O2O 是团购型网站。

### 1.2.2 电子商务系统项目

所谓电子商务系统项目，是指在明确电子商务需求的基础上，对电子商务网站或系统进行分析、设计、实施和试运行的过程。这里的实施可能有多种情况：（1）电子商务应用系统全新的开发和测试；（2）电子商务套装软件的部署和二次开发；（3）企业内外系统之间的集成和相应的开发；（4）委托外包商定制开发的电子商务系统；等等。

电子商务系统，广义上讲是商务活动中各参与方和支持企业进行交易活动的电子技术手段的集合。狭义上讲，电子商务系统则是指以实现企业电子商务活动的目标，为企业提供商品或服务交易的计算机网络系统。

一般来说的电子商务系统项目主要是从狭义上来讲，也就是从 IT 的角度如何去开发建设一个电子商务系统，或者说如何构建一个企业的电子商务网站。电子商务系统整体结构可以分为电子商务应用层结构（简称应用层）和支持应用实现的基础结构，而基础结构一般包括三个层次和两个支柱。三个层次自下而上分别为网络层、传输层和服务层，两个支柱分别是安全协议与技术标准、公共政策与法律规范。前三个层次为基础层次，其上的应用层就是各种特定的电子商务应用，可见三个基础层次和两个支柱是电子商务应用的支撑条件。

前面在电子商务策划类项目中提到了 B2C、B2B、C2C、C2B、O2O 等电子商务的不同模式，针对这些不同的模式，需要开发相应的电子商务系统或网站，那么，也会有相应的 B2C 系统项目、B2B 系统项目、C2C 系统项目、C2B 系统项目和 O2O 系统项目。

### 1.2.3 电子商务运营项目

电子商务运营项目是指电子商务网站或系统已经投入运行的基础上，企业在网上承接订单，然后按订单组织生产和交付的过程。这时企业将一个订单或一批订单的实现确定为项目的目标，企业关于订单的处理流程成为电子商务运营项目的生命期。电子商务运营项目管理的目的是通过对电子商务运营流程的管理和控制达到预定目标的最大化。要完成电子商务运营项目的目标，需要原材料、人力资源、资金等在内的投入，合理的投入是电子商务运营管理取得效果的关键。电子商务运营管理的要素包括：产品的需求调查和预测、产品设计和开发、产品/服务质量管理、采购管理、库存管理、调度管理、供应链管理、人力资源管理、客户关系管理、流程再造和咨询等。

电子商务运营项目的特点主要表现在：（1）目标性。电子商务运营项目有着明确的目标性，通过对电子商务运营流程的有效设计和控制，实现高效率的计划目标。（2）整体性。电子商务运营项目管理中的关键因素很多，这些因素不能单一考虑，而需要进行整体管理，特别是随着电子商务日益发展到整个供应链的协同，电子商务运营管理中的诸因素更需要看作一个整体，不管是内部的要素还是外部的要素都要统一起来。(3) 创新性。电子商务运营项目管理的目的之一是不断地发现现有电子商务流程中的问题，并对发现的问题不断进行流程的再造和优化，这是一个不间断的持续过程，体现着电子商务运营管理的创新性。(4) 职能性。电子商务运营项目管理包含着管理的各项职能——计划、组织、控制、协调、激励等。以上四方面体现了电子商务运营管理的基本特征。

针对 B2C、B2B、C2C、C2B、O2O 等电子商务的不同模式，需要有不同的运营策略和流程，那么，也会有相应的 B2C 运营项目、B2B 运营项目、C2C 运营项目、C2B 运营项目和 O2O 运营项目。

### 1.2.4　跨境电子商务项目

跨境电子商务是指分属不同关境的交易主体，通过电子商务平台达成交易、进行支付结算，并通过跨境物流送达商品、完成交易的一种国际商业活动或在线交易平台。

跨境电子商务作为推动经济一体化、贸易全球化的新兴商业模式，具有非常重要的战略意义。跨境电子商务不仅冲破了国家间的障碍，使国际贸易走向无国界贸易，同时它也正在引起世界经济贸易的巨大变革。对企业来说，跨境电子商务构建的开放、多维、立体的多边经贸合作模式，极大地拓宽了进入国际市场的路径，大大促进了多边资源的优化配置与企业间的互利共赢；对于消费者来说，跨境电子商务使他们非常容易地获取其他国家的信息并买到物美价廉的商品。

一般来讲，跨境电子商务具有如下特征：

(1) 全球性 (global)：互联网用户可以买全球、卖全球。跨境电子商务的全球性特征带来的积极影响是信息可以最大程度地共享，企业可以把产品尤其是高附加值产品和服务提交到市场，消费者则可以买到价廉物美的他国产品；消极影响则是用户必须面临因文化、政治和法律的不同而可能产生的风险。

(2) 无形性 (intangible)：跨境电子商务的交易信息是通过不同类型的媒介，例如数据、声音和图像在全球化网络环境中传输而进行的，其无形性的特性使得税务机关较难控制和检查销售商的交易活动，税务机关面对的交易记录都是体现为数据代码的形式，使得税务核查员较难准确地计算销售所得和利润所得，从而给税收和监管带来一定的困难。

(3) 匿名性 (anonymous)：由于跨境电子商务的非中心化和全球性的特性，因此很难识别电子商务用户的身份和其所处的地理位置。在线交易的消费者往往不显示自己的真实身份和自己的地理位置。电子商务交易的匿名性使得应纳税人利用合理或不合理的避税措施来规避税收监管成为可能。

跨境电子商务具有不同于传统贸易方式的诸多特点，而传统的税法制度却是在传统的贸易方式下产生的，必然会在电子商务贸易中出现诸多漏洞。跨境电子商务将深刻地影响着人类社会，但也给税收监管和法律规范带来前所未有的冲击与挑战。

比如，“豫满全球”就是一家较有影响力的跨境电商企业。该公司成立于 2016 年，践行国家“一带一路”倡议，打造了一站式的出口跨境电商综合服务平台。公司努力树立河南制造的海外品牌。豫满全球研发了融合市场分析、运营管理、网站优化、数据报表等综合功能的跨境电商服务系统。系统全面引入大数据技术，通过对行业痛点的深度解析，对业务数据的全面沉淀，将外贸独立站运营、询盘管理、客户跟进、数据统计整合串联，形成线上运营和服务的闭环，让企业外贸更简单、更高效。

实际上，作为一种企业商务活动的国际化的实现模式，跨境电子商务项目和前面的三类——电子商务策划项目、电子商务系统项目、电子商务运营项目都有交叉，分别对应着跨境电子商务策划项目、跨境电子商务系统项目、跨境电子商务运营项目。

### 1.2.5 移动电子商务项目

移动电子商务（mobile e-commerce）是由电子商务（e-commerce）的概念衍生出来的，是指通过手机、PDA（personal digital assistant，又称为掌上电脑）等手持移动终端从事的商务活动。移动电子商务将互联网、移动通信技术、短距离通信技术及其他信息处理技术完美地结合，使人们可以在任何时间、任何地点进行各种商贸活动，实现随时随地、线上线下的购物与交易、在线电子支付等商务活动。

移动电子商务主要有以下几个特点：

（1）移动接入。移动接入是移动电子商务的一个重要特性，也是其基础。移动接入是移动用户使用移动终端设备通过移动网络访问互联网信息和服务的基本手段，移动网络的覆盖面是广域的，用户可以随时随地方便地进行电子商务交易。

（2）身份鉴别。SIM（subscriber identity module，客户识别模块）卡的卡号是全球唯一的，每一个SIM卡对应一个用户，这使得SIM卡成为移动用户天然的身份识别工具，利用可编程的SIM卡，可以存储用户的银行账号、CA（certification authority，认证机构）证书等用于标识用户身份的有效凭证，还可以用来实现数字签名、加密算法、公钥认证等电子商务领域必备的安全手段，有了这些手段和算法，就可以开展比互联网领域更广阔的电子商务应用。

（3）移动支付。移动支付是移动电子商务的一个重要目标，用户可以随时随地完成必要的电子支付业务。移动支付的分类方式有多种，其中比较典型的分类包括：按照支付的数额可以分为微支付、小额支付、宏支付（即常规支付）等；按照交易对象所处的位置可以分为远程支付、面对面支付等；按照支付发生的时间可以分为预支付、在线即时支付、离线信用支付等。

（4）信息安全。使用手机银行业务的客户可更换为大容量的SIM卡，使用银行可靠的密钥，对信息进行加密，传输过程全部使用密文，可以确保交易的安全可靠。

借助移动电子商务，用户能够通过其移动通信设备进行网络购物和各种在线交易活动。事实上，只要是那些在移动客户端完成的能够实现购物支付功能的活动都属于移动电子商务。作为一种新兴技术环境下企业商务活动的实现模式，移动电子商务项目和前面的三类——电子商务策划项目、电子商务系统项目、电子商务运营项目也都有交叉，分别对应着移动电子商务策划项目、移动电子商务系统项目、移动电子商务运营项目。

## 1.3 项目管理知识体系与权威组织

所谓项目管理，就是指在项目活动中运用知识、技能、工具和技术，以满足（甚至超过）项目利害关系者对项目的需求和期望的过程。本节先介绍项目管理的基本理论，包括项目管理过程和管理阶段，然后讲解项目管理的十大知识体系和权威的项目管理组织。

### 1.3.1　项目管理的基本理论

目前项目管理的基本理论主要表现在两个方面，一方面，项目管理包含了启动、计划、执行、控制和收尾五个基本项目管理过程；另一方面，由概念阶段、开发阶段、实施阶段和结束阶段四个基本管理阶段构成项目管理的通用生命期。下面分别对项目管理过程和项目管理阶段进行介绍。

1. 项目管理的五个过程

对项目进行过程管理既是很朴素的项目管理思想，也是很实用的方法。项目管理是由多个过程组成的大过程，过程是指产生某种结果的行动序列。项目过程由人执行，主要分为两类：

（1）产品实现过程，主要关注具体描述和创造项目产品，比如如何分析、如何设计、如何实施等具体的产品实现工作。

（2）项目管理过程，主要关注描述和组织项目的各项工作，比如如何定义项目的范围、如何组织人力、如何分配预算、如何控制进度和质量等各项管理工作。

产品实现过程和项目管理过程在项目整个过程中重叠并相互作用。例如，项目范围的定义不可能缺少对如何生产产品的基本理解。

项目的实现过程是由一系列的项目阶段构成的，任何项目都可以划分为多个不同的项目阶段。对于上述两类过程中的项目管理过程，如果我们把这些过程分组，则项目的每个阶段都有五个基本的管理过程——启动过程、计划过程、执行过程、控制过程和收尾过程，如图 1－1 所示。

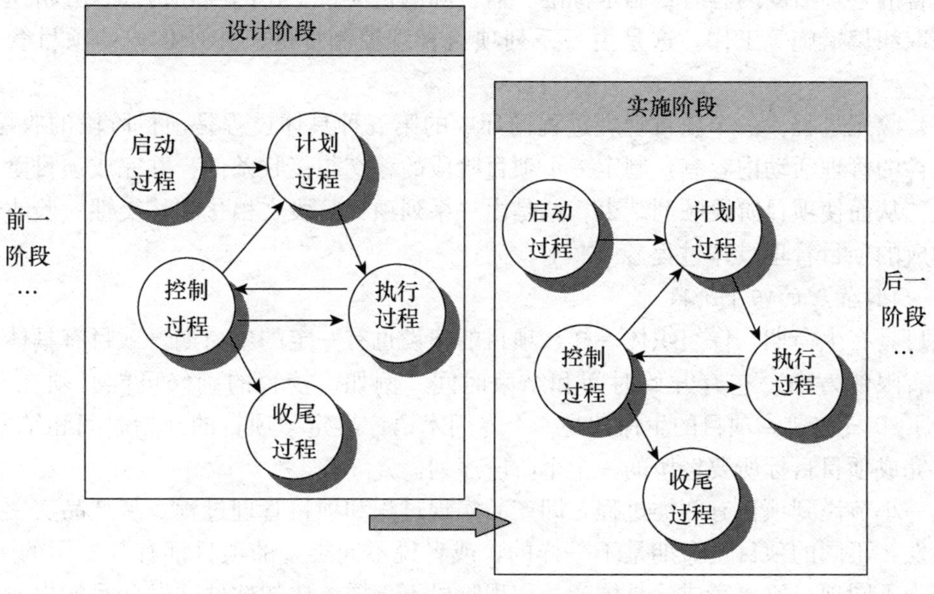


**图 1－1　项目各阶段中的五个管理过程**

比如，在图1-1的设计阶段启动时，要制作设计阶段的计划，比如对于一个电子商务系统的开发项目来讲，就要考虑分为哪几个模块，每个模块都由哪几个人来设计，应该花多少时间设计，花多少费用等，有了设计阶段的计划后，就可以执行这个设计阶段的计划了，在执行计划的过程中要注意对计划进行控制，如果计划中的内容都实现了，就要进行设计阶段的收尾，再开始下一个阶段的工作。下一个实施阶段同样包括以上五个过程。

所以，对于一个项目来讲，既要做项目的总体计划，又要做项目各阶段的计划，并且在每个阶段中都应该对照各阶段的计划来进行控制。下面对项目的五个管理过程逐一进行简要介绍。

（1）启动过程。在一个项目管理过程循环中，首要的管理过程是一个项目阶段的启动过程。它所包含的管理活动内容有：定义一个项目阶段的工作与活动，决策一个项目阶段的启动与否，如果启动，则举行该阶段的动员会等工作，这主要是由一系列决策性工作所构成的项目管理具体过程。

（2）计划过程。一个项目管理过程循环中的第二种具体过程是项目阶段的计划过程，它包含的管理活动内容有：拟订、编制和修订一个项目阶段的工作目标、任务、工作计划方案、资源供应计划、成本预算、计划应急措施等工作。这是由一系列项目计划性工作所构成的项目管理具体过程。

（3）执行过程。一个项目管理过程循环中的第三种具体过程是项目阶段的执行过程，它所包含的管理活动内容有：组织和协调人力资源及其他资源，组织和协调各项任务与工作，激励项目团队完成既定的工作计划，完成项目的产出物等工作。这是由一系列项目组织管理性的工作所构成的项目管理具体过程。

（4）控制过程。一个项目管理过程循环中的第四种具体过程是项目阶段的控制过程，它所包含的管理活动内容有：制定标准、监督和测量项目工作的实际情况、分析差异和问题、采取纠偏措施等工作。这是由一系列项目管理控制性的工作所构成的项目管理具体过程。

（5）收尾过程。一个项目管理过程循环中的第五种具体过程是项目阶段的收尾过程，它所包含的管理活动内容有：制定一个项目阶段的移交与接收条件，并完成项目阶段成果的移交，从而使项目阶段顺利结束。这是由一系列项目阶段文档化和移交性、验收性的工作所构成的项目管理具体过程。

2. 项目管理的四个阶段

项目具有生命期。像组织体一样，项目的建设也有一定的生命期。项目有具体的时间计划或有限的寿命，它有开始时间和结束时间。例如，校舍的翻修可能必须在7月10日—8月30日完成。项目的生命期是一个专用术语，界定了项目的开始时间和结束时间，包含了完成项目目标所要经历的一个个阶段序列。

上一小节说到项目有两类过程，即产品实现过程和项目管理过程。从产品实现过程的角度出发，不同的项目生命期是不一样的，或者说不同类型的项目都有其专用的生命期。这是因为不同项目所要完成的具体产品实现阶段不一样。比如软件开发项目的生命期可以包括如下阶段：需求分析阶段、系统设计阶段、编码阶段、测试阶段、试运行阶段等，而一个生日宴会项目的阶段则可能为：宴会风格和方案的设计、宾客的邀请、宴会的准备、宴会的举行、宴会的善后与总结等。

从项目管理过程的角度出发，项目的生命期一般可以分为四个阶段：项目的立项（启动）阶段、计划阶段、执行与控制阶段、验收（收尾）阶段。这四个阶段又叫项目的通用生命期，对任何行业和类型的项目都适用。由于在上一小节中讲到，每一个阶段中也都有五个过程，即启动过程、计划过程、执行过程、控制过程和收尾过程，为了与通用生命期的四个阶段区分，可以把项目的通用生命期四个阶段的名称做相应调整，分别为：概念阶段（conception phase，相当于立项阶段）、开发阶段（development phase，相当于计划阶段）、实施阶段（execution phase，相当于执行与控制阶段）及结束阶段（finish phase，相当于验收阶段），又称项目管理的 C—D—E—F 四阶段。项目在不同阶段，其管理的内容也不相同。

（1）C-概念阶段。

C-概念阶段，又叫立项阶段或启动阶段。在该阶段需要论证项目是否可行，具体的工作包括需求的收集、可行性研究、风险评估以及项目建议书等工作。这个阶段需要投入的人力、物力不多，但对后期的影响很大。概念阶段的重要性可以用一句话概括：一个有价值的项目得以实现无疑可以取得很好的经济效益，而一个价值不大的项目被及时中止却可以减少企业的直接损失。相比而言，有时后半句更重要。

项目概念阶段结束的标志是签订合同（外部项目）或立项（内部项目），在此基础上，发布项目章程。在项目章程中明确定义项目的工作范围，并依据工作范围确定所需的时间、质量、费用和资源。这些内容要得到相关干系人的认可，对项目各方应该具有约束力。

（2）D-开发阶段。

D-开发阶段，又叫计划阶段。在该阶段对已经立项的项目做好开工前的人财物及一切软硬件准备，是对项目的总体策划。开发阶段是项目成功实施的重要保证，其主要任务是对项目任务和资源进行必要的计划和配置，包括确定项目目标和范围、确立项目组主要成员、确立技术路线、对项目工作进行分解、确定项目总体计划以及各专项计划（范围、进度、费用、质量、资源、干系人、沟通、风险、采购的专项计划）等工作。

在该阶段，每个项目都要制定一份可行有效的项目计划，并且形成规范的文档。这是因为：

第一，通过制定计划，可以使得项目团队和有关管理人员对项目有关事项，如项目范围、时间进度、资源配备、人员安排、风险应对、内外接口等形成共识，形成事先约定，避免事后争吵不清。

第二，通过制定计划，可以使得一些支持性工作以及并行工作及时得到安排，避免因计划不周造成不同工作包之间的相互制掣。比如测试工具的选择、人员的培训都是需要及早计划和安排的。

第三，通过制定计划，可以使项目实施人员明确自己的职责，便于自我管理和自我激励，还可以使注意力专心于解决问题，而不用时时去想下一步做什么。

第四，有了可行的计划，还可以有效地支持项目执行过程中的监督管理，作为项目经理和相关管理者对项目执行工作跟踪和检查的依据。

最后，计划是项目阶段总结的依据之一，项目阶段总结其实就是把实际运行情况与项目计划不断比较以提炼经验教训的过程。通过计划和总结，项目实施过程中的经验和教训能得到很好的记录和升华，形成企业的案例库和模板库，成为企业的“组织过程资产”，即企业的核心知识资产和“企业记忆”。

在编制项目计划时，要尽量让项目成员积极参与进来，比如让员工估计自己的工期，这是因为，一方面员工参与可以调动他们的积极性，另一方面，由于信息技术发展如此迅速，往往只有具体模块开发人员对那部分工作最了解。当然，项目负责人应该积极推动项目管理能力成熟度的提高。

（3）E-实施阶段。

E-实施阶段，又叫执行控制阶段。在该阶段要按项目计划实施项目的工作，在执行过程中收集项目的实际运行数据，处理客户的变更请求，并与计划进行比较，得到偏差并采取相应的控制手段。

实施阶段是项目生命期中时间最长、资源消耗最多、完成的工作量也最大的阶段。这个阶段要根据项目的工作分解结构（Work Breakdown Structure，WBS）和进度、成本、质量等计划来组织协调项目的各项工作，确保它们保质保量按期完成。指导、监督、预测、控制是这一时期的管理重点。控制工作一般来说大多是事务性的、重复性的工作，而人们往往不愿意做有规律的坚持。如果想了解控制的重要性，不妨连续问几个问题：控制的反面是什么呢？是否叫失控？你愿意自己的项目失控吗？显然，答案是否定的。这就需要项目团队重视项目的控制工作。

项目控制以项目的计划和相应的标准为依据，定期或不定期地监控项目，发现项目活动与计划或标准之间的偏离，并采取必要措施进行解决。项目的控制工作主要有如下的作用：

①项目执行过程中出现的问题可以被及时解决，避免出现的损失进一步扩大；

②项目控制体系的建立是项目管理者授权的前提，许多管理者不愿意授权，就是因为害怕下属的工作缺乏监控；

③各级管理者和项目的客户可以清楚地了解当前项目的状态，增强项目的透明度，从而增加各方对项目团队的满意度。

项目控制主要包括范围控制、进度控制、成本控制、质量控制、风险控制等方面，具体的控制措施包括：现场检查、例会、周报、里程碑报告、交付物审计、变更控制系统、过程审计、配置审计、风险跟踪、挣值（earned value）分析报告，乃至一些技术相关性很强的活动，比如测试和同行评审，也可被归入控制范畴。

实施阶段需要各级项目管理者重视现场管理，及时发现问题并做出决策，及时化解各项任务和各个成员乃至其他项目干系人间的冲突，解决矛盾，及时解决项目实施困难，为项目的顺利开展提供必要的支持。另外，在实际工作中还要指定具体的责任人来对项目计划进行修改和维护，并做好项目计划的版本管理。计划变更时，要保留旧的版本，同时修改生成新的项目计划。

（4）F-结束阶段。

F-结束阶段，又叫验收阶段或收尾阶段。在该阶段项目团队要对项目进行财务清算、文档总结、评估验收、将项目成果最终交付客户使用和对项目总结评价。结束阶段的工作不多但很重要，项目收尾工作做得好的话，一个项目成功的经验将能够得到复制，失败的教训将有可能在以后的项目中得以避免，对后续项目产生正向的影响。另外，项目移交的效率和态度会影响客户对最终产品的态度，移交过程组织良好，顺利友好地完成移交将消除客户可能对产品产生的许多顾虑。

项目的收尾工作包括合同收尾和管理收尾两部分。合同收尾就是对照合同，和客户一项项地核对，是否完成了合同所有的要求，是否可以把项目结项，也就是通常所讲的验收，验收要向客户提交项目成果和相应的文档。管理收尾主要是对于内部来说的，把做好的项目文档等归档，进行经验教训总结，修改完善企业的案例库和模板库，之后项目转入运行维护期，把相关的产品说明转到运行维护部门，该项目从内部来说建设过程到此结束。

### 1.3.2　项目管理的知识体系

项目管理知识体系是项目管理的主要内容框架。目前使用最为广泛的项目管理知识体系（project management body of knowledge，PMBOK）是美国项目管理学会（Project Management Institute，PMI）推出的《项目管理知识体系指南》（简称 PMBOK 指南）。该知识体系自 1987 年提出后，又经过了五次修订，目前最新版本是 2017 年修订的第 6 版，参见图 1-2，覆盖了项目管理的十大知识领域。

（1）项目整体管理。项目整体管理又称项目综合管理、项目整合管理或项目集成管理，英文都是 project integration management，是指为确保项目各要素之间相互协调而需要付出的努力，包括制定项目章程、制定项目管理计划、指导与管理项目工作、管理项目知识、监控项目工作、实施整体变更控制、结束项目或阶段七个过程。项目管理从其本质上讲是一个不断整合和平衡的过程，尽管项目管理所包含的各知识点看似相对独立，但它们对项目执行的影响彼此间是相互作用的。项目整体管理还体现在如何运用管理技巧手段将企业文化、公司标准融入项目团队的环境中，真正依靠团队合作精神来实现项目的最终目标。与之前的版本相比，第 6 版的 PMBOK 指南强调要对项目中用到的知识进行管理，应该注意识别项目团队的最佳实践，并形成好的模板供本团队和其他团队使用。

（2）项目范围管理。项目范围管理是确保项目成功完成所需做的全部工作，但又只包括成功完成项目所必需的工作过程，或者说“做且仅做客户要求的工作”。它包括规划范围管理、收集需求、定义范围、创建 WBS、确认范围、控制范围六个过程。项目范围管理是解决做什么的问题，目的是不偏离项目的目标，不少做也不多做。“范围”的概念包含产品范围和项目范围两方面。产品范围（product scope）指的是附属于产品或服务上的属性特征或功能；项目范围（project scope）指的是为交付项目产品或服务所必须做的工作。

（3）项目时间管理。项目时间管理又叫项目进度管理，是指为保证项目按时完成所必

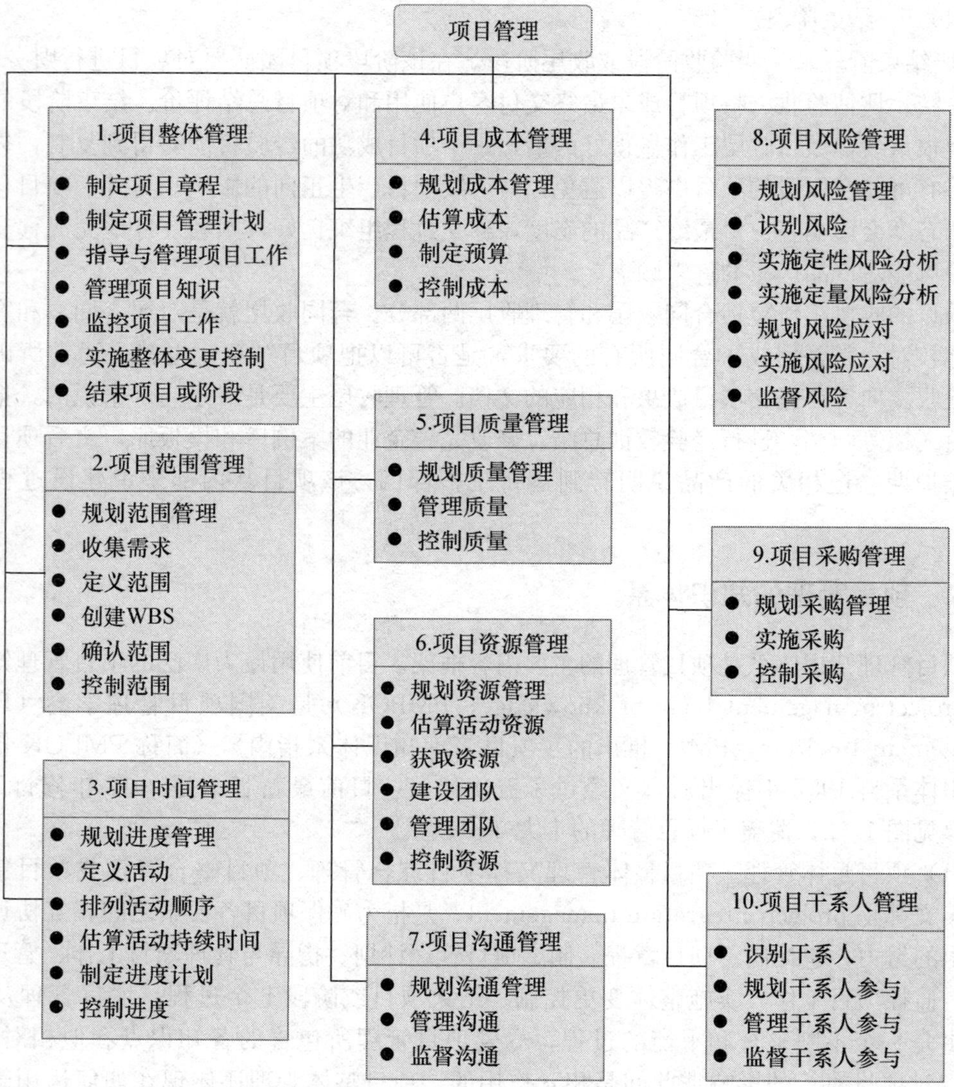


**图1-2 项目管理的十大知识体系**

要的过程，它包括规划进度管理、定义活动、排列活动顺序、估算活动持续时间、制定进度计划、控制进度六个过程，其中前五项属于计划编制的范畴，最后一项属于控制范畴。

（4）项目成本管理。项目成本管理又叫项目费用管理，涉及如何确保在批准的预算内完成项目所需要付出的努力，它包括规划成本管理、估算成本、制定预算、控制成本四个过程。成本预算的概念是将总成本估算分配到各单项工作上的过程，由此得出成本基准方案作为控制成本的依据。

（5）项目质量管理。与项目范围管理围绕解决做什么的问题相对应，项目质量管理则为如何做才能保证达到预期的质量要求提供保障。项目质量管理包含规划质量管理、管理质量和控制质量三个过程。

（6）项目资源管理。项目资源管理是指为有效地利用项目涉及的各类资源所付出的努力，它包括规划资源管理、估算活动资源、获取资源、建设团队、管理团队、控制资源六个过程。与之前的版本相比，第 6 版的 PMBOK 指南将原先的“项目人力资源管理”改为了“项目资源管理”模块，强调不仅要对项目人力资源进行管理，对其他设备、软件、场地等资源的估算、获取和控制也需要认真管理。因为有些资源是有特殊性的，如有的资源不能储备，有的资源是稀缺的，需要及时跟踪和控制。当然，人力资源依然是很重要的，因而建设团队和管理团队还在这些过程组中。

(7) 项目沟通管理。项目沟通包括保证及时、适当地产生、收集、发布、储存和最终处理项目信息所需要付出的努力，包括规划沟通管理、管理沟通和监督沟通三个过程。项目沟通管理强调对项目利益相关者即项目干系人的信息和沟通需求的分析，并及时准确地传递相关项目信息到各利益相关者手里。

(8) 项目风险管理。项目风险管理包括对项目风险的识别、分析和应对所需付出的努力，包括规划风险管理、识别风险、实施定性风险分析、实施定量风险分析、规划风险应对、实施风险应对、监督风险七个过程。它关心如何将事件正面效果最大化，以及将负面效果最小化。与之前的版本相比，第 6 版的 PMBOK 指南强调要依据风险应对计划，对项目的风险实施有效的应对，预防措施需要在风险识别出来时就相机处理，而纠正措施需要在风险发生时就要相机处理。

(9) 项目采购管理。项目采购管理是指需要从项目执行组织以外获得所需产品或服务所付出的努力，包括规划采购管理、实施采购、控制采购三个过程。采购管理从编制决定何时采购何物的采购计划开始，一直到买卖双方合同终止，以及最后正式验收时的合同归档。

(10) 项目干系人管理。项目干系人管理又叫项目相关方管理、项目利害关系人管理，英文都是 project stakeholder management，是指对有直接或间接影响的项目相关人进行有效管理，从而最大限度地保证不同的项目干系人得到不同程度的满足，包括识别干系人、规划干系人参与、管理干系人参与、监督干系人参与四个过程。

目前第 6 版的 PMBOK 指南中项目管理十大知识体系总共包含了 49 个过程，分别与项目管理的五大过程组相对应，如表 1-1 所示。

**表 1-1 项目管理十大知识体系与五个过程组之间的对应关系**

| 知识领域 | 项目管理过程组 | | | | |
|---|---|---|---|---|---|
| | 启动过程组 | 规划过程组 | 执行过程组 | 控制过程组 | 收尾过程组 |
| 项目整体管理 | 4.1 制定项目章程 | 4.2 制定项目管理计划 | 4.3 指导与管理项目工作<br>4.4 管理项目知识 | 4.5 监控项目工作<br>4.6 实施整体变更控制 | 4.7 结束项目或阶段 |
| 项目范围管理 | | 5.1 规划范围管理<br>5.2 收集需求<br>5.3 定义范围<br>5.4 创建 WBS | | 5.5 确认范围<br>5.6 控制范围 | |

续表

| 知识领域 | 项目管理过程组 | | | | |
|---|---|---|---|---|---|
| | 启动过程组 | 规划过程组 | 执行过程组 | 控制过程组 | 收尾过程组 |
| 项目时间管理 | | 6.1 规划进度管理<br>6.2 定义活动<br>6.3 排列活动顺序<br>6.4 估算活动持续时间<br>6.5 制定进度计划 | | 6.6 控制进度 | |
| 项目成本管理 | | 7.1 规划成本管理<br>7.2 估算成本<br>7.3 制定预算 | | 7.4 控制成本 | |
| 项目质量管理 | | 8.1 规划质量管理 | 8.2 管理质量 | 8.3 控制质量 | |
| 项目资源管理 | | 9.1 规划资源管理<br>9.2 估算活动资源 | 9.3 获取资源<br>9.4 建设团队<br>9.5 管理团队 | 9.6 控制资源 | |
| 项目沟通管理 | | 10.1 规划沟通管理 | 10.2 管理沟通 | 10.3 监督沟通 | |
| 项目风险管理 | | 11.1 规划风险管理<br>11.2 识别风险<br>11.3 实施定性风险分析<br>11.4 实施定量风险分析<br>11.5 规划风险应对 | 11.6 实施风险应对 | 11.7 监督风险 | |
| 项目采购管理 | | 12.1 规划采购管理 | 12.2 实施采购 | 12.3 控制采购 | |
| 项目干系人管理 | 13.1 识别干系人 | 13.2 规划干系人参与 | 13.3 管理干系人参与 | 13.4 监督干系人参与 | |

注：表中的序号为PMBOK指南中的章节，例如4.1指PMBOK指南中的第4.1节。

自2017年PMI发布第6版PMBOK指南至今已经四年了。一般来说，PMI每隔四年左右都会发布一个新版本，因而新的第7版应该已经在路上了。根据PMI发布的PMBOK指南（第7版）项目管理标准部分的征求意见稿来看，新版本可能会更加侧重项目管理的绩效导向，对如下八个方面会有更多的强调：团队（team）、干系人（stakeholders）、生命期（life cycle）、规划（planning）、把握不确定性和模糊性（navigating uncertainty & ambiguity）、项目工作（project work）、交付（delivery）和绩效（performance）。当然，具体的变化还需要等正式的 PMBOK 指南（第 7 版）发布后才可以了解。

### 1.3.3　项目管理的权威组织

项目管理能得到各行各业的重视和快速发展，离不开权威机构的推广。下面主要介绍几个权威的项目管理组织和其相应的认证体系，如表 1－2 所示。

表 1－2　各项目管理组织的知识体系和认证体系

| 项目管理机构 | 英文简称 | 知识体系 | 认证体系 |
|---|---|---|---|
| 国际项目管理协会 | IPMA | ICB | IPMP |
| 美国项目管理学会 | PMI | PMBOK | PMP |
| 中国项目管理研究委员会 | PMRC | C-PMBOK | C-NCB |

1. 美国项目管理学会

美国项目管理学会，即 PMI（Project Management Institute），网站为 http://www.pmi.org。该组织成立于 1969 年，它的出现大大推动了项目管理的发展。PMI 在 1987 年推出了《项目管理知识体系指南》（简称 PMBOK 指南），这是项目管理发展史上的一个里程碑。之后又分别在 1996 年、2000 年、2004 年、2008 年、2012 年和 2017 年经过了多次修订，使该体系更加成熟和完整。最新版本是 2017 年的第 6 版，该版本把项目管理归纳为前述的项目整体管理、项目范围管理、项目时间管理、项目成本管理、项目质量管理、项目资源管理、项目风险管理、项目采购管理、项目沟通管理和项目干系人管理十大知识领域。这十大知识领域又称项目的十大职能管理。PMI 组织的项目管理资格认证考试（Project Management Professional，PMP）已经成为项目管理领域的权威认证。每年全球都有大量从事项目管理的人员参加 PMP 资格认证考试。PMP 注重对知识的考核，PMP 认证只有笔试，题型一般为选择题。获取 PMP 证书，不仅提升项目经理的项目管理水平，也直接体现项目经理的个人竞争力，是项目管理专业人士身份的象征之一。为了达到 PMI 认证体系的所有要求，除考试成绩要求外，考生还必须满足由 PMI 规定的所有的教育与工作经验方面的要求。

为更好地推进项目管理的科学化、职业化和全球化，提高中国各类组织机构对项目管理价值的认知度和认可度，并促进其应用项目管理为组织创造绩效，2008 年底，PMI（中国）正式成立，网址为 https://pmichina.org/。据该网站介绍，仅在中国目前就有 33 万 PMI 认证持证人，超过全球总数的三分之一，使中国成为世界领先的项目管理专业社区之一。

2. 国际项目管理协会

国际项目管理协会，即 IPMA（International Project Management Association），网站为 https://www.ipma.world/，创建于 1965 年。国际项目管理专业资质认证（International Project Management Professional，IPMP）是 IPMA 在全球推行的四级项目管理专业资质认证体系的总称。根据 IPMP 认证等级划分获得 IPMP 各级项目管理认证的人员，将分别具有负责大型国际项目、大型复杂项目、一般复杂项目或具有从事项目管理专业工作的能力。IPMA 依据国际项目管理专业资质标准（IPMA Competence Baseline，简称

ICB)，针对项目管理人员专业水平的不同将项目管理专业人员资质认证划分为四个等级，即A级、B级、C级、D级，每个等级分别授予不同级别的证书，如图1－3所示。

IPMA全球四级证书体系（IPMP）

| 头衔 | 能力 | 认证程序 | | | 有效期 |
|---|---|---|---|---|---|
| | | 阶段1 | 阶段2 | 阶段3 | |
| 国际特级项目经理 Certified Projects Director (IPMA Level A) | 能力=知识+经验+个人素质 | A<br>申请 履历 项目清单 证明材料 自我评估 | 项目群管理报告 | 面试 | 5年 |
| 国际高级项目经理 Certified Senior Project Manager (IPMA Level B) | | B | 项目报告 | | |
| 国际项目经理 Certified Project Manager (IPMA Level C) | | C | 笔试 二选一：案例研讨或短项目报告 | | |
| 国际助理项目经理 Certified Project Management Associate (IPMA Level D) | 知识 | D<br>申请 履历 自我评估 | 笔试 | | 无时间限制 |

**图1－3　IPMP的四级项目管理认证**

A级（Level A）证书是国际特级项目经理（Certified Projects Director）。获得这一级别认证的项目经理有能力指导一家公司（或一个分支机构）的包括有诸多项目的复杂规划，有能力管理该组织的所有项目，或者管理一项国际合作的复杂项目。

B级（Level B）证书是国际高级项目经理（Certified Senior Project Manager）。获得这一级别认证的项目经理可以管理大型复杂项目，或者管理一项国际合作项目。

C级（Level C）证书是国际项目经理（Certified Project Manager）。获得这一级别认证的项目经理能够管理一般复杂项目，也可以在所在项目中辅助高级项目经理进行管理。

D级（Level D）证书是国际助理项目经理（Certified Project Management Associate）。获得这一级认证的项目管理人员具有项目管理从业的基本知识，并可以将它们应用于某些领域。

IPMP注重对经验、能力的考核，“能力＝知识＋经验＋个人素质”是IPMP考核的最基本含义。IPMP认证有一套严格、科学、规范化的程序，每个级别有其相应的认证程序，包括笔试（题型为与项目管理经验和知识有关的问答题）、研讨会、项目报告、面试。

IPMA确立了项目管理的认证体系，即国际项目管理专业资质标准（IPMA Competence Baseline，简称ICB），ICB是IPMP的一套认证标准，从环境、行为、技术三方面制定了专业项目管理人员所应具备的综合能力。IPMA先后于1992年、1999年、2006年发布了三个版本的ICB。2015年，IPMA推出了第4版的《个人项目管理能力基准——项目管理、项目集群管理和项目组合管理》（Individual Competence Baseline for Project，Programme & Portfolio Management，简称ICB 4.0），2019年7月，ICB 4.0认证体系在中国全面施行，完成了一次从3.0到4.0时代的全新变革。

ICB 4.0将个人项目管理能力的范围由ICB 3.0单一的项目管理领域扩展为项目管理、项目集群管理和项目组合管理三个领域。ICB 4.0定义了项目领域的28个能力要素，以及项目集群、项目组合领域的29个能力要素，分别包含环境能力要素5个，行为能力要素10个，以及技术能力要素13（或14）个。每个能力要素包括4～7个关键能力指标，每个关键能力指标有3～7个衡量标准，从而使对能力的考核更具有可衡量性和可观察性。

ICB 4.0中，环境能力（perspective competences，有的译为视野能力，但ICB 4.0中文版沿用了ICB 3.0中contextual competences的环境能力翻译）要素包括5个：1.01战略；1.02治理、架构与过程；1.03遵循的要求、标准与规则；1.04权力与利益；1.05文化与价值。

ICB 4.0中，行为能力（people competences，有的译为人员能力，但ICB 4.0中文版沿用了ICB 3.0中behavioral competences的行为能力翻译）要素包括10个：2.01自我反思与自我管理；2.02诚信与可靠；2.03人际沟通；2.04关系与参与度；2.05领导力；2.06团队工作；2.07冲突与危机；2.08谋略；2.09谈判；2.10结果导向。

ICB 4.0中，技术能力（practice competences，有的译为实践能力，但ICB 4.0中文版沿用了ICB 3.0中technical competences的技术能力翻译）要素包括14个：3.01项目策划/项目集群策划/项目组合策划；3.02需求与目标/收益与目标/收益；3.03范围；3.04时间；3.05组织与信息；3.06质量；3.07财务；3.08资源；3.09采购/采购与伙伴关系；3.10计划与控制；3.11风险与机会；3.12利益相关方；3.13变化与变革；3.14选择与权衡。

ICB 4.0描述了成功管理项目、项目集群和项目组合所需的一整套能力。有兴趣的读者可以阅读全书，然后可以进行自我评估，根据所交付工作的复杂性评估自己擅长什么，哪些能力需要提升。

3. 英国背景的PRINCE 2

早在20世纪70年代，英国政府就要求所有政府的信息系统项目必须采用统一的标准进行管理。20世纪80年代英国政府计算机和电信中心（CCTA）（后来并入英国政府商务部）出资研究开发PRINCE，1989年PRINCE正式成为英国政府IT项目的管理标准。

PRINCE，是PRojects IN Controlled Environments（受控环境下的项目管理）的缩写，是组织、管理和控制项目的方法。1993年，英国政府商务部又将注意力转移到新版PRINCE 2的开发上来。通过整合现有用户的需求，同时提升该方法成为面向所有类型项目的、通用的、最佳实践的项目管理方法，1996年开发工作正式结束。目前，PRINCE 2已成为英国政府、公共部门、私有部门广泛接受的项目管理事实上的标准，PRINCE 2已风行欧洲与北美等国家。

PRINCE 2是基于过程（process-based）的方法，它提供从项目开始到项目结束覆盖整个项目生命期的基于过程的结构化的项目管理方法，适合于所有类型项目（不管项目的大小和领域，不再局限于IT项目），是一种易于剪裁和灵活使用的管理方法。目前全世界已有100多万人获得PRINCE 2从业资格证书。有一个专门负责推广PRINCE 2的网站https://www.prince2.com/uk读者可以参考。

除以上国际权威机构在推动项目管理外，国内还有许多机构和企业在推动项目管理的普及和发展，比如信息系统项目管理师就是全国计算机技术与软件专业技术资格（水平）考试中的高级水平测试。由于篇幅关系，这里就不一一详述。

## 1.4 电子商务项目的生命期管理

电子商务项目是典型的一类项目，该类型项目的管理也总体遵循基本的项目管理的思想和方法，但同时又要体现电子商务的特点。所谓电子商务项目的生命期，是指一个电子商务项目从开始到结束所经历的阶段序列。通俗讲，就是如何分阶段来管理电子商务项目。

### 1.4.1 电子商务策划项目的生命期

在《e化七步——电子商务转型的策略指导》（*The Seven Steps to Nirvana*：*Strategic Insights into eBusiness Transformation*）中Mohan Sawhney和Jeff Zabin两位作者提出了一个七步实现电子商务的生命期模型，e-vision（e愿景）、e-evolution（e演化）、e-strategy（e战略）、e-process（e流程设计）、e-implementation（e实施）、e-channel conflict（e渠道冲突）和e-organization（e组织）。实际上，电子商务的策划项目要涉及或考虑以上七步的内容。一般来讲，电子商务策划项目具有如图1-4的生命期。

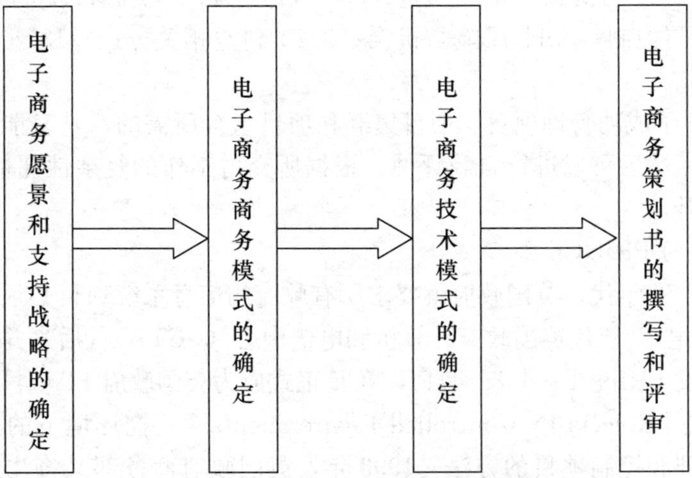


图1-4 电子商务策划项目的生命期

1. 电子商务愿景和支持战略的确定

这是实现电子商务策划的第一步。这一阶段的工作主要是进行充分的商务分析，包括需求分析（比如企业自身需求、市场需求以及客户需求等）和市场分析（比如市场环境、客户分析、供求分析和竞争分析等）两个方面。在对企业的行业背景和市场需求进行分析，明确了公司战略、目标市场和目标顾客的基础上，电子商务的策划团队需要确定公司的电子商务愿景和目标，例如改善客户满意度，或增加销售额，或增加利润率，或增加市场占有率，在此基础上，确定电子商务需要支持的企业战略。比如，是成本领先战略，还是差异化战略，或者是焦点战略。不同的战略对于电子商务有着不同的项目需求。

2. 电子商务商务模式的确定

在明确了电子商务支持的企业战略类型后，需要进一步明确企业将核心业务从传统方式转移到电子商务模式时需要采取的策略，确定企业的商务模式。商务模式规划并不直接针对企业未来需要建造的电子商务系统，其主要目标是为未来的电子商务系统规划提供依据。比如需要确定到底是采用 B2C 模式还是 B2B 模式？是采用直播带货的模式还是传统平台销售的模式？电子商务的盈利模式如何？该阶段的主要任务是确定电子商务系统的商务模式，以及与商务模式密切相关的网上品牌、网上商品、服务支持和营销策略等要素。

3. 电子商务技术模式的确定

根据采用的技术的不同，目前企业实施的电子商务模式有三大类：一是基于增值网络和内联网（intranet）的封闭电子商务模式。在这一模式下企业有选择性地接收信息并控制与企业连接的用户。二是基于 EDI（electronic data interchange，电子数据交换）的企业外联网（extranet）基础上企业间电子商务模式。在这一模式下允许与企业有密切业务关系的单位通过网络实现与企业的互联，并通过防火墙禁止非关联的单位或个人连接，以保证网络的安全。三是基于 Web 互联网或移动互联网（Internet）基础上的企业间电子商务模式。这是目前使用比较多的模式，因为基于 Web 或移动互联网的企业间电子商务模式是采用标准化的网络和标准化的电子商务协议，以及标准化的通用网络商务软件，使网上电子商务的开展和维护更规范。

4. 电子商务策划书的撰写和评审

在完成了上述工作之后，还需要进一步明确电子商务系统的功能需求，对进度的要求、最大的投资金额限制以及对电子商务系统建设项目的投入产出情况进行分析，在此基础上，将得到的成果文档化，形成一份完善的电子商务策划书，提交给企业的高层审查。

### 1.4.2　电子商务系统项目的生命期

我们知道，信息系统项目的生命期一般包括系统规划、系统分析、系统设计、系统实施、系统试运行和维护五个阶段。电子商务系统的建设是一类典型的信息系统建设项目。显然，电子商务系统项目也可按照上述五个阶段进行管理，依次制定各阶段的任务范围、进度、费用安排以及质量要求，我们把这五个阶段构成的生命期称为电子商务系统项目的生命期，如图1－5所示。

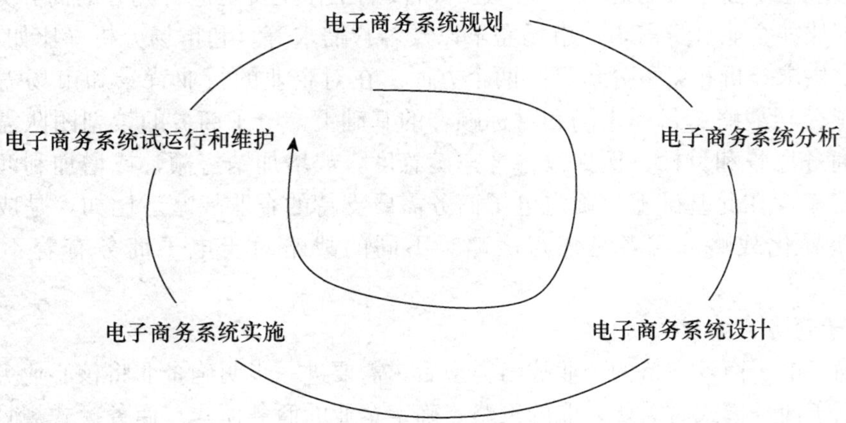


**图1－5　电子商务系统项目的生命期**

1. 电子商务系统规划阶段

电子商务系统规划阶段的任务是对组织的环境、目标、现行系统的状况进行初步调查，在电子商务的支持战略、商务模式和技术模式确定的情况下，对建设新系统的需求做出分析和预测，同时考虑建设新系统所受到的各种约束，设计支持未来电子商务系统的功能体系结构，说明系统各个组成部分的结构及其组成，给出系统建设的实施步骤及时间安排，评估系统建设的开销和收益。在上述基础上，写出规划分析报告。

2. 电子商务系统分析阶段

电子商务系统分析阶段的任务是根据系统规划分析报告中所确定的范围，对现行系统和商务流程进行详细调查，描述现行系统的业务流程，指出现行系统的局限性和不足之处，确定新系统的基本目标和逻辑功能要求，即提出新系统的逻辑模型。系统分析阶段的工作成果体现在系统分析说明书中。

3. 电子商务系统设计阶段

在完成上述系统分析的基础上，在掌握电子商务成熟技术和了解最新技术进展的情况下，充分结合商务和技术两方面因素，从子系统、前台、后台、技术支持、系统流程、人员设置等各个方面全面设计电子商务系统。系统设计阶段的任务是根据系统说明书中规定的功能要求，考虑实际条件，具体设计实现逻辑模型的技术方案，即设计新系统的物理模型。这个阶段的技术文档是系统设计说明书。

在进行电子商务系统设计时，需要注意系统的客户数目是动态增长或变化的，而且客户量是不确定的，所以系统负荷达到峰值的速度可能是不可预知的。所以设计时一定要为未来系统的发展预留一定的空间。

4. 电子商务系统实施阶段

电子商务系统实施阶段是按系统设计说明书的要求将系统的设计付诸实施。这个阶段的工作可以分为两条线：一条线是按照电子商务系统设计的要求，全面调整、变革传统的组织、管理和相应的商务流程，以适应电子商务运作方式的要求；另一条线是按照电子商务系统设计的要求，全面进行计算机软硬件配置、网络平台建设、电子商务系统的开发或集成、应用系统的调试和测试，完成电子商务系统技术支持体系的建设，从技术上保障电子商务系统的正常运作。

这一阶段的任务还包括人员培训、基础数据的准备等工作。这个阶段的特点是许多互相联系、互相制约的任务同时展开，必须精心安排、合理组织。系统实施是按实施计划分阶段完成的，每个阶段应写出实施进度报告。系统测试之后应该写出系统测试分析报告。

5. 电子商务系统试运行和维护阶段

上述流程变革和系统建设阶段完成后，就可以将经过变革的组织、管理和商务流程，与已经建好的电子商务技术平台整合起来，进行电子商务系统的试运行。再经过必要的调整、改进以后，电子商务系统就可以交付并进入正式运行阶段，开始实现新一代电子商务系统在企业中的应用。

电子商务系统投入运行后，需要经常进行维护和评价，记录系统运行的情况，根据一定的规则对系统进行必要的修改，评价系统的工作质量和取得的效益。对于不能修改或难以修改的问题记录在案，定期整理成新的需求建议书，为新的电子商务项目规划做准备。

### 1.4.3　电子商务运营项目的生命期

电子商务利用一种前所未有的网络方式将顾客、销售商、供货商和雇员联系在一起，将有价值的信息迅速传递给需要的人们。对于一个电子商务运营项目来说，一份订单或一批订单驱动了一个项目，对订单处理和满足的过程就是企业的商务流程，构成了电子商务运营项目的生命期。

商务流程是指企业在具体从事一次商贸交易过程中的实际操作步骤和处理过程。这一过程可细分为：工作流或事务流，即商贸交易过程中的所有单据和实务操作过程；物流，即原料、产成品或商品的流动过程；资金流，即交易过程中资金在双方单位（包括银行）中的流动过程；信息流，即反映事务流、资金流和物流的信息过程。对于电子商务运营项目来讲，强调的是其中的工作流或事务流，一般来讲，电子商务运营项目的生命期包括如图 1-6 所示的事务流：(1) 销售商发布商品信息；(2) 合作双方谈判和订货；(3) 购买商支付货款，一般都是采用电子支付，对于有些订单来说，也可以是收货以后再付款；(4) 按订单采购原材料并组织生产；(5) 根据订单，进行物流配送；(6) 销售商对产品进行售后服务和支持，客户给出反馈和评价。

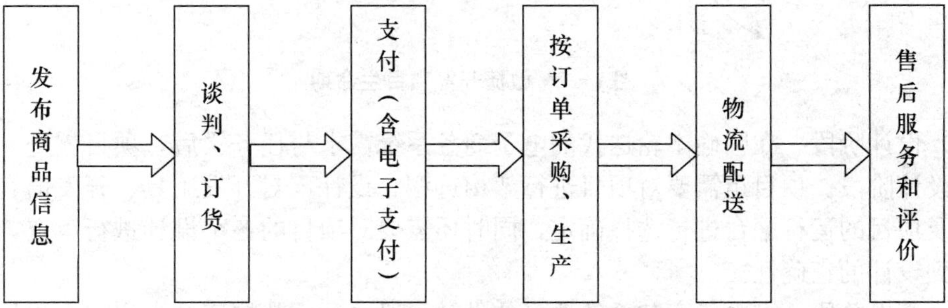


**图 1-6　电子商务运营项目的生命期**

当然，以上各个环节不一定非得在订单涉及的双方（销售商和购买商）之间进行，作为销售商来说，可以将其中的一些环节外包出去，比如可以将第4～6步中的某一步或某几步外包。举例来说，可以将制造环节外包给制造型企业，也可以将物流配送外包给专门的物流配送企业，还可以将售后服务或支持外包给专门的售后服务企业，从而将企业的资源集中在自己的核心竞争力上。但是，为了实现更好的客户满意度，销售商有必要按照项目的方式将整个订单处理和满足的工作流管理起来，统一安排进度、成本和质量。

## 1.4.4 基于敏捷开发的电子商务系统项目生命期

近年来，由于市场环境的变化加快，电子商务活动有不少迁移到智能手机上进行，快速迭代成为电子商务系统开发的一种重要方式，敏捷开发越来越受到重视。敏捷开发是一种以人为核心、迭代、循序渐进的系统开发方法。它采用短周期迭代和增量交付的方式，将一个大项目分为多个小项目来分别完成，每个小项目的成果都像传统开发模式下的大项目一样，都经过测试并可独立运行，这样最大程度地避免了需求理解的偏差，并随着每个独立运行小项目的交付，帮助客户明确和完善需求，满足客户对于短周期增量交付的要求。也就是说，以非常小的周期快速地交付电子商务系统的一些功能，从而使客户能够尽快地看到交付物。

一般来讲，基于敏捷开发的电子商务系统项目生命期总体包含若干个小周期的快速迭代，每个小周期结束后发布一个新版本。每个小周期又可以分为四个阶段，分别是需求分析、设计、开发和测试，如图1－7所示。

（1）需求阶段。通过与电子商务系统的相关干系人的沟通，明确本次迭代的需求。通过Sprint（冲刺）计划会的召开，确定本次迭代要完成的开发任务及分配，主要目的是让开发团队获取足够的信息以完成本次迭代的交付工作，同时也使系统负责人对本次迭代的交付成果做到心中有数。

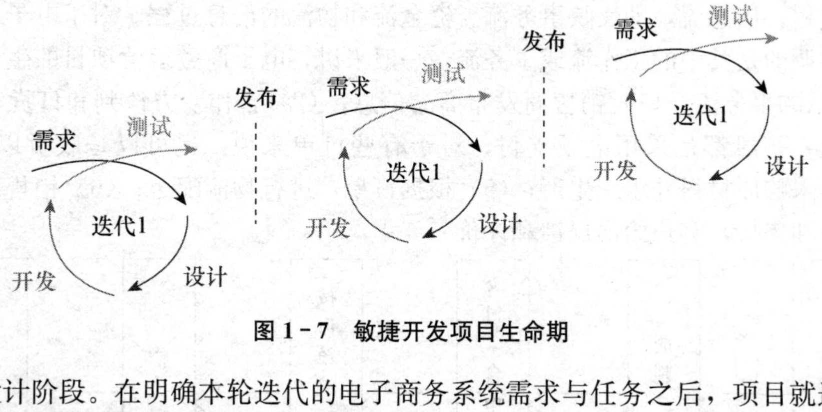


**图1－7 敏捷开发项目生命期**

（2）设计阶段。在明确本轮迭代的电子商务系统需求与任务之后，项目就进入了本次迭代的设计阶段。项目组需要对项目进行架构选型、设计，对开发工具、开发语言、开发平台以及项目的运行平台进行选择确定，同时还需要对项目的各个设计进行审查，以确定由需求到设计的正确性。

（3）开发阶段。在电子商务系统项目的设计阶段之后，就快速进入到本次迭代的项目开发。项目经理负责对项目的整体进行把控，软件工程师对项目设计转化为代码进行开发，以在最短的时间内完成系统的原型再造，并部署工作产品。

（4）测试阶段。在项目主要功能完成设计开发之后，电子商务系统项目的测试人员就需要介入对系统进行测试，包括单元测试和集成测试等，以保证系统面向需求开发的正确性。

相较于传统软件开发模式，敏捷开发有其明显的优势，主要体现在：

第一，快速响应客户需求。敏捷开发方法采用短周期迭代、增量交付方式，快速应对市场需求变化，满足客户需求。敏捷开发通过一次次小的迭代及时向客户展示可运行的交付物，可以随时获知客户对电子商务系统的意见及建议，对于有歧义的需求能够及时发现并修正，同时引导客户清楚自己的需求，避免在最终交付时出现系统不满足客户需求的情况。

第二，提前发现开发中的问题。在每次迭代中提前发现和解决大部分 bug（缺陷），降低电子商务系统项目的风险。敏捷开发让测试提前参与到每一个迭代周期中，大部分 bug 在每次迭代中得以发现和解决，最大限度地降低了系统在后期的问题，开发人员的压力分解到各个迭代周期中，避免了 bug 在后期集中爆发，因时间、人力等因素无力全部解决的情况，降低了电子商务系统延期交付的风险。

第三，开发效率高。传统的开发模式依赖于严格的项目管理流程和规范进行管理，看重过程和规范，有时会使团队成员产生逆反，影响团队成员的积极性；而敏捷开发充分调动了人的主观能动性，注重并依赖于团队成员的自我特长发挥，其自主管理的方式为电子商务系统团队的每个参与者都提供了足够的自主权，对提升团队士气非常有利。敏捷开发方式也在电子商务系统的开发中受到越来越多的欢迎。

## 思考题

1. 请举出一个电子商务项目的例子，并说明电子商务项目有哪些特点。

2. 电子商务项目有哪几种类型？你认为还有哪种类型是本书没有总结到的？

3. 项目有哪五个过程？它们之间的关系如何？

4. 项目有哪四个阶段？它们与项目五个过程之间的关系如何？

5. 项目管理的十大知识体系都是什么？谈谈你对这些知识体系在项目中协同作用的理解。

6. 请简要介绍项目管理领域目前有哪些权威的认证。到网上查一查，还有哪些与项目管理相关的认证。

7. 请说明电子商务策划项目的含义并绘制其生命期。

8. 请说明电子商务系统项目的含义并绘制其生命期。

9. 请说明电子商务运营项目的含义并绘制其生命期。

10. 简述基于敏捷开发的电子商务系统的生命期，并说明敏捷开发对未来电子商务发展有何影响。

# 第 2 章

# 电子商务项目的规划与规范

移动电商、直播电商、跨境电商……电子商务（也可简称为“电商”）的形式越来越多，应用也越来越深入。对于企业来说，电子商务系统作为信息系统的一种类型，需要根据企业的发展战略进行规划。上一章讲到第 6 版的 PMBOK 指南强调要对项目中用到的知识进行管理，要注意识别项目团队的最佳实践，对项目管理过程和产品实现过程中的各种做法进行规范，并逐渐形成企业的项目管理方法论。因而，本章首先介绍电子商务的发展趋势，接下来阐述信息化成熟度和电子商务项目的规划，然后介绍电子商务项目管理方法论，最后讲解电子商务项目的规范管理。

## 2.1 电子商务的发展趋势

随着 3G、4G 和 5G 等各代移动网络的建设和智能手机的广泛应用，基于互联网的电子商务发展为与基于移动互联网的电子商务共存的电商时代。除了移动电商，在线服务、跨境电商也不断走向深入。另外，大数据和人工智能技术发展迅猛，为电子商务的发展插上了新的翅膀。本节主要介绍新环境下电子商务的发展趋势。

### 2.1.1 基于移动互联网的新型电子商务项目

移动互联网的到来，使得电子商务发生了巨大的变化。在服务方面，移动互联网与传统互联网最大的不同之处在于“随时”（anytime）、“随地”（anywhere），这使得电子商务更加具有移动性和便捷性，客户可以 7×24 小时处于网络之上。同时，随着技术和硬件的发展，LBS（location based services，基于位置的服务）等的出现使基于位置和场景的推荐成为可能，使得电子商务更加受到客户的欢迎。

在电子商务的客户群体方面，移动上网设备的出现促进了互联网在人群中的渗透率，使得从一线城市到农村均可能出现买方和卖方。在客户行为方面，通过移动设备使用网络已成为上网的主要方式，网络购物方面更是如此。根据中国互联网络信息中心（China Internet Network Information Center，CNNIC）发布的第 47 次《中国互联网络发展状况统计报告》中的数据（见图 2－1），手机网民的规模不断增长，手机购物逐渐成为网络购物的代名词。随着移动互联网的出现和发展，新型电子商务项目的出现如雨后春笋一般。农村电商将是一个有很大发展空间的领域，这是因为移动互联网时代的到来在很大程度上改变了农村的生产生活面貌，日益完善的农村物流体系也为开展农村电子商务提供了便利条件。

下面我们从载体的角度分别讲解微商、社群电商、基于微信小程序的电商、直播电商、短视频电商等电子商务项目的新形式。

1. 微商运营项目

移动互联网的出现推动了大众沟通方式的转变。微信，就是在移动互联网背景下诞生的一个新型的社交媒介。基于微信，许多电子商务项目孕育而生，基于微信的微商、社群、小程序这三类应用项目最为典型。微商依托于微信，使得人人都可以在自己的朋友圈做生意，类似于自己在网络上开了一个小店，面向的顾客则是自己朋友圈的人（大多数为熟人关系，这种情况下会以自己的信誉为背书）。

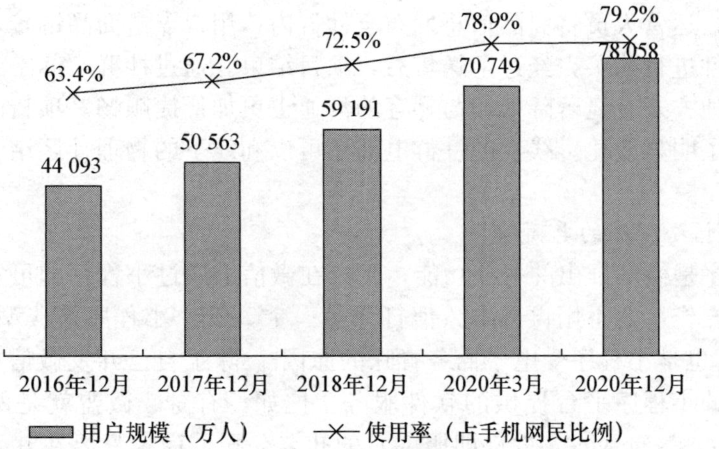


**图 2－1　2016 年 12 月—2020 年 12 月手机网络购物用户规模及使用率**

资料来源：CNNIC 发布的第 47 次《中国互联网络发展状况统计报告》。

微商日常每批次产品的销售可以理解为电子商务运营项目，每批次销售项目的处理环节及场景如图 2－2 所示，微商首先在微信朋友圈发布商品信息，感兴趣的朋友可以通过微信进行聊天，如果有购买意向则与微商谈判、订货，并用微信进行支付，微商收到确定的订单后向供应商采购，并配送给订购的朋友。如果售后有问题，可以通过微信分别和购买的朋友或供应商的客服聊天解决。作为新型电子商务运营项目，基础条件只需要一部智能手机，会打字就行，从运营开始至结束（订单开始之前至订单完成）都离不开微信，人力资源管理、沟通管理等十分简化。这是移动互联网初期最火热的电子商务项目之一，是移动互联网时代“移动性”和“便捷性”的特点与电子商务碰撞出的火花。

2. 社群电商项目

随着社交工具的发展社群逐步受到重视，与电子商务结合形成了社群电商。社群电

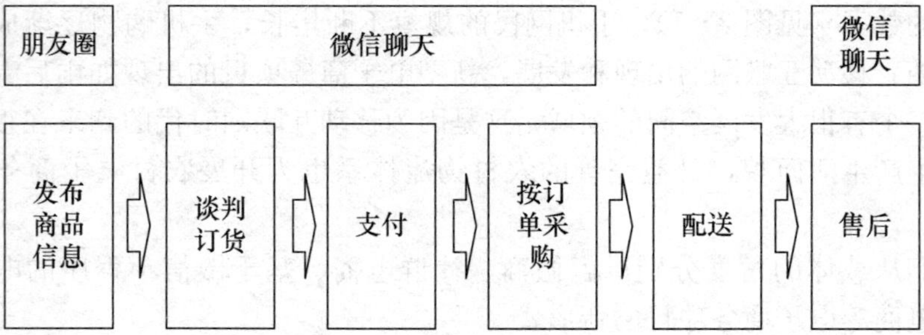


图 2-2　微商的运营环节和场景

商项目按照内容可以分为很多种，但其实质均是将社群里的用户（流量）和商品进行匹配和联结，商品推广成本很低。社群电商项目，无论是电商公司还是传统商家均可以进行。举例来说，苏宁易购积极发掘社群在电子商务中的潜力，其中之一就是线上组建了许多“教师社群”“线上个人店铺”等。又如新疆某水果商在中国人民大学组建微信群，将具有相同需求（喜欢新疆水果）的顾客聚集在一起。“社群+电商”是一类新型电子商务运营项目，运营人员将商品信息发布至社群内，用户点击商品链接，跳转至小程序或者第三方软件进行购买，经过配送售后，项目结束。通过社群，苏宁易购等商家的获客成本相较其他方式有显著降低，与顾客的沟通也更加便捷顺畅。项目的费用管理、沟通管理等发生了明显变化。线上的社群电商还可以和线下的物理社区结合起来，发展为社区电商。

3. 基于微信小程序的电商项目

微信小程序是微信推出的一项功能，用户在微信上通过小程序即可完成之前在其他App上的多数操作，而不用再退出微信打开另一个APP。小程序最典型的特点是“轻”和“便捷”。这也是小程序受电子商务青睐的原因 。除了自己开发微信小程序，还可以直接用第三方的小程序平台提供的软件服务。比如，有赞、微盟就是两家为商家提供SaaS（software as a service，软件即服务）的知名公司，商家只要在其上注册，就可以“傻瓜式”操作，生成自己的店铺小程序（如图2-3所示）。在小程序和SaaS提供商出现后，电子商务系统项目产生了重大变革。每个商家都可以通过低成本拥有自己的一个线上商城，而整个系统项目只需要进行系统规划、系统分析与设计以及销售商品的维护。系统实施、运行维护等统统交给了SaaS提供商。除了项目的范围管理大幅减小，项目风险管理的负担更是转移到了第三方服务公司，从项目开始到结束投入使用的建设时间也大大减少，这些特点使得基于微信小程序的电子商务系统项目越来越受欢迎。

4. 直播电商项目

2019年，电子商务迎来了新的发展阶段，直播电商相关的项目逐步火热起来。无论是互联网企业，还是传统的制造业，或者是农村青年的创业，都想依靠直播助力。随着网络信号、智能手机的普及，直播带货也从城市延伸至中国乡村，成为农村电商发展的新火车头。“90后”杨宁，是云南省洱源县邓川镇旧州村的一名普通大学毕业生，她的创业项目就是依托于直播将村里的蔬菜销售出去，2019年销售收入达到了1 600多万元。通过直播，杨宁可以将蔬菜在田地里采摘、打包、发货等环节展现在客户面前；客户在直播间可

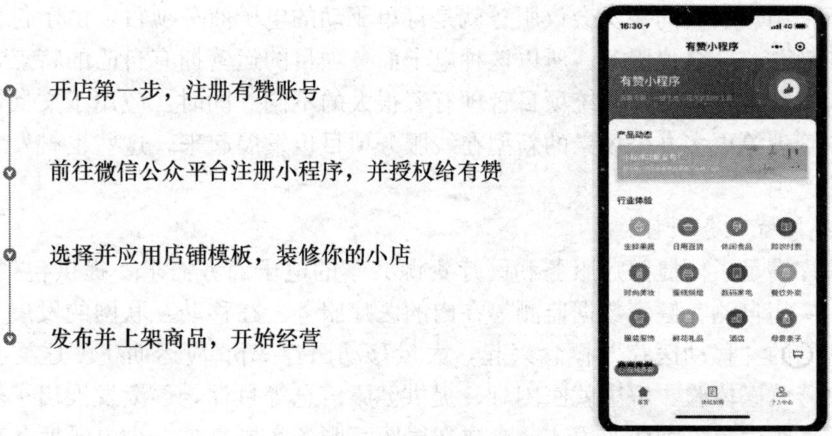


图 2-3　有赞上搭建微信小程序的流程

图片来源：有赞官网。

以针对菜品向杨宁提问、提要求，进而在直播间下单；随后便进入了一般电子商务运营项目的配送和售后阶段。一场直播的开始其实也就意味着一个电子商务运营项目的开始。直播电商是移动互联网的产物，将买家、卖家、货物放在了一个场景中，紧密结合在一起，使得顾客在电子商务中更加有参与感、临场感，改变了卖家与买家之间的交互，为项目的沟通管理、采购管理提出了新的需求。

5. 短视频电商项目

短视频和直播不同，有自己的优势，也可以为电子商务提供新的流量。抖音、快手等短视频的出现为人们的娱乐活动打开一扇新的门的同时，也为电子商务提供了一扇窗。短视频需要变现，电商需要流量，两者完美匹配。演示短视频、穿搭短视频、生活窍门短视频等均可以吸引用户注意力，更好地展示商品，运营环节和场景与直播类似。一个带货短视频的发布也就意味着一个电子商务运营项目的开端。

移动互联网影响了电子商务策划项目中的战略和模式确定，改变了电子商务系统项目的建设方式，丰富了电子商务运营项目场景的多样性。移动互联时代的电子商务项目是由电子商务与移动互联网催生的新事物相结合而形成的，有着这个时代的印记。

### 2.1.2　基于移动互联网的新型在线服务项目

随着移动互联网的发展，一些企业逐渐将线下的服务扩展到线上或开始开展线上服务，并通过技术和数据提供更方便快捷的服务。这些新型在线服务项目瞄准了跨地域资源共享的电子商务需求，提供的产品主要是服务，也属于商业活动，因此是一类特殊的电子商务项目。典型的在线服务项目类别分为在线会议、在线医疗、在线教育等。

1. 在线会议服务项目

在线会议满足了跨地域沟通和移动办公的电子商务需求。在线会议提供的产品形态主要有个人版本和企业版本。个人版本面向有不定期会议需求的个人用户；企业版本则面向有更多需求的企业用户，因此其商业模式既有 B2B 模式，也有 B2C 模式。例如在典型的

B2C模式下，用户购买的一次会议服务就是订单驱动的电子商务项目，由于付费后可以立即获得“商品”——会议服务，所以该种电子商务项目的运营拥有自己的特点，项目的采购管理、人力资源管理等与传统项目管理有着很大的不同。同时，应用于文档协作、综合协作、任务管理等更多办公场景的新型在线服务项目也发展起来，这些也触发了新的电子商务项目的产生。

2. 在线医疗服务项目

在线医疗满足了便捷医疗服务和医疗资源共享的电子商务需求，提供包括在线问诊、体检预约、疾病自测、健康数据监测等在内的医疗服务。在移动互联网的发展下，以移动互联网为基础的“移动医疗”概念兴起，大量移动医疗App应运而生。这类在线服务项目定位于改善就医体验、解决就医困难、提供健康信息等目标，逐渐发展出了轻问诊、空中医院、私人医生等多种商业模式。一次在线医疗服务实质也是一个电子商务项目。从病人和医生接触并将自己的病情告知医生到医生开出诊疗方案，就是一个项目的开始到结束。在此过程中，质量管理、沟通管理、风险管理等备受重视。典型在线医疗服务商的代表包括春雨医生、好大夫等。

3. 在线教育服务项目

在线教育满足了远程教育和教育资源共享的电子商务需求。基于移动互联网的在线教育布局多个垂直市场，包括学前教育、中小学教育、兴趣教育、考研教育、公务员教育、老年教育等领域，逐渐发展出了多种形式的在线教育产品，主要包括平台类、社区类、工具类等。在线教育平台类产品如腾讯课堂、跟谁学等；社区类产品如考研帮、沪江社区、宝宝树等；工具类产品如CCtalk、开心辞典、猿题库等。这些平台售卖知识的过程本质上就是电子商务项目，售卖一次即代表一个项目的开始到结束。

### 2.1.3 大数据和AI技术在电子商务项目中的应用

移动互联网不仅带来了各种场景的变革，也是进入大数据时代的一把钥匙。在庞大数据和强大计算能力驱动之下，大数据和AI（artificial intelligence，人工智能）技术在电子商务活动中发挥着越来越重要的作用，伴随移动互联网出现的新型电子商务项目也在大数据和AI技术的推动下有了新方向、新思路。大数据和AI技术为电子商务项目的模式创新带来了新的机遇，将大数据分析出的结果和AI技术应用于电子商务的各个环节，根据消费者消费过程提供的数据进行分析，能够设计出更加适合潜在消费群体的个性化电子商务项目。商家智能决策、精准营销、供应链优化、物流优化等各方面均成为大数据和AI技术的发力点，具体应用包括商品定价、智能客服、推荐系统、库存预测、智能分拣等。

以中国工商银行自己开展的电子商务“融e购”业务为例，该行主要以B2C的个人商城和B2B的企业采购为核心业务模式。它们的数据分析师团队基于用户以往的金融数据和交易数据，运用大数据和人工智能技术，能够精确把握客户的消费模式和行为偏好。这使得电子商务运营项目的商品信息展示环节出现了“千人千面”的效果，这将有效增加销售额，提升用户黏性。同时，通过相关技术平台可以对购买行为和未购买行为进行分析，为电子商务运营项目的风险管理提供支持；通过销量预测，可以对电子商务运营项目的采购管理产生影响。

大数据和人工智能还会影响电子商务项目的沟通管理、成本管理、采购管理等。以苏宁易购的日常运营为例。在售前售后的问题咨询方面，苏宁易购客服机器人可以每天达到百万级的消息量；可以支撑物流派前电联（即派送前电话联系）、客服电话质检、物流语音播报、客服无货回访（针对浏览到的商品或者下订单无货的顾客的操作）等多个业务场景。在日常的商品文案上，苏宁易购拥有自己的“苏东坡文案生成平台”，可以输出商品标题、商品文案等，日均生成量达到千万级的条数。在宣传海报等制作方面，苏宁易购“木牛流马智能平台”具有图像内容智能识别、元素智能排版、色彩智能搭配、图像尺寸智能适配、广告文案智能生成等功能。苏宁易购研发的门店经营洞察和分析系统，可以分析店内的人、场、货交互关系，并向门店管理者提供客流量变化趋势、顾客年龄性别趋势、顾客逛店行为偏好、顾客关注商品偏好、商品品类热门度、入驻品牌集客能力、顾客购物需求预测等多个维度的信息。此外，无人快递车、无人配送机、AGV（automated guided vehicle，自动导引车）搬运机器人、智能云仓（可实现自动化存储、自动化分拣和自动化记录等功能）等也成为电子商务运营项目中的重要组成部分。

大数据和人工智能技术的运用，使得电子商务策划项目、系统项目、运营项目的各个方面均发生了巨大的变化，有效地提升了电子商务的效率，发挥了积累数据的价值，使得电子商务项目拥有了更多智慧的基因。

### 2.1.4　跨境电子商务项目的发展

跨境电子商务是指分属不同关境的交易主体，通过电子商务平台达成交易、进行支付结算，并通过跨境物流送达商品、完成交易的一种国际商业活动。

随着技术的发展和实践的探索，跨境电子商务呈现出了如下四个阶段：1999—2003年，跨境电子商务行业处于试水期，商务模式主要是网上展示、线下交易的外贸信息服务模式。2004—2012年，跨境电子商务在摸索中发展，使线下交易、支付、物流等流程实现电子化，依托互联网金融行业发展，逐步实现在线交易的商业模式。2013—2017年，线上产业生态更为完善，平台服务升级，大型跨境电子商务平台不断涌现。2018年以后，各大跨境电子商务主流平台加大线下新零售门店布局，开启“线上＋线下”全渠道模式，如网易考拉、天猫国际等跨境电商平台纷纷开设线下体验店，将渠道从线上发展到线下。

随着大数据、云计算、人工智能等技术的发展和相关支持政策的推进，跨境电子商务成为我国贸易交易的一个重要形式，商务模式更是发生了巨大变化。艾媒新零售产业研究中心发布的《2019全球跨境电商市场与发展趋势研究报告》数据显示，2019年我国跨境电子商务交易规模达到10.8万亿元，我国海淘用户规模达到1.54亿人。一大批跨境电子商务平台涌现，发展出的商业模式包括支持商家入驻的B2C模式（典型代表如考拉海购）和支持买手入驻的C2C模式（典型代表如洋码头），进口业务模式主要包括直邮进口模式、集货进口模式、保税进口模式等。

跨境电子商务项目的发展呈现出如下三个特征：

第一，技术驱动特征明显，在技术驱动下，电子商务的商务模式发生了巨大变化，对应的电子商务策划项目需要在技术的引领下不断跟进。

第二，新型电子商务模式成为跨境电子商务发展的新动能。近年来，以直播、社交为特征的新型获客方式给消费者带来了更直观、生动的购物体验，成为跨境电子商务企业营销的重要方式，电子商务运行项目的商品展示环节出现新场景。

第三，“丝路电商”为跨境电子商务市场注入新活力。自2017年商务部正式提出“丝路电商”以来，“丝路电商”成为深化“一带一路”国际经贸合作的新渠道。截至2019年年底，与我国签署双边电子商务合作谅解备忘录并建立合作机制的国家达到22个。

总之，在新技术、新政策、新模式的共同作用下，跨境电子商务项目仍保持着旺盛的增长活力。

## 2.2 信息化成熟度与电子商务项目规划

组织实施电子商务是为了提高组织的竞争力，而由于电子商务系统涉及企业内部各项业务和外部主体，建设电子商务系统的风险很大，这就要求我们从战略上考察电子商务系统的建设，把握组织信息化的演化规律，对包括电子商务系统在内的系列信息化建设项目进行规划。因而本节首先介绍信息化成熟度模型，然后分别介绍信息化项目和电子商务项目的规划。

### 2.2.1 组织信息化成熟度模型

电子商务系统是企业信息系统中的一部分，所以，组织在进行电子商务系统项目建设之前，应该全盘地考虑如下问题：我单位已经做了哪些信息化项目，我单位的信息化处于什么阶段？我单位的信息化离理想状态还有哪些差距，还要做哪些项目？上述问题的解决需要对照通用的信息化成熟度模型（information maturity model，IMM）来进行分析和比较。

组织信息化成熟度模型研究的是组织信息化从不成熟到成熟过程中演变的规律。组织信息化是一个发展的问题，同时也存在着一个层次的问题。通用的IMM模型分为五级，每级关注的内容不同，各包含若干关键状态，参见图2-4。

第一级——IMM1，技术支撑级。这是IMM模型中最低的一级，主要从信息技术的角度展开，达到这一级的组织，才开始真正跨入组织信息化的门槛；组织对于信息化的理解侧重于技术层面，主要是购买计算机等IT设备，构建IT基础设施，开发面向业务的单项应用系统；这些组织有一定的计算机数量，组织中传递的文档基本实现电子化，有些部门内有独立的系统和数据库，但是相互之间不一定兼容，存在一个个的信息孤岛；组织成员对信息化的理解是初步的，在有效利用信息资源、支持管理、辅助战略决策等方面有着明显的不足。

第二级——IMM2，资源集成级。这是IMM模型中次低的一级，除了继续关注信息技术外，关注的重点已经是组织内的信息资源。达到这一级的组织开始认识到信息是一种资源，并对组织内的信息资源进行规划；这些组织以提高组织整体运作效率为目标，以局域网建设、数据库整合、系统集成和疏通信息传递渠道为投入重点，实现信息共享，消灭信息孤岛；信息技术带来了业务效率上的提高，但是信息化的效益还未明显体现出来。

第三级——IMM3，管理优化级。这是IMM模型中间的一级，主要考虑纵向管理链和组织内部的横向价值链，突出中层的管理和组织内部业务流程的整合，达到这一级的组织，设置了首席信息官（chief information officer，CIO），开始重视信息安全，建立信息制度，组织结构趋向扁平化；在资源整合的基础上，真正把前期的 IT 技术投入与管理模式结合起来，通过进行业务流程重组（business process reengineering，BPR）或业务流程改进（business process improvement，BPI）来对业务流程进行优化，使组织内部的信息流、资金流、业务流、物流等“各流合一”；在整体运作效率提升后，组织的主要目标转变为信息化实际效益的提高。

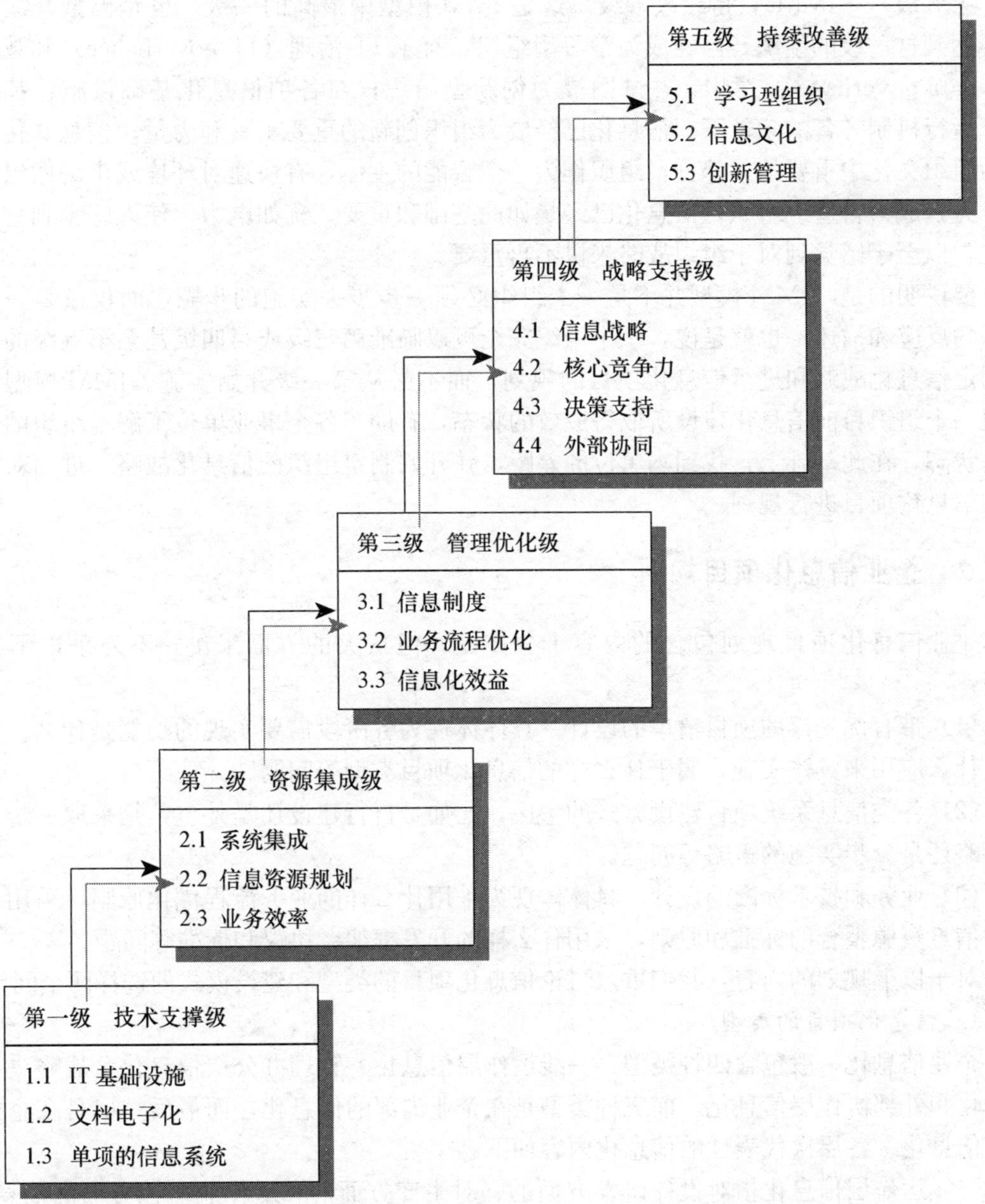


图 2－4　通用组织信息化成熟度模型（IMM）

第四级——IMM4，战略支持级。这是IMM模型中比较高的一级，主要从纵向管理链和包括组织内部、外部业务流程的横向价值链的角度展开，突出对高层的决策支持以及组织内部与外部业务流程的协同整合管理，达到这一级的组织建立了CIO机制，对信息战略进行规划，使信息战略与业务战略相一致，达到支持业务战略的目的；通过核心价值链的信息化，强化了自身的核心竞争力；组织与上下游合作伙伴开始进行各种资源整合；组织开始推动信息文化的培育过程，努力使信息化的目标融入每个员工的实际行为之中。

第五级——IMM5，持续改善级。这是IMM模型中最高的一级，也是模型开放的体现；达到这一级的组织，已经成为学习型组织，有了IT治理（IT governance）和数据治理（data governance）意识，并试图成为创新型组织；在各项信息化基础设施、基本制度、运行机制齐备的条件下，信息化已经成为组织创新的重要工具和力量；信息文化已经成为组织文化中重要的一部分；组织作为一个智能的主体，有快速对环境或市场做出反应的能力，成为自适应组织；信息化已经是如此基础和重要，犹如电力，使人感觉到它无处不在，以至于感觉到对于组织战略来讲不再重要。

要说明的是，IMM模型并不是一个组织必须一步步去实施的步骤，而仅仅是一个个状态的反应和描述。也就是说，一个组织完全可以瞄准第三级或第四级甚至第五级的状态去制定信息化战略和进行信息化项目的规划，而不必从第一级开始实施。IMM模型只是反映一个组织目前信息化建设所取得成效的状态，有助于各企事业单位了解本组织的信息化的状态，在此基础上，找到本单位的差距，并开始制定组织的信息化战略，进而对待建设的信息化项目进行规划。

### 2.2.2 企业信息化项目规划

企业信息化项目规划包含的内容十分广泛，但从大的方面来讲，不外乎以下三个方面：

（1）带有优先权的项目清单的设计。具体体现为各阶段需要实现的功能是什么，需要通过什么应用来具体实现，属于什么样的信息化项目类型等问题。

（2）各类信息系统项目建设方式的考虑。比如是自行建设还是外包，是采取一步到位的策略还是分步实施的策略等问题。

（3）业务和技术标准的设计。具体体现为采用什么样的业务流程优化原则，采用什么样的信息资源整合的标准和原则，采用什么样的开发框架、协议和标准等问题。

对于以上规划的内容，我们重点讨论信息化项目的类型和建设模式的选择两个问题。

1. 信息化项目的类型

企业信息化一般包含四种类型：一线运作层信息化、管理办公层信息化、战略决策层信息化和外部协作层信息化。前三种类型是在企业内部的信息化，而最后一层是在企业之间的信息化。各层次代表性的信息化内容如下：

一线运作层信息化指对设计研发方面的、对生产方面的和对作业监控方面的信息化，包括计算机辅助制造（computer aided design，CAD）、数控机床（numerical control machine，NC）、计算机辅助测试（computer aided test，CAT）以及各种各样的业务处理系统等。

管理办公层信息化包括管理信息系统（management information system，MIS）、企业资源计划（enterprise resource planning，ERP）、办公自动化（office automation，OA）、工作流系统（work flow system，WFS）等。

战略决策层信息化包括决策支持系统（decision support system，DSS）、战略信息系统（strategy information system，SIS）、主管信息系统（executive information system，EIS）、专家系统（expert system，ES）等。

外部协作层信息化包括电子数据交换（electronic data interchange，EDI）、电子商务（electronic commerce，EC）、客户关系管理（customer relationship management，CRM）、供应链管理（supply chain management SCM）等。

2. 信息化的建设模式

企业信息化的建设一般受同行竞争的压力以及信息技术的扩散和渗透程度两方面因素的推动。根据我国学者的研究，企业投资信息化的模式主要归纳为四种：行业互动模式、挑战-反应模式、雁行模式、地域互动模式。

(1) 行业互动模式。企业信息化建设与其所在行业的信息化之间普遍存在着相互促进和约束的互动关系，我们将企业的信息化建设与行业信息化之间相互影响而出现的信息化建设模式称为行业互动模式。

(2) 挑战-反应模式。它是企业为了面对现实的挑战或未来的挑战而采取的积极对应措施，在企业选择的各种对策措施中，信息系统建设成为首选方案或针对重点工程而出现的信息化建设模式。

(3) 雁行模式。由于不同企业实施信息化的时间不同或起点不同，行业内不同企业之间形成了技术和管理水平上的差距系列，犹如大雁飞行状发展，这种信息化模式称为雁行模式。

(4) 地域互动模式。由于企业所在区域政府的推动，主动提供信息系统建设的各种有利的环境条件，或者由于所在某个自然形成的经济区域内不同企业之间相互影响的结果，或者区域内信息传播成本低廉而促进了不同企业间信息相互交流和影响，总而言之，由于地域因素影响投资信息化而形成的信息化建设模式，称为地域互动模式。

除了以上四种模式外，伴随着企业间联盟的形成，出现了另一种信息化模式，即中小企业-大型企业互动模式。中小企业-大型企业互动模式是指，在企业间互动模式的作用下，使得中小企业在大型企业的信息化浪潮的带动下，充分利用大型企业信息化提供的经验和发展环境进行自身的信息化建设，然后再为大型企业提供信息化的外在环境的一种互动模式。

3. 一个企业信息化项目规划的实例

要实现企业的信息战略，就需要对信息化项目进行规划。在进行信息化项目规划时要考虑采用的建设模式、实施的信息化类型等。表 2-1 是一家企业针对未来五年的信息化需求所做的信息化项目规划。其中属于电子商务系统的项目有网站建设项目、企业信息门户建设项目、客户关系管理系统与供应链管理系统，其他项目也都与电子商务项目有十分紧密的联系。

案例中的企业是一家以提供服务为主的企业，目标是增加目前虽为副业但盈利高的部分制造业务。根据对各方面情况的分析，该企业未来五年的发展战略被清晰地概括为“大服务，小制造”的战略，从表2-1中可以清楚地看到，表中的每个项目都是紧密围绕这个战略的，支持这个战略实现的。有了表2-1中的项目规划，该企业的决策管理层就非常清楚今后信息化项目的安排以及预算的安排，技术人员则会自然地考虑与未来系统的接口。

**表2-1　某企业信息化项目规划的实例**

| | ERP项目 | 网站建设项目 | 办公自动化系统项目 | 工程项目管理信息系统 | 知识管理系统项目 | 数据挖掘与决策支持项目 | 企业信息门户建设项目 | 客户关系管理系统与供应链管理系统 | 计算机辅助设计与产品数据管理系统项目 |
|---|---|---|---|---|---|---|---|---|---|
| 主要支持战略 | 大服务 | 大服务 | 大服务 | 大服务 | 大服务 | 大服务 | 大服务 | 大服务<br>小制造 | 小制造 |
| 信息化层次 | 经营管理层 | 四层的综合 | 经营管理层 | 生产作业层 | 生产作业层 | 战略决策层 | 四层的综合 | 协作商务层 | 生产作业层 |
| 建议模式 | 地域互动 | 行业互动 | 行业互动 | 雁行 | 挑战反应 | 挑战反应 | 雁行 | 地域互动 | 行业互动 |
| 主要用户 | 中层管理者 | 所有员工 | 中层管理者 | 一线员工 | 一线员工 | 高层管理者 | 所有员工 | 外部用户 | 一线员工 |
| 是否实施 | 已实施 | 规划中 | 规划中 | 规划中 | 规划中 | 规划中 | 规划中 | 规划中 | 规划中 |
| 信息化水平 | 基本信息化 | | | | 全面信息化 | | | | |
| 信息化投入 | 每年将技术改造投入的50%～80%用于IT项目，刚开始多一点，后面少一点 | | | | | | | | |
| 信息化人才 | 培养信息化队伍，提高员工信息素质，增强企业信息能力<br>每年将员工工资的10%左右用于员工培训，其中50%左右用于信息素质的培养 | | | | | | | | |

### 2.2.3　企业电子商务发展的层次

电子商务系统项目是信息化项目的一种类型，是为企业电子商务的运营服务的。正如信息化成熟度模型中阐述的，企业信息化分为五个级别，分别是：技术支撑级、资源集成级、管理优化级、战略支持级和持续改善级，这五个级别反映出如下四个状态变迁的过程：(1) 从重视信息技术逐渐转向信息资源；(2) 从支持基层运作发展到管理优化直至战略支持；(3) 从部门孤立的系统到企业内系统的整合再到供应链的整合和集成；(4) 不断优化、持续改善的过程。电子商务系统的建设也是如此，企业电子商务的发展也体现出这样一些阶段的过程性思想。

在《e化七步——电子商务转型的策略指导》一书中Mohan Sawhney和Jeff Zabin两位作者描述了企业实施电子商务的四个层次：作业层次、业务流程层次、企业层次和行业层次。

第一个层次是作业（activity）层次，企业所做的是商务自动化等一些简单的业务，诸如通过网络购买办公用品或者建立一个初步的企业网站，通过企业网站可以实现最基本的一些功能，包括企业介绍、产品宣传和展示等。这一层次的电子商务的目标是提高效率，通常也是许多企业开始尝试电子商务的地方，但它们对企业核心业务的影响有限。这一层次主要是支持基层运作，建成的可能是一个个的孤立系统。

第二个层次是业务流程（business process）层次，企业可能实施电子商务改变某一业务流程，譬如客户关系管理（customer relationship management，CRM）。此时电子商务的目标是提高流程的效率，追求企业效益的提高。这一层次主要是支持中层管理，强调流程的梳理和整合。

第三个层次是企业（enterprise）层次，在这一层次中整个企业的业务将在电子商务的模式下运作。企业层次的电子商务给企业带来独特的竞争优势和改变整个企业的思维方式。这一层次主要是支持高层管理，强调企业内部价值链的优化和一体化。

第四个层次是行业（industry）层次，电子商务将改变整个行业。在行业层次的电子商务中，相应行业中的买家、供应商和客户做生意的方式被彻底改变了。企业可能实施电子商务整合上下游的供应商，譬如实施供应链管理（supply chain management，SCM）和协同商务（collaborative commerce，CC）。协同商务是指企业内部人员、企业与业务伙伴、企业与客户之间的电子化业务的交互过程，包括协同设计、协同制造、协同贸易等内容。此时电子商务的目标是提高企业的柔性和对外部市场的响应速度，追求企业的随需应变。这一层次主要是支持内外管理的一体化。

各企业在策划自己的电子商务项目时，可以参照上面的四个层次考虑电子商务的发展规划。

### 2.2.4　企业电子商务项目的规划

电子商务系统项目的规划，是指在理解企业发展战略、信息化发展规律和电子商务发展层次的基础上，结合所属行业电子商务方面的实践和对最新信息技术发展情况的认识，提出企业电子商务系统建设的目标和计划建设的具体项目清单，以满足企业可持续发展的需要。本小节首先介绍电子商务项目规划的领导，然后介绍项目规划的一般步骤，接下来再介绍电子商务项目的优势、劣势和机会、威胁分析。

1. 电子商务项目规划的领导

由于信息系统在组织中的作用越来越大，越来越多的组织设立了首席信息官（chief information officer，CIO）一职，CIO 往往是由一个负责组织战略信息管理活动的高层管理人员担任。当然，负责战略信息管理并不意味着无视战术层次和操作层次的信息管理，CIO 实质是站在战略的高度统筹一个组织的信息管理和电子商务系统的建设。

随着我国信息化建设的深入，将需要一大批合格的 CIO 来主持组织的信息化工作，以及规划企业的电子商务等信息化项目。而合格的 CIO 必须具备良好的知识结构、丰富的实践经验和极强的沟通能力。

图 2-5 是 CIO 应该具备的知识体系。整个知识体系共由初级、中级、高级 3 大模块，9 个小模块，25 个知识点组成。其中，初级、中级、高级三级中分别包括 10 个、7 个和 8 个知识点。

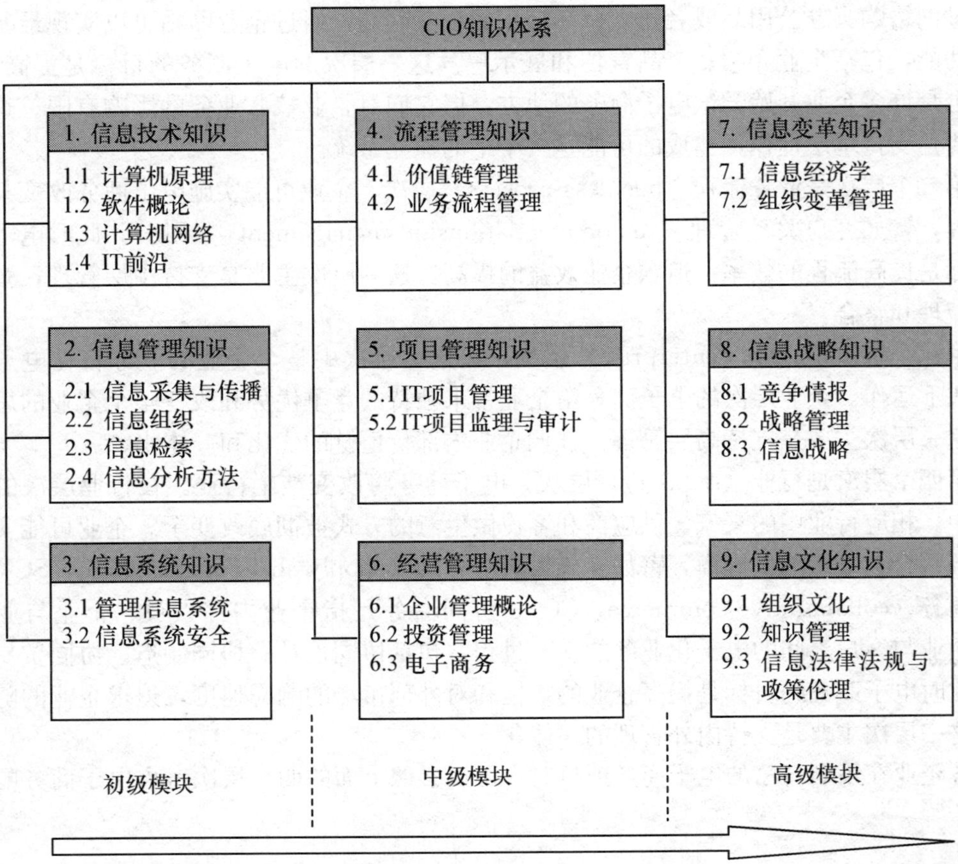


**图 2-5　CIO应具备的知识体系图**

以 CIO 为首的信息系统部门的工作责任主要包括以下十个方面：

（1）参与制定组织发展战略，领导组织信息战略的制定；

（2）制定组织信息制度和信息政策；

（3）培育良好的信息文化；

（4）提升组织和员工的信息素质、信息能力；

（5）为高层管理者提供决策所需的信息支持和信息能力支持；

（6）进行信息系统项目（包括电子商务系统项目）规划，领导重要的信息系统项目的实施；

（7）监控所有信息系统项目的实施，监控现有信息系统的运行；

（8）领导组织内所有信息部门为操作部门和业务功能提供咨询或服务；

（9）与业务部门一道，考虑如何使信息和知识为产品或服务增值；

（10）将积累的经验和教训知识贡献给行业协会和社会。

2. 电子商务项目规划的步骤

一般来说，电子商务项目的规划通常需要以下五个步骤：

（1）了解企业当前电子商务系统以及管理状况。现有电子商务系统的状况，包括软件设备、硬件设备、人员、各项费用、开发项目的进展及网站应用系统的情况，应充分了解和评价；同时，对于当前的组织结构、业务流程、企业文化、管理制度等情况做一些分析，上述信息都是制定总体规划的基础。

(2) 对相关信息技术发展进行预测。电子商务系统的项目规划必然受到物联网、大数据、人工智能等信息技术发展的影响。因此，应对规划中涉及的软、硬件技术和方法论的发展变化及其对电子商务的影响做出预测，有条件的还应进行评估，以提高技术方案选型和产品选型的正确性。

(3) 制定企业电子商务发展的总目标和阶段性目标。进行电子商务系统项目的规划，应根据企业的战略目标和内外约束条件（比如地域因素、行业因素、目前现状等），确定企业电子商务发展的总目标和阶段目标，并列出阶段性目标的先后顺序，以确定电子商务系统建设的重点和突破口。

(4) 列出带有优先权的电子商务系统项目的建设清单。对于列出的阶段性目标，可以分别对应相关的电子商务项目。由于资源有限，不可能所有项目同时进行，只有选择一些综合分析最有利的项目先进行，在此基础上，确定每个项目的优先权，给出未来一段时间待建设项目的清单。如果可能的话，初步估计各项目的成本费用，以便企业的管理层对于未来一段时间的经费投入有一个初步的了解，从而能够在企业的预算规划中进行相应的安排。

(5) 撰写并审批电子商务系统项目规划报告。在上述四步的基础上，把电子商务系统项目的规划整理成规范的报告。在此过程中，要不断与企业信息化委员会或领导小组交换意见，听取修改的建议和意见。电子商务系统项目规划报告要通过 CIO 给组织的高层领导汇报并得到批准才能生效，宣告电子商务系统项目规划的工作完成。

### 3. 电子商务项目的 SWOT 分析

对于规划中的电子商务项目，在列出它们的优先权之前，应该进行 SWOT 分析，明确该项目应该采取的策略。SWOT 是优势（strength）、劣势（weakness）、机会（opportunity）和威胁（threat）四个单词字头的缩写，也可以反过来叫 TOWS 分析。SWOT 是一种分析方法，可用在不同的研究对象中。作为学生，可以用它来分析是否能够得到奖学金，是否可以考上研究生；作为职员，可以用它来分析是否可以升迁；对于企业来说，可以用在产品是否开发，项目是否设立上；对于项目团队来说，在项目团队承接了项目之后，用 SWOT 分析来确定项目团队做这个项目本身的优势和劣势，以及分析项目团队外的各种机会和威胁。

在这里，本书将该工具用在企业规划电子商务的阶段，用来分析企业建设这个电子商务项目本身的优势和劣势，以及分析企业外部出现的各种机会和威胁，从而将企业的内部资源与外部环境有机结合，让企业的高层管理者对电子商务项目设立的条件和依据有清醒的认识。要注意，优势（S）和劣势（W）是针对企业内部而言的，机会（O）和威胁（T）是针对企业外部而言的。在进行 SWOT 分析的基础上，确定该项目应采取的策略。电子商务项目 SWOT 分析参见表 2-2。

对于一个具体的电子商务项目而言，可采用的策略有四种，分别是企业内外因素分析的两两组合，即 SO、ST、WO、WT 中的一种。采取不同的策略，企业今后对项目团队的考核方式也应该是不同的。比如 SO 策略，是抓住机会，利用优势的策略，考核方式主要是合同金额和利润率；而WO策略是抓住机会，克服劣势的策略，比如该企业对这一项目所涉及的商务模式不熟悉，这是一个很大的劣势，希望通过成为国外著名企业的合作厂商的机会形成一系列电子商务项目的最佳实践，为以后的业务作参考，这时主要考核的是客户满意度和知识成果形成度。

表2-2 电子商务项目的SWOT分析

| 项目名称 | | | |
|---|---|---|---|
| 分析日期 | | 项目战略 | SO/ST/WO/WT |
| 企业的优势（S） | 如何发挥优势 | 企业的劣势（W） | 如何克服劣势 |
| | | | |
| 企业的机会（O） | 如何利用机会 | 企业的威胁（T） | 如何规避威胁 |
| | | | |

## 2.3 电子商务项目管理方法论

上一章讲到第6版的PMBOK指南特别强调要对项目中用到的知识进行管理，要注意识别项目团队的最佳实践，并逐渐形成企业的一套项目管理方法论。基于项目管理方法论的指导，针对具体的项目情境对项目管理的各种工具和模板进行裁剪和集成。有效地使用项目管理方法论可以使企业有一套完整的管理规范指导电子商务项目管理的日常工作，尽可能减少人为因素的干扰，提高项目管理水平。

### 2.3.1 项目管理方法论的重要性

“工欲善其事，必先利其器”，这句话强调做任何事情，都要采取一些好的方法，并且这些好的方法是可以复制的。IBM公司认为有效管理的30%是个人的原因，70%是制度的作用，这就表明IBM的成功不是取决于某个人，而主要是制度的作用。一旦有了好的制度，项目只要按制度执行，成功就有保障，而且项目管理的成功经验就可以复制。

项目管理方法论就是使成功的项目管理经验能够在另一项目中复制，尽可能使项目管理变得规范化，使项目实施的过程是可以复制的，项目实施的结果是可以预见的，从而提高项目的成功率。这就是说，我们不但要做好项目，取得好的项目效果，而且要通过采用正确的项目管理方法提高项目实施的效率，在最短的时间内最好地完成项目，寻求一个好的投入产出比。我们要强调“不但要抓到老鼠，而且要用正确的方法抓到老鼠”。

作为准备实施电子商务系统的用户企业，在选择实施方时，考虑的重点之一是该实施企业是否有一套完整的项目管理方法论。有项目管理方法论应该成为一个合格的电子商务系统解决方案供应商的必要条件。这是因为，有项目管理方法论的企业不会因为项目经理或项目成员个人的素质或能力来决定项目的成败，它会有一套规范、有一套流程、有一套制度、有一套表格、有一套模板，从而使项目是可控的、结果可预测的、有很大可能性成功的。

因而，电子商务项目的用户企业和实施企业都要高度重视项目管理方法论的建设和应用。

## 2.3.2 项目管理方法论的内容

所谓项目管理方法论，是指有关项目管理方法的各种理论知识的总和，具体包括项目管理模板、项目管理表格、项目管理制度、项目管理流程、项目管理工具等。

1. 项目管理模板

看一个电子商务实施企业项目管理能力的强弱，除了看它们是否有一套完整的项目管理方法论之外，还可以看该企业关于电子商务项目的模板的多少。因为这些模板都是企业开发电子商务系统最佳实践的沉淀，也是该企业长期实践和探索的结晶。

项目管理模板是以一种直观的方式，展示项目或活动的工作流程或其所包含的内容。有了模板，项目管理就变得可操作，对其内容的理解也更为容易。一般来说，项目管理模板有以下几方面的作用：

（1）冲突的可视化。团队成员绘制模板时可将项目中的各种冲突可视化、纸面化，并且将工作过程中的冲突提前化，从而更好地避免工作中的冲突和返工过程。

（2）便于项目干系人沟通。由于模板把管理过程以一种直观的方式形式化了，这样便于项目干系人相互理解和沟通，同时也可以很好地和客户沟通，和项目新成员沟通。

（3）知识的沉淀和转移。通过项目管理模板，可以把一个项目的成功经验转移到另一个项目中，项目管理知识就能得到沉淀和转移。

形成模板的过程，是一个对一系列电子商务项目进行知识管理的过程。在绘制模板的过程中，各类技术人员，会反复地交流和讨论，会将项目实施过程中的不同想法和思路进行碰撞，是一个冲突的可视化和冲突的提前化过程；有了各种模板，特别是图形化的模板，可以非常直观形象地与用户进行沟通，可以让用户了解项目分为哪些组成部分，是怎样一个阶段、一个阶段完成的，各阶段的里程碑都是什么；有了各种模板，也可以比较容易地实现与新加入项目成员的沟通以及团队之间的沟通，从而使项目可视化；有了好的模板，可以用在今后的同类型项目中，实现知识的沉淀和转移，从而提高后续项目的效率和质量，增加客户的满意度。

图表化的模板有很多种类型，可以根据项目管理工具制作相应的模板，如项目的SWOT分析模板、项目章程模板、项目干系人分析模板、项目生命期模板、项目WBS（work breakdown structure，工作分解结构）模板、项目分摊估计表模板、项目网络图模板、项目甘特图模板、项目成员知识地图模板、项目职责分配矩阵模板、项目风险识别和应对表模板、项目状态报告模板、项目范围变更管理模板、项目成员考核模板、项目收尾工作模板等。

2. 项目管理表格

要对项目进行监控和管理，离不开对项目执行信息的收集与处理。对于项目管理来讲，就需要设计一系列的表格收集信息和发布信息。通过项目管理表格，项目经理可以很快地知道哪个工作包做得好，哪个工作包做得不好，可以有效地监控项目的进度和成本。

但是，好的表格是从哪里来的呢？是谁设计的呢？要注意，好的表格一定是来源于我们的工作实践，来源于一线，这样的表格才能真正提高项目管理的工作效率，并且容易为项目成员所接受。

3. 项目管理制度

规范的项目管理制度是项目成功实施的保证。没有制度，许多项目管理工具就会成为摆设。比如，如果企业在项目管理制度上明确规定，进度计划要用 Project 软件来进行进度管理，要用 WBS 来分解项目，要用前导图（precedence diagramming method，PDM）来画网络图，要用甘特图来制定计划，计划出来后要让客户来审查和确认，将这些规范都明确在制度中，才能从制度上保证项目管理的成功。

有了项目管理制度，还必须严格执行，才能真正发挥制度的作用。有些项目经理学了很多的经验和技巧，但在单位中推行不起来，很重要的原因就是单位没有一套行之有效的制度。建立项目管理制度，一定要得到企业领导层的认可。也就是说，要让企业领导层认识建立项目管理制度的意义，才能真正推行项目管理制度。

4. 项目管理流程

在制定好项目管理制度后，接下来就需要按一定的项目管理流程来实施。制度一方面表现在文字上，同时还需要将它流程化，能够变成一套流程，让项目成员一目了然地看清楚项目是如何一步步推进的。比如，有的企业在实施 ERP（企业资源计划）系统的时候，将实施流程分为启动、培训、定义、数据准备、切换和运行维护等六个阶段，每个阶段又可以进行细化。

5. 项目管理工具

先进的项目管理理念和方法需要项目管理工具作为支撑。项目管理工具也有很多，既包括各种项目管理信息系统，也包括项目管理过程中所使用的技术工具，如挣值分析法、网络图、甘特图、控制图、因果图、帕累托图等。

### 2.3.3 项目管理方法论的裁剪与集成

项目管理方法论是对项目进行管理的一系列方法体系的简称。在实际项目管理中，还需要根据项目实际情况对项目管理方法论进行裁剪与集成。

1. 方法论的裁剪

项目管理既是一门科学，也是一门艺术。科学的项目管理需要项目管理表格、流程、制度等一套规范的项目管理方法，艺术的项目管理则需要按照项目管理理论的要求，根据企业或项目规模、类型的实际情况量身定制，这就是方法论的裁剪。

比如一个单位制定了一套重型的方法论，有 100 余张项目管理的表格，有 40 多个项目管理的流程，可能对于大型项目是适用的；但是在中型规模的项目中就不一定都需要，比如可以从中抽取 50 张表格和 20 个流程组成中型方法论；对于小型项目可能只需要 10 张表格和 5 个流程组成轻型方法论。所以项目管理办公室的成员或项目经理需要具备对方法论进行裁剪的能力，只有这样，才能避免不同项目使用一套同样的方法论，从而减少中小项目的成员认为公司里表格或流程太多了、太麻烦的抱怨。

2. 方法论的集成

在对方法论进行一定的裁剪之后，接下来就要把各种项目管理表格和方法进行集成，使之成为一套相互联系、结构完整的整体，这就是方法论的集成。

在通用的方法论基础上进行裁剪和集成后，企业就可得到不同类型的方法论，并对应不同类型的项目。对于一个小项目，可能需要几个主要的项目管理表格就可以了，但是对于大型的项目我们需要重型的方法论。比如有一个专门做电子商务系统集成的 IT 企业规定，合同金额大于等于 1 000 万元的项目采用重型方法论；合同金额大于等于 200 万元小于 1 000 万元的项目采用中型方法论；合同金额小于 200 万元的项目采用轻型方法论。

## 2.4　电子商务项目的规范管理

电子商务项目的成功不仅要做好规划，也要注意按照规范实施。为了提升工作效率和效果，需要对电子商务系统涉及的指标体系、代码设计、业务流程等进行规范，并将好的做法进行知识转移，使好的规范能够惠及更多的电子商务项目。

### 2.4.1　电子商务项目建设的规范化

电子商务系统主要依靠计算机来处理信息，然而计算机很“笨”，计算机只能对规范的数据按照规定的流程进行处理。规范的数据要求数据规范化，规定的流程要求信息流程规范化。其中数据的规范化又可以分为指标体系的规范化和代码的规范化。

另外，电子商务项目建设还应该有一套规范的工作方式。规范的工作方式有利于项目成员的沟通以及对项目工作的监控，有助于提高项目成果的质量和用户的满意程度。规范的工作方式包括两方面，一是开发用语和风格的规范化，一是各类文档的规范化。

1. 指标体系的规范化

在某一工作范围内，大家需要对共同关心的信息格式做出统一的规定，以便进行交流。以员工档案为例，为了满足人力资源管理的需要，对于每一个客户服务人员，我们需要记录姓名、籍贯、出生年月、家庭地址、政治面目、文化程度、工作简历和奖惩情况等。根据这些安排相应的员工档案管理工作，则各部门之间的信息交换就会容易得多。同样，订货管理、物资管理等，也都应制定出统一的规格，以便交流。

指标体系的规范化往往涉及具体的各业务部门的特定问题。例如，对于一个客服人员的业绩，究竟应该用哪些指标来评价，根据不同的管理体制或不同的管理理论就会有不同的回答。因此，指标体系的规范化不是单纯的信息处理问题，而首先在于业务指导思想和观点的统一。

在电子商务的一些重要方面，国家统计局和商务部已经制定了有关的指标体系（包括内容、算法、口径等），各行各业根据自己的需要，也会制定相应的指标体系，研制电子商务系统时应遵照执行。对于那些还没有规范的具体业务，系统分析人员应该仔细分析，在满足电子商务企业经营管理目标的情况下制定相应的指标体系。只有指标体系规范，才能更好地实现系统之间的互联互通，上下游企业之间才会更好地进行数据交换。目前供应链管理系统发展遇到阻力，其中就有指标体系不规范的问题。

2. 代码设计的规范化

这里的代码不是指程序代码，而是指对各种信息内容的编码。比如北京市在电信局中的区号代码是“010”，中国在域名中的代码是“cn”。在任何信息系统中，信息的表示方法都是系统的最重要的基础之一。任何信息都是通过一定的编码方式，以代码的形式输入并存储在计算机中的。好的编码能提高录入效率和查询速度，以及得到准确的结果。

代码体系的建立当然应该由负责该领域业务工作的人员来完成，因为无论是对象，还是属性的分类方法，都要由特定的业务或技术来确定。作为电子商务系统的开发人员，可以在代码制定前先给业务支持小组成员培训，讲解各种编码方法的优劣，并提出参考意见，即从信息处理的角度提出建议。

代码体系涉及许多具体的工作人员，如果代码体系发生变化，就会遇到变更工作习惯或工作方式的问题，这是相当麻烦的事情，可能会遇到各种各样的障碍及阻力，所以电子商务系统的设计人员应该有充分的准备，对代码体系的修改应持谨慎态度。

在我国目前的情况下，许多代码尚没有全国统一的规范。例如，产品目录就有多种，不同电子商务平台的目录就不一样。这种情况给电子商务系统的研制带来很大困难。作为系统的研制人员，一方面应该对于这种情况有充分的思想准备，在自己的系统中把涉及某种代码的操作集中起来，而把当前代码体系作为文件存储起来，随时可以更换，而不要把它写入程序中，以免不易改动。我们建议：只要是可以选择录入的字段，都应该进行编码，从而可以维护。

3. 业务流程的规范化

规范的业务流程是业务规范的重要组成部分。有了规范的业务流程，对于一项具体的管理业务来说，各有关部门和人员就可以按照统一的程序和方法办事，各司其职，相互协作配合，使这项业务能够从头至尾顺畅地进行，从而避免那种凭个人经验办事，一人一种做法，工作互不统一的混乱状况，造成业务进行过程中的阻塞。

业务流程图是以一项相对独立的管理业务为单位，用规范图例和简单的文字说明将其业务内容、步骤和要求绘制出来的图形。其目的是用以对管理业务进行规范化或标准化，也是企业中管理规程一类的文件。这里的业务，是指由不同的部门（或岗位）和若干工作环节组成的、针对某一对象开展的相对独立的管理工作，例如网上采购，首先要登录某个平台，然后在搜索框输入物品关键词，然后选择若干个性价比高的物品，分别点击查看详细资料，然后询盘（和客服交流），满意后加入购物车，支付，等待卖家发货，线下收货然后确认收货，如果货物有问题申请售后服务或退货就好了，我们可以把这些环节绘制成一个网络购物的业务流程图。

业务流程规范化（business process normalization，BPN）以后，才会抽取出合理的规范的信息流程，规范和指导后续电子商务系统的开发。

4. 开发用语和风格的规范化

对于电子商务系统来说，开发用语和风格的规范化、统一化是十分重要的。无论在信息系统的研制过程中还是在使用过程中，都有大量的信息交流。当讨论电子商务系统的研制或改进时，研制人员内部、研制人员和管理人员之间，必然要对这些问题进行大量的讨论及研究，如果没有一个统一的规范，就无法形成统一的语言，讨论就不能顺利地进行，甚至会发生种种误解和矛盾。

比如，目前在工作阶段的划分上，就有多种不同的划分方法，有的人认为电子商务系统的开发包括系统分析、系统设计、系统实施、系统转换和维护四个阶段；有的人则认为在系统分析之前还有一个系统规划阶段，对于系统规划不同的人也有不同的叫法，比如叫战略规划或总体规划；有的人认为电子商务系统的开发由需求分析、概要设计、详细设计、编程、测试等阶段组成；对于系统设计阶段又有不同的分法，比如逻辑设计和物理设计、概要设计和详细设计等。

显然，这种术语繁多的情况对于系统的研制工作是不利的。对于同一项目组的人员来说，如果没有统一的认识，就会无法协调彼此的工作。对于不同单位的人员来说，如果没有统一的认识，就无法互相学习、互相切磋。其实，现有的各种阶段划分方法之间主要的区别在于详略不同和名称不同，而在实质内容上区别并不大，往往是强调的方面有所不同。因此，项目组必须加以适当调整，取得一致并且在项目实施过程中推行开来。

对于用户来讲，开发风格如果一致可以使用户存在一个学习过程，用得越多越熟，并且在各子系统各模块间还可以共享学习经验。同样，风格一致对于开发人员来讲也存在着共享学习经验的学习过程。

编程的风格在很大程度上影响着程序的可读性、可测试性和可维护性。所以，我们还必须统一编程风格，以提高程序的可读性、可重用性和可维护性。

5. *系统开发文档的规范化*

电子商务系统开发的文档，是系统建设过程的“痕迹”，是系统维护人员的指南，是开发人员与用户交流的工具。规范的文档意味着系统是按照工程化开发的，意味着电子商务系统的质量有了形式上的保障。文档的欠缺、文档的随意性、文档的不规范极有可能导致原来的开发人员流动以后，系统难以维护、难以升级，变成一个没有扩展性、没有生命力的系统。所以，为了建立一个良好的电子商务系统不仅要充分利用各种现代化信息技术和正确的系统开发方法，同时还要做好文档的管理工作。

我们这里所说的电子商务系统开发的文档，不但包括应用软件开发过程中产生的文档，还包括硬件采购和网络设计中形成的文档；不但包括上述有一定格式要求的文档，也包括系统建设过程中的各种来往文件、会议纪要、会计单据等资料形成的文档，后者是电子商务系统建设各方谈判甚至索赔的重要依据。

### 2.4.2　电子商务项目的知识转移

无论是电子商务系统项目的用户企业（甲方）还是实施企业（乙方），都应该重视电子商务项目建设过程中的知识沉淀和转移，以使未来的电子商务项目建设“不重新发明轮子”，从而提升工作效率，取得更好的项目效果。知识转移有两个主要方面，既包括企业内部的知识转移，也包括甲乙双方之间的知识转移。本小节主要介绍甲乙双方之间的知识转移。

1. 知识转移的含义

知识转移是指知识势能高的主体向知识势能低的主体转移知识的过程，这个过程伴随着知识的使用价值让渡，一般会带来相对应的回报。知识转移在两个层面对接受方发生作用，一是影响接受方的决策，一是影响接受方做出决策的思维模式和执行决策的运作模式。前者主要体现为结果知识的转移，后者主要体现为过程知识的转移。

在企业电子商务系统的知识转移过程中，过程知识和结果知识同样重要，甚至更重要。大多数提供信息化支持的企业往往注重提供信息化的结果知识，却忽视了改变客户的思维模式和运作制度。而思维模式和运作制度等过程知识却直接影响了结果知识的接受程度。

如图2-6所示，企业电子商务系统建设的过程实质是开发方与用户方相互转移多方面知识的过程：通用电子商务解决方案知识的转移、项目实施方法论知识的转移、业务运作知识的转移，以及现有制度、流程知识的转移。其中，前两者是开发方转移给用户的，后两者是用户转移给开发方的。

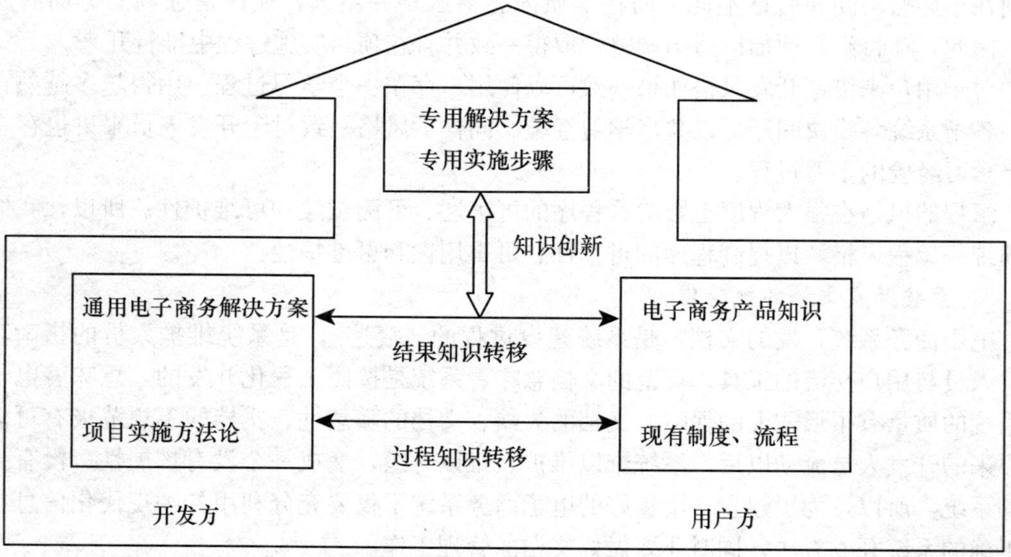


**图2-6 电子商务系统建设中的结果知识和过程知识转移**

2. 电子商务系统建设中的结果知识

转移双方一直很重视结果知识的转移。对于一个比较成熟的电子商务系统开发方来讲，它都会有一套规范的、通用的电子商务解决方案，比如什么情况下采用C/S模式（client/server，客户机/服务器模式），什么情况下采用B/S模式（browser/server，浏览器/服务器模式）；PC端和移动端的界面如何设计，支付系统如何设计等。开发方一般都会向用户主动转移自己的这些方案知识。从用户的角度来讲，自己拟采用电子商务方式运作的产品知识必须转移给开发方，与通用解决方案结合，形成适合用户的专用解决方案。

3. 电子商务系统建设中的过程知识

转移双方必须要重视过程知识的转移。对于一个比较成熟的开发方来讲，它还应该有一套规范的、通用的电子商务项目实施方法论，在这套方法论里，规范了项目管理的各种方法，比如说范围变更的方法、风险管理的方法、文档管理的方法、进度管理的方法、质量管理的方法等。这套方法论是电子商务系统开发的过程性知识，与解决方案一样，项目实施方法论也必须转移给用户。

从用户的角度来讲，用户的现有商务运作流程、现有制度、现有的管理模式等过程知识也必须转移给开发方。为什么呢？因为正是这些制度、流程和模式在项目的实施过程中成为实施的动力或阻力。比如在界定企业的基本数据类时，如果用户企业的制度是鼓励职能化分工的，那么各部门之间对于公共数据类的协调解决意愿就很弱，都会以自己为中心，让别的部门的标准向自己靠拢。因而，用户方的制度、流程、管理模式等过程知识必须转移给开发方，与通用的项目实施方法论相结合，形成适合用户该项目的专用实施方法论。

电子商务系统建设的结果知识的转移很重要，过程知识的转移也很重要。对于电子商务系统项目来讲，甚至过程知识的转移比结果知识的转移更重要。因为实施的过程很大程度上决定了实施的结果。结果知识和过程知识的转移并不是目的，转移是为了知识创新。开发方与用户方在互相转移知识的过程中协同创新，得到适合用户的电子商务专用解决方案和专用实施步骤。

## 思考题

1. 你能否绘制信息化成熟度模型？对照你所在的学校，你想想看，你们的学校处在哪个层次？应该注意发展哪些内容？

2. 企业电子商务的发展有哪几个层次？

3. 电子商务项目的规划有哪些步骤？

4. 简述电子商务项目 SWOT 分析的含义。你能否用该方法分析一下你本学期能否得到学校的奖学金？

# 第 3 章

# 电子商务项目的立项与评价

电子商务项目要立项，首先需要做可行性研究，因而本章首先介绍电子商务项目可行性研究的意义和内容，包括技术的可行性、经济的可行性、组织和社会环境的可行性以及电子商务项目可行性研究的具体工作。接着介绍电子商务项目的成本效益分析及建设方式，以及电子商务项目可行性报告的编写方法、电子商务项目的招标流程及承包商的选择评价，在此基础上讲解电子商务项目的合同及其管理。电子商务项目投入运行后其效益最终是需要评价的，因而本章的最后介绍电子商务项目的评价。

## 3.1 电子商务项目可行性研究的意义和内容

电子商务项目具有创造性、探索性和风险性，由于系统开发及其运作都会涉及企业外的其他主体，与其他的信息系统项目相比，电子商务项目的失败率更高。企业的电子商务建设具体体现在一个个实际的电子商务项目上，企业对电子商务项目的需求永远要比企业有能力建设的电子商务项目多，在判断哪些电子商务项目应该建设、哪些电子商务项目不应该建设或者暂缓建设、这些电子商务项目是否可行时，就需要对待选项目进行可行性研究。

### 3.1.1 电子商务项目可行性研究的意义

可行性研究是电子商务项目建设过程中的重要环节之一。国家标准《计算机软件开发规范》中指出，可行性研究的主要任务是“了解用户的需求及现实环境，从技术、经济和社会因素三个方面分析并论证软件项目的可行性，编写可行性研究报告，制定初步的项目开发方案”。电子商务系统的开发也涉及软件的开发，因而，可行性研究是电子商务项目建设前期工作的重要步骤，启动项目的一个重要环节就是对项目的可行性进行论证。也就是说，确定是否应该立项。

可行性研究的目的是在电子商务项目立项之前，对所要建设的项目的必要性、可能性及可能采取的方案进行分析和评价，为企业的领导层决策提供科学的依据，以决定这个新的项目是应该实施，还是应该中止。可行性研究就是要根据企业的环境、资源等条件，判断所提出的电子商务项目是否有必要、有可能开始进行。

目前，电子商务项目的涵盖范围很广，既包括电子商务系统建设，又包括各类主体的电子商务运营活动，具有很大的不确定性，往往由于当初对困难估计不足，低估了某些资源的成本，而造成项目目标的偏移、甚至项目的失败。导致电子商务项目不成功的因素主要有以下几个方面：

1. 电子商务项目的需求定位不准确，没有得到市场和用户的认可

电子商务的出现使得很多以前无法想象和进行的商务活动以及以前无法出售的商品和服务在现在成为可能。电子商务项目是为用户开发的，电子商务项目的成败和优劣也应该由用户和市场来评价。很多电子商务项目并没有经过认真的可行性研究，并没有很好地了解用户和市场的需求，导致了项目建成了但是难以聚集人气，而成为摆设。

2. 企业能力和管理模式不能满足电子商务项目的要求

企业能力不足，一方面体现在企业的管理水平难以适应电子商务项目的需要，另一方面是企业人员的素质和业务流程不能满足要求。有很多电子商务项目由于企业管理基础工作薄弱，不能按时获取准确的数据或难以获得数据，而导致项目失败。

3. 对开展电子商务的内容和困难认识不足

电子商务项目需要技术和管理的支持，现在多数企业认为建立了网络，办公实现了计算机化，与客户之间通过网络进行通信，就是做好了电子商务。其实这只是电子商务中的一部分，电子商务项目成功与否，如何将技术融入商务活动过程中，其中管理问题占相当重要的成分。另外，电子商务项目涉及多部门、多人员，他们都拥有各自的信息资源，历史形成的封闭的管理模式使人们不愿将自己的资源公开，势必造成信息割裂，也可能导致电子商务项目实施失败。

电子商务项目的可行性研究是电子商务项目成功的重要保证，电子商务项目必须进行科学的可行性研究。

### 3.1.2　电子商务项目可行性研究的内容

电子商务项目可行性研究的内容可以从技术上的可行性、经济上的可行性、组织或社会环境的可行性等几个方面去分析。

1. 技术上的可行性

技术上的可行性研究就是分析所提出的电子商务系统的要求在现有技术条件下是否有可能实现。是不是具备了所需的技术能力，是不是具有所需的相应的人力资源，包括已有的或可以获得的硬件和软件资源、现有人员的技术水平与已有的工作基础。

首先要分析已经确定的电子商务系统在当前的技术水平下能否实现，当前的技术水平指的是已经成熟的技术或已经验证了的技术，应有足够的安全保障，而不是正处于试验和研究阶段没有把握的技术。

其次要确定电子商务系统建设所需的技术条件，确定是否具备或能否得到所需要的资源，包括软件、硬件和人力资源等方面，其中人才资源是最为重要和关键的。硬件需要考虑互联网接入设备、服务器、路由器、交换机、防火墙及其附属设备等；软件需要考虑操

作系统、系统管理软件、应用服务器软件、系统集成软件、商务引擎软件、数据库软件、系统开发工具、网页制作软件等，还要考虑是租用云基地的资源还是通过自己采购获得以上的资源。

至于人才，电子商务系统的建设涉及的范围很广，需要熟悉不同领域的各种专业人才，既有战略层次的，也有战术层次的；既有商务和管理方面的，也有网络信息技术方面的，特别需要的是各种复合型人才。一般来讲一个电子商务项目团队包括项目管理人员、系统分析员、电子商务师、应用工程师、系统工程师、数据库工程师、网络工程师、硬件工程师、美工师、网页设计师、内容创建或信息采编人员以及客户服务人员等。

2. 经济上的可行性

经济上的可行性包括对项目所需费用的估算和对项目预期收益的估算。这是非常重要的，如果不进行认真的分析，就可能带来巨大的损失。在估算的过程中常常会出现把费用低估而把收益高估的现象，这主要是由于人们在进行经济的可行性研究时经常会忽略掉一些重要的因素。比如人们在考虑费用的时候，常常是：

（1）只考虑了计算机的费用，而低估了外围设备的费用；

（2）只考虑了硬件的费用，而低估了软件的费用；

（3）只考虑了研发系统时所需要的一次性投资，而忘记或低估了日常运行的维持性费用（如购买硒鼓、打印纸等各种耗材以及支付带宽的费用等）和电子商务系统的维护费用；

（4）只考虑了设备材料等物资的费用，而忘记或低估了人员技术培训的费用；等等。

所有这些都可能使人们低估了建设电子商务系统的费用。

然而，对于电子商务项目的收益，人们往往把引进系统后所增加的信息处理的能力，与实际发展出来的效益混为一谈。必须明确，当我们引进计算机或其他新技术的时候，只是使电子商务系统在某一商务环节增加了处理的能力。

当然，计算电子商务系统给企业带来的效益不像成本评估那么简单，因为这里面既包含了直接的经济效益，也要包含间接的经济效益。直接的经济效益通常以系统投入运营后一定时间内给企业增加的利润来计算，相对比较容易，而间接的经济效益却是隐形的，但它对企业的影响却是长远的、战略性的，分析起来比较困难。电子商务系统的作用有：增加客户数量和市场占有率、提高客户满意度、降低运营成本、使业务增长、促进技术创新，产生的效益可能具体表现在如下方面：

（1）可以为客户提供7×24小时不间断的服务；

（2）可以为全世界范围内的客户提供服务；

（3）可以实现组织和客户之间的双向沟通交流，使企业的客户、厂商、供应商及员工达到前所未有的紧密联系；

（4）可以通过为客户提供个性化、自动化的服务，为组织增加收入，降低成本；

（5）可以快速处理大量事务，让企业得以高效率地经营业务；

（6）实现企业信息资源的整合、管理，提高企业的管理和商务运营水平；

（7）最大限度地减少收集相关商务信息所需的时间，降低运营成本；

（8）可以收集和积累大量的客户交易数据和客户行为数据，形成大数据资源。

3. 组织或社会环境的可行性

由于电子商务系统是在组织或社会环境中工作的，除了技术因素与经济因素之外，还有许多组织环境或社会环境因素对项目的开展起着制约的作用。例如，电子商务项目的用户是不是接受和认可该电子商务系统，该项目是否遵守了国家电子商务相关的法律法规，是否能够得到市场的认可。

社会可行性研究主要考虑电子商务系统建设方案受到社会法律、政策、文化、经济等外部环境和企业内在环境的限制。现代的社会是一个法制的社会，依法治国是国家的基本国策，遵纪守法是每个企业和公民最基本的要求，建设电子商务系统首先应该考虑的就是法律政策问题，看看是否会产生法律纠纷或违反国家政策。

大众的消费心理和习惯对电子商务项目的成败影响也很大，比如要在网上进行房地产交易就有较大的难度，由于我国的信用体系建设还不完善，很难让消费者上几次网、看几张图片或动画演示就能对卖家深信不疑并付出行动去购买。对于非标准化商品（如艺术品）、大宗贵重商品（如房屋、家具）等，人们显然更倾向于更为安全的眼见为实的传统交易模式。如果要对这些商品开展电子商务的话，线上线下的协同非常重要，网站可以起到宣传和沟通的作用，但是实地参观、亲身体验显然必不可少。

社会的经济状况指数、网民的人数多少等对电子商务的开展也很重要。网民人数（也包括上网企业的数量）是电子商务最基本的要素，如果没有人上网的话，也就谈不上电子商务了。因此电子商务的开展还有一个切入的时机问题，在国际和国家经济状况良好、网民购买力增强、消费活跃的情况下进入显然成功的概率要大。截至 2020 年 12 月，中国手机上网的用户已经达到了 9.86 亿人，这也给移动商务带来了巨大商机。

企业内部的影响也不可忽视。因为电子商务系统的实施要导致企业制度、组织结构、管理模式等的变革，这些变革必然会引起企业内部各部门、各个职工的利益变化，对于这些变化，企业的承受能力到底有多大要认真分析。比如有的职工对新技术的接受程度低，有些部门担心自己的重要性要下降，有的职工担心自己会丢掉饭碗下岗等，这些都是开展电子商务活动时可能遇到的问题，都要认真对待。

### 3.1.3 电子商务项目可行性研究的具体工作

电子商务项目可行性研究的具体工作包括：市场分析、确定电子商务项目的目的和功能，并根据需要对电子商务项目建设中的内容、技术、费用、测试以及后期维护等做出分析。由于费用分析非常重要，我们在下一节中专门阐述。

1. 电子商务系统的市场分析

具体的工作包括如下方面：

（1）相关行业的市场分析。针对目前和未来的市场情况进行调查，分析市场有什么特点和变化，目前是否能够并适合在网上开展公司业务。

（2）市场主要竞争者分析。例如竞争对手电子商务系统的情况及其系统规划、功能等。

（3）公司自身条件分析。包括公司概况、市场优势，可以利用电子商务系统提升哪些竞争力，建设电子商务系统的能力（费用、技术、人力等）是否具备。

（4）电子商务项目的收益分析，包括直接经济收益和间接经济收益。

2. 建设电子商务项目的目标和功能定位分析

具体的工作包括如下方面：

（1）分析为什么要建立电子商务项目。是为了宣传产品，进行电子商务，还是建立行业性网站？是企业业务的需要还是市场开拓的延伸？

（2）整合公司资源，确定电子商务系统功能。根据公司的需要和计划，确定电子商务项目的功能属于以下中的一项或多项：产品宣传型、网上营销型、客户服务型、客户参与定制型等。

（3）电子商务项目的目标。根据电子商务项目的功能，确定电子商务项目应达到的目的和作用。

3. 确定电子商务网站的内容

具体的工作包括如下方面：

（1）内容是电子商务网站的根本所在，它左右着电子商务网站流量，是网站成功的关键，即所谓“内容为王”，要使内容充实、有用且及时更新。

（2）确定栏目与版块。包括确定主体内容的栏目与版块以及其他栏目与版块。

（3）确定目录结构与链接结构。

（4）确定整体风格、创意设计。包括确定首页的功能模块，以及首页的版面布局，常用的版面布局形式：T型布局、口型布局、三型布局、对比对称布局等。

4. 技术解决方案的比较与分析

具体的工作包括如下方面：

（1）要考虑是采用自建服务器，还是租用云平台的虚拟主机或主机托管的方式。

（2）选择操作系统，是用UNIX、Linux还是Window系列的操作系统。移动电子商务的操作系统是采用苹果的iOS还是安卓系统。分析投入成本、功能、稳定性和安全性等。

（3）是采用系统性的解决方案（如IBM、HP等公司提供的企业电子商务解决方案），还是自行开发？或是委托开发？

（4）分析和比较网站安全性措施，如防黑客、防病毒方案，以及交易的安全性等。

5. 系统测试方案的比较与分析

具体的工作包括如下方面：

（1）服务器稳定性、安全性测试方案的分析。

（2）程序及数据库测试方案的分析。

（3）网页兼容性测试方案的分析，或者是App应用的测试方案分析。

（4）其他测试需要考虑的方案及分析。

6. 系统建成后，维护方案的比较与分析

具体的工作包括如下方面：

（1）服务器及相关软硬件的维护方案分析，对可能出现的问题进行评估，制定相应策略。

（2）数据库维护方案分析，有效地利用数据是网站维护的重要内容，因此数据库的维护要受到足够的重视。

(3) 内容的更新、调整等维护方案的分析。

(4) 其他系统维护的方案分析，要尽量做到将系统维护制度化、规范化。

7. 电子商务系统的发布与推广方案分析

(1) 网站测试后进行发布的公关、广告活动方案分析。

(2) 其他推广活动方案分析。

我们需要从以上方面来判断电子商务项目的技术、经济和社会环境上是否具备开始进行的各种必要条件，这就是可行性研究。在可行性研究结束之后，应该将分析结果以可行性研究报告的形式编写出来，形成正式的工作文件。

可行性研究报告的结果并不一定可行，也有可能得出在目前条件下不可行的结论，这是完全正常的。如果限定必须证明可行，那么可行性研究就没有意义了。甚至可以说，判断不可行性比判断可行性的收获更大；因为这避免了巨大的浪费。如果把大量的人力物力投入一个客观条件不具备，事先就认定是劳而无功的项目，其损失是难以预计的。另外，可行性研究的结果也有可能是要求做一些局部性的修改，例如修改某些目标、追加某些资源、等待某些条件成熟后再实施项目等。

对可行性研究报告的讨论是研制过程中的关键步骤，必须在项目的目标和可行性问题上，和企业的领导及管理人员取得一致的认识，才能正式开始项目的详细调查研究。为了做好这一次讨论，在条件许可的情况下，可以请一些外单位的参加过类似的电子商务系统研制的专家参与讨论，他们的经验以及他们局外人的立场都有利于对项目目标和可行性做出更准确的表达、判断与论证。

## 3.2　电子商务项目的成本效益及建设方式

在进行可行性研究中，有两个问题需要特别注意，一是分析电子商务项目的成本效益，一是分析电子商务项目的建设方式，本节就主要从这两个方面进行讲解。

### 3.2.1　电子商务项目的成本效益分析

电子商务可行性评估中一个关键的活动是成本效益分析（cost-benefit analysis），以便查看项目收益是否大于费用，以及大多少等信息。成本效益分析是指一家企业在实现其目标的过程中，用以决定其支出成本能够带来多大效益的一种方法。

1. 成本评估

成本效益分析需要确定出有形的或无形的成本和效益。当成本或效益是有形的时候，一般可以计算出明确的数值，例如搭建一个新平台的费用。反之，无形的成本或效益则很难用明确的数值来代替。在电子商务项目可行性研究中，一系列的成本必须被考虑在内：

(1) 各项硬件和软件的投入与维护成本。电子商务硬件成本包括实施电子商务所必需的计算机设备、通信硬件的购买和维修保养开支，如服务器、工作站、网络设备等。软件成本包括最初的软件开发或购买成本以及改进和维修保养成本。

（2）电子支付的服务费用，包括电子信用卡费用、第三方支付服务以及电子支票等服务费用。

（3）通信费用，指与供应商或客户等贸易伙伴之间的电子信息传输费用。

（4）有关人员的培训成本。人员的培训包括实施电子商务人员的上岗培训、操作培训、原理培训等内容。这部分费用一般是在电子商务试运行前发生。

（5）员工费用。实施电子商务往往需要增加相应的技术人员或熟练计算机技术的商务人员，同时需要得到企业内部管理信息系统相关人员的支持，也要求电子商务专业人员的参与和支持，这些人员的费用应该考虑进来。

（6）发布和推广的费用。例如电子商务网站的发布、宣传和推广都需要成本的支出。

以上的费用主要是指项目的建设成本，但是也需要提前考虑电子商务系统运行中的维护成本，以便提前做好预算安排。有形和无形的成本需要被明确指出并分类，来保证更加可靠的评估。

2. *效益评估*

与成本评估相比，电子商务项目的效益中有许多是以无形的状态存在并发生在未来，因而相对更难量化。电子商务系统项目中的效益表现在大量忠诚客户的锁定、商务运行过程中费用的降低以及更高效地完成工作任务等。具体来讲，对于电子商务项目的效益评估主要表现在以下四大方面：

（1）是否可以锁定大量的客户。一个相对固定的客户群是电子商务项目价值的充分体现，拥有大量的客户群，意味着电子商务项目拥有很大的影响力与很高的价值。另外，电子是手段，商务是目的，“内容”是“鱼饵”——关键是引客户“上钩”。电子商务项目必须拥有吸引客户的内容，不仅要吸引客户，关键还要留住客户。

（2）是否可以为企业带来新的收益，例如：广告的收益；交易佣金的收益；增值服务的收益；信息服务的收益；等等。

（3）是否促进整个企业的生产效率的提高，如是否帮助提高企业的劳动生产效率；是否促进企业生产力水平的提高；是否使企业生产更好地适应市场变化；是否增加了提高经济效益的途径；等等。

（4）是否使企业的相关成本得到了降低，如是否降低了采购的成本；是否实现了“零”库存或降低了库存成本；是否有利于员工成本的节省；是否有助于纸张成本的节约；是否有助于经营成本的节省；是否有利于降低交易成本等，从而增加企业的竞争力。

归纳来说，电子商务项目的效益分析主要考察电子商务项目运行后给企业带来的直接收益和间接收益。前者包括单证处理成本的节约、库存成本减少、采购成本和交易成本的降低、减少差错及时效收益等；后者指获得大量忠诚的客户，管理的改善，经济效益的提升等，如业务流程的改善、加强了与客户的交流、增加了社会效益等。进行电子商务的成本效益分析对企业实施电子商务项目至关重要，电子商务实施部门应该会同财务部门、人事部门、计划部门、采购部门等进行细致深入的分析，并达成共识。在实施电子商务项目方案时，应本着“节约成本，提高效益”的原则，有效地利用企业的各项经济资源，充分体现电子商务项目给企业带来的优势。

### 3.2.2　电子商务项目的建设方式

在进行电子商务项目的可行性研究中，很重要的一项工作是需要确定电子商务项目的建设方式，因为不同的建设方式可能会涉及不同的技术解决方案，产生不同的成本和效益。电子商务项目的建设方式的确定包括选择建设模式、选择技术产品的原则以及选择服务器的搭建方式等。

1. 选择建设模式

在确定了电子商务系统需求的可行性之后，就需要考虑电子商务系统的建设方式。在企业电子商务系统的建设模式上，企业是选择“自力更生”自行开发，还是选择外包的方式委托外包服务商开发，或者选择 ASP（application service provider，应用服务提供商）模式？这就是一个电子商务系统的建设模式选择问题。

电子商务系统建设的主要模式可以分为以下三种：企业自行建设模式；外包（outsourcing）建设模式；ASP 模式。

（1）企业自行建设模式。

这种模式通常由企业在采购成熟的软硬件基础上，主要依靠企业自身力量从事电子商务系统建设。在电子商务系统建设中，企业能够控制其全过程，开发出的系统能够充分、真实地反映企业的实际业务要求，针对性较强，系统实施相对比较容易，风险较小，而且采用这种模式就有项目的全套资料，后续的维护就比较简单。在电子商务系统建设的实践中也会不断锻炼和培养组织的队伍。

不利之处在于，由于大多数企业的电子商务人才的人员结构不尽合理，业务人员多、技术人员少，尤其是高水平的系统分析员少，而且主要依靠非业务部门的技术人员去做业务调研，技术人员没有能力去解决原有管理中存在的落后的经营方式、僵化的组织结构、低效的管理流程等问题，因而难以吸收先进的管理理念和思想来提高管理水平，导致开发周期长，系统生命期短等问题。

（2）外包建设模式。

外包，是指企业利用其外部优秀的专业化资源，从而为达到降低成本、提高效率、维护自身核心竞争能力和增强企业对环境应变能力的一种管理模式。外包主要的类型包括：信息系统外包服务、营销外包、人力资源管理外包、应收账管理外包等。电子商务项目建设的外包是信息系统外包的一种重要类型，就是将电子商务系统项目的建设交给外部的专业的外包服务提供商完成。

电子商务系统建设外包包括三个连续的过程：

①电子商务外包的决策过程：是否外包？外包什么？

②电子商务外包商的选择过程：选择外包商的标准是什么？是选择一个外包商还是选择多个外包商？选择外包商的依据是什么？

③电子商务外包商的管理过程：外包过程中的风险如何防范？如何对外包商进行监控？如何对外包商进行评价和适当的激励？

电子商务系统建设外包可以降低成本、获取外包商先进的管理理念和技术能力。但是，外包中也蕴含着大量的风险，例如项目失控的风险、不确定性的风险以及企业丧失学习能力和应变能力的风险。由于电子商务项目的外包中存在着很多的风险，所以在外包决策和外包管理中必须要认真考虑风险的问题。外包风险的防范方法可以概括为：控制外包决策、选择合适的外包服务商、通过完善的合同限制外包服务商的投机行为以及管理外包关系等。

（3）ASP模式。

ASP（application service provider）即应用服务提供商，是指通过网络特别是互联网以外包或租赁方式为客户提供各种服务的互联网服务商。服务的内容包括替企业部署主机服务及管理、提供和维护企业的应用软件（如电子商务、客户关系管理、供应链管理等应用软件），以及提供企业网、E-mail等服务。总之，凡是企业需要在互联网上做的事情ASP几乎都可以代办。

ASP作为一种业务模式，是指在共同签署的服务协议或合同的基础上，企业客户将其部分或全部与业务流程相关的应用委托给服务提供商，由服务商通过网络管理和交付服务并保证质量的商业运作模式。服务商将保证这些业务流程的平滑运转，即不仅要负责应用程序的建立、维护与升级，还要对应用系统进行管理，所有这些服务的交付都是基于互联网的，客户则是通过互联网远程获取这些服务。随着互联网革命将人类从工业经济时代推向数智化时代，ASP可能成为重塑IT产业的未来发展方向的一种产品及服务模式。

在ASP模式下，强调的是应用系统的使用权而不是所有权，客户不再拥有应用程序，也不需要负责对程序内外部进行维护。客户在签订合同后（通常是一份较长期的合同，至少一年以上），就可以通过浏览器连接到位于远端的、集中式服务器上的应用程序，然后在本地处理应用程序计算产生的结果。ASP的本质是通过社会分工的进一步细化，整合人员、硬件、软件和网络技术，提供商业解决方案，从而提高社会资源配置效率，推动社会经济加速向前发展。

ASP模式的最大优点是服务便捷、成本相对低廉。服务商将应用程序及相关服务打包，通过网络交付，使其能以最小的成本实现高效的执行，对用户来说，与整个运行相关的风险可以被分摊，IT应用技术也可及时更新。与购买许可证和高昂的维护费用相比，按月或按年付费的软件使用方式更能节省成本。采用ASP租用方式，建设电子商务项目的软件初始投资都可以节省下来，企业所需要付出的不过是每月很少的租金，这笔支出可以纳入企业的日常运营开支。

电子商务中，ASP模式是绝大多数商家，特别是中小企业商家都会采用的一种模式。淘宝、京东、苏宁易购、拼多多等电商平台，就是典型的ASP服务提供方。电商平台均会提供开店、售前售后、客户管理、运营分析等服务，商家无须自行考虑店铺可能面临的服务器故障、高并发等问题，商家对于店铺系统拥有使用权，但对于系统没有所有权。即使是一些特殊商品，例如机票、酒店等，也可以采用ASP模式减轻自己系统的压力。

自移动互联网蓬勃发展以来，新媒体应用层出不穷，其中许多平台类企业也成为ASP。微信平台是社交通信类的典型代表，抖音、快手平台是短视频类的两大主角。微信于2017年上线小程序，想要将自己打造成一个“类操作系统”，正如本书第2章在“电子商务的发展趋势”中提到的，有赞、微盟等平台可以为商家提供店铺建设、多维数据分析、客户管理等多项功能，是典型的ASP服务提供商。抖音、快手等为了加快流量变现纷纷投入电商怀抱，推出抖音小店、快手小店等，商家在后台也可以像淘宝商户一样进行日常的运营，而且各大平台还在不断提升自己为商家提供的服务。

总之，企业电子商务系统建设模式的选择，需要企业根据自己的信息化成熟度情况、自身的信息能力状况以及外部的IT服务市场状况，选择适合自己的电子商务项目建设模式。

2. 选择技术产品的原则

从目前的发展看，各种各样的IT厂商在电子商务系统的构造技术、产品方面均提出了很多不同方案。企业选择这些技术产品的基本依据首先是考察这些产品能否满足需要。除了这条最基本的原则外，还有一些因素会对整个系统产生全局性的影响，甚至制约系统未来的发展，所以是必须考虑的。这些需要遵循的依据包括：

（1）符合各种主流的技术标准。

候选产品或ASP服务是否符合各种主流的技术标准是最重要的一条评判依据。如果候选的技术符合主流的技术标准，那么构造的电子商务系统就容易得到技术支持，而且其扩充性将会较好。

（2）符合企业信息化的整体技术战略。

某些情况下，企业为了提高生产和管理的需要，已经制定或者建立了信息技术政策，或者已经开发了相关的信息系统。在这种情况下，选择技术产品或ASP服务时，就需要考虑到未来的电子商务系统是否符合企业的整体技术战略。

（3）符合未来技术的发展方向。

由于电子商务技术发展得很快，可能出现企业技术政策或标准制定滞后于技术更新的情况，这可能导致选择产品时无标准可依据。这时，需要考虑候选技术产品或ASP服务是否符合未来技术的发展方向。因此应该尽可能地选择主流的、有代表性的产品或ASP，以保证系统是有生命力的。

（4）满足开放、可扩充的要求，与现行的应用具有良好的兼容性。

满足开放性的要求，不仅意味着电子商务系统可以独立于硬件、操作系统，系统开发建设中能够获得更多的技术支持，容易升级，而且开放的系统结构可以和企业已有的信息资源集成。产品或ASP服务的可扩充性好，则意味着一旦我们的需求发生变化，系统能够尽快得到扩充，原有的投入得到有效的保护，从而在整体上得到良好的投入产出效益。例如，我们在选择Web服务器时，如果候选的产品支持服务器集群，那么当计算机的处理能力不能满足业务增长的要求时，就可以仅仅扩充硬件资源，而不必重新开发Web上的应用程序，这样可以减少应用升级的开销。

（5）具有成功的应用实例。

一般来讲，优秀的产品或者ASP会应用得更加广泛。所以在选择技术产品或ASP的过程中，应当尽可能地考察它们在相关领域中的应用效果，通过考察候选产品或ASP的市场占有率、是否存在成功的案例来为评价方案的先进性提供重要的参考依据。

以上的一些原则可以作为选择电子商务系统构造技术或者ASP服务的基本依据。在选择过程中，将上述依据作为一种过滤器，通过多层次的比较，可以得出综合效果比较满意的结果。

3. 选择服务器的搭建方式

在电子商务系统实体建成后，就需要将其发布到互联网上，以便使其真正发挥作用。互联网域名是互联网上的一个服务器或一个网络系统的名字，网络使用者通过域名能到达某一个网站。企业建立自己的网站，就会得到一个具有商业价值的网址（域名），其中可以包含企业的名称、行业和所属国家等信息。域名的直接作用相当于电话号码，但间接意义更大，可以印到宣传品或媒体广告上，吸引人们访问企业网站。

注册域名后，还要有域名依附的载体，这就是服务器。根据投入资金的多少和规模的大小，企业搭建电子商务服务器可以选择虚拟主机、主机托管或租用以及自建服务器三种方式。电子商务项目开发采用自建和外包模式的都涉及搭建服务器的选择模式，而ASP模式主要是采用主机托管或租用的模式。

(1) 虚拟主机。

所谓虚拟主机是指租用互联网服务提供商（Internet services provider，ISP）服务器的硬盘空间，使用特殊的Web技术，把一台计算机主机服务器分成若干个虚拟主机，每一台虚拟主机都有独立的域名和IP地址。同一台服务器上的各个虚拟主机相对独立、互不干扰，可由用户自行管理，对访问者来讲，虚拟主机和一台独立的主机服务器完全一样。虚拟主机方式由于省去了全部硬件投资和软件平台投资，具有成本较低的优点，但由于许多用户共享服务器，需要考虑出现大量并发访问时服务器资源能否灵活扩张的问题。因此虚拟主机方式适用于搭建小型电子商务网站系统，对资源的要求不高或并发访问量有限的企业尤其适合。

(2) 主机托管或租用。

主机托管是指将企业的网站服务器主机委托给ISP保管，或向其租用一台网站服务器，将其放置在ISP的主机机房或数据中心，ISP为客户提供优越的主机环境，客户通过远程控制进行网站服务器的配置、管理和维护。这种建站方式具有以下优点：

首先，企业的主机（或服务器群）托管在网络服务商的通信机房后，完全消除了组建通信机房、配备电力、网络升级、需要值班维护人员等后顾之忧。

其次，企业的主机在获得高速率的同时，其通信费用的成本却因此而降低了，其规模效益产生的经济性显而易见。

最后，企业选择主机托管或租用服务可获得较高的安全保障。比如，如果选择电信局标准的电信机房，将能向托管用户提供恒温恒湿的标准电信级的机房设施、充足的不间断的通信电源、24小时技术人员值班维护等，使用户的服务器等设备获得最高的安全保障。

因此主机托管或租用方式是许多企业的理想选择，而且一旦条件成熟可以将设备移至用户单位，以自我管理和运营的方式对外开展电子商务服务。

(3) 自建服务器。

服务器的概念有物理上的和逻辑上的两种。物理上的服务器指服务器硬件，逻辑上的服务器指驻留于硬件服务器之上为客户提供服务的程序或软件。物理服务器和逻辑服务器并不完全对应，一台物理服务器上可驻留多个逻辑服务器，而一个逻辑服务器也可分布于不同的物理服务器。

服务器作为互联网的核心驱动力量，是一种高技术、高性能、高价值、价格也相对普通系统要高很多的产品，因此怎样选购一款性价比与当前业务需求和未来业务扩展相适合的产品，就变得非常重要。不同类型的企业各有其特点，因此在选购服务器时既要考虑到服务器选购的一般知识，即首先要确定选购的服务器级别，包括入门级、工作组级、部门级和企业级，接着就是权衡可管理性、可用性、可扩展性、安全性、高性能以及模块化等主要的性能指标。

操作系统是网站服务器软件系统的基础平台，目前市场上的三大主流操作系统分别是 Windows 系列、Linux 系列和 UNIX 系统。UNIX 系统最大的特点是稳定，Windows 系列最大的特点是好用，Linux 系列最大的特点是开源和免费。企业要根据自己的需要进行科学的选择。

逻辑服务器主要包括 Web 服务器、应用服务器、文件服务器、域名解析服务器、邮件服务器等，这些服务器既可以构建在一台服务器硬件上，也可以分布在不同的服务器硬件上。其中核心是 Web 服务器，复杂的网站还有应用服务器。

其中 Web 服务器是负责以 HTTP 或 HTTPS 协议与客户浏览器端进行交互的软件，它接受来自浏览器端客户的服务请求，将网站处理的结果以 Web 网页的形式发送回客户浏览器来响应。应用服务器是一个软件包，它连同 Web 服务器一起来处理来自客户端的请求。当客户端发出请求，Web 服务器首先做出响应，然后把请求转交给应用服务器来处理。在应用服务器处理完之后，将结果返回给 Web 服务器，然后再由 Web 服务器转发给客户端。除此之外应用服务器还具有组件管理、负载平衡、容错处理、事务处理、安全管理等功能。

## 3.3　电子商务项目的可行性研究报告与项目章程

对一个拟建电子商务项目进行可行性研究，必须充分掌握各种相应的技术资料，站在客观公正的立场下进行调查研究，并编制可行性研究报告。可行的项目经过审批以后需要立项，发布项目章程，任命项目经理，召开项目启动会，项目就正式启动了。

### 3.3.1　项目可行性研究报告的一般格式

可行性研究报告应该包含以下主要内容：现行系统的目标、功能、范围、关键信息需求及存在的主要问题（如无现有系统，则描述拟建新系统的目的、内容和目标）；拟建新系统的总体方案；总体方案至少提供两套，并对方案进行分析对比；系统开发的分阶段投资计划与投资总额；系统正常运行后日常维护、材料消耗等方面的年费用投入；系统投运后所产生的经济与社会效益分析；开发系统所具有的技术条件和对技术能力的评估；系统环境的整改方案与整改计划，包括人员培训计划；电子商务系统项目是否建设的结论意见，可行性研究报告必须提出明确的分析结论，结论可以为下列意见之一：

（1）具备开发条件，可以进行系统建设。

（2）系统目标难以实现，需要对目标体系中的某些指标进行怎样的调整后，才可以再建设。

（3）资金投入不足，增加投资到相应的数额后可以建设。

（4）不具备系统建设条件，暂缓开发。

（5）无必要建设。

只有可行性研究报告得到组织领导、同行专家的论证批准后，项目才可以进行实施。下面给出了可行性研究报告的一般格式，大家在撰写电子商务项目可行性研究报告时可以参考。

**1. 引言**

1.1 编写目的。说明编写本可行性研究报告的目的。

1.2 背景。说明：A. 所建议建设的电子商务系统的名称；B. 本项目的任务提出者、建设者、用户；C. 该电子商务系统同其他系统或其他机构的相互往来关系。

1.3 定义。列出本文件中用到的专门术语的定义和外文首字母组词的原词组。

1.4 参考资料。列出需要用到的参考资料，如：A. 本项目的经核准的计划任务书或合同、上级机关的批文；B. 属于本项目的其他已发表的文件；C. 本文件中各处引用的文件、资料，包括所需用到的信息系统开发标准。列出这些文件资料的标题、文件编号、发表日期和出版单位，说明能够得到这些文件资料的来源。

**2. 可行性研究的前提**

说明对所建议的项目进行可行性研究的前提，如要求、目标、条件、假定、限制等。

2.1 要求。说明对所建议开发的系统的基本要求，如：A. 功能；B. 性能；C. 输出，如报告、文件或数据，对每项输出要说明其特征，如用途、产生频度、接口以及分发对象；D. 输入，说明系统的输入，包括数据的来源、类型、数量、数据的组织以及提供的频度；E. 处理流程和数据流程，用图表的方式表示出最基本的数据流程和处理流程，并辅之以叙述；F. 在安全与保密方面的要求；G. 同本系统相连接的其他系统；H. 完成期限。

2.2 目标。说明所建议系统的主要目标，如：A. 人力与设备费用的减少；B. 处理速度的提高；C. 管理信息服务的改进；D. 客户服务和满意度的提升；E. 库存的降低；F. 客户转化率的提升；等等。

2.3 条件、假定和限制。说明该项目建设的条件、假定和所受到的限制，如：A. 所建议系统的运行寿命的最小值；B. 进行系统方案选择比较的时间；C. 经费、投资方面的来源和限制；D. 法律和政策方面的限制；E. 硬件、软件、运行环境和开发环境方面的条件和限制；F. 可利用的信息和资源；G. 系统投入使用的最晚时间。

2.4 进行可行性研究的方法。说明这项可行性研究将是如何进行的，所建议的系统将是如何评价的。摘要说明所使用的基本方法和策略，如调查、加权、确定模型、建立基准点或仿真等。

2.5 评价尺度。说明对系统进行评价时所使用的主要尺度，比如费用的多少、各项功能的优先次序、开发时间的长短及使用中的难易程度。

**3. 对现有系统的分析**

这里的现有系统是指当前实际使用的系统，这个系统可能是计算机系统，也可能是一个人工系统。分析现有系统的目的是进一步阐明建议中的新系统或修改现有系统的必要性。

3.1 处理流程和数据流程。说明现有系统的基本的处理流程和数据流程。此流程可用图表即流程图的形式表示，并加以叙述。

3.2　工作负荷。列出现有系统所承担的工作及工作量。

3.3　费用开支。列出由于运行现有系统所引起的费用开支，如人力、设备、空间、支持性服务、材料等项开支以及开支总额。

3.4　人员。列出为了现有系统的运行和维护所需要的人员的专业技术类别和数量。

3.5　设备。列出现有系统所使用的各种设备。

3.6　局限性。列出本系统的主要的局限性，例如功能的缺乏，处理时间赶不上需要、响应不及时，数据存储能力不足，处理功能不够等。并且要说明，为什么对现有系统的改进性维护已经不能解决问题了。

**4. 所建议系统**

说明所建议系统的目标和要求将如何被满足。

4.1　对所建议系统的说明。概括地说明所建议系统，并说明在可行性研究报告第2部分中列出的那些要求将如何得到满足，说明所使用的基本方法及理论根据。

4.2　处理流程和数据流程。给出所建议系统的处理流程和数据流程。

4.3　改进之处。按2.2条中列出的目标，逐项说明所建议系统相对于现存系统具有的改进。

4.4　影响。说明在建立所建议系统时，预期将带来的影响。

4.5　局限性。说明所建议系统将存在的局限性以及这些问题未能消除的原因。

4.6　技术条件方面的可行性。本条应说明技术条件方面的可行性，如：A. 在当前的限制条件下，该系统的功能目标能否达到；B. 利用现有的技术，该系统的功能能否实现；C. 对建设人员的数量和质量的要求并说明这些要求能否满足；D. 在规定的期限内，本系统的建设能否完成。

**5. 可选择的其他系统方案**

扼要说明曾考虑过的每一种可选择的系统方案，包括需要建设的、可以从国内国外直接购买的或外包的，如果没有供选择的系统方案可以考虑，也要给出证据支持。

5.1　可选择的系统方案1。说明可选择的系统方案1，并说明它被选中或未被选中的理由。

5.2　可选择的系统方案2。按类似5.1条的方式说明第2个乃至第n个可选择的系统方案。

**6. 投资及效益分析**

6.1　支出。对于所选择的方案，说明所需的费用。如果已有一个现存系统，则包括该系统继续运行期间所需的费用。包括基本建设投资、其他一次性支出、非一次性支出。

6.2　收益。对于所选择的方案，说明能够带来的收益，这里所说的收益，表现为费用的减少或避免、差错的减少、灵活性的增加、动作速度的提高和管理计划方面的改进等，包括一次性收益、非一次性收益、不可定量的收益等。

6.3　收益/投资比。求出整个系统生命期的收益/投资比值。

6.4　投资回收周期。求出收益的累计数开始超过支出的累计数的时间。

6.5　敏感性分析。所谓敏感性分析是指一些关键性因素如系统生命期长度、系统的工作负荷量、工作负荷的类型以及这些不同类型之间的合理搭配、处理速度要求、设备和软件的配置等变化时，对支出和收益的影响最灵敏的范围的估计。在敏感性分析的基础上做出的选择当然会比不做这样的分析选择的结果要好一些。

**7. 社会因素方面的可行性**

用来说明对社会因素方面的可行性分析的结果，包括：

7.1 法律方面的可行性。法律方面的可行性问题很多，如合同责任、侵犯专利权、侵犯版权等方面的陷阱，电子商务相关的法律法规比较多，务必要注意对照分析。

7.2 使用方面的可行性。例如从用户单位的行政管理、工作制度等方面来看，是否能够使用该电子商务系统；从用户单位的工作人员的素质来看，是否能满足使用该系统的要求等，都是要考虑的。

**8. 可行性研究结论与建议**

根据前面的研究结果，对项目在技术、财务、社会因素上进行全面的评价，对建设方案进行总结，提出结论性意见和建议。A. 可以立即开始进行；B. 需要推迟到某些条件（例如资金、人力、设备等）落实之后才能开始进行；C. 需要对开发目标进行某些修改之后才能开始进行；D. 不能进行或不必进行（例如因技术不成熟、经济上不合算等）。

可行性研究报告的结果并不一定是项目可行，也有可能得出在目前条件下不可行的结论，这是完全正常的。如果限定必须证明可行，那么可行性研究就没有意义了。甚至可以说，判断不可行比判断可行的收获还大，因为这避免了巨大的浪费。

### 3.3.2 电子商务项目章程的颁布

如果电子商务项目可行性研究结论为可行的话，用户企业就要开始立项了。如果需要招投标的话（下一节介绍），就要开始招投标的流程，确定承建方，在谈判的基础上双方签订电子商务项目的建设合同。项目立项结束的标志是项目章程的颁布。如果有条件的话，用户企业与承建方企业都应该对自己的项目团队发布一个项目章程，当然，一般说的比较多的是针对承建方企业项目团队的项目章程。

项目章程是正式确认项目存在的文件，它主要包括对项目所提供的产品或服务特征以及所要满足的商业需求的简单描述。当项目在合同情况下执行时，项目章程也可以被所签订的合同所省略。项目章程的内容格式参见表3-1，要注意的是，表3-1中的要求只是项目章程的基本内容，具体使用过程中可能要写几页甚至是十几页的具体内容。

项目章程应该经过管理者对项目及项目所需的条件进行客观的分析后颁布，在项目章程中需要任命项目经理（或项目负责人），它提供给项目经理运用、组织开发资源，进行开发活动的权力。

尽管项目章程不能阻止冲突的发生，但它可以提供一个有助于解决冲突的框架，因为它界定了项目经理为完成项目而使用企业资源的权限，以及项目经理与其他职能部门经理之间的关系。项目章程是正式认可项目存在并指明项目目标和管理人员的一种企业级正式文件。项目主要干系人应该在项目章程上签字，以表示认可项目目的已经与企业达成一致。

表 3-1　电子商务项目章程的内容格式

| |
|---|
| 项目名称：<br>项目经理： |
| 项目背景： |
| 项目目标：<br>（范围、质量、进度、成本等的要求以及项目的交付物） |
| 与相关的职能部门之间的关系：<br>（财务部门、人力资源部门、质量部门等） |
| 签发人：<br>会签：<br>发布时间：　　　　　　　　　　　　　　　　　　文档编号： |

对于电子商务系统建设项目来讲，承建方和用户方都应该签发各自的项目章程，任命各自的项目经理。作为用户，要成立一个配合和管理承建方的项目团队，作为承建方，要成立一个实施团队。下一小节我们给出了一个案例的项目章程。

### 3.3.3　案例：校园二手用品跳蚤市场移动 App 项目的项目章程

为了使大家对项目管理的工具有直观的体会，在本书中我们以校园二手用品跳蚤市场移动 App 项目为例，说明各种项目管理工具的使用。后面的一些案例分析都是建立在这个项目基础上的。本小节介绍的内容是该项目的项目章程。

1. 项目名称

校园二手用品跳蚤市场移动 App 开发。

2. 项目背景

在当前的大学校园中，存在着大量的二手用品交易需求，例如书籍、电子产品等。当前，绝大多数校园都是通过学生自发组建 QQ 群、微信群或微信公众号等方式来发布这些交易信息并完成交易的。这样的交易方式往往过程烦琐，信息反馈速度慢，交易效率低下。常见的问题是找不到自己需要的用品信息，或者找到合适的用品却被告知已经卖出。虽然当前市面上已经存在一些二手交易平台，但是对于校园这一特定环境的针对性不强，且缺乏统一高效的市场平台和管理方式。

与此同时，随着社会上的网络交易平台蓬勃发展，淘宝、闲鱼等交易平台以及微信支付、支付宝、网银在线等交易方式日趋成熟，线上交易越来越受到大家的青睐。

对于校园这样一个特殊的环境，如果有一个功能齐全，且可以满足学生群体个性化需求的App，来消除供求双方的信息障碍，将能很好地满足校园中日益增长的二手交易需求，大大提高交易的成功率和效率。因此，开发这样一个C2C的学生对学生的移动App切实满足同学们的需要，将会提高校内资源利用率，促进共享经济的发展。

3. 项目目标

本项目的目标是开发一个基于C2C模式的主要面向大学生的规范的二手用品交易移动App。该App的运营需得到学生所属学校的认可，方便在校学生出售自己的二手商品，方便购买者足不出户就可以浏览想要的物品，方便信息交流，提高交易水平。在App的管理上应该强调规范化管理。为在校学生提供一个高效、便利、规范的二手交易市场。同时对二手商品循环使用可以倡导资源的合理利用，构建和谐校园和节约型校园。

4. 项目主要内容

考虑到校内二手市场的各种特点，本平台不提供网上支付的方式，因为对于单个用户而言，交易量和交易金额都不会太大，而且在校园内使用直接支付手段更为方便，比如交易时可以采取面对面的微信支付或支付宝支付。

App主要的功能是：App会员的注册和登录；商品出售信息的发布；商品求购信息的发布；商品的分类搜索（价格、类别、名称）；个人商品的上架和下架管理；个人信息管理；App信息维护（商品信息维护、注册用户信息维护、管理人员维护）。

项目主要完成以下内容。

（1）账户管理。

①用户的注册（必填的关键信息）、登录，自身信息的修改；

②记录用户登录和操作的关键信息；

③设定用户信用等级；

④用户权限信息修改。

其中，②、③自动运行，④只有管理员才有管理权限。

（2）二手用品管理。

①二手用品的分类与检索；

②二手用品及其价格的增、删、改。

（3）供求信息管理。

①二手用品供求信息发布；

②对发布的信息进行修改与删除；

③分类显示不同供求信息；

④用户收藏感兴趣信息，将其置于个人收藏夹中；

⑤显示好友或最近在出售的商品信息。

（4）信息反馈管理。

①注册用户自身对留言的管理；

②注册用户自身对私信的管理；

③注册用户可以对不合理的交易进行留言投诉；

④App对会员的订单信息进行有效推送以及反馈；

⑤App向注册用户推送系统消息。

其中，⑤只有管理员才有管理权限。

（5）数据库管理。

①数据库备份；

②数据库恢复。

该模块也只有管理员才有管理权限。

5. 项目的约束条件

（1）时间约束。

该项目从2020年10月1日开始，预计2021年1月12日结束。

（2）成本预计。

成本控制为50 000元。

（3）质量及其他要求。

①操作简单易用，界面友好，使用者的满意度高于95%；

②项目进行的各个过程当中所确立的文档版本日期清晰、内容完整、明确；

③该App正式上线后运行故障率低于5%，并能持续运行三个月无重大软件故障；

④项目的最终收尾期限不能超过计划期限两周以上；

⑤系统容错要求在2分钟内恢复；

⑥系统的编码中应注意一致性，以便在以后的工作中可以被推广和重用。

6. 项目的人员组成与职责分配

本项目的人员组成与职责分配如表3-2所示。

7. 相关部门的支持

由于项目组主要成员为该校研究生，导师每周提供同学用于项目开发的时间不少于10小时；实验室应提供硬件支持，机器不少于7台。

8. 签发人和签发日期

应是该项目发起方或组织方的代表，本项目由项目发起人×××签发。签发日期：2020年9月25日。

**表3-2 项目的人员组成与职责分配**

| 人员组成 | 姓名 | 职责 |
|---|---|---|
| 项目经理 | 刘×× | 负责项目分工、预算资金的分配、项目总体把握、召开主持例会等 |
| 项目组员 | 阮×× | 项目信息明星，负责联系客户等外部干系人 |
| | 范×× | 需求调研，总体设计 |
| | 张×× | 需求调研，总体设计 |
| | 吴×× | 详细设计，系统实施 |
| | 孙×× | 详细设计，系统实施 |
| | 周×× | 系统测试，客户培训 |

### 3.3.4 项目团队组建与举行项目启动会议

项目章程颁布以后，电子商务项目团队的人选将被最终确立，在此基础上召开有双方高层参加的项目正式启动会，明确本项目对实现用户企业远景目标的重要性，从而引起双方企业对该电子商务项目的重视，取得双方各层次人员对该项目的支持。

企业应该为项目组提供办公场地和辅助设施，比如，项目组专用的房间能确保良好的工作环境以利于交流，还需要准备会议室及培训场地等。还有其他附属设备如局域网环境、专用的服务器（用于存放和共享项目文档、安装测试系统）、电话、传真机、复印机、演示/培训所需设备等也要准备好。

在确定项目主计划后，应将项目的目标、工作方式、时间安排等传达到与电子商务项目相关的每个部门和人员，让用户企业从上到下都有一种共识、压力，全力以赴地推动和开展工作。

## 3.4 电子商务项目的招标与承包商选择

在电子商务项目立项之前，还要确定具体的项目承建方。如果电子商务项目的建设采用外包或外部采购的方式，就需要对电子商务项目采用招标的方式。严格地讲，“招标”与“投标”是买方与卖方两个方面的工作。从买方角度看，招标是一项有组织的采购活动；从卖方的角度看，投标是利用商业机会进行竞卖的活动。

本节首先介绍电子商务项目的招标流程，然后介绍招标书和投标书的模板，在此基础上对电子商务项目承包商的选择进行讨论。承包商确定后，就要进行合同的签订，因而本节最后介绍了合同的一般内容及其管理。

### 3.4.1 电子商务项目的招标流程

招标是指由招标人发出招标公告或通知，若干家投标单位同时投标，最后由招标人通过对各投标人所提出的价格、质量、交货期限和该单位技术水平、财务状况等因素进行综合比较，确定其中条件最佳的投标人为中标人，并与之最终订立合同的过程。

从买方的立场上看，作为业主进行招标的目标就是择优。具体的择优目标有：最佳质量、最优技术、最短周期、最低价格。这四个目标就好比打靶时的四个环心，四个目标同时达到或击中是很难的。业主只有按需要及投资能力来考虑这些目标的要素加权体系，综合评比众多投标人的优缺点，优胜劣汰，确定合适的中标人。

投标是指投标人接到招标通知后，根据招标通知的要求填写、编制相关文件（统称投标文件），并将其送交给招标人的行为。投标人在编制投标文件时，一般要先获得投标的资格。在取得投标资格后，投标人再认真研究招标文件，并根据招标文件的要求进行填写和报价。

电子商务项目招投标要遵循一定的流程，基本的流程为：招标→投标→开标→评标→定标→签订合同。招投标过程可划分成三个阶段：招标准备阶段、招标投标阶段和定标成交阶段。招标准备阶段从成立招标机构开始，到编制完成招标所需文件结束；招标投标阶段从发布招标信息（公告或邀请书）开始到投标截止结束；定标成交阶段从开标开始，到签订合同结束。

电子商务项目的用户方先自行组建或委托专门的招标公司组织项目招标领导班子，准备好招标书和投标标底，通过招标公告，从申请投标的承包商中挑选出部分合格的承包商，向其发招标书，予以答疑，在规定的时间内接收承包商的投标文件，并在公证部门的监督下开标、询标、评标，然后本着公平、公正、公开的态度决标，与中标的承包商签订合同，并由监理监督承包商履行合同，同时可从没有中标的单位收回招标文件，退还投标保证金。

（1）招标。招标是发标人单独实施的行为。在这一环节. 招标人所要经历的步骤主要有：组织招标机构、编制招标文件（需要标底的要确定标底）、发布招标公告或发出招标邀请、投标资格预审、通知合格的投标人参加投标并向其出售或发送标书、组织现场考察、召开标前会议等。

（2）投标。投标是投标人单独的行为。在这一环节，投标人所要经历的步骤主要有：申请投标资格、购买或下载标书（获得投标资格后）、考察现场、办理投标保函、计算投标价、编制和投送投标文件等。

（3）开标。开标是招标机构在预先规定的时间和地点将各投标人的投标文件正式启封揭晓的行为。

（4）评标。评标是招标机构确定的评标委员会根据招标文件的要求，对所有投标文件进行评估、排序，并推荐出中标候选人的行为。

（5）定标。定标也称决标，是指招标人在评标的基础上，最终确定中标人，或者授权评标委员会直接确定中标人的行为。

（6）签订合同。在这一阶段，通常先由双方进行签订合同前的谈判，就投标文件中已有的内容进行再次确认；对投标文件中未涉及的一些技术性和商务性的具体问题达成一致意见。

### 3.4.2　电子商务项目的招标书

在那些擅长设计招标书的专家以及法律顾问的帮助和指导下，由负责招标工作的团队制定招标书。招标书的主要内容一般包括：

①介绍和概述；

②客户信息；

③电子商务项目的需求；

④定价；

⑤项目的管理；

⑥合同到期与终止；

⑦合同条款；

⑧承包商信息；

⑨附录和其他条款或条件。

下面具体介绍招标书的内容。

1. 介绍和概述

（1）对电子商务项目做出总体性的说明。

（2）标书的范围。

（3）标书议程中的关键日期。说明招标流程的每一个重要步骤的大致日期，包括标书的截止日期、标书的评议日期、谈判日期、决定日期等。

（4）项目开始、实施以及验收的计划日期。

（5）如何投标。除了应对标书必须提交的日期和时间做出说明外，还必须对如何投标，是用纸面文件还是需要同时递交优盘、副本的份数、传真件是否接受、接收标书人员的姓名地址以及标书是否要进行铅封等具体问题做出说明。

（6）标书的格式。应该对标书的精确格式做出说明，以便标书的评议和比较工作的进行。

（7）联系人及相应的联系方式。

（8）实盘报价。必须明确规定报价在规定的期限内（例如90～180天）不允许变更。

（9）保密。包括详细的保密条款并要求投标方在分发标书前签署保密协议。

（10）所有权。说明发包方对数据拥有所有权，投标方在发包方要求时必须归还这些数据。

（11）投标方的成本和花销。说明在签订合同之前投标方自己负担一切相关费用。

（12）权利和义务。注明发包方并没有任何义务必须和投标方签订合同，同时应注明发包方仍保留与其他投标方进行谈判的权利。

2. 客户信息

（1）提供有关发包方的业务、规模、地点、客户、产品以及其他事宜的一般信息。

（2）说明发包方要求的服务的内容。对每一种服务提供详尽说明的附录，如有必要，按照系统的类型、地点、用户和其他的信息对服务做出全面说明。

（3）解释发包方的2年、5年、10年的发展计划。

（4）说明发包方的短期和长期IT目标。

3. 电子商务项目的需求

（1）对现有的系统和要求承包商建设的系统做出说明。列出所有需要实施的地点。对影响系统的平台和环境以及将给予承包商的支持进行说明。这些说明必须足够详细以便承包商可以充分了解系统的运行要求。对系统的要求按照可度量的语言进行说明。

（2）对电子商务项目未来效率和质量的预期以及为满足这些需求对承包商的程序和能力的有关要求信息。

（3）提供现在运行状况的有关统计数据，例如硬件、软件和通信设置、现有用户和潜在用户的数量、存储空间的大小、报告产生的频率以及其他一些相关内容。

（4）对典型的日常工作流程做出说明。

（5）要求承包商对实施发包方电子商务项目的计划做出说明。

（6）提出对承包商报告的要求。

4. 定价

（1）要求承包商提供基于实际的报价，并清楚地说明这些报价将哪些服务包含在内，哪些服务不包含在内。

（2）要求承包商按照不同的功能或要素分别报价，并对在服务量变化时如何调整价格以及在服务增长时如何提高价格做出解释。

（3）对承包商可以使用的增加或减少服务的机制做出说明。

（4）说明对业务需求的显著变更应该进行重新谈判或对定价机制做出变更。

5. 项目的管理

（1）项目的执行者。要求投标商提供项目执行者的姓名以及资质。

（2）项目管理架构，包括权利的架构和沟通的架构、计划的要求以及主要人员的作用。

6. 合同到期与终止

（1）如果可行的话，对合同及其重新谈判的流程、程序以及时间计划的正常截止期限做出规定。

（2）对出于便利、利益、运行失败以及控制变更等原因而导致合同终止的情况做出规定，同时对要求承包商在合同终止时应该提供的协助工作做出规定。

7. 合同条款

（1）谁将拥有什么知识产权？

（2）由谁负责获得第三方的许可，由谁承担这些许可费用？

（3）保险要求。

（4）保密要求。

（5）担保和保证事宜。

（6）如果需要分包商，给出对使用分包商的条件和限制。

8. 承包商信息

（1）参考资料。要求承包商为客户提供为其他类似客户提供类似系统的客户列表和参考资料。

（2）承包商的财务状况。

（3）应该包括有关承包商能力的质询。这些问题应该包括与要求的系统相关的知识、技术及资源等，以及所采用的技术、人员状况、人员的流动率、安全性、备份、恢复能力和经验等。这些问题还应该包括承包商如何对电子商务项目进行组织以及实施该电子商务项目的程序和方法体系等。

9. 附录和其他条款或条件

随后附有电子商务项目功能的服务说明、技术计划、商业计划以及所有帮助澄清和解释那些希望承包商了解内容完整详细的说明。仔细考虑可以应用和随附于标书的其他条款或条件。

### 3.4.3　电子商务项目的投标书

投标书必须按照招标书要求的格式进行组织以便发标方进行分析和评估。每一部分必须按照要求的格式进行标记和编号。标书必须清晰、完整、准确和详尽，以便于发包方确定投标书中建议的服务和方法是否适当、可行和符合要求。在投标书中，承包商可以根据自己的需要使用叙述的文字或图表进行说明。

承包商在标书中使用的术语应尽量与招标书中的术语相一致。在提供清晰和精确的定义的情况下，承包商可以在适当的地方采用对等的术语。下面列出了一份投标书的模板，主要内容包括以下方面：

第一部分　同意的电子商务项目工作范围

第二部分　技术建议

2.1　服务提供的方式

2.2　电子商务项目技术解决方案

2.3　建议的技术环境（硬件、软件、通信、网络等）

2.4　人员计划和工作场所要求

2.4.1　人员安排

2.4.2　工作场所要求/设施

2.5　项目管理和质量保证实施

2.5.1　项目管理

2.5.2　质量保证

2.5.3　质量控制

2.6　质量测评

第三部分　资质和参考

3.1　投标工作的资质

3.2　通用业务情况

3.3　参考

第四部分　合同的管理程序

第五部分　报价

5.1　各项功能的报价

5.2　总报价

合同样本（作为标书的附录）

（需要的其他附录）

以上给出了电子商务项目投标书的模板，在实际项目中使用时可以根据具体情况做出相应的修改。

### 3.4.4　电子商务项目承包商的选择

在对电子商务项目承包商进行选择时，需要逐一审查承包商的投标书，主要结合技术方案、项目成本、资源计划、开发人员情况、工期安排、预期质量、投标人的信誉情况等方面进行考察。要注意在分析中可能要做一些必要的调整。举例来说，针对特定的某项工作，将承包商的成本与自己的成本做比较的时候，应当找出投标书中没有计算但实际需要的某些支持性服务的成本支出（比如设备、软件、人员等），并将这些成本支出加入对承包商的估计值中。否则，在实际运作的时候，这些“隐含成本”可能使看起来令人满意的交易在实际执行中困难重重，令人大失所望。

招标阶段需要通过一定的评标方法对投标的承包商进行评审。下面列举几个常见的评标方法。

1. *层次评估法*

对于任何规模的招标来说，评价承包商指标的选择非常重要。所选的指标可以分别归类于最高或“必须”层次、次要或“需要”层次、第三或“参考”层次。在最高层次中，如果承包商没有能力达到核心要求，那么就可以立即判断它的资格不够。

如果所有参与竞争的承包商都能够实现核心要求，可以转向次要层次的各个事项，对每一个承包商按各个指标进行评分，用 1～5 分或 1～10 分分别打分。把每个指标的权重与得分相乘，加总之后就可以得出所有承包商的总分。选择那些总分最高的承包商。如果承包商的总分相差很大，那么可能就没有必要进入第三层级的“参考”类指标了。但是，如果分数很接近的话，就要通过第三层级各项指标的比较，按照各自的权重进行加总，从而为决策提供参考信息。

2. *要素加权分析法*

要素加权分析法，也是选择承包商的一个很有效的方法。如图 3－1 所示，可以根据招标方对电子商务项目的建设目标，确定评价指标。指标层是衡量承包商是否适合标准，比如在图 3－1 中具体的标准有承包商的资质评价标准、人力资源评价标准、技术解决方案评价标准、财务状况评价标准、“软”标准（如项目管理标准）等五个评价标准，这五个具体的标准又可以进一步细分。当然，图 3－1 只是一个评价的模板，具体到每个电子商务项目上，可能指标并不一样，即使指标一样，可能权重也不一样。另外，按照“能够最大限度地满足招标文件中规定的各项综合标准”的原则，招标人在评标办法中一般会制定资信标、技术标和商务标三部分内容之间的权重比例。

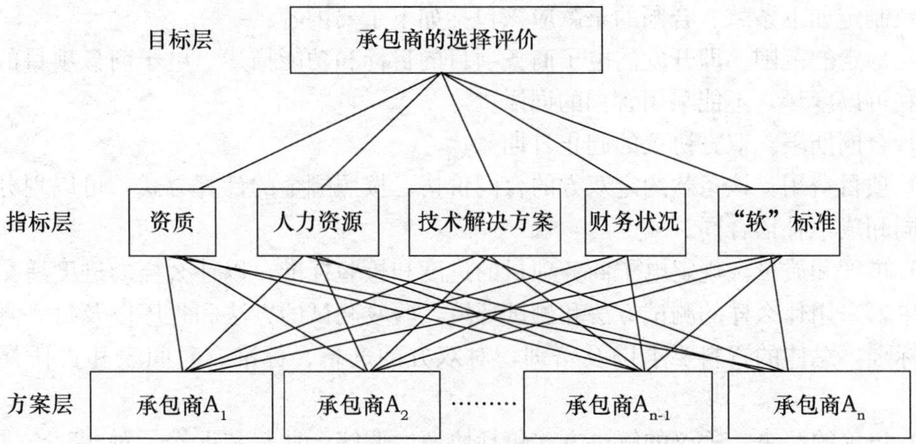


**图 3－1　电子商务项目承包商评价体系示意图**

根据图 3－1 的要素加权体系，评标委员会一般会选择若干得分最高的承包商推荐给招标方，由招标方与推荐的投标方进行具体的合同谈判过程，最终确定合作方并签订合同。

招标企业在决策之前应当进行认真权衡。例如，如果电子商务项目对用户企业的业务负有关键任务或支持关键任务的职能，就必须更加谨慎，以确保所选择的承包商能够完成这项任务。人们自然希望以低廉的价格得到自己想要的东西，但在市场上，通常不可能以最低的价格购买到最好的商品。如果希望得到最好的、最可靠的以及专家级的服务，一般来说，就需要支付更高的价格。

### 3.4.5 电子商务项目的合同及其管理

电子商务项目的承建方选定之后，项目的用户就必须尽快和承建方签订合同，并且尽快启动项目。一份完善的合同对电子商务项目的成功至关重要。合同应当保障实现用户和承建方二者的目标，对待双方都应公平合理，合同的内容要清楚明了，应使双方以及第三方（法庭）都对合同能够有一个清晰的理解。

合同必须是用户和承建方双赢的结果，双方达成共识的层面必须是全面的，从而具有一致的商业含义，但又必须有足够的柔性，以涵盖业务中的变化，使双方不必再次回到谈判桌前。合同代表了双方的合作伙伴关系。用户不能完全免除自己的责任，而且必须密切关注进展，并参与到合同的管理中。

1. 合同的主要内容

合同是交易双方签订的法律文件，是双方产生争议时协调、仲裁或诉讼的基点，所以合同应该尽可能完备。虽然合同不可能涵盖所有的不确定性，但是合同应该制定处理变更和争议的方法。

电子商务项目开发合同一般格式包括：合同的名称（比如：××公司电子商务项目委托开发合同），甲方（用户）、乙方（承建方）、合同的主要条款、甲乙双方的签字盖章、合同的签订日期。

合同中一般应该包括如下的语句：甲乙双方经过协商和谈判达成了本协议，并经双方协商一致制定如下条款。合同的条款应该包括如下主要内容：

（1）标定的范围。即开发的电子商务项目的目标和功能描述。电子商务项目的需求应该明确和可以度量，不能采用含糊的词语。

（2）合同期限。双方协议的起止日期。

（3）项目费用。该条款约定双方的合同价格。按照酬金的计算方式，可以划分为固定价格合同和成本补偿合同。

（4）进度和质量。规定电子商务项目的进度和检验标准。以什么样的进度递交原型和中间结果，采用什么样的测试方法和测试环境，验收测试的方法和程序以及每一测试阶段的验收标准，总体的资料要求以及培训，对双方的准备、标准、时间表和责任都应做出规定。

（5）争议的解决。争议的解决方式包括协商、调解、仲裁和诉讼，对此双方需要在合同中进行约定。仲裁或诉讼的适用法律、地点、费用的承担都应该做出约定。

（6）保证和责任的限定。约定双方的承诺和保证内容，比如该项合同的订立不与承建方作为一方的与其他方签订的任何合同相抵触；承建方是一家具有正式组织、有效存在并严守国家法律的公司等。用户也应该做同样或类似的承诺。

（7）合同到期和终止。一旦合同的有效期限届满，承建方和用户应按照“合同到期和终止程序”部分的约定履行。

(8) 其他条款。变更、知识产权、分包、保密、不可抗力等条款。

2. 合同中的非价格条款

电子商务项目的建设合同与其他合同一样，必须以可计量的或可测试的方式规定项目的范围、质量、进度和费用等目标，同时还要规定双方的权利和义务。除此之外，电子商务项目合同中还必须注意以下非价格条款的内容：

(1) 成本超支或进度延迟的通知条款。如果成本超支或进度延迟，承建方必须提前通知用户，并提交书面的情况说明及纠正措施计划。承建方很有可能通过简化功能模块、取消部分功能、忽略系统优化等手段控制成本、加快进度，从而使用户蒙受损失。所以，一旦出现实际成本或预期成本超支或进度计划将延迟的迹象，承建方必须及时通知用户单位，以使成本回到预算内或进度计划回到正常的轨道上来。

(2) 分包的限制条款。用户可以要求禁止或限制分包。即使分包，承建方也必须通知用户，并要征得用户的同意，否则不得分包。

(3) 明确用户承担配合义务的条款。电子商务项目的顺利建设不仅仅是承建方的事情，它离不开用户的配合和协助。用户需要提供给承建方与电子商务项目建设有关的必要的文件、资料、设备等，并应明确提供的日期，并应该在建设的过程中对于承建方的合理要求给予必要的协助和配合。这个条款保护了承建方的利益，明确了由于用户配合不到位而导致的进度延误的情况下，用户应承担的责任。

(4) 有关知识产权的条款。在建设电子商务项目过程中产生的知识或软件的所有权的问题必须明确。在合同中，要明确知识产权的归属，如果归双方共有，还应明确各自所占的比例。需要强调的是，不同的知识产权安排将导致项目建设费用的不同，例如对于可推广的项目有时甚至是数量级的差别。

(5) 有关保密协议的条款。当承建方可以接触到用户企业核心系统和数据时，要求其保密是非常重要的。出于安全的考虑，可以在合同中规定任何一方向其他方面透露有关该电子商务项目的情况，或把项目有关机密信息、技术或该项目中另一方的工作流程用作其他用途时必须经得另一方的书面同意或授权，否则视为侵权。

(6) 付款方式的条款。在合同中应该明确付款方式。具体的付款方式很多，比如每月付款、每季度付款、按合同中总数的百分比付款等多种形式。需要注意的是，在付款方式条款中要界定相应的里程碑，在这些里程碑上要有明确的交付物，在这些交付物提交之后，支付一定百分比的款项。

(7) 有关奖罚的条款。对于那些对用户业务有重大影响的项目，用户应该在合同中规定相应的奖罚条款，以确保项目的质量和进度能按期实现。如果承建方提前或高于合同约定标准完成项目，用户应付给承建方奖金。另外，如果项目到期没有完成或者没有达到合同约定标准，用户将减少付给承建方的最终款额，甚至处以罚款。

3. 合同的管理

双方签订合同了，无论是对于电子商务项目的用户方还是对于承建方，都意味着项目正式立项了。项目立项结束意味着开始执行对项目合同的管理过程。

用户和承建方签订电子商务项目建设合同后并不是就万事大吉了，为了保证项目的按时按质完成，必须对合同进行有效的管理。合同为双方在电子商务项目建设过程中提供了行为的基础或规范。

保持承建方行为规范的基本方法是监督和控制。监督是用来观察承建方是否在做其应做的事情。如果通过监督发现承建方正在偏离合同预定的行为目标，控制就是使承建方回到正确的轨道上去。在电子商务项目建设合同中，合同是监督和控制行为的基础。

监督从根本上说是由合同目标决定的。监督应该提供必需的信息来判断合同的目标是否得到满足。在合同中明确的可量化和可测量的指标是非常重要的，这样将会使合同的管理变得相对简单。另外要做好监督管理的组织工作，例如由谁来检查监督数据是否得到及时而准确的收集；谁来收集监督数据；这些数据怎样分析和由谁分析；如何发现、识别和表述这些差异或分歧。每隔一段时间，都应该对电子商务项目建设的效果进行评估，对各个里程碑以及相应的提交物要进行广泛的评估。在合同执行过程中，应该按照预定的时间表，每隔一段时间进行检查。当合同中产生问题时，则应按需进行检查。

在监督中发现承建方的工作在某一方面没有达到确保项目成功所需要的标准和尺度时，就需要通过控制，使项目回到正确的轨道上去。控制的步骤如下：

（1）找到造成工作偏离预定标准问题的实质。

（2）对产生问题的原因进行调查并得出结论。

（3）拟订解决问题的可行方案，并从中选择出最好的方案。

（4）实施选定的方案，从而使系统建设工作回到原定的标准上。

## 3.5 电子商务项目效益的评价

电子商务项目的评价可以分为几个阶段——招标阶段、实施阶段、验收阶段和运行阶段。招标阶段主要看是否符合招标方的预期目标，上节已经介绍；实施阶段的评价主要是对项目的进度和成本偏差进行评价，可以实时把握项目开展的情况，这一部分将在第5章“电子商务项目的实施与控制”中介绍；验收阶段的评价主要是针对当初的合同进行验收评价，目的是确定项目建设阶段能否结束；而运行阶段的评价又称项目后评价，是用电子商务项目的实际运行情况来检验电子商务项目建设的成效。电子商务项目效益后评价一般是在项目建设完成之后，将项目投入运作之后产生的效果和出现的问题进行的评价，主要依据项目建成后的各项实际的数据与项目开展之前的数据，以下是几种常见的评价方法。

### 1. 对比分析法

对比分析法是应用最为广泛的一种电子商务项目后评价方法，可以分为“前后对比法”和“有无对比法”。

（1）前后对比法。

前后对比是对于电子商务项目“建成并投入使用后”和该项目“建设前”组织的实际绩效进行对比，求得差值得到电子商务项目建设效益的一种方法。前后对比法是通过大量的参数比较，将被评对象（电子商务项目）执行前后的有关情况进行对比，从中获得评估的依据。这种方法是将事前和事后可以衡量的指标值进行比较，用指标的变化回答评估的问题，如效果、影响等。应用前后对比法的主要困难在于如何将被评对象所产生的效果和其他外在因素、偶发事件、社会变动等所造成的效果加以明确区分。

(2) 有无对比法。

有无对比是对于项目建设后产生的实际影响和效果，和假设没有本项目可能发生的情况进行对比。

有无对比法是“有项目”与“无项目”两种情况进行对比分析；前后对比法则是“项目前”与“项目后”的对比分析。要注意的是，前后对比法的“项目前”是一种状态，反映未建项目前的状况；而有无对比法的“无项目”则是指不建设该项目的一种方案，它考虑在没有该项目的情况下的未来状况。

比如某电子商务项目在建设后，企业效益将比建设项目前每年递增10%，但若没有该项目，由于技术操作水平提高和企业经营管理加强，企业效益每年也可递增4%。因此，该项目的实施是使企业效益每年递增6%（=10%－4%），而不是10%。由此可见，采用前后对比法把企业的发展状态视为静态的，项目前后递增的10%不能真实反映电子商务项目的财务经济效益。采用有无对比法得到的6%则不会有类似的问题存在，因为它考虑了企业本身在寿命期内可能发生的变化，将“无项目”时的状态视为动态的。显然，有无对比法要比前后对比法更客观和更科学一些。

必须指出，当兴建一个电子商务项目仅仅是为了改变现状，如果不建设项目其现状就不会改变时，有无对比法和前后对比法的结果是相同的。这时，可以把前后对比法看作是有无对比法的一种特殊情况。

2. 成功度法

对于项目的后评价，除了上述的定量分析外，项目的效益也可以定性地由成功度来度量。根据电子商务项目的特点，借助专家的经验构建指标体系，对各项效益指标进行评价后进行综合即可得到项目的成功度。通常可以将成功度分为5个等级。

(1) 完全成功的项目，常用AA级来表示，表明电子商务项目的各项效益目标都已全面实现或超过；对于投入的项目建设成本而言，项目取得了巨大的效益和影响。

(2) 成功的项目，常用A级来表示，表明项目的大部分目标已经实现；相对于成本而言，项目达到预期的效益和影响。

(3) 部分成功的项目，常用B级来表示，表明项目实现了原定的部分目标，相对于成本而言，项目只取得了一定的效益和影响。

(4) 不成功的项目，常用C级来表示，表明项目实现的目标非常有限；相对于成本而言，项目几乎没有取得什么效益和影响。

(5) 失败的项目，常用D级来表示，表明项目的目标是不现实的，根本无法实现；相对于成本而言，项目不得不终止。

## 思考题

1. 为什么要进行电子商务项目的可行性研究？
2. 简述电子商务项目可行性研究的内容。
3. 电子商务项目的建设方式包括哪些？
4. 电子商务项目选择技术产品的原则包括哪些？

5. 什么是ASP模式？
6. 项目章程的作用是什么？
7. 简述电子商务项目的招标流程。
8. 如何选择电子商务项目的承包商？
9. 电子商务合同一般包含哪些内容？一般包括哪些非价格条款？
10. 请举例分析前后对比法和有无对比法的联系和区别。

# 第 4 章

# 电子商务项目的范围与计划

在电子商务项目立项之后，最重要的两件事就是界定项目范围和制定项目计划。只有清晰地界定了电子商务项目的范围，并对范围进行有效的变更管理，才能使项目不偏离合同的要求。详细的项目计划是电子商务项目实施指南，同时也为项目绩效评价提供了参考依据。进度和成本是所有电子商务项目的监控重点，也是电子商务项目计划的核心内容。

本章首先讲述了电子商务项目的范围计划，重点介绍了用于范围确定的工作分解结构。然后分别讲述了如何制定电子商务项目的进度计划、资源和成本计划，其中详细介绍了网络计划技术。最后简要讲述了其他几个较为重要的单项计划，如风险计划、质量计划、沟通计划、采购计划。

## 4.1 电子商务项目的范围计划

电子商务项目范围定义是以项目章程和双方签订的合同为依据，把已经确认的项目交付物分解为更加具体的任务，便于管理和实施。其作用有两个，一是防止项目“镀金”，即保证实现“该做的一定要做好，不该做的一点都不做”的管理目标；二是通过项目工作分解，可以实现把一个大项目分解成多个具体的子任务，便于项目实施和分模块管理。本节我们介绍电子商务项目范围定义的过程及范围确定的一般方法，重点讲述工作分解结构。

### 4.1.1 电子商务项目范围的计划过程

1. 项目范围的概念

在具体讲解范围定义之前，我们有必要先辨析一下关于范围的概念。从总体来说，范围（scope）泛指项目所提供的产品或服务的总和。根据这个定义，范围包括产品范围和项目范围两方面。产品范围（product scope）是指产品或服务的典型特征与功能。项目范围（project scope）是为提供具有典型特征与功能的产品或服务所需完成的工作。比如，一个电子商务系统开发项目，其产品范围可能就是提交一个软件产品；而项目范围则是为保证完成这个软件开发所做的所有相关的工作，如系统需求分析、系统设计、系统实施等工作。

项目范围是否完成以项目计划作为衡量标准；而产品范围是否完成则以产品要求作为衡量标准。一般来讲项目范围比产品范围要大一些，或者说有的项目范围本身就包含产品范围。我们通常所说的项目的范围多是指项目范围，有的时候也把它看作是广义的项目范围，而把产品范围看作是狭义的项目范围。实际上这两者也是相互联系的，只有项目范围的工作完成了，才能生产出好的产品。两种范围的管理必须进行有效的结合，以确保项目工作所交付的是规定的产品。不做特别说明的话，本书后面提到的项目的范围多指项目范围，即为完成某个项目目标而所做的所有工作。

2. 项目范围的计划过程

在明白了项目范围的含义，即为完成项目目标所做的所有工作，接下来我们就要知道，一个项目都有哪些工作要做？这个问题就是本节要讲的项目范围定义。电子商务项目范围的定义就是在项目合同的基础上，进一步明确一个电子商务项目具体要干哪些事情，哪些是属于项目组要完成的事，哪些是不应该做的事，其目的是确保项目包括成功完成项目所需的全部工作，但又只包括成功完成项目所必需的工作过程。通俗地讲，就是一点不能少做，也一点都不多做，即“做且仅做客户要求的工作”。它主要关心的是确定与控制哪些应该与哪些不应该包括在项目之内。范围定义的过程就是采取合理的方法来保证项目的范围与初始的合同保持一致。在这里要明白一点，项目范围的定义是相对的，范围定义过程是动态变化的，同一个项目，随着项目进展的深入，范围定义将会逐步从模糊到清晰。

（1）规划范围管理。

规范范围管理是依据项目章程、项目与组织的外界环境因素等，就如何对项目范围进行管理而制定的一个指导性文件，其输出的是范围管理计划（scope management plan），它说明项目范围如何管理以及范围变更如何纳入项目之中，是项目范围计划及管理一般性指导文件，一般应该包括：（1）如何控制项目范围，当发生范围变更后如何处理；（2）对项目范围的稳定性进行评估，即项目范围变化的可能性、频度与程度等；（3）如何识别项目范围变更，以及如何对范围变更进行分类。

（2）收集需求。

收集需求是制定电子商务项目范围计划的一个关键过程。为准确地收集客户需求，项目组应该按照规范的程序去收集用户需求，一般来讲，需求收集和调研的步骤应该包括：

第一，阅读文献。要尽可能地收集所有相关材料（即各类表格、记录、报告、手册等）以及岗位责任制、职责范围、规程手册、业务书籍等，并仔细分析它们的来龙去脉、作用范围。通过认真阅读，掌握该组织的基本业务术语和主要业务流程，以减少有关术语的歧义性，增加需求分析的准确度。

第二，实地考察。实地考察又叫直接观察法。观察内容包括现行系统的实际布局、人员的安排、各项活动及业务流转情况。通过实地考察，可以增加系统开发人员的感性认识，有助于加快对组织业务流程和业务活动的理解。

第三，用户访谈。在上述基础上，可以起草有针对性的访谈提纲，对用户的需求进行面对面的深度调研。用户访谈可以采用多种形式，比如一对一的访谈，专门针对一个部门的访谈，以及举行会议等形式都可以考虑。面谈要按照一定的程序，做好充分的准备。

第四，问卷调查。对于一些访谈无法确定或了解的问题，可以通过问卷调查进行进一步调研。通过问卷调查，用户可以将自己的各种需求，比如初级的或高级的、眼前的或长远的、难于启齿的或可以冠冕堂皇地公之于众的全部列在问卷上。

第五，业务专题报告。对于某些需要电子商务系统重点支持的业务需求或比较复杂的业务需求，最好能请用户的高层或有关业务的骨干为系统调研人员做专题报告。专题报告由于经过报告人认真准备，所以系统性、逻辑性、完整性、准确性都较强，是提高调研效率的一个好办法。

在经过上述调研分析之后，项目组要对所得到的用户需求进行归纳和整理，并进行分类管理，可以作为与用户进行需求问题交涉的策略。在实际电子商务系统项目管理中，很多原因使得项目需求分析和管理变得很困难，比如用户说不清楚需求，有些用户对需求只有朦胧的感觉，当然也就说不清楚具体的需求；又如，需求自身经常变动，随着开发的进行，用户的需求不断发生变化；还有分析人员或用户可能对需求理解有误，以及不同分析人员对用户表达的需求可能有不同的理解；等等。这些都会导致电子商务项目的需求出现各种各样的问题。通过需求分类管理，可以有效解决上面的问题。对一个电子商务系统来讲，有些功能是必需的（A 类），而有些是应该有的（B 类），还有些是可以有的（C 类）。这就是说，从需求层次上，电子商务系统的需求可以分为 A 类、B 类、C 类三个层次，A 类是一定要实现的；在经费较充足的情况下，B 类功能一般也需要实现；但是如果预算不充足，就可以不考虑 C 类的功能，因为 C 类的功能往往采用比较新的技术，需要更高的成本，可以在以后经费充裕时再进行升级开发。

此外，价值工程分析的方法也可以帮助通过效用/费用分析对需求进行分析，优先把效用/费用高的功能模块作为 A 类需求。

（3）范围定义。

范围定义就是根据范围管理计划的要求，基于收集到的用户需求，逐步详细阐述产生项目产品的项目工作（项目范围），并将其用文字表述出来的过程。其输出的是范围说明书，范围说明书（scope statement）明确了项目目标与项目可交付成果，形成了项目与项目用户之间协议的基础，为今后的项目决策以及在干系人中建立或确认对项目范围的共识提供了一份有案可查的依据。随着项目的进展，范围说明书可能需要修改或完善，以反映项目范围已批准的更改。

（4）创建 WBS。

在范围定义的基础上，再通过工作分解结构的方法对项目的工作内容进行进一步的分解。该方法将在下一小节详细介绍。

（5）范围确认。

范围确认是项目发起人、项目实施方、项目最终用户或客户等项目干系人对项目范围正式接受的过程。它包括两部分工作，一方面是在计划阶段对项目范围定义的审核，要求各利益相关者对项目未来的可交付成果进行审查，检查范围规划说明书和范围界定中对项目可交付物的描述是否准确到位或令人满意；另一方面是在验收阶段对完成的项目范围进行审核，通过审核项目的产出物和工作结果，保证所有工作已经达到项目的合同要求，可以进行验收。这时范围审核的结果就是正式验收，表明客户或甲方已经接受项目阶段产品或者主要可交付成果，可以撰写验收文件，并准备验收。

电子商务项目范围计划的难度与电子商务项目类型和规模有关。对于不同类型的电子商务项目，其范围定义的难度不完全一样。比如，相对来说，对于时间较短的电子商务运营项目的范围定义就相对简单清晰些，而电子商务系统开发项目由于跨度相对大些，涉及的因素较多，范围定义可能就相对困难，不一定能够在项目规划阶段就把范围定义清楚。同时，对于同种类型但不同规模的电子商务项目的范围定义，其难度也不完全相同。这需要我们在学习了基本理论方法的基础上，艺术地应用这些理论方法去管理一个实际项目。

### 4.1.2 电子商务项目的工作分解结构

工作分解结构（work breakdown structure，WBS）是将项目逐层分解成一个个可执行的任务单元，这些任务单元既构成了整个项目的工作范围，又是进度计划、人员分配和成本计划的基础。

项目工作范围的结构分解，强调的是结构性和层次性，即按照相关系统规则将一个项目分解开来，得到不同层次的项目单元，然后对项目单元再做进一步的分解，得到各个层次的活动单元，清晰反映项目实施所涉及的具体工作内容，最终形成工作分解结构图，项目干系人可以通过它看到整个项目的工作结构。

通过项目的工作分解结构，可以加强项目组成员对项目的共同认知，保证项目结构的系统性和完整性，还可使项目易于检查和控制。最重要的是，WBS是制定进度计划、成本计划等其他项目管理计划的基础。

1. 工作分解结构的形式

较常用的工作分解结构的形式主要有以下两种：树形图和缩进表。

（1）树形图。

树形结构类似于组织结构图，如图4-1所示。树形图的优点是WBS层次清晰，非常直观，结构性很强，适用于与企业的高层和用户交流。

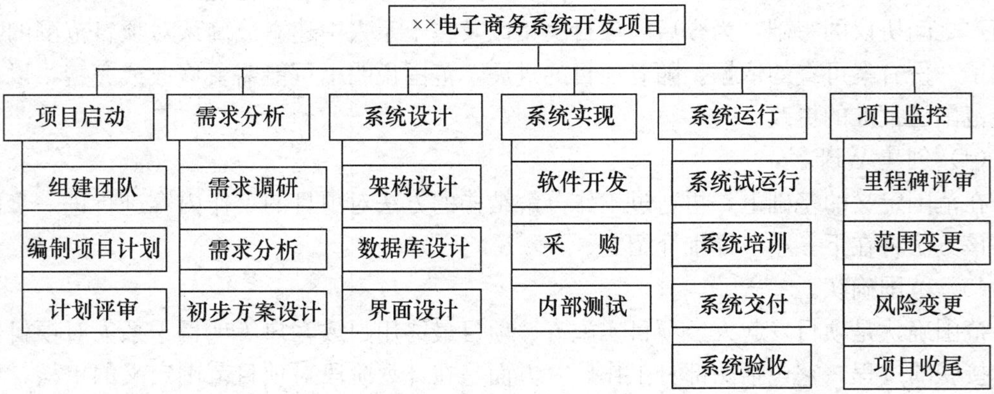


**图4-1　某电子商务系统开发项目WBS**

(2) 缩进表。

缩进表，类似于分级的图书目录，如表 4－1 所示。缩进表能够反映出项目所有的工作要素，但直观性较差。对于一些大的、复杂的项目而言，内容分类较多、容量较大，用缩进表的形式表示细节比较方便，也可以装订成手册，我们称之为 WBS 手册或 WBS 字典。

**表 4－1　某电子商务策划项目 WBS 缩进表**

| 工作编号 | 工作名称 | 负责人 | 资源描述 |
| --- | --- | --- | --- |
| 1.1.0 | 策划启动 | | |
| 　　1.1.1 | 　　召开启动会 | | |
| 　　1.1.2 | 　　行业调研分析 | | |
| 1.2.0 | 策划实施 | | |
| 　　1.2.1 | 　　盈利模式设计 | | |
| 　　1.2.2 | 　　筹划资金来源 | | |
| 1.3.0 | 策划评审 | | |
| 　　1.3.1 | 　　召开评审会 | | |
| 　　1.3.2 | 　　策划总结 | | |

工作分解结构的编码设计与结构设计是有对应关系的。结构的每一层次代表编码的某一位数，有一个分配给它的特定的代码数字。如表 4－1 所示，WBS 编码由三位数组成，第一位数表示整个项目（即该项目是）第几个项目，如表 4－1 中的项目是公司的第 1 个项目）；第二位数表示子项目要素（或子项目）的编码；第三位数是具体活动单元的编码。

编码设计对 WBS 来说很重要，不管是高级管理人员还是其他层次员工，编码对于所有项目组来说都应当有共同的意义。

2. 工作分解结构的编制

创建 WBS 是指将复杂的项目分解为一系列明确定义的项目工作，并作为随后计划活动的指导文档。在分解之前，首先要把握以下分解原则：

(1) 分解后的每项工作应该都是可管理的，可以对该工作包进行成本和工期估算，能够安排进度、做出预算、分配负责人员。

(2) 最底层的活动既可直接分派给个人去完成，也可分给一个小团队完成，其所需时间和成本是容易估算的。

(3) 下一层的活动对上一层是充分与必要的，充分性说明下一层的子活动是完备的，不存在遗漏；必要性说明了下一层的每个子活动都是必需的。

(4) 每一个工作分解结构的层数不要太多，一般不要超过四层。由于人的管理能力是有限的，试想如果有一个 20 级的工作分解结构，则较低层次的工作单元对于项目管理层没有任何意义，因为他无法关注这么多层。对于大型或特大型的电子商务系统，我们可以有多个不同层次的工作分解结构，有的工作分解结构是较粗的，适用于项目总监或总指挥从整体上管理项目，有的可能是某一个子项目的工作分解结构，适用于子项目的项目经理。因而，对于一个大型电子商务项目的 WBS 来说，它可能有战略层的 WBS、管理层的 WBS 和作业层的 WBS，其中，作业层的 WBS 只是管理层的 WBS 的最底层的一个工作的再分解，而管理层的WBS只是战略层的WBS的最底层的一个工作的再分解。作业层的WBS是真正需要工作或执行的任务。

（5）通过两个“凡是”的标准对照检查WBS：凡是在WBS上的都是应该做的工作；凡是未在WBS上的都是不应该做的工作。前者用于检查有无镀金（多余工作），有的团队为了让WBS整齐好看，添加了一些工作，这是不对的；后者用于检查有无遗漏工作，有的团队为了让WBS整齐好看，删除了一些工作，这也是不对的。WBS不需要各层次的下属工作去凑到一样多，而是要反映项目的客观工作实际。

3. 创建工作分解结构的方法

创建WBS的方法主要有以下三种：

（1）自上而下法（系统思考法）。这是构建WBS的常规方法，即从项目的目标开始，逐级分解项目工作，直到管理者满意地认为项目工作已经充分地得到定义。由于该方法可以将项目工作定义在适当的细节水平，因而对于项目工期、成本和资源需求的估计可以比较准确。这种方法对具备较好系统思维能力的人而言，可以说是很好的方法。

（2）自下而上法（头脑风暴法）。让各个成员从不同的角度思考完成项目所有可能要做的具体任务，然后将各项具体任务进行整合。有了这些零散的思路，再归纳就相对容易了。想到什么就记下来，然后再不断补充，不断归纳。对那些全新的系统和项目采用这种方法较好，通过该方法也可促进全员参与，加强项目团队的协作。

（3）模板参照法。如果存在WBS模版，就会容易得多。我们可以借鉴别人的模板，参考采用，提高效率。

WBS的分解可以采用多种方式进行，包括：

（1）按产品的物理结构分解。比如对于电子商务系统，可分解为硬件、网络和软件等。

（2）按产品或项目的功能分解。根据产品的不同功能，分解为若干个模块。

（3）按照实施过程分解。根据项目的专用生命期进行划分，有利于项目管理。

（4）按照项目的地域分布分解。有的系统可能是跨区域性的，有时也可根据地域进行分解。

（5）按照项目的各个目标分解。按目标分解与按功能分解有些类似，但这里所说的目标更多指项目的交付物。

（6）按部门分解。根据项目的工作部分进行分解，如客服部、物流部、销售部、采购部等。

不同的分解方式适合不同的项目。如按项目目标或最后交付物进行分解的方式比较适合交付物容易分解为多个独立的子产品或产品部件单元的项目；而按项目阶段进行分解比较适合不易分解交付物的项目。比如，对于电子商务开发项目，可能最后交付主要就是一个整体的软件系统，构成系统的各模块间存在较强的关系，对这种项目，就难以按系统模块进行分解，一般采用按项目阶段进行分解；而对于电子商务运营项目，则可能更适合按交付物分解方式编制工作分解结构。在实际中，上述两种分解方法可以结合使用，比如在按阶段分解的基础上，再对某个阶段的工作按模块分解，这需要项目经理灵活应用各种分解技术。

对同一个项目进行分解时，在不同层次的分解可能采用的分解方式不一样，即一个项目可能采用多种分解标准，但在同一层，其分解标准应该是一个。第二层（项目名称放在第一层，这里的第二层即是指项目名称的下一层）的分解对整个项目的分解尤为关键，在很大程度上，项目工作分解结构决定项目管理方式，而第二层的分解又在很大程度上决定了整个工作分解结构是否合理。那么，在第二层的分解究竟按哪一个标准划分？一般可参考以下标准权衡决定第二层的分解标准：

（1）哪一种更高级的标志最有意义？这里所说有意义包括有利于任务分配或者有利于项目的进度、成本或是目标管理等，总之，要选择一种最有项目管理的方式者分解。

（2）任务将如何分配？一般一个项目组包含多个项目小组，每个小组负责一个模块工作，在分解时最好能够实现作业层的WBS第二层分解后的每一个活动能直接分给各个项目小组。

（3）具体的工作将如何去做？这要求在进行工作分解时，要结合项目的分阶段生命期，兼顾项目是如何进行管理的。

在项目范围确定之后，就可以开始制定项目的各类计划。项目计划包括项目总计划和领域计划（或称子计划、专项计划）。项目总计划是指通过使用项目的各专项计划过程所生成的结果，运用整体和综合平衡的方法所制定出的，用于指导项目实施和管理的整体性、综合性、全局性、协调统一的整体计划文件。项目领域计划包括范围计划、进度计划、成本计划、质量计划、人力资源计划、沟通计划、风险计划、采购计划。范围、进度和成本是项目管理最基本的三要素，也是项目管理监控的重点对象。本章我们仅重点讨论项目的范围计划、进度计划和成本计划，限于篇幅，其他领域计划在本章只做简单介绍。

### 4.1.3 案例：校园二手用品跳蚤市场移动App项目的工作分解结构

WBS是归纳和定义整个项目范围的一种常用方法，也是项目计划开发的第一步。我们绘制WBS模板的目的是将项目分解成可以管理和控制的工作单元，从而能够更为容易地确定这些单元的成本和进度，以及明确定义其对每个分解单元的质量要求。

项目团队采用自上而下的编制方法，将校园二手用品跳蚤市场移动App项目的WBS图分解为如图4-2的四层。第二层按照项目实施的阶段进行分解，分为六个模块；第三层的各模块按照具体的任务进行分解。具体的WBS树形图如图4-2所示。各模块的主要任务如下：

1. 项目管理

（1）文档管理：管理的对象是从项目开始到项目结束期间所有的文档。包括：

①管理类文档管理：包括可行性研究报告、项目章程、项目开发计划、需求变更申请书、测试计划、开发总结报告等。

②开发类文档管理：包括系统分析说明书、系统设计说明书、程序设计说明书、测试报告等。

③用户类文档管理：包括用户手册、操作手册、维护修改建议书等。

（2）项目计划，包括：

①项目范围计划：确定项目管理边界问题。

②项目进度计划：通过网络图或甘特图等来体现。

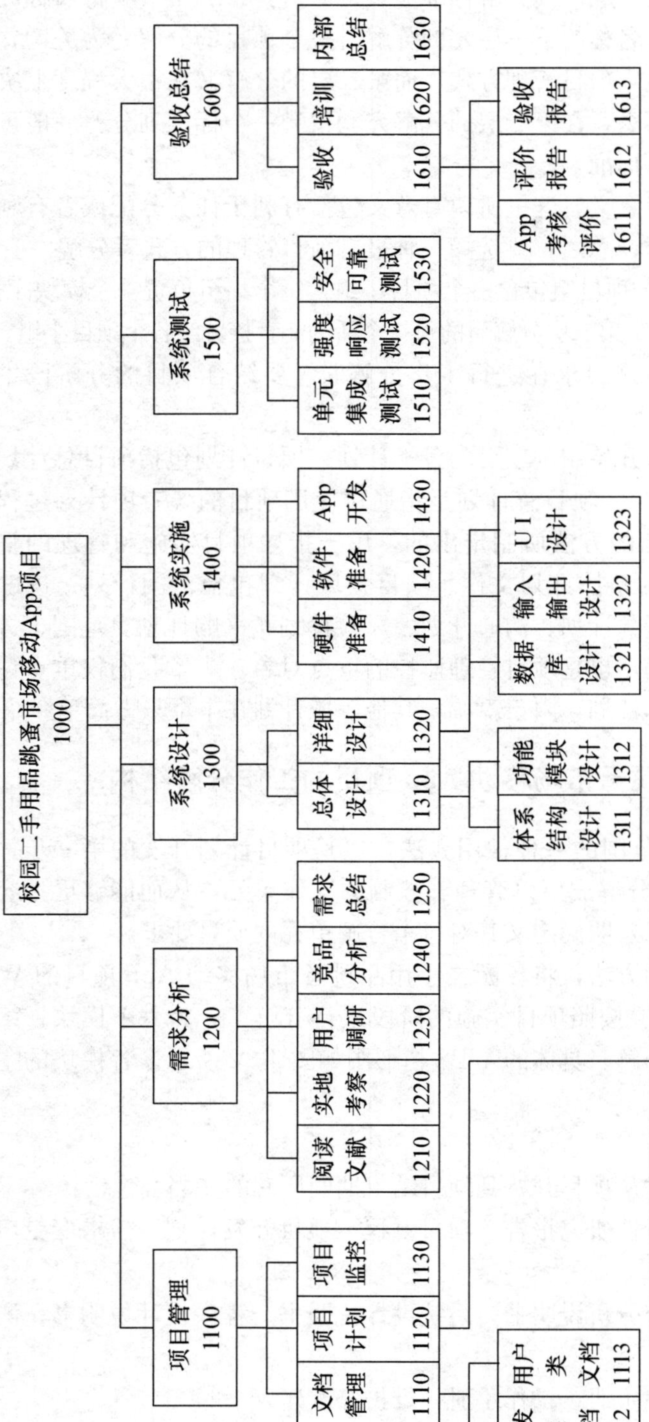


图4-2 校园二手用品跳蚤市场移动App项目的WBS树形图

③项目成本计划：确定项目的预算安排，要注意其与工作任务、资源的数量和价格以及进度安排紧密相关。

④项目人力计划：要注意人员、进度的权衡，要注意人员的数量、质量和结构三方面。

⑤项目风险计划：确定项目可能存在的风险及损失。

⑥项目质量计划：建立比较系统的质量指标体系，有助于实施过程中的全面质量控制。

⑦项目沟通计划：确保信息能够准确地在各个干系人之间传播。

⑧项目干系人计划：明确项目涉及的不同干系人，注意了解他们的需求、责任、风险和关注指标。

⑨项目采购计划：确定项目的硬软件采购准则等。

（3）项目监控，即对照项目计划对项目的实施过程进行监控。

2. 需求分析

需求分析包括以下三部分工作的成果。

（1）阅读文献：收集现有二手用品网站和 App 的功能范围、操作手册、业务书籍等材料，通过分析清楚来龙去脉和作用范围，掌握二手交易市场的基本业务术语和主要业务流程。

（2）实地考察：观察现行二手交易系统的实际布局、人员的安排、各项活动及业务流转情况，增加对二手交易业务流程和业务活动的理解。

（3）用户调研：

①用户访谈：起草有针对性的访谈提纲，将潜在用户带入电子商务系统的应用情境里，对用户的需求进行面对面的深度调研。

②问卷调查：通过问卷调查，大范围收集目标用户的基本情况、对系统的需求、对二手交易的看法等。

（4）竞品分析：对现有的或潜在的竞争性 App 产品的优劣势进行比较分析，比较内容包括产品定位、功能结构、界面设计、用户体验等。

（5）需求总结：对收集到的用户需求进行归纳和整理，撰写移动 App 的需求分析说明书。

3. 系统设计

系统设计分总体设计和详细设计两部分。总体设计包括确定 App 的体系结构以及功能模块；详细设计包括数据库设计、输入输出设计以及 UI（user interface，用户界面）设计。

（1）体系结构设计：在系统分析的基础上，对整个系统架构涉及的硬件、软件、网络配置等进行的整体安排。

（2）功能模块设计：将系统划分成多个模块，并决定每个模块的功能，以及模块之间的调用关系。

（3）数据库设计：根据用户的需求，在某一具体的数据库管理系统上，设计数据库的结构并建立数据库。

（4）输入输出设计：确定输入输出数据的内容、格式、方式、设备等。

（5）UI设计：

①视觉设计：即图形用户界面设计，采用图形的方式显示用户操作界面。

②交互设计：在交互设计原则的指导下，设计界面的交互结构、顺序、逻辑并进行优化。

4. 系统实施

系统实施包括以下工作：

（1）硬件准备：依据App的性能要求和用户规模选择租用云服务器或购买实体独立服务器，购置、安装和调试其他硬件设备。

（2）软件准备：购买或编写系统软件、数据库管理系统等应用软件。

（3）App开发：

①服务器端：编写接口协议文档，架设服务器环境，设计数据库并编写API接口。

②App端：主要针对iOS、Android端开发，根据UI设计图进行界面开发，UI完成后与服务端接口对接，通过服务端的接口获取数据，编写功能上的逻辑代码。

5. 系统测试

系统测试包括以下工作：

（1）单元测试和集成测试：对App功能进行单元测试和集成测试，测试App各部分能否完成各自功能，整合在一起能否完成集合功能等。

（2）强度测试和响应测试：模拟大量用户访问App来对App进行系统的强度测试、真实用户App访问的响应测试。

（3）安全测试和可靠性测试：测试人员模拟非法入侵进行安全测试，进行系统无故障运行的可靠性测试。

6. 验收总结

项目验收总结包括以下工作：

（1）验收。

①对App开发进行考核评价。

②填写评价报告。

③撰写验收报告。

（2）培训。

培训的工作包括编写用户手册和培训使用与维护人员。

（3）内部总结。

内部总结的工作包括召开会议，总结项目工作，然后完成项目总结报告。

## 4.2 电子商务项目的进度计划

在项目范围确定后，我们就得到了项目的工作分解结构，即清楚了项目有哪些工作要做，在此基础上再考虑各项工作之间的先后关系和各工作花费的时间，之后就可制定项目的进度计划了。

电子商务项目进度计划是根据项目范围定义得到的各活动及其先后顺序，以及各工作所需要时间来确定项目及其包含每项工作的开始时间和结束时间。编制进度计划是电子商务项目进度管理的两大主要任务之一（另外一个任务就是进度控制）。其中，编制进度计划是进度控制的基础。制定一个合适的进度计划，可以使项目不偏离运行轨道，顺利完成各阶段的任务。

有一句老话，“计划不如变化快”，但这并不意味着计划就没有用，为不做计划找借口。相反，它告诉我们，我们不但要做计划，而且要经常根据内外部环境的变化和客户需求的变化而调整项目进度计划，使项目进度计划是动态的和更新的。这是因为在项目管理实践中，进度提前或拖延是难以避免的，特别是对于电子商务项目而言，因为电子商务受内外部环境影响更大。进度计划只是根据预测而对未来做出的安排，由于在编制计划时事先难以预见各种问题，在计划执行过程中总会有各种各样或大或小的风险事件发生，这就要求项目经理对计划不断地做出调整，得到新版本的计划。所以，调整计划并不是对原先计划的否定，相反，而是为了更好地与实际情况保持一致。

### 4.2.1　电子商务项目进度计划的编制

项目进度计划编制的主要过程为：活动定义、活动排序、活动历时估计、编制进度计划。

1. 活动定义

活动定义就是根据项目范围说明书中规定的可交付成果或半成品，确定项目必须要进行的各种具体活动（工作）。活动定义的主要方法有分解法和模板法。活动定义和项目范围定义经常是联系在一起的。实际上，在项目范围确定并得到项目分解结构后，就可以列出项目活动清单，在对活动名称进行规范化后，就完成了活动定义。对于规模比较小的项目，对项目范围定义和活动定义也不做明确的区分。

2. 活动排序

进度计划就是把各活动按发生的先后顺序组成一个时间序列，所以在制定进度计划之前要确定各活动间的先后顺序。活动排序过程就是确认并编制活动间的相关性的过程。活动必须被正确地加以排序，以便今后制定可行的进度计划。进行活动排序时要考虑的因素主要有各活动间的依赖性、本项目活动与外部活动间的相关性、相关约束及假设条件等。

常见的 A 活动与 B 活动之间的关系主要包括以下四种（如图 4-3 所示）。

（1）finish-to-start（FS）关系，即完成—开始关系，指一个活动结束，到下一个活动开始之间建立连接，后一个活动 B 的开始必须要等到前一个活动 A 的结束。例如有的团队这样安排：软件代码的测试要等软件代码开发结束后开始。

（2）start-to-start（SS）关系，即开始—开始关系，指 A 活动开始，B 活动才可以开始。把 B 活动的开始日期和前提条件 A 活动的开始日期对齐，一般用于并行活动的安排，也可以第一个活动启动后，第二个活动延后或提前数日启动。例如有的团队这样安排：软件代码的测试要等软件代码开发开始一周后开始。

（3）finish-to-finish（FF）关系，即完成—完成关系，即 A 活动完成后 B 活动才可以

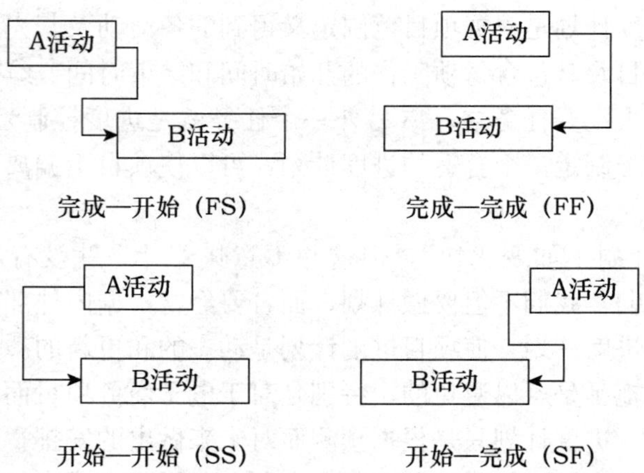


**图4-3　项目中活动与活动之间的四种可能关系**

完成。把B活动的结束日期和前提条件A活动的结束日期对齐，可以用于协调活动的统一完成时间，在此基础上定义好B活动的开始时间。也可以第一个活动结束后，第二个活动延后或提前数日结束。例如有的团队这样安排：软件代码的测试要等软件代码开发结束一周后结束。

（4）start-to-finish（SF）关系，即开始—完成关系，即A活动开始B活动才可以完成。把B活动的结束日期和前提条件A活动的开始日期对齐，或者说是前置活动A开始的日期决定了后续活动B的完成时间。比如说前置活动是一个后续活动需要使用的资源，前置活动什么时候可以开始释放出来，这决定了后续活动什么时候才可以完成。例如，建筑项目的屋架不是现场建造的。项目中有两个任务“交付屋架”和“装配屋顶”，“交付屋架”开始后还需要对交付的屋架进行质量检测和验收，这个过程可以开始“装配屋顶”，但是，限制了“交付屋架”开始和“装配屋顶”的结束之间的时间，就可以用这种SF关系来表征，即“装配屋顶”任务要在“交付屋架”任务开始之后才能完成。再举一个例子，比如有个别研究生对于收到工作的录用通知书（A）和办理毕业手续（B）这两个活动采用这种SF构建关系，只有收到工作录用通知书（A），才办理毕业手续（B）。否则就延期在学校等待，不过此处只是举例，我们不鼓励这种行为，鼓励大家按期完成学业和毕业手续。不过，这种关系在电子商务项目中用得比较少。

3. *活动历时估计*

活动确定并排序后，接下来就是估计各活动的工期。活动工期包括一项活动所消耗的实际工作时间加上机动时间。对于活动工期，除了可以估计一个最可能的历时，对于新项目类型，根据需要可以估算三个时间：悲观的历时估计、乐观的历时估计和正常的历时估计。活动历时估计的方法主要有：

（1）参数模型。

由项目团队根据单位规定的参数模型进行估算。比如在确定每项具体活动的工作量（例如程序代码行等）后，可以除以单位生产率（例如每千行代码用多少小时等），就可得到活动所需时间。

又比如在电子商务系统开发项目中往往还要解决可重用代码的估算问题。估计可重用代码量的最好办法就是由程序员或系统分析员详细地考查已存在的代码，估算出新项目可重用的代码中需重新设计的代码百分比、需重新编码或修改的代码百分比以及需重新测试的代码百分比。根据这三个百分比，再采用下面的计算公式计算出等价新代码行：

等价代码行 =［(重新设计% +重新编码% +重新测试%)/3］× 已有代码行

(2) 类比估算。

类比估算指利用过去类似项目活动的实际所用时间作为基础，估算新项目活动的所需时间。在项目的早期阶段往往采用这种方法估算项目各项活动所需时间。

当项目的某些信息难以获得的时候，常常采用类比估算法，尤其是当前项目与类比项目比较类似时，使用这种方法最为有效。

(3) 专家判断。

专家根据历史资料和经验对活动历时进行判断。该方法适用于影响活动所需时间的因素太多，一般很难对时间长短进行估计。

4. 项目网络图

在上述基础上，就可以通过项目网络图表示项目各活动的信息。项目网络图是项目活动之间的逻辑关系或排序的图形显示。根据绘图符号的不同，网络图一般分为箭线图与前导图。

**表 4-2　某电子商务系统开发项目的活动列表**

| 序号 | 作业代号 | 活动内容 | 紧前活动 | 所需天数 |
|---|---|---|---|---|
| 1 | A | 需求调研 | — | 6 |
| 2 | B | 行业分析 | — | 3 |
| 3 | C | 立项审批 | B | 2 |
| 4 | E | 系统初步设计 | C | 2 |
| 5 | F | 系统详细设计 | A、C | 1 |
| 6 | G | 设计报告撰写 | C | 2 |
| 7 | I | 软硬件采购过程 | E、F、G | 3 |
| 8 | J | 网络设计施工 | E、F | 2 |
| 9 | K | 硬件安装调试 | I、J | 10 |

(1) 箭线图法。

箭线图法（arrow diagramming method，ADM），又称双代号网络图法，是指组成网络图的各项工作用箭线表示，节点表示工作的开始或结束。通常，把工作的名称写在箭线上，工作的持续时间（小时、天、周等）写在箭线下，箭尾表示工作的开始，箭头表示工作的结束。图 4-4 就是根据系统开发项目的活动列表（见表 4-2）绘制的箭线网络图。

绘制箭线图时需要注意：按照已定的逻辑关系绘制；严禁出现循环回路；箭线应该保持自左向右的方向；严禁出现双箭头和无箭头的连线；严禁在箭线上引入或引出箭线；尽量避免箭线交叉；整个项目一般只有一个起节点和终节点。

在复杂的网络图中，为避免多个起点或终点引起的混淆，也可以用虚活动来解决，即用虚活动与所有能立即结束的节点连接，如图 4-4 所示，活动 D 和 H 就是虚活动，

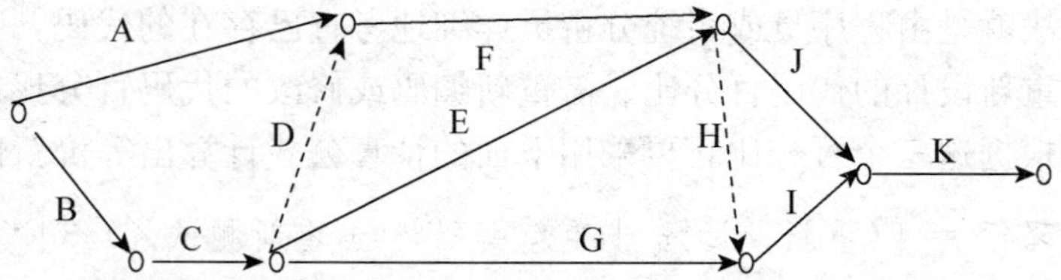


图4-4　某电子商务系统开发项目的箭线图

活动D仅表示活动C是活动E的先前活动，活动H仅表示活动E和F是活动I的先前活动。

（2）前导图法。

前导图法（precedence diagramming method，PDM），也称单代号网络图法，是指组成网络图的各项工作是由节点表示，用箭线表示各项工作的相互制约关系，如图4-5所示。

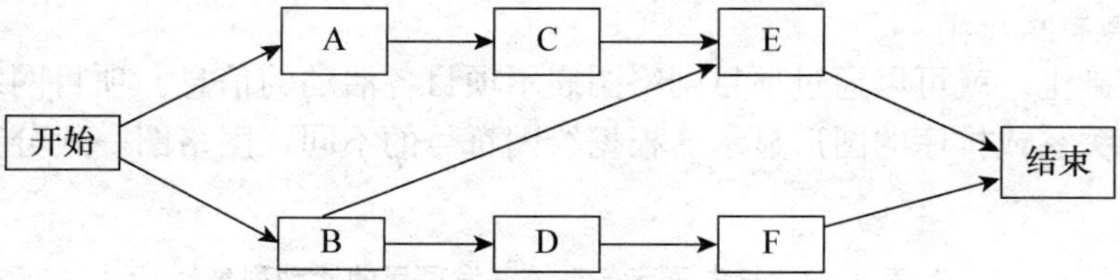


图4-5　某电子商务项目的前导图

PDM和ADM的绘制规则基本相同，但PDM有很多优点，也更为常用。首先，大多数项目管理软件使用PDM；其次，PDM避免了使用虚活动；最后，PDM可以反映任务之间的各种依赖关系，而ADM一般只能反映活动间结束—开始的依赖关系。

5. 编制进度计划

在完成了项目活动定义、活动排序和活动历时估计后，就可以计算出各活动的开始时间和期望完成时间，并估算整个项目的工期估算（我们在下一节中介绍），从而可以得到整个项目的进度，并形成项目进度计划。项目的进度常用的表示形式有：甘特图、里程碑图等。

（1）甘特图。

甘特图（Gantt chart），也叫横道图或条形图，是在20世纪初由亨利·甘特开发的，主要用于表示项目计划和项目进度安排，如图4-6所示。它基本上是一种线条图，横轴表示时间，纵轴表示要安排的活动，线条表示在整个期间上计划的和实际的活动开始和完成情况。甘特图可以直观地表明任务计划在什么时候进行，也可以标注出实际进展与计划要求的对比。甘特图的优点是简单、明了、直观，能较清楚地反映工作任务的开始和结束时间。甘特图可用于WBS的任何层次，其时间单位可以从年到月，甚至到日。

（2）里程碑图。

里程碑图主要用于识别项目各里程碑的完成时间，关注各个里程碑事件。在项目计划中，通过关注这些关键点，可以使项目经理能够随时监控项目进度，及时发现问题，并快速做出反应。如图 4－7 就是某电子商务策划项目的里程碑图。

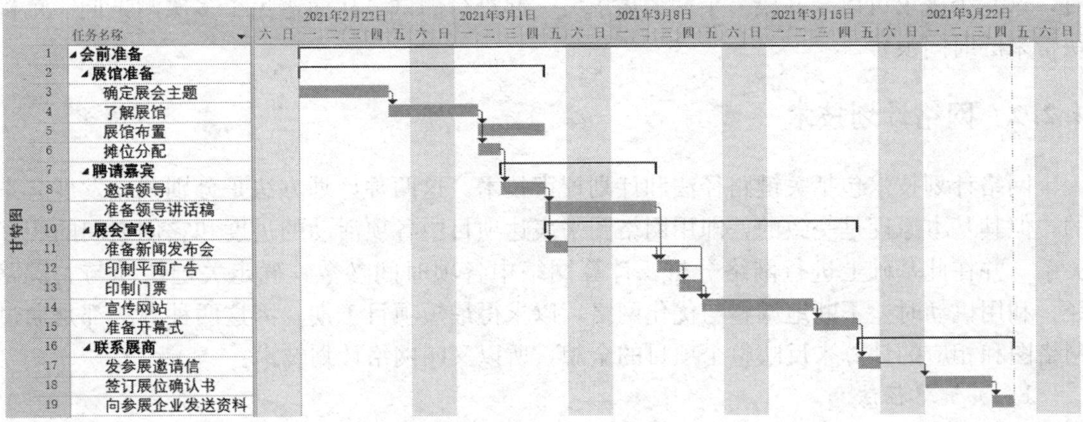


**图 4－6　某电子商务会展推广项目甘特图**

| 任务名称 | 4 月 21 日 | 5 月 15 日 | 5 月 20 日 | 5 月 30 日 |
|---|---|---|---|---|
| 召开策划启动会 | ▲ | | | |
| 完成市场调研 | | ▲ | | |
| 完成商业模式设计 | | | ▲ | |
| 召开策划评审会 | | | | ▲ |

**图 4－7　某电子商务策划项目里程碑图**

6. 基于敏捷的项目进度计划优化

由于市场环境多变，导致电子商务系统的需求也经常发生变化，因而敏捷开发越来越受到欢迎，移动环境下电子商务系统的开发不少也是基于敏捷思想进行的。敏捷开发的基本特征是迭代开发，强调的是“小批量、频繁交付”，给项目进度计划带来了一定的挑战。虽然是迭代开发，但是每一次具体迭代的过程可以看成是一个子项目，然后对这个子项目做好进度计划。

由于每次迭代所要实现的需求相对较少，使得迭代开发中单次迭代过程的子项目计划制定相对容易，制定进度计划时任务与任务间的逻辑关系也比较容易掌握。由于迭代开发往往采用时间盒（time-box）的方式进行，即要求每次迭代的时间是固定的（业界推荐的是 2～4 周）。由于每次迭代所要实现的需求的个数及其难度都不尽相同，这就要求我们在某些情况下要尽可能地优化子项目计划，以保证工期不会超出时间盒的范围。

优化项目计划的常见方法是尽可能地使各个任务并行。比如，有两个功能的开发任务，其中一个功能 A 依赖于另外一个功能 B。但这并不意味着我们必须将这两个功能的开发任务串行安排（即先开发 B 功能，再开发 A 功能）。此时，可以使用测试桩（testing stub）来模拟 B 功能的实现，这样使得 A 功能的开发和测试可以先独立于 B 功能的实现。因此这两个功能的开发可以并行。

另外，做计划安排时考虑避免重复工作也是优化进度计划的一个常见方法。在需求驱动的一个迭代开发过程中，从第二个迭代开始，往往存在多个需求的实现涉及同一个模块的代码修改的情况。此时，计划可以安排多个人并行开发这几个需求，但是转到需求测试时，这几个需求可以合并成一个“大需求”一起进行测试，从而避免了多次测试同一个模块带来的时间浪费。

### 4.2.2　网络计划技术

网络计划技术包括关键路径法和计划评审技术。这两种计划方法是分别独立发展起来的，但其基本原理是一致的，即用网络图来表达项目中各项活动的进度和它们之间的相互关系，并在此基础上进行网络分析，计算网络中各项时间参数，确定关键活动与关键路径，利用机动时差不断地调整与优化网络，以求得最短项目工期。因这两种方法都是通过网络图和相应的计算来反映整个项目的全貌，所以又叫网络计划技术。

1. 关键路径法

关键路径法（critical path method，CPM）最早出现于20世纪50年代。对于一个项目而言，只有项目网络图中最长的或耗时最多的活动路径完成之后，项目才能结束，这条最长的活动路线就叫关键路径，组成关键路径的活动称为关键活动。关键路径上所有活动的持续时间决定了项目的工期，关键路径上所有活动的持续时间总和就是项目的工期。

关键路径法的主要计算步骤是：

(1) 分别用正推法和逆推法计算出各个活动的最早开始时间（earliest start time，ES）、最晚开始时间（latest start time，LS）、最早完工时间（earliest finish time，EF）和最晚完工时间（latest finish time，LF），并计算出各个活动的总时差（total float time，TF）。具体计算步骤如下：

通过正推法，可以从第一个活动的最早开始时间（ES）开始，从前至后，利用下面公式逐步得到各活动的ES和EF：

对同一活动：EF＝ES＋$T$，其中，$T$为当前活动历时

对前后活动：后续活动的ES＝max｛其所有先前活动的EF｝

通过逆推法，可以从最后一个活动的最晚结束时间（LF）开始，从后至前，利用下面公式逐步得到各活动的LF和LS：

对同一活动：LS＝LF－$T$，其中，$T$为当前活动历时

对前后活动：先前活动的LF＝min｛其所有后续活动的LS｝

在得到项目ES、EF、LS、LF后，就可以按下面公式计算各活动的总时差TF：

TF＝LF－EF＝LS－ES

(2) 找出所有总时差最小的活动所组成的路线，即为关键路径，关键路径上的活动为关键活动。

(3) 计算各关键活动的历时（工期）之和，即可得到项目工期。

关键路径可以用于项目网络优化。整个计算方法如图4-8所示。

通过正推法和逆推法可得到每个活动的ES、LS、EF和LF，并通过计算可知活动A、C、E、G四个活动的总时差为0，则这4个活动为关键活动，它们组成的路径为关键路

径，整个项目的总工期为 3+7+8+5=23（天）。

2. 计划评审技术

前面的关键路径法主要适合于活动时间比较容易确定的项目。但有很多时候，活动所需的时间难以准确地估算。计划评审技术（program evaluation and review technique，PERT）就是针对此类项目提出的。PERT 技术在安排和表示进度的形式方面与关键路径法有相似之处，但基础资料收集的难度及处理这些资料的复杂程度要比关键路径法大许多。所以，计划评审技术多用于一些难于控制、缺乏经验、不确定性因素多而复杂的项目中。计划评审技术的思路是，对每项活动估计三个时间（即悲观的历时估计、乐观的历时估计和正常的历时估计），然后使用正态分布进行分析。PERT 方法的最大优点是可以对项目在某时间内完工的概率进行估算。比如，某项目在一个月内完工的概率为 95%，而在 25 天内完工的概率为 80%，这样的估算结果对项目进度控制是非常有帮助的。

为了计算整个项目的期望完工工期，首先要计算每个活动的期望工期和方差。每个活动的期望工期、方差和标准差的计算公式如下：

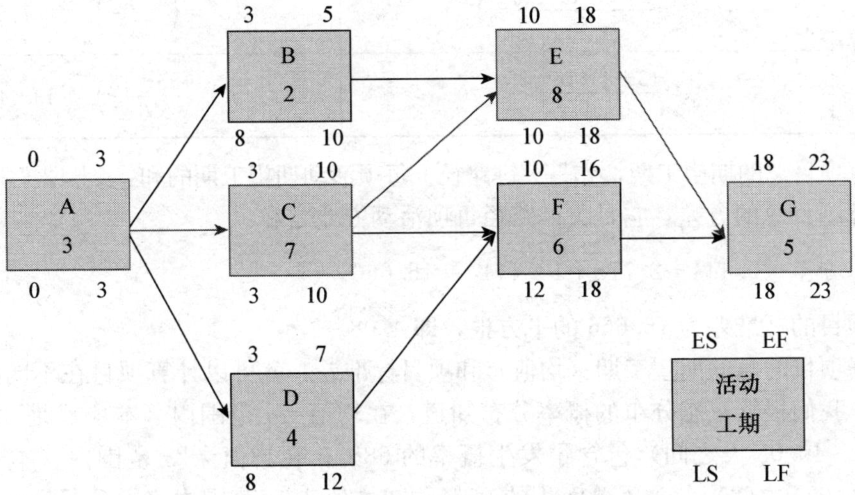


图 4-8　关键路径法计算示意图

期望工期 $T=(P+4M+O)/6$

方差 $=[(P-O)/6]^2$

标准差 $\sigma=(P-O)/6$

其中，$P$、$M$、$O$ 分别为每个活动的三种工期估计，$P$ 表示每个活动的悲观时间（pessimistic time），$O$ 表示每个活动的乐观时间（optimistic time），$M$ 表示每个活动的最可能时间（most likely time）。

利用 PERT 进行项目期望工期计算的步骤如下：

①计算每个活动的期望工期；

②计算每个活动的方差；

③计算项目的期望工期，它是关键路径上每项活动期望工期的和；

④计算项目的方差，它是关键路径上每项活动方差的和；

⑤计算项目标准差 $\sigma$，即项目工期总方差的平方根；

⑥根据项目的期望工期和项目标准差，计算项目在不同时间内完工的概率。

如假定某项目的关键路径及各关键活动的三种工期估算如图 4-9 所示：

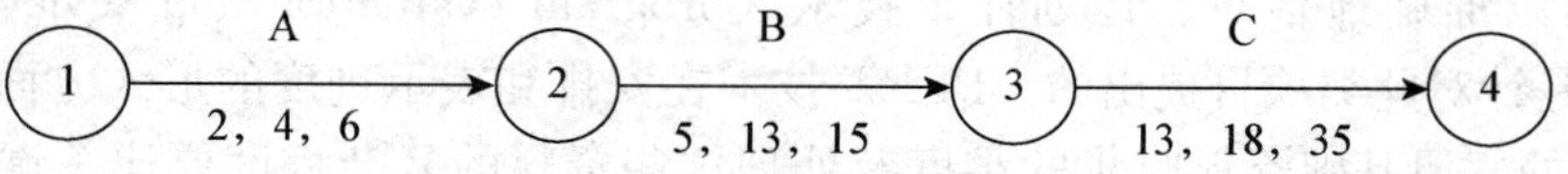


**图 4-9 某项目关键路径的网络图**

①计算各活动的期望工期和方差，参见表 4-3。

**表 4-3 各活动的期望工期和方差计算**

| 活动 | 期望工期 | 方差 |
|---|---|---|
| 活动 A | $T_e=\frac{2+4\times4+6}{6}=4$ | $\sigma^2=\left(\frac{6-2}{6}\right)^2=0.444$ |
| 活动 B | $T_e=\frac{5+4\times13+15}{6}=12$ | $\sigma^2=\left(\frac{15-5}{6}\right)^2=2.778$ |
| 活动 C | $T_e=\frac{13+4\times18+35}{6}=20$ | $\sigma^2=\left(\frac{35-13}{6}\right)^2=13.444$ |

②计算项目总的期望工期，它是关键路径上每项活动期望工期的和：4+12+20=36。

③计算项目总的方差，它是关键路径每项活动方差之和：

总方差=0.444+2.778+13.444 = 16.666。

④该项目的标准差为 16.666 的平方根，即 4.08。

⑤根据项目的总的期望工期（均值）和项目标准差，就可以计算项目在不同时间内完工的概率。我们根据正态分布的概率分布知道，在均值 $\pm\sigma$ 范围内（本项目是 36±4.08，即在 31.92～40.08 天之间）包含了发生概率的 68%；在均值 $\pm2\sigma$ 范围内（本项目即在 27.84～44.16 天之间）包含了总面积的 95%；在均值 $\pm3\sigma$ 范围内（本项目即在 23.76～48.24 天之间）包含了总面积的 99%。如图 4-10 所示。

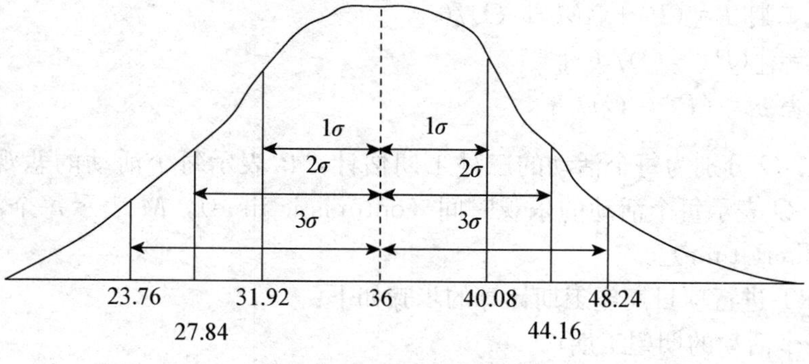


**图 4-10 某项目完工工期的正态分布曲线**

此外，我们还可以估算这个项目在 40.08 天之前完成的概率。如图 4-10 所示，这个项目在 40.08 天之前完成的概率相当于对图中的正态分布曲线从负无穷到 40.08 天进行积分，也就是说完工概率等于 40.08 处的垂直直线左侧曲线下所覆盖的面积。我们知道 31.92 天与 40.08 天之间属于均值$\pm\sigma$的范围内，包含了发生概率的 68%，由于正态分布曲线是对称的，那么，36 天与 40.08 天之间的概率应该是 68%的一半，即 34%；而负无穷到 36 天的概率为 50%。那么，在 40.08 天之前的完工概率应该是这两部分之和，即 34%+50%=84%。也就是说，这个项目在 40.08 天之前完成的概率是 84%。

类似地，我们可以很容易分别算出在均值左右两侧$\pm\sigma$、$\pm 2\sigma$、$\pm 3\sigma$这 6 个特征点之间、之前或之后的完工概率。当然，如果我们要想知道随便一个时间之前的完工概率，那么我们可以查正态分布表，求其完工概率。

需要说明的是，计划评审技术和关键路径法不是两种截然不同的方法。在计划评审技术的应用中，也仍然需要用到关键路径，并基于期望关键路径来计算期望工期。

### 4.2.3　案例：校园二手用品跳蚤市场移动 App 项目的网络图和甘特图

网络图和甘特图直观、明了、易于编制，是制定项目进度计划的常用工具。我们用 Microsoft Project 2019 软件绘制校园二手用品跳蚤市场移动 App 开发项目的网络图和甘特图。

1. 项目网络图

根据工作分解结构和项目的生命期，本项目分为项目管理、需求分析、系统设计、系统实施、系统测试和验收总结 6 个大的活动（工作）。这 6 个活动进一步分解得到 39 个小活动。项目经理与团队成员共同讨论出各小活动之间的顺序关系，在紧前活动栏注明紧前活动的序号，再根据每项活动的工作量、工作的难易程度以及此工作安排的人数估计出各个小活动的工期。估算结果如表 4-4 所示。

**表 4-4　校园二手用品跳蚤市场移动 App 项目逻辑关系及工期估计表**

| 活动 | 小活动 | 紧前活动 | 工期估计（天） |
| --- | --- | --- | --- |
| 项目管理 | 1. 项目开发立项 | — | 2 |
| | 2. 可行性研究 | 1 | 3 |
| | 3. 项目章程编写 | 2 | 2 |
| | 4. 项目经理的任命 | 2 | 1 |
| | 5. 项目计划的编制 | 3，4 | 4 |
| 需求分析 | 6. 阅读文献 | 5 | 2 |
| | 7. 实地考察 | 6 | 2 |
| | 8. 用户访谈 | 7 | 3 |
| | 9. 问卷调查 | 8 | 3 |
| | 10. 竞品分析 | 7 | 3 |
| | 11. 编写详细需求说明书 | 9，10 | 5 |

续表

| 活动 | 小活动 | 紧前活动 | 工期估计（天） |
|---|---|---|---|
| 系统设计 | 12. 体系结构设计 | 11 | 1 |
| | 13. 功能模块设计 | 11 | 3 |
| | 14. 数据库设计 | 12，13 | 3 |
| | 15. 输入设计 | 12，13 | 2 |
| | 16. 输出设计 | 12，13 | 2 |
| | 17. 视觉设计 | 12，13 | 3 |
| | 18. 交互设计 | 12，13 | 2 |
| | 19. 编写 App 设计说明书 | 14，15，16，17，18 | 2 |
| 系统实施 | 20. 编写 App 实施计划 | 19 | 1 |
| | 21. 硬件准备 | 20 | 2 |
| | 22. 软件准备 | 20 | 1 |
| | 23. 移动 App 开发 | 21，22 | 10 |
| | 24. 编写 App 实施报告 | 23 | 2 |
| 系统测试 | 25. 编写 App 测试计划 | 24 | 1 |
| | 26. 单元测试 | 25 | 2 |
| | 27. 集成测试 | 26 | 2 |
| | 28. 强度测试 | 27 | 2 |
| | 29. 响应测试 | 27 | 1 |
| | 30. 可靠测试 | 27 | 2 |
| | 31. 安全测试 | 27 | 1 |
| | 32. 编写 App 测试报告 | 28，29，30，31 | 1 |
| 验收总结 | 33. 进行 App 考核 | 32 | 3 |
| | 34. 填写评价报告 | 33 | 2 |
| | 35. 填写验收报告 | 33 | 2 |
| | 36. 编写用户手册 | 34，35 | 3 |
| | 37. 培训使用维护人员 | 34，35 | 3 |
| | 38. 召开总结会议 | 36，37 | 1 |
| | 39. 完成项目总结报告 | 38 | 2 |

在表 4－4 中，WBS 中的项目管理包括的文档管理在每个大活动中均有体现，即在每个大活动中都有文档编写的工作。项目监控在表中虽然没有体现出来，但实际履行计划时是在每个小活动中都要进行的。项目计划则被分解为项目开发立项、可行性研究、项目章程编写、项目经理的任命和项目计划的编制等更细的小活动。

在确定项目的各活动及活动之间的逻辑关系后，便可用网络图将它们之间的关系呈现出来，编制项目的进度计划。

我们按项目开始的时间为 2020 年 10 月 1 日，采用顺推法计算出每项小活动的最早开始时间和最早结束时间；再按用户给定时间期限 2021 年 1 月 12 日，采用反推法计算出每项小活动的最迟开始时间和最迟结束时间。根据这四个时间计算出每个小活动的机动时间（即总时差），机动时间最小的小活动所在路径构成了整个项目的关键路径，关键路径上的工期之和决定了项目的总工期。

为了绘制网络图，我们要给出网络图的图例，网络图中每个位置信息的含义参见图 4－11。

**图 4－11　校园二手用品跳蚤市场移动 App 项目网络图图例**

该案例项目的网络图如图 4－12 所示。项目开始时间定为 2020 年 10 月 1 日，因为 10 月 1 日—10 月 8 日是中秋节和国庆节的假期，将其设定为非工作日，所以项目实际最早开始时间为 10 月 9 日，项目结束时间为 2021 年 1 月 12 日。由于强度测试和可靠测试的并行、填写评价报告与填写验收报告的并行，项目的关键路径有多条。其中一条关键路径为：项目开发立项→可行性研究→项目章程编写→项目计划的编制→阅读文献→实地考察→用户访谈→问卷调查→编写详细需求说明书→功能模块设计→数据库设计→编写 App 设计说明书→编写 App 实施计划→硬件准备→App 开发→编写 App 实施报告→编写 App 测试计划→单元测试→集成测试→强度测试→编写 App 测试报告→进行 App 考核→填写评价报告→培训使用维护人员→召开总结会议→完成项目总结报告。

其中，自由时差是指一项工作在不影响其紧后工作最早开始时间的条件下，本工作可以利用的机动时间。总时差是指一项工作在不影响总工期的前提下所具有的机动时间。计算公式如下：

自由时差＝紧后工作最早开始时间－本工作最早完成时间
总时差＝本工作最迟完成时间－本工作最早完成时间
　　　＝本工作最迟开始时间－本工作最早开始时间

2. 项目甘特图

在网络图的基础上，对照日历、考虑活动的工期及活动之间的提前和滞后关系，可以

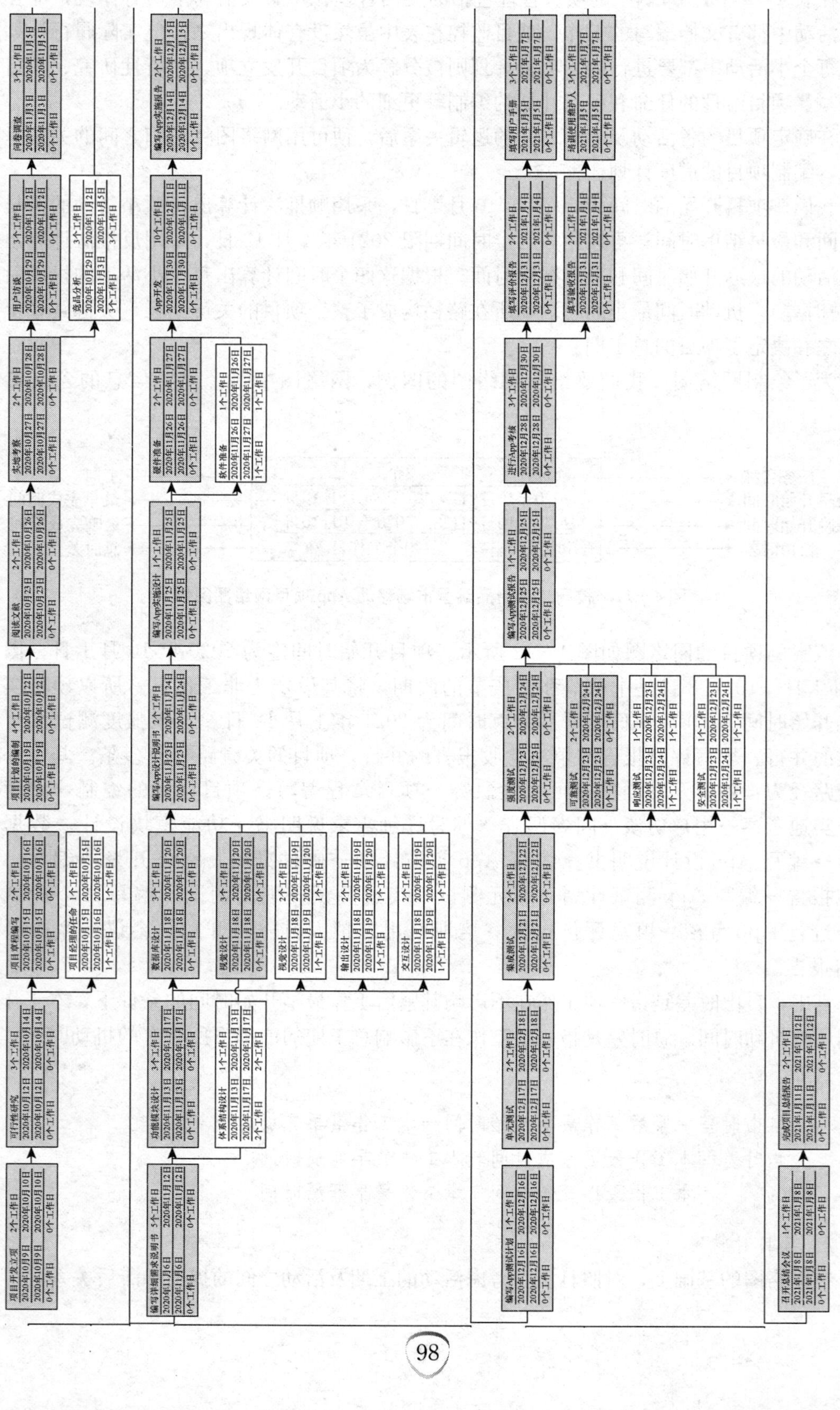

图4-12　校园二手用品跳蚤市场移动App项目网络图

绘制出该项目的甘特图，如图 4－13 所示。图 4－13 的上方给出了日历（该项目从 2020 年 10 月 1 日开始，由于中秋节和国庆节假期为非工作日，故项目实际是从 10 月 9 日开始），左侧给出了活动和小活动名称，带垂直线段的条形图的左右两端表示每个活动的开始和结束时间，矩形的条形图的左右两端表示了每个小活动的开始和结束时间。

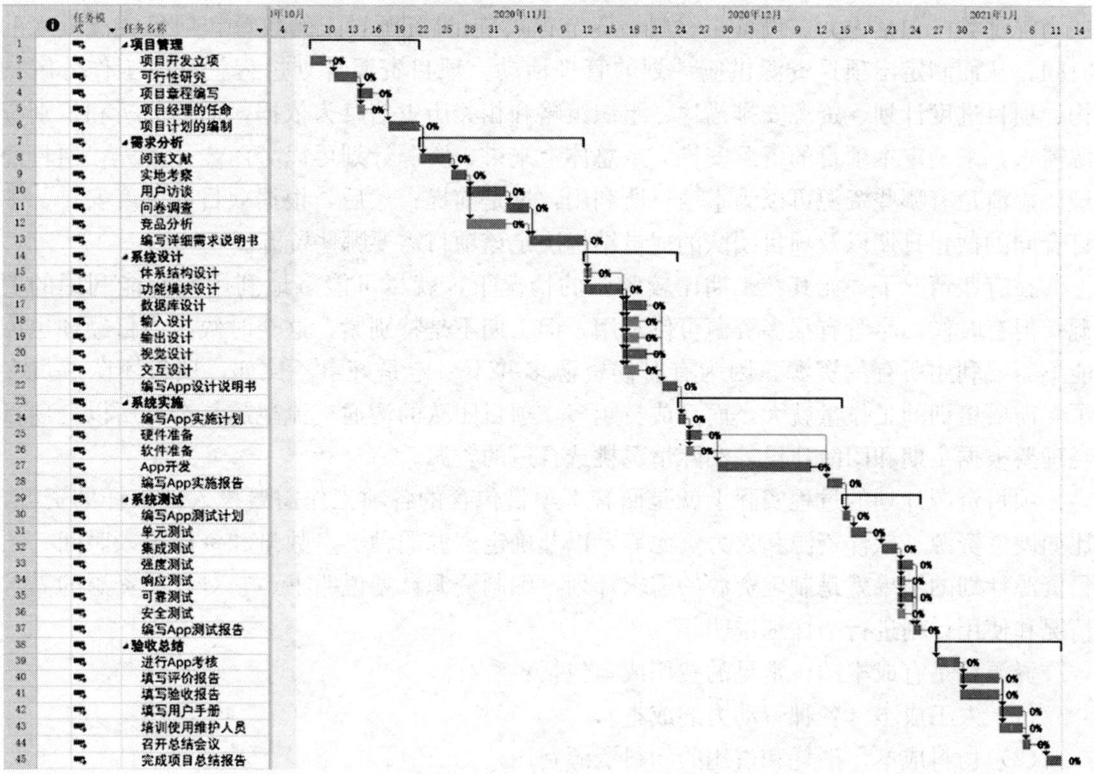


**图 4－13　校园二手用品跳蚤市场移动 App 项目甘特图**

## 4.3　电子商务项目的资源和成本计划

任何项目的完成都需要一定的资源和成本。无论是项目的甲方还是乙方，都必须对项目资源和成本做出合理的估算，对甲方（项目出资方）来讲，一旦决定要开展某项目后，就必须为整个项目的工期和资金投入做出安排。对乙方（项目承建方）来讲，不但要按时完成可交付物，还要在规定的预算内完成。电子商务项目的成本计划是对完成项目所需要的各种资源的成本进行合理估算、预算的计划过程。

电子商务项目的成本计划就是以工作分解结构、范围说明书、活动历时以及市场行情为基础，对完成项目交付物所包含的活动的投入进行预算，从而得到项目的总预算。进度计划描述了各活动的起始时间和结束时间，所以在编制项目的成本计划之后，就可以得到不同时间段项目经费的预算，形成项目的成本计划，并作为今后项目成本控制的基准（baseline）。

### 4.3.1 项目的资源计划

1. 项目的资源计划概述

电子商务项目的资源计划是指通过分析和识别项目的资源需求，确定出项目需要投入的资源种类（包括人力、设备、材料、资金等）、项目资源投入的数量和项目资源投入的时间，从而制定出项目资源供应计划的管理活动。项目资源计划过程就是以工作分解结构、项目进度计划、资源安排描述、组织策略和相关历史信息为依据，通过分析和识别资源需求，来确定本项目的资源安排。从总体上来讲，资源计划可以分两步：首先，项目经理要搞清楚有哪些资源可以为本项目所利用，这是前提；然后，根据项目的进度安排、签订合同的截止日期以及项目团队的成员结构决定该项目需要哪些资源。

在有些情况下，尤其在工期比较紧张的情况下，就尽可能多地利用所有能利用的资源；但有时候，尽管有很多资源可供利用，但工期不是特别紧，这个时候，项目经理也可能不需要利用所有的资源，因为有时候资源多并不一定是好事。比如，项目团队成员多了，需要培训的工作量就大，而且成员越多，项目团队的沟通交流也越复杂。所以，项目经理要根据工期和团队建设等实际情况挑选合适的资源。

项目资源计划的过程实际上就是回答本项目包含的各项工作需要投入什么样的资源，比如硬件资源、软件资源和人力资源等，以及确定资源的种类、数量和资源投入时间。项目资源计划的结果就是制定资源的需求计划，编制资源计划说明书。它对各种资源的需求情况和使用计划进行了详细说明。

资源都是有成本的，常见的费用成本包括：

（1）人工成本（各种劳动力的成本）；

（2）物料成本（消耗和占用的物料资源费用）；

（3）顾问费用（各种咨询和专家服务费用）；

（4）设备费用（折旧、租赁费用等）；

（5）其他费用（如保险、审计的法定利润等）；

（6）不可预见费（为预防项目变更的管理储备）。

人力资源计划是项目资源计划的重要内容。广义的人力资源计划还包括项目成员的职业发展规划。编制人力资源计划的作用是保证项目按既定的计划提供人力保障，并使项目团队结构合理，工作既有效果，也有效率。

电子商务项目人力资源计划的主要内容包括：

（1）项目团队人力资源职业发展规划，以表明完成该项目后，团队成员的去向，当然不一定每个项目都必须包含这部分内容；

（2）项目成员的岗位和职责；

（3）项目完成所需要的各类型和层次的人力资源的数量；

（4）项目团队的知识地图，表明项目团队成员的知识结构；

（5）项目班子名册，汇总列出了所有班子成员及其他干系人，名册可以是正式的、非正式的，极其详尽的或者十分简括的。

2. 项目资源计划方法

项目资源计划编制方法主要有专家判断法、类比估计法和自下而上法等。

(1) 专家判断法。

专家判断法通常是由相关领域的专家根据以往类似项目的经验和对本项目的判断，进行合理预测，制定项目资源计划的办法。专家判断法主要是专家在仔细阅读项目的有关资料和对项目的计划和目标进行深入调查和研究后，通过座谈会、讨论会等形式，汇总各位专家的意见，制定出项目资源计划方案。

(2) 类比估计法。

这种方法是指项目组参考以往类似项目的历史统计数据资料，计算和确定项目资源需求计划。它要求所采用的历史资料不但同本项目有足够的可比性，还要求历史资料足够详细，有很强的可操作性。通常来讲这种方法比较适合于那些创新性不强、大众化的项目。

(3) 自下而上法。

它是编制项目资源计划最基本、最可信的一个办法。项目组根据项目工作分解结构图所列出的项目工作任务一览表，确定出每项任务所需的各种资源，再将其汇总，编制出项目资源计划表。

3. 项目资源平衡法

项目资源平衡法是一种辅助的资源编制计划方法，它是在运用其他方法编制出资源计划后，对资源计划进行优化，平衡各种资源在项目各个时期投入的一种常用方法。通过这种方法，确定出项目所需各种资源的具体投入时间，并尽可能均衡地使用各种资源来满足项目要求的完工进度。该方法的具体操作相对烦琐，需要对非关键工序的总时差或自由时差进行多次分配，选择其中最优的方案，通常要借助项目管理软件来完成。

为了说明资源计划平衡的方法，下面以人力资源计划的平衡来举例说明。现有一个小型电子商务系统已经立项，由于系统较小，准备采用原型法软件开发，并拟定了一个带有活动工期和人力需求的网络图，如图 4-14 所示。为了讨论的方便，我们假设参加这个项目的所有成员都是多面手，也就是说，项目成员之间是可以相互替代的。

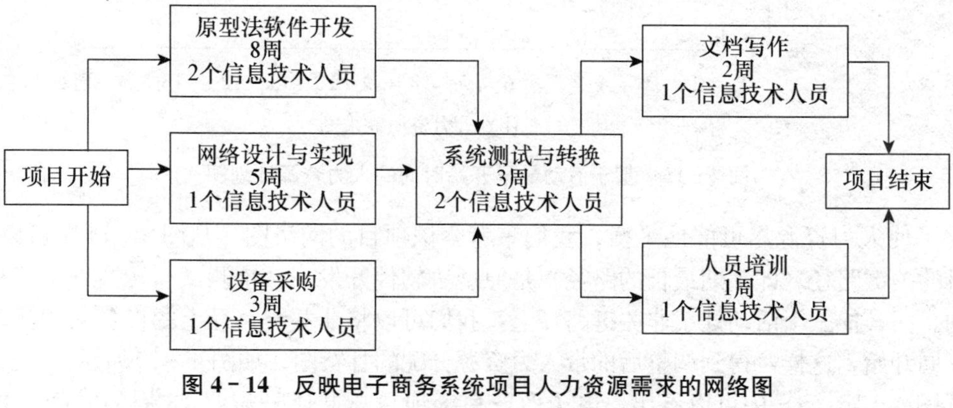


**图 4-14　反映电子商务系统项目人力资源需求的网络图**

如果不采用项目管理的思想，一般人们都会希望各项活动尽可能早开始、尽可能早结束。现在我们就假设网络图中的每一个活动都在其最早开始时间执行，基于此，我们可以绘制带人力资源分配的甘特图（图 4-15）。

从图4－15（a）中可以看出，电子商务系统项目总共需要13周的时间，总的工作量为33人周；从图4－15（b）中可以看出，前三周需要4个开发人员，第4～5周需要3个开发人员，第6～12周只需要2个开发人员，第13周需要一个开发人员。如果该团队保持稳定的人数的话，项目经理会按最大需求数申请4个人组成团队。这样的话，该项目团队的人力需求波动较大，浪费也较大。

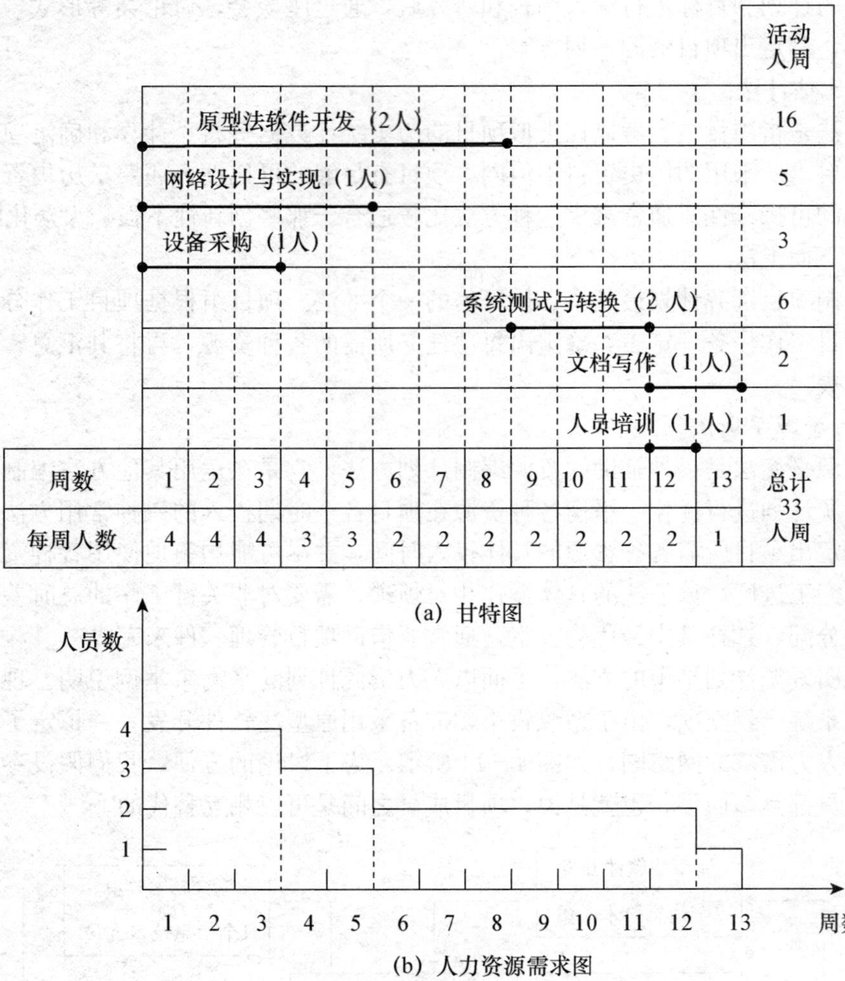


**图4－15　基于活动最早开始时间的人力资源计划图**

为了使人力资源尽可能地平衡，我们来考察该项目的网络图，从图4－14中可以看出，该项目的关键路径（即工期最长的路径）是原型法软件开发→系统测试与转换→文档写作三个活动。而其他三个活动处于非关键路径上，我们可以将非关键路径上的设备采购活动推迟到第6周开始，这样，得到调整后的带人力资源分配的甘特图，如图4－16所示。

从图4－16（a）中可以看出，电子商务系统项目总共还是需要13周的时间，总的工作量仍为33人周，也就是说虽然调整了人力资源的分配，但并未影响进度；从图4－16（b）中可以看出，前8周需要3个开发人员，第9～12周只需要2个开发人员，第13周需要1个开发人员。如果该团队保持稳定的人数的话，项目经理会按最大需求数申请3个人组成团队。显然，相对图 4-16（b）来讲，调整后该项目的人力需求波动较小，团队工作效率较高。

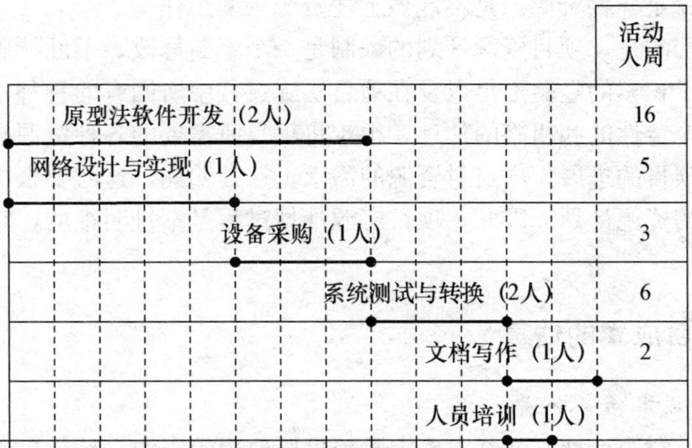


| 周数 | 1 | 2 | 3 | 4 | 5 | 6 | 7 | 8 | 9 | 10 | 11 | 12 | 13 | 总计 33 人周 |
|---|---|---|---|---|---|---|---|---|---|---|---|---|---|---|
| 每周人数 | 3 | 3 | 3 | 3 | 3 | 3 | 3 | 3 | 2 | 2 | 2 | 2 | 1 | |

（a）甘特图

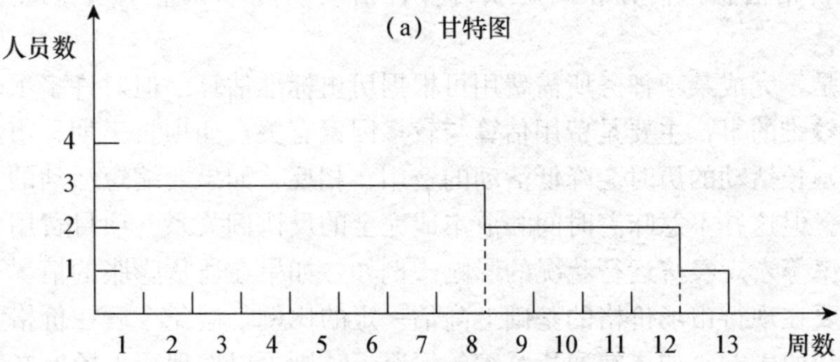


（b）人力资源需求图

**图 4-16　基于资源平衡的人力资源计划图**

大家可以发现，上述很简单的一个调整，由 4 个人的需求变为了 3 个人的需求，为整个项目节省了 25%的人力，如果项目成本以人力成本为主的话，那么就为整个项目节省了近 25%的成本。所以，采用正确的项目管理方法，能够有效地节约成本，提高人力资源的效率。

有的读者会说上述这个题目出得比较巧妙，另两个非关键路径上的活动（即网络设计与实现、设备采购）工期相加刚好等于关键路径上的活动（原型法软件开发）的工期，所以能够做上述调整。但实际上，在实际工作中，一个网络图通常有 10 项以上甚至更多的活动，总是能找到可以调整的空间。这个案例只有 6 个活动，所以有意设计得巧妙一些。

实际上，不管网络图多么复杂，资源平衡的机理就是通过将非关键路径上的活动在最早结束时间和最迟结束时间之间调整，使非关键路径上需要的资源在时间上进行调整，从而使项目总的资源需求保持大体上的稳定。

也有的读者会说，这个案例中的人好像什么都能干，比如做网络设计与实现的人也能做设备采购。是的，这就是人力资源部门应该安排一些人进行适当的轮岗，不但能做自己的工作，还能做一些相关的工作。这样才能做上面的资源平衡，如果每个人都只能做自己的事情，那就是异种资源，是不能做上述资源平衡工作的。

需要说明的是，项目资源计划的编制是一个不断修改、不断调整的过程。在项目的初始阶段，由于积累的经验不足以及在项目实施过程中所固有的种种不确定性，对资源的需求只能是一个定性的和粗略的估计，很难将项目所需要的各种资源准确地分配到各项活动中去。随着项目的进展，项目对资源的需求也逐渐明朗，这时要根据实际情况，不断修改和调整项目的资源计划。因此，项目资源计划过程是渐进明细的，它贯穿于项目的整个生命期内。

### 4.3.2 项目成本的估算

1. 项目成本估算概述

通过项目资源计划，就基本确定了项目要使用的资源（软件、硬件、人力、资金等），接下来就是要把这些资源分配到各活动中，并估算各活动的费用，从而得到项目的总费用。项目成本估算（project cost estimate）是指根据项目的资源需求和计划，以及各种项目资源的价格信息，估算和确定项目各种活动的成本和整个项目总成本的一项管理工作。

理想的是，完成某项任务所需费用可根据历史标准估算。但对许多项目来说，成本估算是一件比较难的事，主要是费用估算与较多因素有关，如项目工期、市场价格等。一般来讲，适当延长活动的历时会降低活动的费用；相反，如果要缩短活动的工作时间，一般会增加成本。但这并不意味着时间和成本成完全的反比例关系。项目费用估算还要考虑通货膨胀和利率等宏观经济运行状况的影响。例如，如果在通货膨胀的情况下估算，那么各种资源价格要在现行市场价格的基础上高估一定的比例，避免今后在价格上涨的情况下给项目带来不利的影响；如果在通货紧缩的情况下，则可以按现行市场价格估算。

费用估算时要考虑两种费用：直接费用和间接费用。直接费用是指与最后的产品或服务有直接关系的，比如电子商务运营项目中的订货数量；间接费用是与最后的产品没有直接关系的，比如各种管理费。

项目费用估算的结果就是得到以摘要或详细形式描述的项目所需要各种资源的费用，包括人力资源费用、原材料费用、外包费用、租用设备费用以及其他辅助性费用等。此外，还应该有一个相关支持性细节文件，对项目费用估计的依据、背景信息进行详细说明。

2. 项目成本估算方法

项目成本估算与项目活动历时估算方法类似，可以采用参数模型法、类比估算法等。对于电子商务系统开发项目，还可采用功能点估算法和软件代码行法。

（1）功能点估算法。

比如某电子商务系统待开发的软件按功能点估算得到期望值为310个功能点（function point，FP），假设已知以前完成项目的软件开发平均生产率 $P_f$ 为5.5个功能点/人月，每功能点的开发成本 $C_f$ 为0.2万元，于是：

工作量根据公式可以估算为：

$E=FP/P_f=310/5.5=56$（人月）

软件开发成本根据公式可以估算为：

$C=FP\times C_f=310\times 0.2=62$（万元）

如果当前估算的电子商务项目比以前完成的项目复杂，那么所用的生产率值可以低于平均生产率，反之也可以高于平均生产率。有了 $P_f$ 或 $C_f$ 的历史数据，就可以实现对软件开发工作量的快速估算和快速报价。

（2）软件代码行（LOC）法。

代码行（line of code，LOC）技术是比较简单的定量估算方法，它把开发每个软件功能的成本和实现这个功能需要用的源代码行数联系起来。一代码行（1LOC）的价值和人月均代码行数可以体现一个软件生产组织的生产能力。组织可以根据对历史项目的审计来核算组织的单行代码价值。代码行技术估算步骤包括：

①确定功能；

②算出各子功能代码行数的估计值；

③确定各子功能的代码行成本和生产率：生产率指每个人一个月所能生产的有效源代码行数（用行/人月表示）；

④计算各子功能的成本和人月数（工作量）：每个子功能的成本等于其代码行估计值乘以其代码行成本；每个子功能的人月（工作量）需求等于其代码行总数估计值除以其生产率；

⑤计算该项目的总代码行数、总成本和总工作量。

### 4.3.3 项目成本的预算

1. 项目成本预算概述

项目成本预算的目标就是要得到一个以时间为轴的成本基准线，即在哪段时间内需要多少费用。项目成本预算是以工作分解结构为基础，将项目成本估算分配给单个工作项。项目成本预算的主要目标是制定一个成本基准计划用以衡量项目绩效。一般来讲，它是一个基于时间维度的项目成本计划，从中可以清晰地反映各时间段的人力资源、合同分配的资金和管理储备金的分配情况。

项目成本预算的依据主要有项目费用估算、工作分解结构和项目进度计划。预算的结果包括各项目工作的成本预算和总项目的成本基准计划。成本基准计划也叫成本基准线，是今后项目成本管理的一把尺子，它反映了随时间变化的项目累积成本预算。

项目成本预算的作用有三个：一是为控制好项目成本，使项目在预定的成本计划内完成项目；二是按计划分配资源，可以保证各项目工作能够获得所需要的各种资源，并使资源得到充分利用，提高资源的使用效率；三是可以通过成本预算来控制项目进度，如果在某时刻发现实际支出低于当前预算，要注意不一定是成本节约，也有可能是项目进度落后。所以成本预算不但可用于成本管理，而且可用于进度控制。

2. 项目成本预算方法

得到项目的成本估算后，需要对照合同金额和项目利润率来确定项目总预算。项目的成本预算分摊过程一般要经过以下几个步骤：

（1）项目总预算成本分摊到项目工作分解结构的各个工作包中，为每一个工作包建立预算成本。

（2）将每个工作包分配得到的预算再二次分配到工作包所包含的各项具体的项目活动上。

（3）确定各项成本预算支出的时间计划以及每一时间点对应的累计预算成本（截止到该时间点的预算成本额的加总），制定出与进度计划相对应的项目成本预算计划。

要注意，编制项目成本预算时要考虑项目的成本估算、项目合同金额和预期利润率。经过项目成本预算，除可以得到项目各项工作或活动的成本预算，还可以得到一个基于时间的成本基准计划，作为度量和监控项目实施过程中费用支出的主要依据。如图4-17所示，可以通过比较在某一预测点的实际支出成本和计划支出成本，来得知目前成本的控制情况。

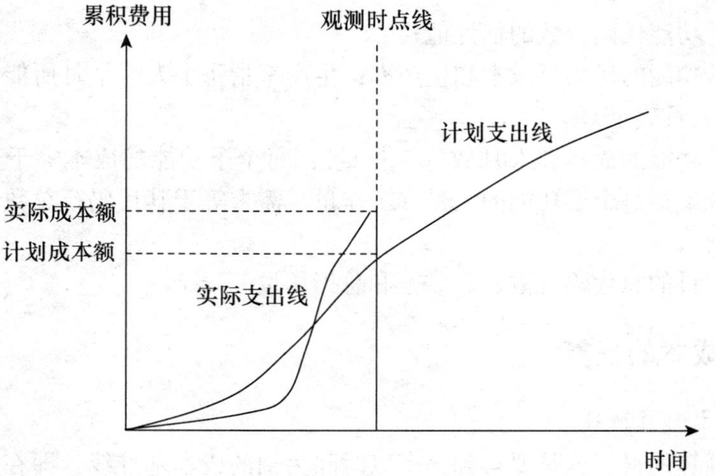


**图4-17　某电子商务系统项目成本费用曲线**

### 4.3.4　案例：校园二手用品跳蚤市场移动App项目的成本计划

一个移动App建设项目的成本应该包括进行全过程所需要耗费的各种费用的总和。根据前面做出的工作分解结构（WBS），对WBS最底层的工作单元进行进一步的详细分析。根据类似项目的经验和报价，项目团队分析了每个工作单元的所需工期和价格，在以上基础上绘制出了本项目的预算分摊估计表。合同规定项目总成本（包括软件开发成本、硬件成本和开发中的其他成本）是50 000元人民币。

根据项目团队之前制定的WBS，按照系统的生命期将本项目划分为6个活动，分别是：项目规划、需求分析、系统设计、系统开发、系统测试和验收总结。对这6个活动进一步分解得到39个小活动。项目经理带领团队成员集体讨论出各小活动的成本，估算结果如表4-5所示。

表 4-5　校园二手用品跳蚤市场移动 App 项目预算分摊估计表

| 活动 | 小活动 | 预算分摊（元） | 累计分摊（元） |
|---|---|---|---|
| 项目规划 | 1. 项目开发立项 | 100 | 100 |
| | 2. 可行性研究 | 200 | 300 |
| | 3. 项目章程编写 | 200 | 500 |
| | 4. 项目经理的任命 | 100 | 600 |
| | 5. 项目计划的编制 | 300 | 900 |
| 需求分析 | 6. 阅读文献 | 100 | 1 000 |
| | 7. 实地考察 | 300 | 1 300 |
| | 8. 用户访谈 | 300 | 1 600 |
| | 9. 问卷调查 | 300 | 1 900 |
| | 10. 竞品分析 | 200 | 2 100 |
| | 11. 编写详细需求说明书 | 300 | 2 400 |
| 系统设计 | 12. 体系结构设计 | 100 | 2 500 |
| | 13. 功能模块设计 | 300 | 2 800 |
| | 14. 数据库设计 | 300 | 3 100 |
| | 15. 输入设计 | 200 | 3 300 |
| | 16. 输出设计 | 200 | 3 500 |
| | 17. 视觉设计 | 300 | 3 800 |
| | 18. 交互设计 | 300 | 4 100 |
| | 19. 编写 App 设计说明书 | 300 | 4 400 |
| 系统实施 | 20. 编写 App 实施计划 | 100 | 4 500 |
| | 21. 硬件准备 | 12 000 | 16 500 |
| | 22. 软件准备 | 5 000 | 21 500 |
| | 23. 移动 App 开发 | 13 000 | 34 500 |
| | 24. 编写 App 实施报告 | 300 | 34 800 |
| 系统测试 | 25. 编写 App 测试计划 | 100 | 34 900 |
| | 26. 单元测试 | 500 | 35 400 |
| | 27. 集成测试 | 300 | 35 700 |
| | 28. 强度测试 | 200 | 35 900 |
| | 29. 响应测试 | 100 | 36 000 |
| | 30. 可靠测试 | 100 | 36 100 |
| | 31. 安全测试 | 200 | 36 300 |
| | 32. 编写 App 测试报告 | 300 | 36 600 |
| 验收总结 | 33. 进行 App 考核 | 1 000 | 37 600 |
| | 34. 填写评价报告 | 200 | 37 800 |
| | 35. 填写验收报告 | 200 | 38 000 |
| | 36. 编写用户手册 | 500 | 38 500 |
| | 37. 培训使用维护人员 | 1 000 | 39 500 |
| | 38. 召开总结会议 | 200 | 39 700 |
| | 39. 完成项目总结报告 | 300 | 40 000 |

表4-5中小活动的成本主要由劳动力成本（工资）和软硬件成本构成。其中工资根据工期、人数和日工资确定，软硬件成本根据该项小活动的需要数量确定，这样这个小活动的成本就确定下来了。我们按照自下而上的方法，首先估算出每项小活动的预算，由此得出大活动的预算，进而得出整个项目的预算。

经过项目团队对预算的分析，校园二手用品跳蚤市场移动App项目预算总成本为40 000元，加上项目监控费用约2 000元，项目预算总金额为42 000元。项目合同金额为50 000元，基本上达到了16%左右的利润率。

## 4.4 电子商务项目的其他计划

电子商务项目领域计划除前面介绍的范围计划（即范围定义）、进度计划、资源计划和成本计划外，还有其他分计划。由于有的领域计划在其他章节也会涉及，在这里为了保持项目计划的完整性，我们只对风险、质量、沟通、采购等几个单项计划做简单介绍。

### 4.4.1 电子商务项目的风险计划

风险是项目固有的属性，没有风险，就不能称为真正意义上的项目。风险管理就是要系统化的识别、分析和应对风险，最大化正面影响，最小化负面影响，做到遇到风险不惊讶。项目风险管理计划就是制定风险识别、风险分析以及风险应对的策略，确定风险管理的职责，为项目的风险管理提供完整的行动纲领，以及制定项目风险管理计划的过程。

电子商务项目的风险计划的主要内容有：

（1）风险管理方法：对可能用于项目风险管理的方法、工具和数据信息来源进行明确的定义；

（2）岗位和职责：在风险管理计划中明确定义每一类别行动的领导、辅助和风险管理小组人员；

（3）风险预算：为项目建立一个用于风险管理的预算；

（4）监控频率：定义在整个项目生命期中实施风险管理过程的频率；

（5）风险评分和解释：风险评分和解释办法要与采用的定性和定量风险分析的形式和时间相适应，评分和解释办法必须提前制定，以保证连贯性；

（6）风险承受度：风险承受度以谁为标准，采取何种方式；

（7）报告格式：描述风险应对计划的内容和格式。

风险管理是项目管理的关键知识领域，详细的内容将在第7章介绍。

### 4.4.2 电子商务项目的质量计划

电子商务项目的质量计划主要是用来描述项目管理者应该如何实现其质量方针，确保项目客户需要的质量标准能够得以顺利实现，其关键是在项目计划期内确保按质量标准完成项目。对于大型电子商务项目，质量计划显得尤为重要，因为质量与成本和进度是紧密相关的。如果缺乏相应的质量计划，最后的产品很可能以牺牲质量为代价换得较快的进度或较低的成本。质量计划的制定必须以企业的质量方针为指导，结合项目的特点和相应的行业标准与规范来制定。

电子商务项目质量计划主要内容包括：

（1）企业的质量方针：描述企业对产品质量的态度；

（2）质量数据的收集：从何处获取产品质量数据，怎样收集；

（3）质量管理组织：谁来负责项目质量的监督和控制；

（4）质量检查方法：如何检查项目质量，如何抽查；

（5）质量处理流程：发生质量问题后，如何处理，由谁处理；

（6）质量报告格式：详细描述了质量报告的内容和格式。

### 4.4.3　电子商务项目的沟通计划

电子商务项目的沟通计划是项目总计划的重要组成部分。编制项目沟通计划就是确定、记录并分析项目的相关利益者所需要的信息和沟通需求，确定谁需要信息，需要什么信息，以及如何把这些信息传递到他们那里。项目沟通计划是项目未来沟通的指导性文件，它一般要在项目初期制定。但在项目进展中，有时也需要根据实际情况进行修改和调整。

电子商务项目沟通计划的主要内容包括：

（1）信息收集渠道：采用什么方法，从何处收集各种信息；

（2）信息分发渠道：信息怎样发送，发送给谁；

（3）信息分发形式：包括信息的格式、内容、详细程度以及采用的模板和符号等；

（4）信息发送日程表：明确规定了各种信息发生的时间，什么时候发送给什么人。

有效的沟通计划可以减少项目团队成员间不必要的重复的交流与沟通，节约时间，更重要的是可以最大限度地减少交流障碍，增强正向的推进力，弱化逆向的阻力。

### 4.4.4　电子商务项目的采购计划

电子商务项目的采购计划是在确定了产品或服务的买卖关系之后，从采购者的角度制定的。由于电子商务涉及的环节较多，如软件、硬件以及各种设备材料等，所以采购对于电子商务项目是必不可少的。无论是电子商务策划项目，还是电子商务开发项目和运营项目，都存在大量采购。采购就是从项目系统外获得货物和服务的过程。电子商务项目的采购计划就是识别项目中外部资源的需求，并可以通过从项目实施组织外部采购产品、设备、工程和服务来得到满足的过程。

电子商务项目的采购计划应该包括以下内容：

（1）采购物品或服务的数量和质量描述；

（2）采购投入的时间；

（3）采购产品或服务间的关系；

（4）预计采购时间；

（5）采购合同的约定。

## 思考题

1. 如何理解电子商务项目的范围，项目范围与产品范围有什么区别与联系？举一个电子商务项目的例子，说明其项目范围和产品范围分别是什么。

2. 项目计划有哪些作用？有人认为计划不如变化快，制定了计划也没用，还有人认为制定计划比较浪费时间，对此你是怎么看的？针对这些观点，你认为我们应该如何制定计划？

3. 根据项目管理知识体系，你认为项目计划应该包含哪些单项计划？

4. 工作分解结构表示方法有哪些？有哪些创建方法？WBS对项目管理有哪些意义？

5. 如何制定出一个项目进度计划，它包含哪些步骤？

6. 简述敏捷开发方法对项目计划有何影响。

7. 简述关键路径法中最早开始时间和最迟结束时间的主要计算步骤。

8. 计划评审技术的主要优点是什么？它和关键路径法有什么区别？

9. 项目网络图和甘特图有什么区别，各有什么作用？

10. 认真阅读本章4.2.3节的案例，能否优化活动之间的逻辑关系，使得该项目的工期得到一定的缩短？

11. 电子商务系统开发项目成本估算方法有哪些？

# 第 5 章

# 电子商务项目的实施与控制

良好的计划是成功的一半，成功的另一半就依赖于正确的实施，并有效地加以控制。电子商务项目的实施就是项目计划有效执行的过程，是电子商务项目的关键环节。在整个实施过程中，必须有一套正确的实施方法论指导项目的执行，使成功的项目管理经验可以得到复制。有了实施方法论的指导，还需要借助项目管理信息系统等工具，对电子商务项目实施的全过程进行管理和监控。为确保电子商务项目的执行不偏离既定的目标和计划，电子商务项目的控制必须在项目实施时同时进行，形成实施和控制两条并行线。

在本章，我们首先讲述了电子商务项目的实施管理过程、项目管理信息系统和项目控制系统，接着详细讨论了电子商务项目的控制。由于项目范围、进度和成本是项目管理的三大最主要目标，所以在本章，我们重点讨论了这三个方面的控制。最后一节重点介绍挣值分析技术，以及时间和成本的平衡技术。

## 5.1 电子商务项目的实施控制

电子商务项目的成功实施不仅需要事先制定一个完整周密的项目执行计划，还必须在一套正确的项目管理方法论的指导下，借助先进的项目管理工具，对项目实施的全过程进行管理和控制，才能保证项目的成功实施。我们在第 2 章中专门阐述了项目管理方法论和规范管理的重要性，因而本节我们主要讨论电子商务项目的实施管理过程、项目管理信息系统和项目控制系统。由于电子商务系统一般都需要用户企业紧密参与，而有些用户企业相对承建方来说处于更加强势的地位，因而本节的最后讲解如何处理好与强势用户之间的关系。

### 5.1.1 电子商务项目的实施管理过程

项目计划编制完成并取得关键项目干系人的认可之后，项目经理接下来要做的事就是带领项目团队认真地执行计划，并根据实施的实际情况对计划进行适当的调整，保证项目达到目标。在整个项目实施阶段，项目团队要做的工作可以分为两部分，一是与产品产出直接有关的业务性工作，二是为保证产品顺利产出的管理性工作。对于不同类型的电子商务项目，如电子商务开发项目和电子商务策划项目，所做的具体的业务性工作是完全不一样的，前者主要是系统分析、系统设计、代码编写等，而后者是市场调研、方案设计、方案论证等，但这两种不同的电子商务项目的管理工作是基本相同的。一般来讲，电子商务项目实施管理活动主要有以下几个方面：

1. 跟踪并记录项目进展情况

在项目执行过程中，项目团队成员要及时跟踪项目进展情况，并记录相关的执行信息。比如，在每一天项目都消耗了哪些资源，消耗在哪些工作上？项目团队的每个成员，每天都做了哪些工作？等等。要详细记录这些基础执行信息，这样，一旦出现问题，就有据可查，更重要的是，可以尽快发现问题，分析原因，找出解决问题的办法。如果缺乏这些执行数据，问题解决将会无从下手。

一般来讲，项目执行信息可通过下列渠道收集：定期的项目报告（如项目执行情况日报表、周报表，甚至是月报表等）、项目例会的会议记录、电话和邮件信息、现场检查、项目管理信息系统等。

2. 分析并管理项目执行状况

在获得详细项目进展状况后，接下来就要对这些执行数据进行分析，识别项目在进度、成本、范围及质量等方面的偏差，并针对偏差采取相关的措施。比如，在进度方面，我们首先要分析项目在关键路径上的活动是否存在偏差，然后检查非关键路径上的活动。对每一类活动，按其偏差大小进行排列，并按此顺序逐一分析其原因，到底是项目团队内部的原因还是外部环境变化的原因，并针对偏差产生的原因提出解决办法。如，把非关键路径上的资源转移到关键路径上去，争取保证项目总工期不变，或者通过加班加点赶上进度。

3. 监控和管理项目风险

在项目执行过程，项目风险在任何时候都有可能出现，所以在整个项目执行阶段，项目团队一直都要对项目可能存在的风险进行监控，并对项目出现的问题进行有效管理。这个过程主要的活动包括：随时监控项目内部和外部环境条件的变化，重点审查以前类似项目出现过的风险，同时也要注意新项目有可能出现的新风险；制定风险应对计划，事先对各种有可能出现的风险制定尽可能详细的应对措施，有的可能要采取多种应对措施；跟踪风险监控结果，在对项目出现的风险采取补救措施后，还要对其效果进行跟踪；根据实际情况评估风险应对措施的效果，并做出适当的调整。

4. 管理和控制项目变更

项目变更的控制与管理是任何项目管理不可或缺的重要组成部分。任何IT项目，尤其是电子商务项目，都易受外部环境和市场变化的影响，可以说，变更几乎是不可避免的，所以项目团队要把项目变更控制和管理作为项目实施阶段的重要管理任务之一。这方面主要的工作包括：制定变更控制流程；一旦发生变更，按变更控制流程执行变更管理；对变更进行跟踪与总结。

5. 总结并编制项目进展报告

项目执行阶段的一项重要管理工作就是对某一周期的工作进行总结，形成项目周期性报告，当然也包括编写项目总报告，便于项目经理向相关项目干系人报告项目进展情况，并及时获得项目干系人对项目进展的反馈。一般来讲，要编写的相关报告有：给客户的报告、给管理层的报告、给项目团队的报告以及各阶段的周期性报告。不同报告的详细程度可能不完全一样，给客户和管理层的报告相对要简单清晰，而给项目团队的报告就要详细具体些。

在项目实施阶段，除了上面主要的管理过程外，还包括一些其他的工作，如为项目团队营造积极的工作氛围，创建良好的用户关系，特别是要处理好与处于强势地位的用户的关系等。

### 5.1.2　电子商务项目的管理信息系统

有了项目管理方法论的指导和规范的项目实施管理过程，电子商务项目的成功实施还必须借助项目管理信息系统，为项目的范围、进度、成本等的实施管理提供一种简便的工具。

1. 项目管理信息系统的功能

项目管理信息系统（project management information system，PMIS）是基于计算机或互联网（包括移动互联网）的项目管理信息系统，主要用于电子商务项目的目标控制。一般项目管理信息系统具备的主要功能包括：

（1）文档管理。能够实现项目管理文档的编制与共享，方便项目组成员浏览文档，并且项目管理信息系统在维护文档的一致性和文档的版权控制方面也应该提供支持。

（2）范围管理。能够输入项目要完成的任务，这些任务可以分层次，需要对不同层次的任务或工作进行编码。

（3）进度与成本管理。根据任务信息和资源信息排定项目的日程，并随任务和资源的修改而调整日程，还可随时对单个资源或整个项目的实际成本及预算成本进行分析、比较。

（4）质量与风险管理。收集项目的质量信息，对项目的质量进行监测和分析；对项目风险进行识别、分析，并确定相应的负责人和建议的应对措施。

（5）项目的跟踪和考核。根据项目基准计划跟踪多种活动的执行情况，如任务的完成情况、费用、消耗的资源、工作分配等；还可以采集项目成员的工作绩效信息，对照分配的工作任务进行考核，给出相应的奖惩建议。

（6）报表生成。在各类数据资料的基础上，快速、简便地生成多种报表和图表，如网络图、甘特图、资源图表、资源日历等。

（7）多项目管理。通过将不同的项目存放在不同的文件中，这些文件相互连接，实现大项目和子项目之间的项目信息的存储、查询和共享。

除上述主要功能，有的项目管理信息系统还具有专门的合同管理、采购管理等功能。在移动互联网环境下，除了 PC 端可以访问项目管理信息系统，在智能手机端也可以访问配套的项目管理 App，做到随时随地对项目实施过程管理。

2. 项目管理信息系统的结构

任何项目管理信息系统都是由许多子系统或模块组成，但具体模块可能由于不同行业或领域而不同。但一般来说，一个项目管理信息系统应该包含以下子系统：项目结构和编码子系统（主要用于范围管理）、进度管理子系统、成本管理子系统、质量管理子系统、文档管理子系统、变更管理子系统、风险管理子系统、成员考核子系统、数据分析和报告子系统等。有的项目管理信息系统还可能包含合同管理子系统、采购管理子系统等。

所有这些子系统都有机地联系在一起，每个子系统产生的数据和信息被其他子系统所使用，或使用其他子系统产生的数据和信息，这些子系统结合在一起就成为一个完整的项目管理信息系统，如图5－1所示。如前所述，项目团队成员可以采用PC端或手机App两种方式接入项目管理信息系统。

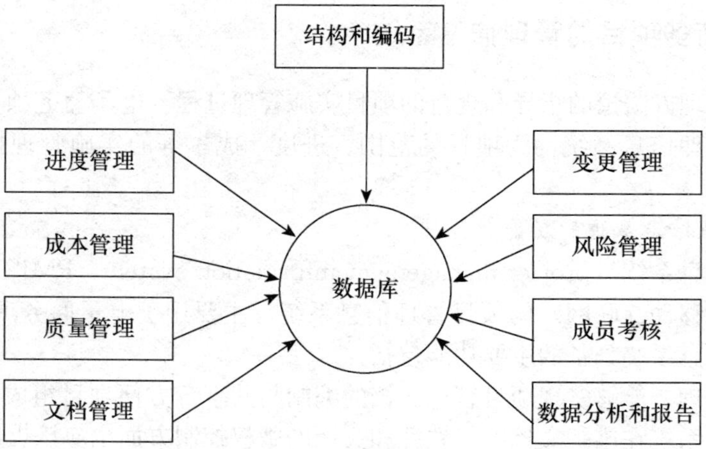


**图5－1　项目管理信息系统结构图**

### 5.1.3　电子商务项目的控制系统

电子商务项目计划是根据目前获得的信息对未来项目状态做出的一种预测和安排。因此，在编制计划时往往有很多问题难以预见和考虑周全，现实中总会由于各种因素的干扰导致项目不能完全按预定的计划实施。为了保证项目成功，使项目能够实现预定的目标，项目经理在项目的实施过程中必须对相关的计划做出调整，采取必要的、有针对性的措施纠正项目实施过程中出现的偏差。为规范项目的计划调整和偏差纠正，项目团队必须有一套规范的项目控制流程，使项目控制工作程序化、规范化，形成完善的项目控制系统。

一般来讲，项目控制系统流程包括：收集控制信息（比如通过实际检查及报告）；偏差识别与分析；偏差分析结果的决策；制定相应的措施；措施的选择与决策；更新计划并执行等。整个过程从建立项目基准计划开始，在项目按照基准方案启动实施后，在实施过程中与实际情况相比较分析，必要时修改项目计划，并按照新的计划执行。整个项目控制是一个动态的过程，需要不断对项目中出现的各种偏差加以调整。

1. 收集控制信息

项目团队要通过各种形式收集项目状态信息，并作为整个项目执行控制的依据。这些信息包括执行检查情况和各种项目报告。检查包括对项目进度、已完成工作的费用、质量情况的检查，也包括对项目组织的整体管理情况的检查。项目报告包括进度管理报告、项目执行状态报告、项目信息周报等。

2. 偏差识别和分析

通过与项目基准计划相比，可以发现项目的实际执行情况与基准计划是否存在偏差，存在什么样的偏差，哪些是值得重点关注的，哪些是可以简单处理的。同时进一步分析偏差产生的原因，为寻求有效的控制措施做好准备工作。

3. 偏差分析结果的决策

在进行偏差分析后，接下来就要分析偏差对项目产生的影响，并根据影响大小对其进行分类。在此基础上对各种偏差做出决策，如某偏差是否真实地反映了项目信息，如果不是，则有可能是在项目信息收集时出现问题，需要重新收集和汇报；如果不是信息收集的问题，则很可能就是项目本身出现问题，那么就要制定相应的纠正措施。

4. 制定相应的措施

在确认是项目执行出现偏差后，就要根据偏差产生的不同原因，采用不同控制和调整、补救措施。根据问题的原因，可以分别采取不同的纠正措施，比如，如果采取组织措施，可以通过进一步明确责任和分工，优化工作流程和沟通流程来增强沟通；如果采取经济措施，可以通过经济手段来实施控制，如加强项目费用审计，或追加费用来保证进度；如果采取合同措施，可以进一步在补充合同中落实项目目标控制的责任，如加强索赔的控制和管理；如果采取技术措施，可以加强技术方案的论证等。

5. 措施的选择与决策

一般来讲，在制定措施的时候，要制定两套或两套以上的方案，项目团队要对不同方案的优缺点、性价比进行分析，对于已经制定的控制措施进行取舍和判断，要根据项目偏差发生的具体情况，选择最合适的一种。在选择措施时要注意考虑新措施是否会给项目带来新的负面影响。

6. 更新计划并执行

在控制措施得到认可和批准后，项目管理者就要落实控制措施的执行，同时还要更新项目计划。

要强调的是，项目控制系统是一个动态的过程，它不但贯穿于整个项目实施阶段，而且上述六个基本的步骤是一个循环和反复的过程。也就是说，在计划更新后，又要进入下一个控制循环，又要重新收集控制信息，并进行偏差识别与分析，对偏差分析结果进行决策，然后制定相应的措施，并进行措施的选择与决策，最后更新计划并执行等。

现在基于敏捷的开发被越来越多地用在电子商务系统的开发中。要注意的是，对于每次迭代来说，可以把它作为一个单独的子项目进行控制，然后按照上述 6 个偏差控制的步骤管理每次迭代中的偏差情况。

### 5.1.4　案例：校园二手用品跳蚤市场移动 App 项目的文档管理

文档在电子商务系统的建设人员、管理人员、维护人员以及用户之间起到多种桥梁作用，文档是项目过程控制的重要工具。校园二手用品跳蚤市场移动 App 项目的文档管理主要从以下几方面进行：

1. 设有专职文档管理负责人

移动App项目小组设一位文档保管人员，负责集中保管本项目已有文档的一套主文本，一套副文本。两套文本内容完全一致，其中的副本可按一定手续，办理借阅。

2. 强调文档说明和修改记录

每个文档要填写文档说明信息，文档更新时填写版本修改记录，文档扉页模板如表5-1和表5-2所示。

**表5-1　文档说明信息表**

| | | | |
|---|---|---|---|
| 文档名称 | | | |
| 负责人 | | 文档版本编号 | |
| 密级 | | 文档版本日期 | |
| 起草人 | | 起草日期 | |
| 复审人 | | 复审日期 | |

**表5-2　文档版本修改记录表**

| 版本编号 | 版本日期 | 修改者 | 说明 |
|---|---|---|---|
| | | | |
| | | | |

3. 文档统一格式定义

项目内部所有文档采用统一的页面设置、封面格式、页眉页尾格式、目录格式和正文格式。

4. 文档内容规范

项目内文档内容规范主要参考国家标准《国家软件开发标准》，这些文档包括但不限于：可行性研究报告、项目开发计划、软件需求说明书、概要设计说明书、详细设计说明书、数据库设计说明书、数据要求说明书、模块开发卷宗、开发进度月报、测试计划、测试分析报告、用户手册、项目开发总结报告。

这里对其中一些做简要说明：

(1) 可行性研究报告：说明校园二手用品跳蚤市场移动App项目的实现在技术上、经济上和社会因素上的可行性，评述为了合理地达到开发目标可供选择的各种可能实施的方案，说明并论证所选定实施方案的理由。

(2) 项目开发计划：为项目实施方案制定出具体计划，应该包括各部分工作的负责人员、开发的进度、开发经费的预算、所需的硬件及软件资源等。项目开发计划应提供给管理者，并作为开发阶段评审的参考。

(3) 移动App需求说明书：对所开发App的功能、性能、用户界面及运行环境等做出详细的说明。它是用户与开发人员双方对App需求取得共同理解基础上达成的协议，也是实施开发工作的基础。

(4) 概要设计说明书：该说明书是概要设计阶段的工作成果，它应说明App的总体结构、模块划分以及功能分配，为详细设计奠定基础。

(5) 详细设计说明书：说明实现App各个功能及具体任务的技术手段和处理方法，

包括代码设计、数据库设计、输入设计、输出设计、人机对话设计、处理过程设计等。

（6）用户手册：用户手册详细描述 App 的功能、性能和用户界面，使用户了解如何使用该 App。

5. 文档存储结构

由于本项目规模较小，因此不采用专门的文档管理软件或项目管理信息系统。但为了使各种文档便于存放与查找，我们制定出在计算机磁盘或云存储空间中的文件夹结构以有效存储文档。文件夹结构如图 5－2 所示。

```
＜校园二手用品跳蚤市场移动 App 项目＞
|—1. 管理
|        |—报告纪要　各阶段的报告、工作记录等文档，如项目立项报告和会议纪要等。
|        |—制度规范　项目开发中涉及的管理制度、技术规范、文档管理规范等。
|—2. 设计
|        |—业务模型　系统分析得到的业务模型文件及相关业务说明文档。
|        |—系统模型　系统分析得到的系统模型文件及相关附属设计文档。
|—3. 程序
|        |—编码　项目开发中编制的程序源代码及编译后的程序。
|        |—组件　应用系统引用到的通用组件软件（程序）。
|        |—软件　需要用到的第三方软件。
|—4. 部署
         |—测试　测试报告、验收报告等。
         |—手册　技术说明书、用户手册等。
```

**图 5－2　校园二手用品跳蚤市场移动 App 项目文档管理的文件夹结构**

## 5.1.5　妥善处理与强势用户的关系

目前越来越多的用户单位开始重视在电子商务系统开发或实施中的参与。在这些用户中，有一些组织由于处在行业标杆的位置，或者具有竞争力强、资金充裕等优势，在与系统的承建方进行合作和沟通的过程中，往往处于强势地位。已有实际案例表明，此类组织最终也往往能够成功实施电子商务系统。事实上，承建方为了赢得该组织的后续项目或者期望建立在该行业或领域的口碑或品牌，也会主动迎合上述用户的强势地位，使得这些用户的强势地位得到进一步巩固。

我们将这类用户定义为“强势用户”，即在电子商务系统的开发或实施过程中，由于拥有承建方所期待的后期利益这一独特资源从而处于主动控制的优势地位的用户。这里的用户是指组织层面的用户，一般是行业中的标杆企业，或者资金充裕，或者对业务熟悉程度强，对承建方具有很强的管控能力。

实际上随着用户组织对电子商务系统了解程度的加深，以及系统开发的市场日益成为买方市场，用户的议价能力和谈判能力都在日渐加强，不仅是标杆企业，一般用户相对于承建方的地位也在加强。

那么，强势用户应该如何利用自己的这种有利地位采取相应的控制机制呢？与之相对应的承建方又应该如何适应这种控制，来妥善处理与强势用户的关系呢？本小节就对这两个问题进行讨论。

1. 强势用户应该采纳的控制机制

首先针对强势用户这一特殊群体，我们提出如下两方面的控制机制，以便其对承建方进行更好的管控：

一方面强势用户可以从组织内部加强自身对项目的管理控制能力：

(1) 建立适用于本组织的项目实施方法论。

(2) 组织专门的配合团队，甚至安排某些人员脱产对承建方的工作进行全力配合。

(3) 制定并提供项目未来的长期规划。这样，不仅有助于承建方在系统规划阶段从用户长期发展的角度对电子商务系统进行分析设计，还可以通过此种方式向承建方暗示后期持续合作的可能性，以此加强承建方的自我控制意愿。

(4) 设立问题管理程序。即在系统实施过程中出现某些问题时，如果能有一套规范的问题处理程序则会大大简化双方矛盾，提高实施效率。

(5) 组织测试或验收系统。

(6) 组织双方共同分析评估已有成果。

另一方面强势用户也可凭借自身的强势地位，直接对承建方提出某些强制性要求或通过自身行为对承建方产生间接影响。

(1) 要求承建方派一定人员驻用户方工作。这样，不仅便于用户方对承建方进行行为控制，更能增进交流和互信，有利于承建方人员对于用户方组织文化产生强烈的认同感。

(2) 要求承建方制定明确的项目计划。

(3) 组织定期碰头会。

(4) 以身作则做好自己负责的项目工作，使承建方产生潜在的心理压力。

(5) 要求双方进行短期集中突击工作，达到在短期内高质量完成阶段性成果的目的。同时，也有助于双方在短期内形成默契，以便在后续工作中更好地协作。

(6) 对承建方进行培训。可以将用户方的管理方式及规章制度介绍给承建方，对其进行专项培训，以此加强承建方人员对用户方企业文化和业务模式的认同，进而使双方人员的观念及工作理念达成一致。

(7) 在系统建设的各个阶段，均可要求承建方高级管理人员一定程度的参与。

(8) 设立奖惩机制。可以在项目建设的初始阶段，针对承建方行为及结果设立奖惩机制；在项目实施过程中或项目结束后，根据承建方行为进行评估及奖惩。

2. 承建方应该采纳的控制机制

一般来说，在与强势用户合作的过程中，电子商务项目的承建方为了获取示范效应，树立良好的品牌形象，或是期望继续合作，往往表现出主动迎合用户方的管控以及较强的自我控制意愿。可以说正是由于用户方的强势地位，承建方才更愿意自发地实施自我控制。因此，我们认为，从有利于组织发展的角度而言，承建方在了解到强势用户采取的控制机制后，应考虑在电子商务系统的建设过程中，自己需要采取哪些措施，以主动为用户方提供控制便利，从而有效获取用户方的信任。因此，我们总结出以下一些控制机制供承建方参考：

（1）承建方主动提交明确的项目计划。

（2）承建方主动要求驻用户方工作。这样做不仅可以保证承建方更为准确地了解和实现用户方的需求，而且可以增进交流、增强互信，减少摩擦、培养默契。

（3）承建方主动提交每周/每月报告，以确保用户方及时了解项目的进展情况。

（4）承建方主动要求召开阶段性成果展示会，并且尽量保证己方高层管理人员参与。

（5）承建方通过微信/电话/电子邮件等方式，主动与用户方进行沟通。

（6）承建方主动组织与用户方的交流会。日常生活中双方成员间进行较为轻松的沟通交流，有助于加深彼此的了解，加强进一步的合作。

## 5.2　电子商务项目的范围控制

电子商务项目的范围控制是指通过一套有效的流程和管理方法，把电子商务项目执行过程中出现的各种关于项目最终产品或服务范围的增加、修改、删减等变更进行有效管理和控制。对于电子商务项目，尤其是电子商务系统开发项目，范围控制是项目管理的重点之一，一是因为在 IT 项目中，“范围蔓延”现象太为普遍，二是有相当多的进度和成本问题都是由于范围失控，最终导致工期、成本、质量等指标的变动，影响项目目标的实现。在本节，我们先分析电子商务项目范围变化的原因，然后讨论进行范围变更控制的方法和技术。

### 5.2.1　电子商务项目范围变化的原因

对于不同类型的电子商务项目，发生范围变化的原因不尽相同，如电子商务开发项目可能受技术影响和客户需求变化相对多些；电子商务策划项目可能受企业组织发展战略的影响更大些；而电子商务运营项目可能受外部市场环境的影响更大些。但总体来说，导致电子商务项目的范围变化的因素主要包括以下几方面：

（1）项目需求的变化。无论是在开发项目还是策划项目中，这都是很有可能出现的。例如，项目发起人因为各种原因，其需求和期望发生变化了，可能要求增加某个电子商务系统的功能或因为企业财务状况恶化而减少某个功能模块。

（2）项目外部环境发生变化。例如，对于电子商务策划项目和运营项目而言，可能因为市场的变化而导致以前做的市场调研结果失效，或调研工作必须加大调研范围。

（3）项目管理方面的原因。如可能因为项目组的需求调研不够周密详细，有一定的错误或遗漏，例如在设计语音或视频数据处理系统时没有考虑到计算机网络的承载流量的问题。

（4）新技术或新方法的出现。国际上出现了或是设计人员提出了新的技术、手段或方案。在项目实施过程中，常常会出现制定范围管理计划时尚未出现的、可以大幅度降低成本的新技术或新方法。

（5）用户单位本身发生变化。比如由于项目的使用单位同其他单位合并或是出现其他情况，项目的范围发生了变化。

总之，范围变更在任何时候都可能存在。但变更并不可怕，可怕的是我们没有预见，缺乏有效的范围变更管理，这样一旦发生变更，项目组就束手无策。实际上，并不是所有变更的发生都是一件坏事情，如果管理得好，范围变更可能意味着出现了新的利润机会；但管理得不好，可能导致项目的失败。对于变更，我们要做到事前严格定义，事中严格执行。下面我们就讨论如何进行范围变更控制。

### 5.2.2 电子商务项目范围变更控制的方法

为更好地进行项目范围变更控制，需要注意以下方法的应用：

1. 建立有效的范围变更流程

进行范围变更控制，首要的工作就是建立范围变更控制流程。范围的变更控制流程和前面讲到的一般变更控制基本一样，不同的是，在前面讲述的项目偏差控制系统，主要是项目团队通过分析项目实际执行数据去识别可能导致偏离项目目标的因素。而在范围变更控制中，范围变更的控制一般是从项目干系人提出的范围变更申请开始，也就是控制对象一般是比较明确的，那就是项目干系人的变更申请。当然，这里干系人既可能是用户，也可能是项目团队本身。在范围变更申请提出之后，其他的流程和前面讲述的基本一样，包括范围变更的分析、变更的确认和审批、变更的实施以及变更效果评价等环节。

2. 重视需求分析工作

在项目初期，项目经理首先需要考察用户做这个电子商务项目有什么用处，就是“为什么”要做这个项目，这样才能真正从用户的角度来考虑系统的需求；接下来需要总结出整个项目是“做什么”，并能概括出各个子任务，让开发人员对项目内容的大方向有很好的把握。

在进行需求分析时应该注意以下技巧：需求分析报告应以用户认为易于翻阅和理解的方式进行编写，同时也要有助于开发人员开发出真正需要的系统；项目组成员最好就需求分析报告向用户进行详细的讲述，并达成共识，良好有效的沟通在这里很重要；另外，需求确认之后，最好让用户方管理层书面签字，作为终止需求分析过程的标志。当然，签字绝不是作为拒绝今后范围变更的手段。

3. 尽可能地明确项目的范围

合同中的项目范围应该还只是粗线条的约定，必须进行细化和深入。编制范围说明书和工作分解结构是其中重要的部分。范围说明书应该包括项目背景、产品简介、主要可交付物、验收标准等。在进行详细需求调研的基础上，编制 WBS 和需求分析报告。WBS 可以为项目执行绩效评测和项目控制提供一个基准。

如果在项目的合同或范围说明书中，不但能明确做什么，还能明确不做什么，那是非常好的事情。如果那些开始明确不做的内容，后来用户提出来要做，那就是一个明显的变更，非常容易辨认和确认。

### 5.2.3 电子商务项目范围变更控制的技术

电子商务项目范围变更控制的技术主要有：

1. 范围变更控制系统

范围变更控制规定了项目范围变更所应遵循的程序，包括填写相应的文档、核准变更所需通过的审批层次以及对变更进行追踪等。范围变更控制应该与总的变更控制系统结合起来，尤其应该与控制产品范围的一个或多个系统结合起来。在项目按合同实施时，范围变更控制还必须符合所有相关合同条款的规定。

2. 绩效分析

绩效分析技术有助于评估任何变更的大小，判断是什么造成了基准的偏离以及决定是否应对偏离采取纠正措施。

3. 更新计划

项目很少会按计划原封不动地实施。预期的范围变更可能会要求对 WBS 进行修改，或者分析其他替代方案。在范围变更实施之前，要重新编制项目计划。

### 5.2.4　案例：校园二手用品跳蚤市场移动 App 项目的范围变更管理

在校园二手用品跳蚤市场移动 App 项目实施过程中，为了控制外部环境变化、项目需求调研不够全面、新技术出现等引起的用户需求变化，项目组通过运用正式的范围变更申请表，使提出需求变更的申请者认真考虑相应的变更对各子系统的影响，从而减少未经过深思熟虑的变更申请，规范对范围变更的管理。表 5－3 是本项目的范围变更申请表的模板。

**表 5－3　校园二手用品跳蚤市场移动 App 项目范围变更申请表**

<table>
<tr><td colspan="2">申请日期</td><td colspan="2"></td><td colspan="2">变更内容的关键词</td><td colspan="2"></td></tr>
<tr><td colspan="2">申请人</td><td colspan="2"></td><td colspan="2">归属子系统</td><td colspan="2"></td></tr>
<tr><td colspan="2">变更内容</td><td colspan="6"></td></tr>
<tr><td colspan="2">变更理由</td><td colspan="6"></td></tr>
<tr><td colspan="8">对其他子系统的影响及所需资源</td></tr>
<tr><td colspan="3">申请人评估</td><td colspan="3">用户方负责人评估</td><td colspan="2">开发方负责人评估</td></tr>
<tr><td colspan="3"></td><td colspan="3"></td><td colspan="2"></td></tr>
<tr><td colspan="3" rowspan="2">是否变更</td><td colspan="3">用户方负责人批复意见</td><td colspan="2">开发方负责人批复意见</td></tr>
<tr><td colspan="3"></td><td colspan="2"></td></tr>
<tr><td colspan="8">如果变更，那么</td></tr>
<tr><td>编号</td><td></td><td>优先级</td><td></td><td>执行人</td><td></td><td>结束时间</td><td></td></tr>
<tr><td colspan="4">开发方负责人：<br>签发日期：</td><td colspan="4">用户方负责人：<br>签发日期：</td></tr>
</table>

用户方在提出变更申请时必须认真填写上述的项目范围变更申请表，App 开发方基于

此表进行实际调研并与用户方达成共识后方可确认变更，对项目范围进行修改，然后重新编制新的计划。

## 5.3 电子商务项目的进度与成本控制

### 5.3.1 电子商务项目的进度控制

电子商务项目进度控制是指根据项目工作进度的实际执行情况，分析比较实际进展与计划之间的差异，及时发现偏差和纠正偏差，并做出必要的调整，使项目朝着有利的方向发展，以保证项目按既定进度进行。在进度控制中，具体工作包括：收集各种执行数据，检查进度执行情况以发现是否存在进度问题，在发生进度问题的情况下进行进度调整。

1. 项目进度控制的依据

在电子商务项目执行阶段，需要从不同的层次去进行各种进度控制。根据不同层次的管理者关注进度的详细程度，一般分为三种进度：项目总进度，即企业主管项目的副总或用户关心的、关于里程碑点的进展情况；项目主进度，项目经理或项目管理部门关注的、项目各主要任务的进度；项目详细进度，是各项目小组关注的、各具体任务的进展情况。对于以上三种进度，其进度控制依据基本是相同的。

项目进度控制的依据主要有：

（1）项目进展报告，反映项目详细执行情况的正式文件。

（2）项目变更请求，变更请求可能是根据项目进度提出要求，可以是直接或间接的、计划内或计划外的等。

（3）原始的进度基准计划，用于和实际执行情况进行比较。

2. 项目进度控制的方法

项目进度控制的方法主要有：

（1）进度变更控制系统。进度变更控制系统描述了项目进度变更控制的过程，包括书面申请、核准变更的审批级别以及进度变更的追踪系统等。进度变更控制系统应该与整个项目的控制系统相协调。

（2）进度偏差分析。进度偏差分析用于判断进度是否发生了变化，发生了多大的变化。例如非关键路径活动的重大延误可能对项目总体影响甚微，而关键路径或接近关键路径上一个短得多的延误却有可能要立即采取行动。

（3）修订项目进度计划。几乎没有一个项目能原封不动地按照最初制定的计划执行。预期的变更可能会要求重新制定或者修改活动所需时间估算，修改活动排序，或者对可选择进度进行分析。

（4）项目管理软件。项目管理软件能够追踪与比较计划日期与实际日期，预测实际或潜在的进度变更所带来的后果，是进度控制的有用工具。

3. 项目进度计划的调整

在确认项目进度变化后，项目经理应及时提出解决项目进度变化的应对措施，调整并更新项目的进度计划。

（1）进度调整的基本原则。

任何的进度调整都会对项目的未完成部分造成一定影响，但恰当的调整可以把这种影响降至最低点。在实施进度调整时，尽量坚持这样一些原则：

① 近期优先原则。既优先调整近期即将开始的任务，不要让风险后移。

② 长工期优先原则。因为压缩同样的百分比，工期长的任务节省的时间要多些。

③ 避免拆东墙、补西墙原则。全面评估调整对时间、质量、成本等造成的影响，不要因为进度调整造成了后续任务的新风险。

④ 及时通知原则。调整后产生的新的项目计划，要及时通知重要的项目干系人，并得到他们的认可和签字。

（2）进度调整的主要措施。

一般来讲，项目进度调整的措施主要有三种：

① 增加投入，即增加人力资源或费用，通过加班、加点，或通过激励措施提高员工的工作效率。

② 减少产出，在不得已的情况下，减少项目工作范围或降低质量要求也是进度控制的方法之一，但前提是一定要得到客户的同意。

③ 寻求新方法或新技术，采用新方法或新技术，提高工作效率。

有一点需要说明，根据著名的布鲁克斯（Brooks）法则，对于某些软件开发项目，在进度延迟的情况下增加人手，有可能会使项目的进度更加延后。这是因为对于新加入项目的员工来说，不但需要对他们就项目相关背景和需求、设计的内容进行培训，而且会增加项目团队成员之间的沟通路径，可能会使项目的整体工作效率下降。

另外，进度落后的时候采用加班或增加激励的方式也要进行权衡。因为长时间加班造成的疲劳可能会再次使工作效率降低，增加激励则会造成工作成本不断向上攀升。

但以上这些措施并不是完全不可取的，而是需要项目经理考虑适度原则。最好是先全面分析项目进度延迟的原因，如果确实是不合理的项目交付时限要求，就应当通过与用户的沟通变更为合理的项目时限要求，以免因为这样一个不合理的时限要求造成对项目质量或团队成员心理上的负面影响，最终导致项目的失败；否则应从技术、团队成员心态、环境、工作方法等方面查找原因，找到提高效率、加快进度的方法。

### 5.3.2　电子商务项目的成本控制

项目成本控制是指项目组织为保证在变化的条件下实现其预算价值，按照事先拟订的计划和标准，通过采用各种方法，对项目实施过程中发生的各种实际成本与计划成本进行对比、检查、监督、引导和纠正，尽量使电子商务项目的实际成本控制在计划和预算范围内的管理过程。

1. 项目成本控制的依据和内容

项目成本控制的主要依据有：

（1）项目各项工作包或活动的成本预算，它是成本控制的基础性文件。

（2）成本基准计划，用于与实际成本执行进行对比。

（3）成本绩效报告，反映成本执行情况。

（4）变更申请，项目干系人提出的项目变更申请显然也会影响项目的成本，要注意分析和监控。

项目成本控制包括监督成本绩效，找出与计划的偏差，并弄清原因；确保所有恰当的变更都准确地记载于更新的成本基准之中；阻止不正确、不恰当或未经批准的变更纳入成本计划中；将经核准的变更通知项目干系人；采取恰当的措施将预期成本限制在可接受的范围之内。若对成本偏差采取不恰当的应对措施，就可能造成质量或进度问题，或在项目的今后阶段产生无法接受的巨大风险。

2. 项目成本控制的工具和方法

常用的项目成本控制的工具和方法主要有：

（1）成本变更控制系统。

这是一种项目成本控制的程序性方法，主要通过建立项目成本变更控制体系，对项目成本进行控制。该系统主要包括三个部分：成本变更申请、核准成本变更申请和变更项目成本预算。

提出成本变更申请的人可以是项目业主/客户、项目成员、项目经理等的一切可能的项目干系人。所提出的项目成本变更申请呈交给项目经理或项目其他成本管理人员，然后这些成本管理者严格地根据项目成本变更控制流程，对这些变更申请进行一系列的评估，以确定该项变更所导致的成本代价和时间代价，再将变更申请的分析结果报告给项目业主/用户，由他们最终判断是否接受这些代价，核准变更申请。

变更申请被批准后，需要对相关工作的成本预算进行调整，同时对成本基准计划进行相应的修改。最后，要注意成本变更控制系统应该与其他变更控制系统（如质量变更或进度变更控制系统）相协调，成本变更的结果应该与其他变更结果相协调，要追求在质量不降低的情况下合理地调整成本预算。

（2）成本绩效的测量和分析。

在费用控制过程中，要把精力主要放在那些费用超支的工作包上，而且费用超支越多的工作越要重点考虑，以加强对项目成本的控制。在采取措施时应将成本压缩或控制的重点放在那些马上就要开展的工作包或具有较大估计费用的活动上。因为越晚采取行动则造成的损失就可能越大，纠正的可能性也就越小；而费用估算越大的活动，减少其成本的机会也越多。

当然，对于那些费用已经节约的工作包我们也要适当地关注，要考虑这些工作能做到节约成本到底是工作效率高，方法得当导致费用节约了呢，还是由于质量降低导致费用节约了？如果是前者，应该将好的做法作为经验或最佳实践在项目团队中推广，如果是后者，则要想办法予以纠正。

具体而言，降低项目费用的方法有很多种，如改用满足要求但成本较低的资源，提高项目团队的水平以促使他们更加有效地工作，或者在客户的许可下，减少工作包或特定活动的作业范围和要求。

另外，即使费用差异为正值，也不可掉以轻心，而要想办法控制项目费用，让其保持下去，因为一旦费用绩效出现了麻烦，再要使它回到正轨上来往往就很难了。常用的绩效测量技术有：挣值分析、盈亏平衡分析、敏感性分析等。

由于项目的不确定性，一般而言，项目都不可能精确地按照预定计划进行，一旦项目费用发生较大的变化，就有可能需要修改原来的费用预算，更新原来的成本基准计划。

在进行以上的进度和成本控制中，项目管理软件、电子表格等这些工具常能较好地对项目的计划值和实际值进行跟踪和比较，并能预测完工时间和完工总成本。项目团队应该积极采用项目管理软件对进度和成本进行分析和控制。

## 5.4　挣值分析技术与时间-成本平衡法

### 5.4.1　挣值分析的含义及其应用

1. 挣值及挣值分析

挣值（earned value）分析是一种综合了范围、时间、成本和项目绩效测量的方法，通过计划完成的预算、实际完成工作的价值、实际的成本三者的比较，可以确定成本、进度是否按计划执行。它涉及每项工作的 3 个基本参数：

（1）计划完成工作量的预算价值（planned value，PV）：即预算量，在某个时间点上，累计计划完成工作量所获得批准的成本预算。

（2）已完成工作量的实际成本（actual cost，AC）：即实际成本量，在某个时间点上，累计实际完成工作量所花费的实际成本。

（3）已完成工作量的预算价值：即挣值（earned value，EV），是在某个时间点上，实际完成工作量的实际收益值，或者说已发生实际成本所完成工作的价值。某个工作包的挣值等于分配给该工作包的总预算乘以该时间点工作包的完工百分比得到。例如，某个工作包分配的总预算值为 10 万元，在 9 月 1 日，该工作包完成了一半，那么完工百分比为 50%，挣值为 10 万元乘以 50%，为 5 万元。

要注意的是，挣值不是利润的概念。如果不好理解，可以理解为“将完成的工作拿出去拍卖，别人愿意以多少钱来购买”的含义。由于各工作包所分配的预算是项目团队反复讨论得到的，所以一般认为预算是比较正确的。所以，某个工作包的挣值用分配给该工作包的总预算乘以该时间点的完工百分比来得到。

预算量、实际成本量、挣值这三个值的综合使用可以提供评价项目工作绩效好坏的尺度，如图 5-3 所示。最常用的指标是：

费用偏差（cost variance，CV）：CV＝EV－AC

进度偏差（schedule variance，SV）：SV＝EV－PV

CV 为负数，表明项目成本处于超支状态；SV 为负数，表明项目实施落后于计划进度状态。反之，如果 CV 为正数，表明项目成本节约了；SV 为正数，表明项目进度提前了。此外，CV 和 SV 这两个值，可以转化为效率指示器，反映任何工作包的成本与进度计划绩效。

成本效率（cost performance index，CPI）：CPI＝EV/AC

进度效率（schedule performance index，SPI）：SPI＝EV/PV

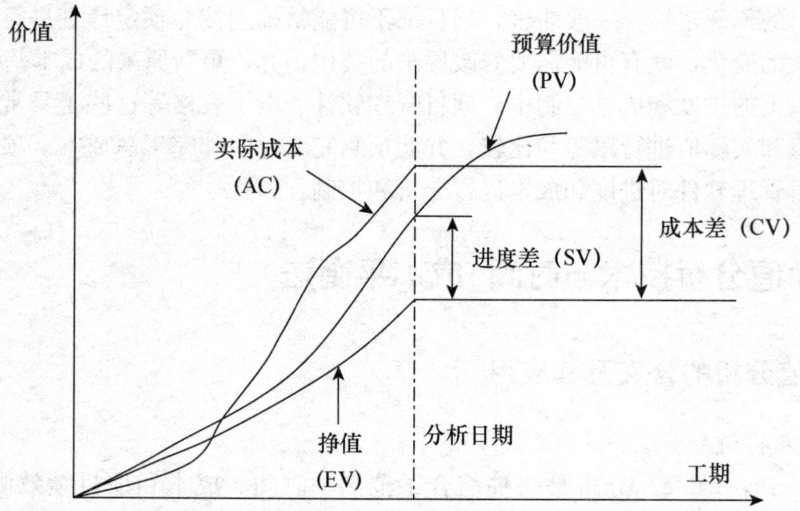


图5-3　挣值分析图

当SPI大于1时，表明项目进度提前了；当CPI大于1时，表明项目成本节约了；反之，当SPI小于1时，表明项目进度落后了；当CPI小于1时，表明项目成本超支了。有了这两个指标，我们就可以进行多项目或多个工作包的比较，因为一般来讲，CPI和SPI高的项目或工作包比低的执行得好。

CPI还被广泛用于预测完工时的项目总成本。在任意一个时点上，得到该时点的CPI后，都可以通过它和某时点的累计PV、AC、EV预测得到完工总成本。注意，以下提到的PV、AC、EV这三个量都是指在某个特定时点上的累计PV、AC、EV。在实际工作中，可能有如下三种状态，相应地，也有如下三种完工总成本的预测方式：

（1）如果项目未完工部分按照目前的效率去执行，在这种情况下预测完工成本，则完成全部工作所需的完工总成本（estimate at completion，EAC）的计算公式如下：

EAC＝总预算/CPI

或者

EAC＝AC＋(总预算－EV)/CPI

（2）如果项目未完工部分按计划规定的效率去执行，在这种情况下预测完工成本，则EAC等于已经发生的累计实际成本加上未完成的预算工作量即可，计算公式如下：

EAC＝AC＋(总预算－EV)

（3）如果发现上述两种效率都不对，需要重估所有剩余工作量的成本并做出预测。假设重估剩余工作量还需成本为$a$，那么：

EAC＝AC＋$a$

有了完工总成本，则可以很容易地知道完工尚需成本（estimate to completion，ETC），即从现在开始到全部完工还需要多少成本：

ETC= EAC−AC

2. 挣值分析的应用实例

下面我们通过一个例子来进一步介绍挣值分析的原理。

假设某电子商务策划项目的成本总预算是 13 万元，要求 10 周内完成。该项目包括 3 个工作包，分别是项目启动（工作包 1）、调研策划（工作包 2）和方案评审（工作包 3），成本预算分别是：工作包 1 是 2 万元；工作包 2 是 10 万元；工作包 3 是 1 万元，如图 5-4 所示。

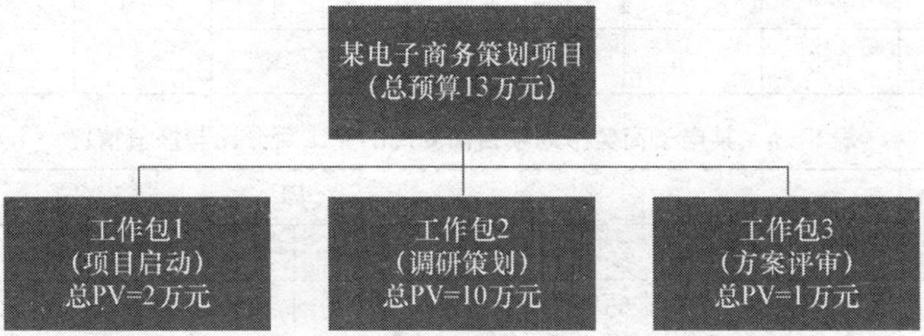


**图 5-4　某电子商务策划项目的成本预算分摊结构**

（1）建立成本基准计划（即确定计划预算价值）。

成本基准计划是一种按时间分段的预算。按时段把分摊的预算累加起来，即可求得成本的基准计划。在本例中，工作包 1 的任务发生在第 1～2 周，工作包 2 的任务发生在第 3～9 周，工作包 3 的任务发生在第 10 周。首先要讨论并确定各工作包在任务发生时间段的每周预算，然后计算出每周的成本预算合计和截止到某周前的累计预算价值（PV），见表 5-4。

**表 5-4　某电子商务策划项目的成本基准计划**

| | 分摊 PV | 周 | | | | | | | | | |
|---|---|---|---|---|---|---|---|---|---|---|---|
| | | 1 | 2 | 3 | 4 | 5 | 6 | 7 | 8 | 9 | 10 |
| 工作包 1 | 2 | 1 | 1 | | | | | | | | |
| 工作包 2 | 10 | | | 1 | 1 | 2 | 2 | 2 | 1 | 1 | |
| 工作包 3 | 1 | | | | | | | | | | 1 |
| 每周小计 | 13 | 1 | 1 | 1 | 1 | 2 | 2 | 2 | 1 | 1 | 1 |
| 从开始累计 PV | | 1 | 2 | 3 | 4 | 6 | 8 | 10 | 11 | 12 | 13 |

（2）记录和计算实际成本。

在每周结束前记录每个工作包发生的实际成本，再计算这一周发生的实际成本的合计值，进而计算出截至本周前发生的实际成本，见表 5-5。

（3）记录和计算挣值。

在每一周结束前先估算出各工作包工作量完成的百分比，再把这些百分数乘以对应工作包分摊的预算后转换成货币值。把这些货币值相加即可得出截至这一周结束前的项目累计挣值，见表 5-6。

表5-5　某电子商务策划项目前8周实际发生的成本情况

| | 周 | | | | | | | |
|---|---|---|---|---|---|---|---|---|
| | 1 | 2 | 3 | 4 | 5 | 6 | 7 | 8 |
| 工作包1 | 0.5 | 1 | 0.5 | | | | | |
| 工作包2 | | | 1 | 1.5 | 2 | 1.5 | 2 | 1.5 |
| 工作包3 | | | | | | | | |
| 每周小计 | 0.5 | 1 | 1.5 | 1.5 | 2 | 1.5 | 2 | 1.5 |
| 从开始累计AC | 0.5 | 1.5 | 3 | 4.5 | 6.5 | 8 | 10 | 11.5 |

表5-6　某电子商务策划项目前8周的完工百分比与挣值情况

| | 分摊预算 | 周 | | | | | | | |
|---|---|---|---|---|---|---|---|---|---|
| | | 1 | 2 | 3 | 4 | 5 | 6 | 7 | 8 |
| 工作包1 | 2 | 35%<br>0.7 | 85%<br>1.7 | 100%<br>2 | 100%<br>2 | 100%<br>2 | 100%<br>2 | 100%<br>2 | 100%<br>2 |
| 工作包2 | 10 | 0%<br>0 | 0%<br>0 | 5%<br>0.5 | 25%<br>2.5 | 45%<br>4.5 | 55%<br>5.5 | 75%<br>7.5 | 85%<br>8.5 |
| 工作包3 | 1 | 0%<br>0 | 0%<br>0 | 0%<br>0 | 0%<br>0 | 0%<br>0 | 0%<br>0 | 0%<br>0 | 0%<br>0 |
| 从开始累计EV | | 0.7 | 1.7 | 2.5 | 4.5 | 6.5 | 7.5 | 9.5 | 10.5 |

（4）绩效分析。

在项目执行前我们制定了成本基准计划（PV），执行过程中记录和计算了实际成本（AC）和挣值（EV）。我们可以针对每周这三个量的情况进行绩效分析。本案例中，我们以前8周为例来做绩效分析，参见图5-5。

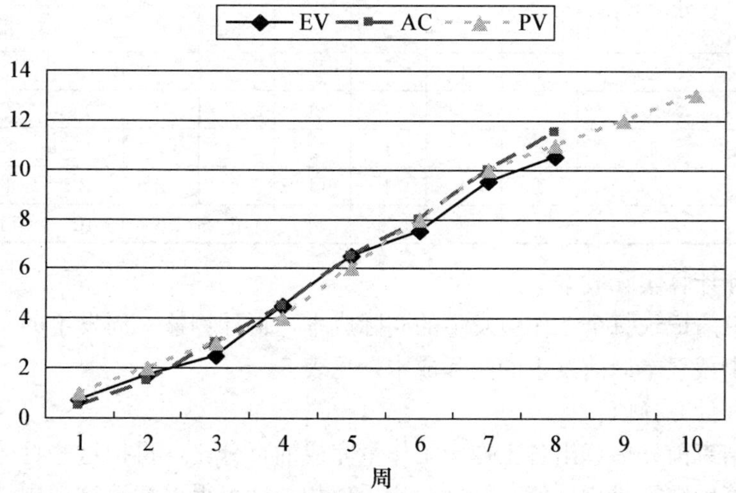


图5-5　某电子商务策划项目的挣值分析结果

根据公式算得第 8 周结束时刻的成本、进度偏差为：

CV＝EV－AC

　＝10.5－11.5＝－1（万元）（CV＜0，成本超支了 1 万元）

SV＝EV－PV

　＝10.5－11＝－0.5（万元）（SV＜0，进度落后了 0.5 万元的工作量）

转换为成本、进度绩效指数为：

CPI＝EV/AC＝10.5/11.5＝0.913

SPI＝EV/PV＝10.5/11＝0.955

CPI 为 0.913，意味着投入 1 元钱的实际成本，只有 0.913 元的回报或产出。SPI 为 0.955，意味着到第 8 周计划完成的工作中，只完成了 95.5%。如果按目前的工作方法和效率进行下去，则可算得全部项目工作完工将需要的总成本是：

EAC＝总预算/CPI＝13/0.913＝14.24（万元）

如果按计划的工作方法和效率进行下去，则可算得全部项目工作完工将需要的总成本是：

EAC＝AC＋（总预算－EV）＝11.5＋（13－10.5）＝14（万元）

### 5.4.2　案例：校园二手用品跳蚤市场移动 App 项目的挣值分析

项目团队采用挣值分析的方法对该项目进行进度和成本控制。挣值分析是一种综合了范围、进度、成本和项目绩效测量的方法，它对计划完成的工作、实际挣得的收益、实际花费的成本进行了比较，以确定项目的成本与进度是否按计划进行。

项目进展到第 9 周的时候，项目组决定对前期工作进行阶段性回顾和汇报。我们通过使用规范的挣值分析技术衡量项目的收益、成本、进度，并详细说明该移动 App 建设项目的进展状态情况。其中需要整理出预算累计表、实际成本累计表与挣值累计表。

本项目的挣值分析包括以下步骤：

（1）计划完成的工作：将计划进度、成本、范围三要素整合到一个表中；

（2）实际进展的情况：采集到目前为止实际花费的成本、各工作包完成的百分比和实际挣得的收益的数据；

（3）计划与实际的对比：分为实际进度和计划进度的对比、实际支出和预算的对比，拟定状态报告；

（4）项目状态报告：归纳前阶段进展，分析可能出现这种情况的原因，提出建议方案。

1．计划完成的工作

根据表 4－5“校园二手用品跳蚤市场移动 App 项目预算分摊估计表”和图 4－13“校园二手用品跳蚤市场移动 App 项目甘特图”，将项目每周各工作包预算的分摊填入表 5－7 每周分摊预算累计表中，作为计划完成工作的参照系。项目活动的每周分摊预算的算法如下：

**表 5-7　校园二手用品跳蚤市场移动 App 项目每周分摊预算累计表**

| 预算金额 | 周 | | | | | | | | | | | | | | | 分活动小计（千元） |
|---|---|---|---|---|---|---|---|---|---|---|---|---|---|---|---|---|
| | 1 | 2 | 3 | 4 | 5 | 6 | 7 | 8 | 9 | 10 | 11 | 12 | 13 | 14 | 15 | |
| 项目管理 | 0.1 | 0.5 | 0.3 | | | | | | | | | | | | | 0.9 |
| 需求分析 | | | 0.05 | 0.683 | 0.527 | 0.24 | | | | | | | | | | 1.5 |
| 系统设计 | | | | | | 0.2 | 1.5 | 0.3 | | | | | | | | 2 |
| 系统实施 | | | | | | | | 17.1 | 6.5 | 6.5 | 0.3 | | | | | 30.4 |
| 系统测试 | | | | | | | | | | | 0.6 | 1.2 | | | | 1.8 |
| 验收总结 | | | | | | | | | | | | | 1.2 | 1.9 | 0.3 | 3.4 |
| 每周预算小计 | 0.1 | 0.5 | 0.35 | 0.683 | 0.527 | 0.44 | 1.5 | 17.4 | 6.5 | 6.5 | 0.9 | 1.2 | 1.2 | 1.9 | 0.3 | 40 |
| 预算累计 | 0.1 | 0.6 | 0.95 | 1.633 | 2.16 | 2.6 | 4.1 | 21.5 | 28 | 34.5 | 35.4 | 36.6 | 37.8 | 39.7 | 40 | / |

（1）各活动的分摊预算为组成该活动的各小活动每周分摊预算的加总；

（2）小活动每周分摊预算由该小活动的预算分摊÷工期估计总天数×该活动在本周花费天数得到；

（3）其中，该小活动的工期估计和预算分摊分别参见表 4-4 和表 4-5，该活动在本周花费时间参见图 4-13。

2. 实际进展情况

项目目前进行到第 9 周时，将前 9 周的每周实际成本、挣值量的累计分别填入表 5-8 每周实际成本累计表和表 5-11 每周累计挣值表中，作为实际进展情况的反映。具体步骤如下：

首先，将前 9 周的实际成本累计信息填入表 5-8 每周实际成本累计表中。

**表 5-8　校园二手用品跳蚤市场移动 App 项目每周实际成本累计表**

| 实际成本 | 周 | | | | | | | | | | | | | | | 分活动小计（千元） |
|---|---|---|---|---|---|---|---|---|---|---|---|---|---|---|---|---|
| | 1 | 2 | 3 | 4 | 5 | 6 | 7 | 8 | 9 | 10 | 11 | 12 | 13 | 14 | 15 | |
| 项目管理 | 0.1 | 0.5 | 0.2 | | | | | | | | | | | | | 0.8 |
| 需求分析 | | | 0.05 | 0.8 | 0.45 | 0.1 | | | | | | | | | | 1.4 |
| 系统设计 | | | | | | 0.2 | 1.6 | 0.1 | | | | | | | | 1.9 |
| 系统实施 | | | | | | | 10 | 13 | 6.5 | | | | | | | 29.5 |
| 系统测试 | | | | | | | | | | | | | | | | |
| 验收总结 | | | | | | | | | | | | | | | | |
| 每周实际成本小计 | 0.1 | 0.5 | 0.25 | 0.8 | 0.45 | 0.3 | 11.6 | 13.1 | 6.5 | | | | | | | 33.6 |
| 成本累计 | 0.1 | 0.6 | 0.85 | 1.65 | 2.1 | 2.4 | 14 | 27.1 | 33.6 | | | | | | | 33.6 |

然后，将每个活动在每周的完成情况用百分比表示，填入表 5-10 完工百分比表中，完工百分比的算法如下：

（1）计算原则：

①50/50 规则：这是比较中庸的一种完工百分比估计方法，避免对进度的过于乐观或

悲观估算。工作包已完成得 1 分，进行中得 0.5 分，未开始得 0 分。

②80/20 规则：这是比较激进的一种完工百分比估计方法。工作包已完成得 1 分，进行中得 0.8 分，未开始得 0 分。

③0/100 规则：这是比较保守的一种完工百分比估计方法，一般用于短工期工作。工作包已完成得 1 分，进行中和未开始都只得 0 分。

项目团队可以根据项目和项目组的特点从以上三种规则中选择一种。

（2）计算方法：

①将项目分成工作包 A1，…，A$n$，分解的时候尽量注意这 $n$ 个工作包的工作量相差不多，可以互相比较。如表 5－9 所示评定每个工作包的工作状态：未开始、进行中、已完成。根据上述计算原则给每个工作包打分，所有工作包分值累加得 $c$，$c/n$%即为完工百分比。将每周完成的百分比填入表 5－10 完工百分比表中。

②若各工作包不是工作量差不多大的等效单元，还可以通过功能点计算为各工作包加权后计算。比如某工作包是基准工作包的 2 倍，那么该工作包的权重为 2。

③将每个活动在每周的累计挣值按照分摊预算×完工百分比的算法，填入表 5－11 每周累计挣值表中。在此我们使用的是 50/50 的比较中庸的完工百分比计算规则。

**表 5－9　完工百分比的计算实例**

| 工作包 | 未开始 | 进行中 | 已完成 | 50/50 | 80/20 | 0/100 |
|---|---|---|---|---|---|---|
| A1 | | | √ | 1 | 1 | 1 |
| A2 | | √ | | 0.5 | 0.8 | 0 |
| A3 | | √ | | 0.5 | 0.8 | 0 |
| A4 | √ | | | 0 | 0 | 0 |
| A5 | √ | | | 0 | 0 | 0 |
| 等价完成合计（假设各工作包都差不多大） | | | | 2 | 2.6 | 1 |
| 完工百分比估计 | | | | 40% | 52% | 20% |

**表 5－10　校园二手用品跳蚤市场移动 App 项目完工百分比表**

| 完工百分比 | 周 | | | | | | | | | | | | | | | 分活动小计（%） |
|---|---|---|---|---|---|---|---|---|---|---|---|---|---|---|---|---|
| | 1 | 2 | 3 | 4 | 5 | 6 | 7 | 8 | 9 | 10 | 11 | 12 | 13 | 14 | 15 | |
| 项目管理 | 16.7 | 83.3 | 100 | 100 | 100 | 100 | 100 | 100 | 100 | | | | | | | 100 |
| 需求分析 | | | 11.1 | 55.6 | 88.9 | 100 | 100 | 100 | 100 | | | | | | | 100 |
| 系统设计 | | | | | | 11.1 | 94.5 | 100 | 100 | | | | | | | 100 |
| 系统实施 | | | | | | | 10.9 | 64 | 92.8 | | | | | | | 92.8 |
| 系统测试 | | | | | | | | | | | | | | | | 0 |
| 验收总结 | | | | | | | | | | | | | | | | 0 |

**表 5－11　校园二手用品跳蚤市场移动 App 项目每周累计挣值表**

| 累计挣值 | 周 | | | | | | | | | | | | | | | 分活动小计（千元） |
|---|---|---|---|---|---|---|---|---|---|---|---|---|---|---|---|---|
| | 1 | 2 | 3 | 4 | 5 | 6 | 7 | 8 | 9 | 10 | 11 | 12 | 13 | 14 | 15 | |
| 项目管理 | 0.15 | 0.75 | 0.9 | 0.9 | 0.9 | 0.9 | 0.9 | 0.9 | 0.9 | | | | | | | 0.9 |

续表

| 累计挣值 | 周 | | | | | | | | | | | | | | | 分活动小计（千元） |
|---|---|---|---|---|---|---|---|---|---|---|---|---|---|---|---|---|
| | 1 | 2 | 3 | 4 | 5 | 6 | 7 | 8 | 9 | 10 | 11 | 12 | 13 | 14 | 15 | |
| 需求分析 | | | 0.17 | 0.83 | 1.33 | 1.5 | 1.5 | 1.5 | 1.5 | | | | | | | 1.5 |
| 系统设计 | | | | | | 0.22 | 1.89 | 2 | 2 | | | | | | | 2 |
| 系统实施 | | | | | | | 3.31 | 19.46 | 28.21 | | | | | | | 28.21 |
| 系统测试 | | | | | | | | | | | | | | | | 0 |
| 验收总结 | | | | | | | | | | | | | | | | 0 |
| 累计挣值量 | 0.15 | 0.75 | 1.07 | 1.73 | 2.23 | 2.62 | 7.6 | 23.86 | 32.61 | | | | | | | |

3. 计划与实际的对比

为了便于比较预算、实际成本、挣值三个累计量之间的关系，我们将表5－7每周分摊预算累计表、表5－8每周实际成本累计表、表5－11每周累计挣值表综合填入表5－12状态分析表中，用3个指标标出，通过图5－6状态分析图展示出3条曲线来。为了便于报告，我们还可以计算每周两个差异分析变量和两个绩效指数变量。

两个差异分析变量指项目的成本偏差（CV）和进度偏差（SV），算法如下：

成本偏差(CV)＝挣值量累计(EV)－实际成本累计(AC)

进度偏差(SV)＝挣值量累计(EV)－分摊预算累计(PV)

两个指数变量指项目的成本效率（CPI）和进度效率（SPI），算法如下：

$$CPI = EV \div AC$$

$$SPI = EV \div PV$$

**表5－12　校园二手用品跳蚤市场移动App项目状态分析表**

| | 周 | | | | | | | | | | | | | | |
|---|---|---|---|---|---|---|---|---|---|---|---|---|---|---|---|
| | 1 | 2 | 3 | 4 | 5 | 6 | 7 | 8 | 9 | 10 | 11 | 12 | 13 | 14 | 15 |
| 分摊预算累计（PV）（千元） | 0.1 | 0.6 | 0.95 | 1.633 | 2.16 | 2.6 | 4.1 | 21.5 | 28 | 34.5 | 35.4 | 36.6 | 37.8 | 39.7 | 40 |
| 实际成本累计（AC）（千元） | 0.1 | 0.6 | 0.85 | 1.65 | 2.1 | 2.4 | 14 | 27.1 | 33.6 | | | | | | |
| 挣值量累计（EV）（千元） | 0.15 | 0.75 | 1.07 | 1.73 | 2.23 | 2.62 | 7.6 | 23.86 | 32.61 | | | | | | |
| 进度偏差（SV）（千元） | 0.05 | 0.15 | 0.12 | 0.097 | 0.07 | 0.02 | 3.5 | 2.36 | 4.61 | | | | | | |
| 成本偏差（CV）（千元） | 0.05 | 0.15 | 0.22 | 0.08 | 0.13 | 0.22 | －6.4 | －3.24 | －0.99 | | | | | | |

续表

| | 周 | | | | | | | | | | | | | | |
|---|---|---|---|---|---|---|---|---|---|---|---|---|---|---|---|
| | 1 | 2 | 3 | 4 | 5 | 6 | 7 | 8 | 9 | 10 | 11 | 12 | 13 | 14 | 15 |
| 成本效率（CPI） | 150％ | 125％ | 126％ | 105％ | 106％ | 109％ | 54％ | 88％ | 97％ | | | | | | |
| 进度效率（SPI） | 150％ | 125％ | 113％ | 106％ | 103％ | 101％ | 185％ | 111％ | 116％ | | | | | | |

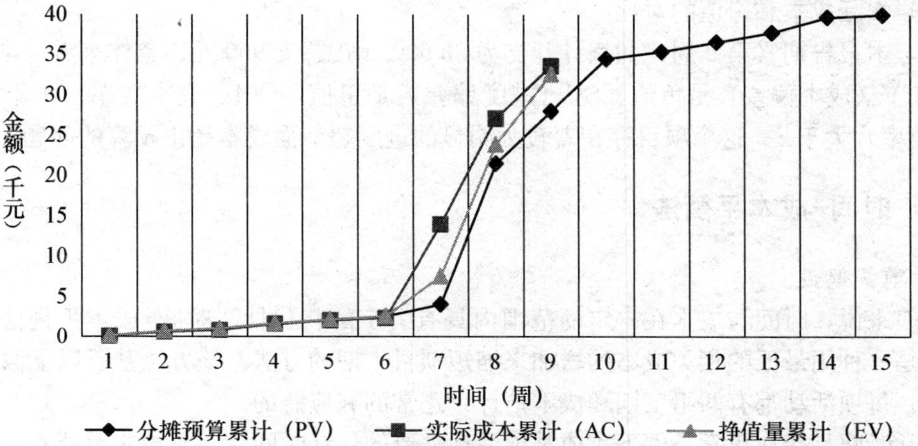


图 5－6　校园二手用品跳蚤市场移动 App 项目状态分析图

4. 项目状态报告

（1）报告方法。

汇报报告期内成本、挣值、预算对比分析的结果，需要回答以下问题：

①项目进度比原先日程安排是滞后了还是提前了？在哪个环节偏离了计划？是由于什么原因造成的？将通过什么措施弥补过来？

②报告期内的开支是超支了还是节省了？在哪个环节偏离了计划？是由于什么原因造成的？将通过什么措施弥补过来？

（2）总体判断。

到第 9 周时：进度超前，成本高于预算。具体数值为：

CV ＝ EV－AC＝32.61－33.6＝－0.99(千元)

SV＝EV－PV＝32.61－28＝4.61(千元)

CPI＝EV/AC＝32.61/33.6＝97％

SPI＝EV/PV＝32.61/28＝116％

（3）挣值和进度计划的对比。

项目比日程安排超前了 4 610 元的工作量。

纵观前 9 周的进展，一方面，从第 1 周起就一直超前于进度的安排，其中以第 7 周超前得十分明显；另一方面，在项目的第 1～6 周，与完成的工作量相比，实际成本总体上是要低于挣值，节约了项目成本，但从第 7 周开始，项目成本开始超支，并在第 7 周项目成本超支达到最大值。

寻找其时间所处的阶段可以发现，本来第 8 周按照原计划是处于系统实施的阶段，要购置大量的硬件设备和进行软件开发，然而项目组为了加快进度，在第 7 周就支付了货款，在第 8 周设备到达，造成了第 7 周成本超支最大、进度加快的局面。针对以上原因，可以采取以下措施：

①尽量按照计划推进项目的工作；

②加强质量和成本监控，避免返工。

（4）实际成本和挣值的对比。

截至本报告期（第 9 周）的累计开支为 33 600 元，超支 990 元。整体来看，本项目第 9 周时 CV（成本偏差）是负值、SV（进度偏差）是正值，CPI（成本效率）小于 1、SPI（进度效率）大于 1。这个项目存在着较为明显的进度超前而成本超出预算的问题。

### 5.4.3 时间-成本平衡法

1. 前提假设

一般来说，时间与成本在一定的范围内具有一定的替代性。时间-成本平衡法又叫赶工，就是一种用最低的相关成本的增加来缩短项目工期的方法。该方法基于以下假设：

（1）每项活动都有两组工期和成本估计：正常的和应急的。

正常时间是指在正常条件下完成某项活动需要的估计时间；正常成本是指在正常时间内完成某项活动的预计成本。应急时间是指按质量完成某项活动的最短估计时间；应急成本是指在应急时间内完成某项活动的预计成本。

在图 5-7 中，四个活动均有一组正常时间和正常成本估计，一组应急时间和应急成本估计。比如活动 A 的正常估计时间为 7 周，正常预计成本为 50 000 元；应急时间是 5 周，在此期间内完成活动的应急成本为 62 000 元。

（2）一项活动的工期可以通过从正常时间减至应急时间得到有效的缩减。

这要靠投入更多的资源来实现，如增派更多的人、使用更多的设备等。成本的增加是与加快活动进程相联系的。当需要将活动的预计工期从正常时间缩短至应急时间时，必须有足够的资源作为保证。

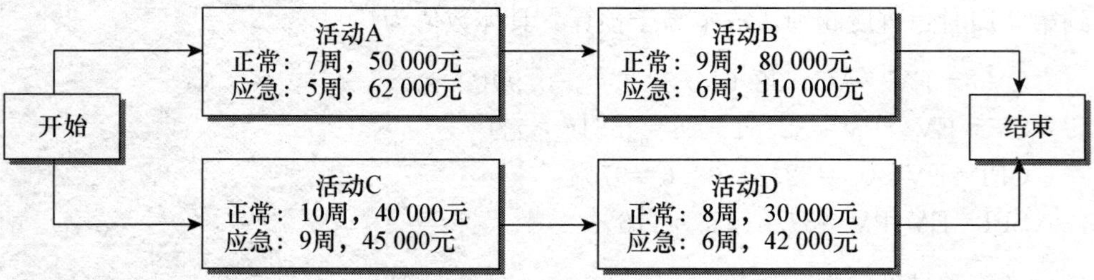


图 5-7　附有正常和应急时间及成本的网络图

（3）应急时间是确保活动按质量完成的时间下限。

无论对一项活动投入多少额外的资源，也不可能在比应急时间短的时间内完成这项活动，否则，就不再是时间与成本的平衡，而是时间与质量的平衡。例如，在图 5-7 中，在确保质量的前提下，无论投入多少资源，无论花费多少成本，也不能在少于 5 周的时间内完成活动 A。

(4) 在活动的正常点和应急点之间，时间和成本的关系是线性的。为了将活动的工期从正常时间缩短至应急时间，每项活动都有自己的单位时间加急成本。缩短工期的单位时间加急成本可用如下公式计算：

$$单位时间加急成本=\frac{应急成本-正常成本}{正常时间-应急时间}$$

例如，在图 5-7 中，将活动 A 的工期从正常时间缩短至应急时间，在缩短的这段时间内每周增加的成本为：

$$活动\text{ A }每周加急成本=\frac{62\,000-50\,000}{7-5}=6\,000(元/周)$$

2. 应用实例

下面我们对针对图 5-7 的实例讲解如何进行进度和成本的平衡。在图 5-7 中的网络图中，从开始到完成有两条路径：路径 A—B 和路径 C—D。如果我们仅考虑正常工期估计，路径 A—B 需要 16 周完成，而路径 C—D 需要 18 周完成。因此，根据以上这些时间估计可知，该项目的最早结束时间为 18 周——由 C 和 D 构成的关键路径的时间长度。根据正常时间内完成活动的成本可计算出正常情况下项目总成本为：

$$50\,000+80\,000+40\,000+30\,000=200\,000(元)$$

时间-成本平衡法的目标是通过压缩那些使总成本增加最少的活动的工期，来获得项目最短完成时间。为了实现这个目标，应压缩关键路径上那些有最低单位时间加急成本的活动。

在图 5-7 中，根据正常时间和成本估计，我们首先确定项目的最早结束时间为 18 周(由关键路径 C—D 决定)，项目的总成本是 200 000 元，每项活动的每周加急成本可根据前述计算公式分别得到：

活动 A：6 000 元/周　　活动 B：10 000 元/周

活动 C：5 000 元/周　　活动 D：6 000 元/周

为了将项目的工期从 18 周减至 17 周，首先必须找出关键路径 C—D。然后，才能确定关键路径上哪项活动能以最低的每周加急成本被加速。加速活动 C 的进程每周需要 5 000 元，加速活动 D 的进程每周需要 6 000 元。那么加速活动 C 的费用比较低，我们可以将活动 C 缩短 1 周，项目总工期可从 18 周缩短至 17 周，项目总成本增加了 5 000 元(活动 C 的每周加急成本)，达 20 5000 元。

为了再缩短一个时间段，从 17 周缩短至 16 周，我们必须再次找出关键路径，两路径的工期分别是 A—B 为 16 周、C—D 为 17 周，因此关键路径仍是 C—D，它必须再次被缩短。观察一下关键路径 C—D，我们意识到尽管活动 C 比活动 D 每周加急成本低，却不能再加速活动 C 的进程了，因为当将项目的工期从 18 周减至 17 周时，活动 C 已达到它的应急时间——9 周。因此，仅有的选择是加速活动 D 的进程，使其工期减少 1 周，从 8 周减至7周。这就将关键路径C—D的工期减至16周了，但总项目成本却增加了6 000元，从205 000元增至211 000元。

我们再次将项目工期缩短1周，从16周降至15周。观察两条路径，我们会发现它们现在有相同的工期——16周。因此，我们现在有两条关键路径。为了将项目总工期从16周减至15周，必须将每条路径都加速1周。观察路径C—D，我们意识到只有活动D仍有剩余时间可以被压缩，它还可以再压缩1周，从7周降至6周，同时增加6 000元成本。为了使路径A—B加速1周，我们可以压缩活动A或活动B。加速活动A每周增加6 000元，而活动B的每周加急成本为10 000元。因此，为了将项目总工期从16周缩短至15周，我们需将活动D和活动A各压缩1周。这使项目成本增加了12 000元，从211 000元增至223 000元。

让我们再次尽力将项目总工期缩短1周，从15周降至14周。我们又一次有两条相同的关键路径。因此，我们必须将两条路径同时加速1周。然而，观察路径C—D，我们发现两项活动均已达到它们的应急时间——分别为9周和6周，不能再进一步加速这两个活动的进程了。

因此加速路径A—B的进程会毫无意义，因为这只能增加项目的总成本，却不能缩短项目的总工期。我们缩短项目总工期的能力由于路径C—D的工期不能再进一步缩短而受到限制。

显然，缩短全部活动的工期通常是不必要的，甚至是没有好处的。这是因为关键路径的工期决定着项目的总工期。换句话说，加速非关键路径上活动的进展不会缩短项目的完成时间，却会增加项目的总成本。上述推演过程参见表5-13。

**表5-13　时间-成本平衡法的举例**

| 加速前后的项目工期（周） | 加速前的关键路径 | 被加速的活动 | 增加的成本（元） | 加速后的总成本（元） | 备注 |
|---|---|---|---|---|---|
| 18 | C—D | | | 200 000 | 正常估计 |
| 18→17 | C—D | C | 5 000 | 205 000 | C已到应急时间 |
| 17→16 | C—D | D | 6 000 | 211 000 | |
| 16→15 | A—B，C—D | A，D | 12 000 | 223 000 | D已到应急时间 |
| 15→15 | A—B，C—D | A，B | 36 000 | 259 000 | 加速A、B，只能增加总成本，不能再缩减工期 |

表5-13表明项目总工期减少1周，项目总成本将增加5 000元；项目工期减少2周，项目总成本将增加11 000元；项目工期减少3周，项目总成本将增加23 000元。很显然，总成本增加的速度远远大于工期的缩短速度。

如果四项活动均达到应急时间，项目总成本将达到259 000元，而项目的完成时间仍不会少于15周。用时间-成本平衡法，我们可以通过压缩关键路径上有最低单位时间加急成本的活动，用增加23 000元的加急成本将项目的工期从18周降至15周。由于项目总工期不会少于15周，压缩全部活动至应急时间将会浪费36 000元。

上述推演给我们如下启示：

(1) 不是所有的进度都可以压缩，达到了应急时间的活动就不能再压缩了；

（2）只有压缩关键路径上的任务，才能缩短项目的工期；

（3）关键路径可能有多条，次关键路径随着时间的推移可能成为关键路径；

（4）对一个项目而言，压缩工期与费用的关系不是线性增长的；

（5）对于电子商务项目的管理，需要类似网络图这样的工具作为支持，否则，仅凭拍脑袋决策压缩哪个活动可能是不正确的。

## 思考题

1. 项目管理信息系统的主要功能有哪些？你认为项目管理信息系统与项目管理软件有什么区别？它在电子商务项目的执行与控制中的作用如何？

2. 如何你以后遇到了强势用户，在项目管理方面你需要注意什么？

3. 为什么电子商务项目经常出现范围变更？项目组如何控制和应对这些变更？

4. 简述挣值分析的基本内容和方法。思考一下 CPI 和 SPI 有没有可能大于 2，如果大于 2 意味着什么？

5. 如何进行时间-成本平衡？请说明其主要思想。

6. 试分析电子商务策划项目、电子商务开发项目和电子商务运营项目在实施和控制中各自的特点。

# 第 6 章

# 电子商务项目的人力资源与沟通

电子商务项目涉及技术、管理等各方面人员，电子商务项目中人力资源管理的特殊性是由团队人员构成及彼此之间的关系等特点决定的。互联网、大数据和云计算等技术的发展，为电子商务项目的人力资源与沟通管理提供了新的发展和变革契机。另外，越来越多的电子商务项目涉足跨境交易，相应地，成员背景知识中需要涉及国际贸易、国际法律等，对电子商务项目中的人员有了新的要求。本章将结合电子商务项目的特点，分析项目团队的人员管理，讲解电子商务项目的组织结构与职责分配，介绍干系人管理与团队建设以及激励和考核等内容。

## 6.1 电子商务项目的人员管理

广义上讲，电子商务项目包括电子商务策划项目、电子商务系统项目和电子商务运营项目，这些项目的每个阶段中需要具有不同知识的人员，以下将在分析电子商务项目中人员管理流程的基础上，介绍主要岗位的职责、项目成员的职业发展路径以及项目经理应该具备的能力。

### 6.1.1 电子商务项目人力资源管理流程

电子商务项目中的人员管理，从项目规划开始，经历项目系统建设，一直持续到系统运营，每个阶段的工作重心不同，概括而言，电子商务项目人力资源管理流程有以下几个环节：

1. 岗位分析

岗位分析是项目规划阶段所需要完成的环节，在明确了项目的目标、可行性、范围的基础上，对项目所涉及的各种岗位进行分析，确定每个岗位设定的作用，所承担的职责，与其他职位的领导、从属或同级关系（比如向谁负责，以及对谁负责），需要的人员数量和学历、技能等条件，以及每个岗位的设定时间和未来变动情况。并不是所有的岗位在项目整个生命期内都存在，比如数据库管理人员，在电子商务项目进入到系统建设后期，该岗位才需要设立，但会一直伴随整个项目后续的运营维护；再如信息系统分析架构师，该岗位只在项目建设阶段存在，属于项目的临时岗位。

2. 人员选聘与培训

进行岗位分析后，对整个项目在不同阶段所需要的各种人员状况建立了总体需求，接下来以此为依据进行人员选聘与培训，寻找和培养满足岗位条件的人员。对于关键的人员，电子商务项目团队会借助互联网平台等多种手段进行人员招募培训。当然，如果项目团队涉及的人员较多，那么应该与岗位的设定时间相对应，项目所需人员的招聘和培训也可以不是一次性完成的。因此许多电子商务项目中也会委托企业专门的人力资源部门负责项目全程中的人员选聘与培训工作。

3. 团队组建与人员责任分配

在电子商务项目中，依靠单人实现某一任务是很难的，项目运作和人员管理都需要通过对团队的管理来实现。团队组建有垂直、水平等不同的原则，适用于项目的具体情况和条件。团队组建完成后，需要根据人员的知识技能、兴趣等状况，对人员进行责任分配。

4. 人员授权与沟通管理

这是在项目进展过程中对人员进行有效管理的重要内容。通过对团队直至个人恰当的授权，没有烦琐的上传下达，可以加快决策速度，对具体情况能够更有效地做出反应，增加决策的灵活性和适应性，更好地利用组织内成员的经验和才能，也可以增加成员的责任感和归属感。通过建立有效的沟通机制，运用恰当的沟通方式，可以帮助知识和信息在组织内的传播和积累，提高合作效率，降低风险。新型网络环境为项目人员授权和沟通提供了新的技术和方法，也为人员沟通营造了更加平等有效的氛围。

5. 考核与激励

在项目每个阶段的结束，依据岗位职责和任务目标，对团队和个人进行考核，并在此基础上采取相应的激励或惩罚措施，是保证项目顺利进行、促进员工积极性的重要手段。一般从能力、行为、绩效等方面对个人进行考核，而对团队的考核要复杂得多，可以采用平衡计分卡的方法从团队外部环境、内部学习成长、目前取得的绩效、未来发展能力等方面考核。在团队考核时还要注意团队利益和个人利益的一致性，团队上下应该对考核目标一致认可，各自明确并聚焦于自己的关键问题和行动。考核结果作为进行奖惩的依据，针对被考核对象的不同需求，采取物质奖励、职位提升、精神嘉奖等相应的激励措施。

上述五个环节中，前两个方面是电子商务项目生命期的规划和启动阶段中人力资源管理的重点，而后面提到的团队组织、职责分配、授权、沟通、考核以及激励，是项目建设和运营过程中人力资源管理的主要方面，因此也是本章所介绍的主要内容。

### 6.1.2　电子商务项目团队成员的职责

不同于一般的信息系统项目，电子商务项目中通常需要具有技术和管理两类技能背景的人员，组成技术和管理项目团队，分别负责系统网络平台建设以及电商产品的营销和物流管理。

1. 技术团队成员的职责

技术团队的职责包括：平台功能分析与实现、网页设计与实现、数据库设计与维护、后台管理设计与实现、软件文档编制等。下面分别从承担以上几个方面职责的小组人员角度进行分析。

(1) 平台功能小组。分析人员需要在了解用户需求的基础上，对电子商务平台所实现的功能进行分析，确定基本的功能模块与架构。在进行用户需求分析时，不仅要了解作为电子商务平台经营者的需求，更要了解平台使用者即交易双方的需求。根据需求分析的结果，由系统分析人员进行系统架构和功能设计。这与一般信息系统项目的分析设计人员的职责是相似的。

(2) 网页制作小组。电子商务交易需要通过网络平台，因此能否设计与实现对消费者有吸引力的网页，对电子商务项目的成功与否起到关键作用。网页设计人员需要对页面风格、布局、美工、输入输出界面、字体、动画等内容进行设计，网页实现人员需借助相应的软件工具完成设计要求。网页开发人员需要了解用户的审美需求和操作习惯，并具备一定的美学基础知识。

(3) 数据库小组。与其他信息系统一样，电子商务项目的运行离不开数据库的设计与实现。根据网络平台与网页功能需要，设计实现人员完成数据库的设计与建设，在数据库运行阶段，由维护人员对数据的更新、安全、一致性等方面进行管理。

(4) 后台管理小组。为了方便平台经营者对信息进行管理，通常在电子商务系统中设置后台管理模块。模块的设计人员将经营者作为主要用户进行需求分析，帮助其实现对用户注册、交易等重要信息的管理。除了对日常信息进行更新查询等维护，有些系统还包括统计查询、预测、关联规则挖掘等功能，这也是衡量电子商务平台管理水平高低的重要指标。

(5) 文档编制小组。在信息系统开发过程中，需要对不同阶段产生的可行性分析、需求分析、功能设计、编码开发、测试等文档进行管理，电子商务项目也不例外。文档编制人员需要按照统一的格式和标准，在项目生命期各阶段编制相应文档，并遵循制度要求进行文档共享、更新和维护。

2. 管理团队成员的职责

管理团队的职责包括：网络营销、物流运作管理、CI（corporate identity，企业形象识别）及策划、消费者行为调研、项目管理等。下面分别从承担以上几个方面职责的小组人员角度进行分析。

(1) 网络营销小组。电子商务网站建立之后，要想获得盈利和发展，必须通过网络实现营销。具体工作包括网站推广（以提高访问量为目的的网址推广）、网络品牌（在互联网上建立并推广企业的品牌）、信息发布（将一定的信息传递给目标人群，包括顾客/潜在顾客、媒体、合作伙伴、竞争者等）和顾客服务（常见问题解答、聊天室等各种即时信息服务方式）等。

(2) 物流运作小组。电子商务信息系统平台可以帮助用户以低成本，方便快捷地完成寻货、议价、付款等活动，然而交易的真正实现离不开商品物流过程，物流运作小组的主要职责就是保障商品顺利完成从原材料入库、加工到产成品出库至消费者的整个流程。

（3）CI 及策划小组。在信息急速膨胀发达的互联网时代，建立企业形象识别体系，将企业的宗旨和产品包含的文化内涵传达给公众，对电子商务项目尤为重要。CI 及策划小组的主要职责是将企业文化理念有目的、有计划地传播给企业内外的广大公众，从而达到社会公众对企业的理解、支持与认同，提升企业在众多电子商务竞争者中的市场影响力。

（4）消费者数据分析小组。社交电子商务模式的兴起和发展为管理团队提供了大量的一手消费者相关信息。这些信息包括消费者的浏览、注册、查询、交易、评论、点赞等各种数据。通过对这些数据的分析处理，小组能够实现销售预测、产品推荐、顾客行为预测等，进而为用户提供个性化的推荐页面展示、专属折扣活动推荐等服务，并为技术小组中的网页设计、网络功能设计开发等小组提供重要的用户体验建议，提高网站竞争力。

（5）项目管理小组。他们的主要职责是确保所负责的项目按照既定的时间和预算完成，合理配置资源，同时与团队外的项目相关人员进行沟通交涉。项目管理人员对项目进行管理协调控制，是项目团队中非常重要的一类人员，在后面会对其进一步展开讨论。

需要说明的是，电子商务项目因为所涉及的项目类型（属于策划项目、系统建设项目或者运营项目）、项目功能（实现产品在线交易或提供在线服务）等因素的不同，项目团队中并不全部包含上述人员，会根据项目特点有所取舍。一般而言，策划项目中，管理团队是核心角色，而在系统建设项目中，技术团队的角色会更加重要，在运营项目中，管理团队中的网络营销、物流运作、数据分析小组不可或缺，同时他们也要与技术团队中的各小组密切联系，确保项目顺利开展。

新型网络环境下不断发展的电子商务业务范畴为项目管理团队成员职责提出了新要求。例如，电子商务项目中涉及跨境业务的情形越来越多，作为应对，项目管理团队中会增加新的人员小组，例如法律小组，主要职责是在掌握了解电商业务涉及的国家地区相关法律的基础上，对交易前中后各阶段可能出现的法律问题进行预警防范，出现相应问题时进行积极应对，保障跨境交易的顺利开展。

同时，跨境项目对各常见的小组也提出了新要求。例如，因为涉及跨境交易，技术团队在进行相关的功能设计和开发维护时，要考虑国际支付结算各环节中的变化和要求；而物流运作小组需要围绕跨境物流进行服务设计，保障商品在国际运输、国际仓储等方面满足交易和顾客的要求，并顺利开展。

### 6.1.3 电子商务项目团队成员的职业发展

电子商务项目团队成员有不同的知识背景、工作职责、工作内容，有时还会存在很大差异，比如在电子商务运营项目中负责商品库存配送的物流管理人员，与电子商务系统项目中负责商务平台维护的技术人员之间的差异。项目成员中有的偏好技术，有的偏好市场业务，有的偏好管理，会有多种不同的发展路径。但不管哪种路径，都需要从基层做起，需要从基础工作做起。一般来讲，电子商务项目成员的职业发展有如下几个方向：

1. 技术专家

成为技术专家的人员，一般来自电子商务平台系统的设计开发领域，这些技术人员在参与项目的过程中，逐渐积累相关系统开发设计的知识能力基础，如果对某种技术有特别的偏好，有很好的创新能力和问题解决能力，则可能成长为技术专家。

2. 产品（品牌）运作经理

规模较大的电子商务运营项目，会提供多种商品和服务，有些成员在长期从事关于某类产品、服务或品牌的管理中，逐渐发展为专注于特定产品的电子商务运作经理，对于产品的销售预期、组织货源、仓储配送、后续服务等整个流程管理，具备丰富经验和创新管理能力。

3. 营销咨询师

市场部门的人员在电子商务策划项目和运营项目实践中，如果具有很强的市场意识、创意思维，具备建设融洽客户关系的能力，会逐渐发展为市场营销咨询师，能够帮助企业较快的拓展市场，策划产品推广方案。

4. 数据分析师

电子商务平台中积累了越来越多的数据，这些数据对电商各环节也正在产生越来越深的影响。具有数据敏感性、擅长相关数据挖掘技术的人员，可以逐渐发展为数据分析师。数据分析师具体的发展方向可以有两种：一种偏向于业务分析，这类数据分析师对数据敏感，熟悉业务过程，掌握常见的业务分析模型，能够基于数据进行业务优化、流程改造和创新预测等；另一种偏向于数据分析技术，这类数据分析师掌握数据挖掘、统计分析等各种数据分析方法，善于提高数据分析的准确度和效率。

5. 人力资源管理专家

电子商务项目进行过程中，处于技术团队和管理团队的人员在工作内容、知识背景、所处商业环境等方面都有很大的差异，甚至不属于同一个组织部门，然而项目的顺利进展，必须依靠两个团队的协调工作，保证信息的有效沟通，化解彼此之间的矛盾。在这方面积累了丰富经验、具备突出人力资源管理能力的人员，逐渐成长为专门从事人力资源管理的专家。

6. 项目管理专家

有的项目成员通过理论和实践的学习，掌握人力资源、项目管理，特别是电子商务项目管理方面的知识，成长为项目经理，进而发展为高级项目经理或者企业的项目总监。

### 6.1.4 电子商务项目经理的能力分析

电子商务项目经理是为电子商务项目成功策划和执行的主负责人，必然要具备一些重要的能力。

1. 领导能力

领导能力指的是项目经理需要根据电子商务项目的目标确定项目的方向和范围，明确项目的目标任务，组织项目包括人力在内的各项资源，协调项目成员思想，激励项目成员共同努力实现项目总体目标，保障项目按计划、有组织、有效率地完成。

2. 沟通能力

沟通能力是项目经理进行团队人力资源管理的重要能力。一般而言，项目经理的时间有70%～90%投入在沟通工作中，除了按照沟通计划，通过各种渠道在团队内外进行信息沟通之外，对于突发事件的处理也是项目经理工作的主要内容。具体的精力投入与项目规模有关，规模大的项目成员数量众多，关系复杂，沟通工作难度大，而规模小的项目关系相对简单，而且由于人员有限，项目经理通常还要担负一定的实际工作任务，对协调工作的投入时间比规模大的项目少。

3. 平衡能力

平衡能力是指项目经理对资源的协调能力、与其他团队或干系人的谈判能力。项目经理需要经常将项目实际进展与项目计划相对比，对项目的时间进度、质量、所消耗的资源等方面进行平衡，及时调整变更计划。同时，项目经理需要与团队外的相关人员（比如与顾客、投资人、供应商、技术提供商等）进行谈判，实现彼此之间的信息共享、利益平衡，保障项目满足相关人员的需求。

4. 危机处理能力

危机处理能力是指项目经理平时监控、事先识别预判电子商务项目可能遇到的风险危机，并建立相应的处理流程，使得危机得到妥善处理的能力。例如项目经理根据类似电商平台的运营经验，识别预判可能会出现服务器响应不及时甚至崩溃、客户需要追究相应责任等情况，针对每种情况，制定相应的处理流程，并在相关人员中进行演练。

综合而言，项目经理不需要是某一个业务领域的专家，但应该具备较强的综合能力，在团队中进行沟通协调，推动工作的进行。

## 6.2　电子商务项目的组织结构与职责分配

上一节讲解了项目团队成员的管理流程和基本职责，本节将主要分析电子商务项目人力资源的特点，讨论如何组成有效的组织结构，以及介绍职责分配的方法。

### 6.2.1　电子商务项目人力资源特点

电子商务项目中人力资源的特点，可以从人力资源的数量、质量、结构三方面进行分析。显而易见，数量是指团队所包含成员的数量；成员的学历、知识背景、专业职称、技能等影响项目实施结果的素质，可以归结为人员的质量；不同质量的人员在整个团队中所占的数量比例，就是人员结构。电子商务项目人力资源特点包括以下几个方面：

1. 人员质量需求多样化

通常在一个信息系统项目团队中，绝大多数成员只需具备系统设计开发技术背景知识，即可满足项目需求。与之不同，在电子商务团队中，除了技术人员，还需要具备市场营销、调研、服务等具有商务知识的专业人员，才能保证项目顺利实施。

2. 人员构成需要合理的质量结构

只强调人员高质量，不重视比例结构，并不能组建高质量团队。如果团队中全部是专业素养、实践经验等质量都很高的成员，会使项目经理在进行人力资源分配时面临困境，因为团队中有很多事务性或者技术含量较低的工作，这些成员没有积极性去做，或者要支付很高的成本。

相反，如果团队中成员质量结构适当，则项目进展中项目规划、项目战略确定、系统总体设计、分析开发、实施、文档管理等各种复杂度不同的工作都由相应人员负责，能够保障项目顺利进行。由此可见，团队的高质量并不一定需要团队中每个成员都保持高质量，而是指团队中人员质量结构能对应于项目任务的合理搭配。

3. 人员构成需要合理的数量结构

在现实项目进展中，由于计划决策存在不足，或出现未预测的风险变故，可能出现项目不能如期完成的情况，此时项目管理者最常用的弥补方法就是临时扩大团队数量，或让成员加班工作。

实际上，成员数量上的增加，未必会带来效率的提高。对于新近加入项目的成员，需要花费相当的时间对其进行培训，使其学习必要的知识，了解项目目前的进展状况，同时更要建立新进人员与现有人员的沟通渠道，消除业务知识、文化、代码编写习惯、客户服务用语存在的差异，才能保证系统的开发质量。

另外，如果不引进新成员，也不宜经常使用团队成员加班的策略。人员是项目质量的决定性核心资源，如果成员身体或是精神由于长时间的加班产生极大的疲惫，也会带来开发效率和质量的大幅下降。如果需要正常地支付加班费的话，加班也会带来项目成本的大量增加。

4. 人员之间沟通管理作用明显

电子商务项目团队需要技术人员和管理人员的共同参与才能完成，比如在电子商务系统项目中，企业商务人员的需求是技术人员进行需求分析的主要内容之一，又比如在电子商务运营项目中，商务人员调研的信息，来自技术人员的数据管理支持。然而由于两类人员的知识背景和工作要求存在较大差异，经常属于不同部门或小组，甚至不同地理位置，对比其他信息系统项目，成员彼此之间的沟通管理更加重要。

5. 项目不同阶段人员需求会发生变化

一般而言，随着项目所处阶段的不同，团队人员的数量并不是固定不变的，例如在项目前期和收尾阶段，人员的数量显然要低于系统开发和市场拓展阶段。因此在制定项目计划和确定资源配置时，要科学规划每个阶段人员的数量和质量结构，建立各阶段人员之间的知识技术衔接。

### 6.2.2 电子商务项目的组织结构

根据不同的项目目标、原则和侧重点，项目团队在企业中可分别以职能型、项目型、矩阵型三种模式来组织，下面将分别介绍三种组织结构的构成、特点和适用条件，需要说明的是，并没有哪一种组织模式是最好的，企业需要根据自身人员的数量、质量、结构特点，以及项目的目标、进度等因素需求，选择具体项目适用的组织模式。

1. 职能型组织

企业完全按照职能分工来划分部门，例如对于一家电子商务公司，有系统开发、网络、市场、客服等部门。当需要组建一个电子商务项目时，成员来自各个职能部门，分别由所属的职能部门领导人管理。

如图6-1所示，一个电子商务系统项目团队的三个成员来自不同部门，他们的直属领导分别为系统、网络、市场部门经理，于是项目的管理和协调就依靠各个职能部门的经理层来完成。这种组织模式的主要优点包括：

(1) 人员使用具备较高灵活性，如果员工发生离职、休假、升迁等意外情况，处于项目协调层的部门经理，可以从部门中选择恰当的人员顶替；

(2) 每个员工可以在所属部门中获得知识和技能的更新、分享，也可以在项目进行过程中获得技术支持；

(3) 成员的事业稳定性和连续性较高，不必担心项目结束，项目组解散之后自身的下一步发展去向。

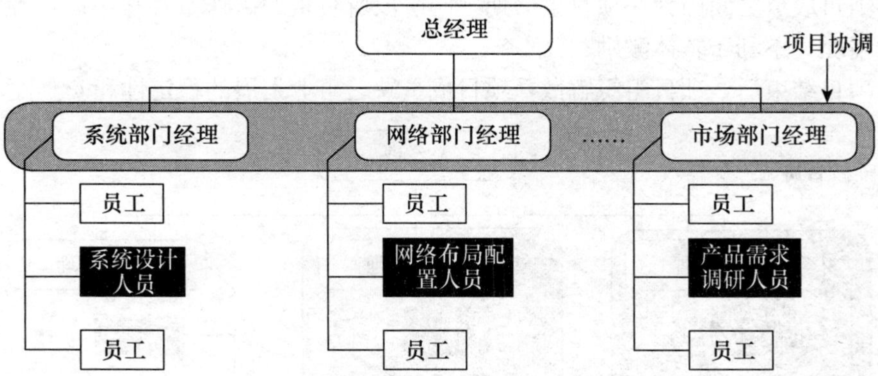


注：黑框代表了参与项目活动的员工。

**图 6-1　职能型组织结构示意图**

当然，职能型组织也存在一定的不足，例如：

(1) 没有明确的项目经理，不能保证项目的全面控制和有效的管理；

(2) 成员的工作仍局限于所属的部门和专业，缺乏从项目整体的角度审视自身作用的能力；

(3) 由于每个人都将职能部门的工作放在优先的位置，客户的利益有时无法得到保障。

2. 项目型组织

在企业的运作中，按照不同的电子商务项目组成不同的团队，并由指定的项目经理来协调和管理项目的运作，这一组织形式称为项目型组织。如图 6-2 所示，根据电子商务项目名称的不同，组织负责不同工作的成员形成 A 项目、B 项目等项目组，比如 A 项目是电子商务运营项目，需要负责系统维护、市场推广和物流管理方面的工作，而 B 项目是电子商务系统项目，需要进行电子商务平台建设，因此需要能从事系统设计和系统开发的团队成员。

这种组织模式的优点在于：

(1) 由项目经理负责所有项目相关人员、资源的协调管理，最大程度提高项目的运作效率；

(2) 易于从项目角度对成员进行激励，使团队精神得到充分发挥；

(3) 对比职能型组织，客户的利益更容易得到保障；

(4) 从项目角度审视，组织结构清晰简单，易于评估管理。

但是，项目型组织也存在一些缺点，包括：

(1) 不同项目中同种职能人员、同种资源设备因为属于不同部门，彼此之间的交流、共享及技术积累比较难开展；

（2）专业性人员的利用效率比较低，不适用于人才匮乏的小型企业。例如，某家公司可能只拥有几个网络服务技术人员，但在许多项目中都存在网络布局问题，并且不同项目需要网络人员的时间是不同的，在职能型组织中，网络部门根据不同项目的实际需要进行人员调配，可能一个网络人员可以满足几个项目的需要，而在项目型组织中，则每个项目都要配备专属的网络技术人员，造成了人员的浪费；

（3）项目成员之间因为在项目生命期不同阶段所负责的工作量存在不同，经常出现忙闲不均的情况，不利于整体激励；

（4）项目结束后，项目组织解散，项目成员缺乏事业发展的稳定性和安全性。

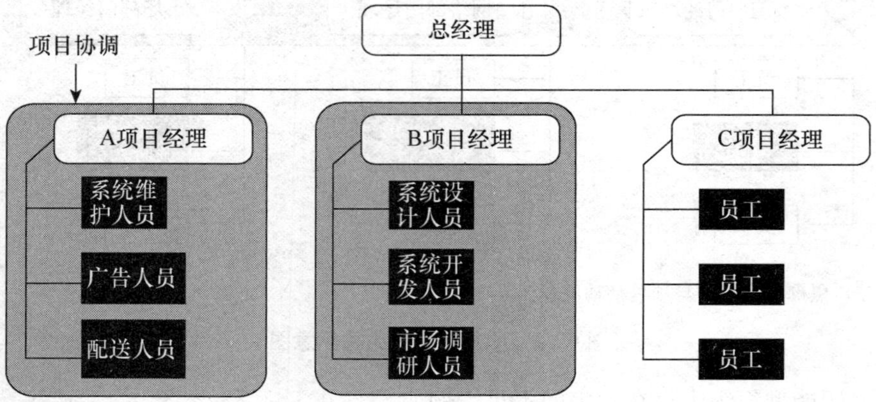


注：黑框代表了参与项目活动的员工。

**图6-2　项目型组织结构示意图**

3. 矩阵型组织

矩阵型组织是综合了职能型组织和项目型组织特点的一种模式，成员既属于某个职能部门，同时也属于某个项目组，于是项目成员既需要对职能经理汇报，也需要对项目经理汇报，项目的人员管理由项目经理和职能经理互相协调完成，如图6-3所示。项目成员仍然隶属于各个职能部门，但是在职能部门之外，有专业化的项目经理负责项目工作。

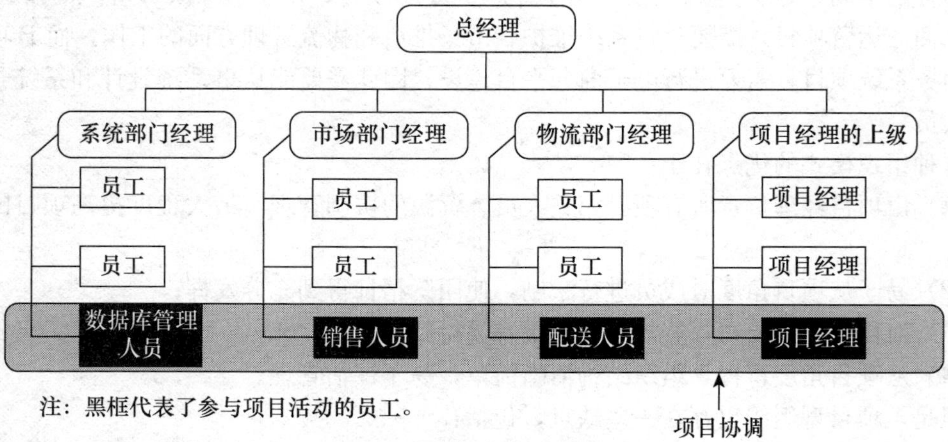


注：黑框代表了参与项目活动的员工。

**图6-3　矩阵型组织结构示意图**

矩阵型组织由于是前两种组织模式的结合，在一定程度上兼具两者的主要优点，包括：

（1）项目经理和职能部门经理可以发挥各自优势，项目经理的工作重心在于从项目的角度管理控制进度、组织调配资源、保障客户在内的各方利益，而职能经理则可以从专业的角度对成员进行技能培训、激励管理、最佳实践积累、知识共享、员工替代调配；

（2）包括人员在内的各种资源利用率达到最高，即很少存在资源浪费、人员冗余的情况；

（3）成员具有较高的事业稳定性和安全感。

然而矩阵型组织也存在一些缺陷，比如：

（1）项目组成员具有两个甚至两个以上的领导，易造成责任不清以及成员偷懒的情况。每一个领导都不能对成员的行为做出完全的监督管理，尤其出现工作失误时，会带来推诿责任的情况，同时，如果两个领导沟通不利，成员有机会以另一位领导已经安排了重要任务为由，拒绝上级安排的工作；

（2）针对多个项目间需要共享的稀缺资源，如果缺乏有权威的领导指派协调，容易引起项目组间的争斗，不利于企业的整体利益。

4. 三种组织结构的适用条件

以上分别讨论了三种常见的组织结构的组成和各自具备的特点，在实际应用中，它们也有各自适用的环境条件。

（1）对于项目成员大多来自同一个部门的情况，职能型组织更容易协调，比如电子商务系统建设项目，则可以由系统部门作为项目的组织主体；对于技术比较成熟的项目，风险较小，并且可充分利用已有的经验、知识、最佳实践，也适合职能型组织架构。

（2）对于属于技术开拓前沿性的项目，风险较大，需要风险和控制管理；或者没有经验借鉴，需要应对可能出现的各种状况，以及需要各方面人员协调，项目型组织更加适用；如果某些项目对进度、成本、资源、质量等指标有严格要求，即对项目管理提出很高要求，也适合项目型组织发挥其优势。

（3）原则上，矩阵型组织结合了职能型和项目型的优点，是可以重点考虑的项目组织形式。然而，矩阵型组织的优势要得以发挥，必须要克服人员多重管理的问题，因此适合于管理规范、分工明确的公司。

总之，如同本节开始时所述，没有最好的组织结构，只有根据项目的特点和企业的条件来选择的最合适的组织结构。实际上，在一家企业中，由于存在不同特点的电子商务项目，上述三种组织结构可能会同时并存。

### 6.2.3 案例：校园二手用品跳蚤市场移动App项目团队的组织结构

由于这个App建设团队成员都是由学生组成的，利用课余时间进行项目建设。所以我们采用项目型组织结构，主要角色划分为：项目经理、文档管理员、调研分析员、系统分析员、模块设计员、程序员、美工设计员、测试工程师、硬件工程师、数据库管理员和客户联络人员。表6-1中给出了各角色的具体职责。

**表 6-1　校园二手用品跳蚤市场移动 App 项目团队的角色职责列表**

| 角色 | 职责 |
|---|---|
| 项目经理 | 项目总体设计，制定和监控开发进度计划，制定相应的开发规范，负责各个环节的评审工作，协调各个成员（小组）之间开发 |
| 调研分析员 | 实际调研，提供详细的策划方案和需求分析 |
| 系统分析员 | 根据需求分析报告进行总体分析，得出 App 的概念模型 |
| 模块设计员 | 根据系统分析结果对 App 做模块划分及相关接口定义 |
| 程序员 | 编写功能模块的实现代码并进行单元测试 |
| 美工设计员 | 根据策划和需求，设计 App 的界面和标识（logo）等 |
| 测试工程师 | 测试程序及 App 功能 |
| 硬件工程师 | 硬件的选择、购买及配置 |
| 数据库管理员 | 详细设计 App 后台数据库，维护开发过程中数据库的安全性和一致性 |
| 文档管理员 | 管理开发及项目监控过程中的相关文档，保持所有文档的同步与一致 |
| 客户联络人员 | 与客户联系、协助其他人员与客户的交流 |

这些角色人员在项目经理的领导下，组成了一个项目小组，为项目型组织结构，如图 6-4 所示。由于本项目团队人数较少，实际上有些角色是由一人兼任的。

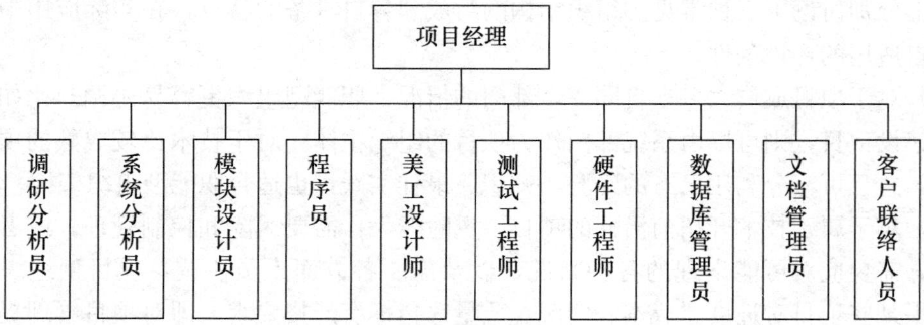


**图 6-4　校园二手用品跳蚤市场移动 App 项目团队的组织结构**

### 6.2.4　电子商务项目团队的知识地图与职责分配

电子商务项目团队组建完成之后，需要依据团队目标，对团队成员在组织中所承担的职责进行分配，才能进行相应的授权、激励、考核等管理，保障项目顺利进行。在职责分配中，要考虑两方面的因素，首先是明确项目所需要的知识技能，例如，一个电子商务运营项目需要的知识包括：广告营销、美工设计、数据维护、运输线路设计、仓储管理等，同时还要分析各个成员在知识点中的能力和兴趣，以此作为职责分配的依据。利用知识地图标明知识在企业中的位置或来源，并由此建立的职责分配矩阵，是目前许多项目团队进行职责分配的主要工具方法，以下将进行具体介绍。

1. 电子商务项目团队的知识地图

知识地图（knowledge map）是描述企业所拥有知识资产的指南，刻画了不同类别的知识在企业中所在的位置或来源。一般而言，知识地图中并不描述知识的具体内容，而主要包含了项目成员和知识类别之间的关系，其功能在于当需要某项专业知识时，协助使用者能够快速而正确地找到所欲寻找的知识。

如表 6－2 所示，电子商务项目中一个典型的知识地图结构由项目知识点和项目成员两个坐标刻画，常见的知识点包括：市场调研、需求分析、系统分析设计、美工设计、开发测试、网络构架、数据管理、市场营销、仓储运作、配送规划、车辆管理、线路设计、系统维护等。项目成员与项目知识点的联系，地图中从能力和兴趣两个方面进行描述。前者是根据项目成员掌握不同知识点的熟悉程度，对成员的能力进行评价打分。

然而成员在某一方面知识丰富、能力优异，并不意味着就是完成相关任务的最佳人选。比如，多年从事某种功能开发的资深人员，积累了充分的开发经验和能力，但由于感觉开发工作重复枯燥，缺乏挑战，而丧失了对工作的兴趣，甚至责任心，选择这样的人员，反而会导致工作的失败。因此，项目团队知识地图中引用兴趣作为能力的补充，评价人员与知识点的联系。

尤其在人力资源有限的情况下，当仅从能力角度无法选择出相应的成员时，便挑选虽然能力值不是最高，但兴趣值较高的人员，并在实际项目中逐渐培养和提升此类人员的能力，借助这些人员对此类知识的极大兴趣，保障项目顺利进行。

**表 6－2　某电子商务项目团队的知识地图示例**

| 姓名 | 需求分析 | | 市场营销 | | 车辆管理 | |
|---|---|---|---|---|---|---|
| | 能力 | 兴趣 | 能力 | 兴趣 | 能力 | 兴趣 |
| 张三 | 100 | 100 | 90 | 70 | 70 | 80 |
| 李四 | 80 | 90 | 90 | 100 | 100 | 100 |
| 王五 | 70 | 80 | 100 | 90 | 80 | 90 |

在建立电子商务项目团队的知识地图时，可以遵循以下步骤：

(1) 从项目积累和借鉴的文档中，提取知识点，比如系统可行性研究报告、需求分析书、用户调查表格、分析开发文档、美工设计报告、常见功能代码、测试报告、车辆运行报告、库存成本报告等。在项目进展的每个阶段都有相应的文档进行总结，这些文档涵盖了项目所需要的知识技能，项目团队需要分析项目具体需求特征，从中对项目的知识点进行提取。

(2) 利用评分人员（如领导、同事等）对项目成员的了解，对成员在各知识点上的能力和兴趣打分，分值可以为百分制或 10 分制、5 分制的绝对分值，也可以是 1、3、5、7 这样的重要程度相对分值。不管具体方法是什么，都要避免其中可能存在的主观性、矛盾性，应尽力保障数据获得的真实性。

(3) 知识地图需要经常维护与更新，当有人员离职或加入团队时，公司有可能会失去或得到某项知识，当有员工参加培训后，公司有可能会在某个知识点上增加人员储备，甚至新增加知识点。这时的维护更新能够保证地图反映的是企业目前真实的知识状况，从而发挥知识地图的最大效益。

互联网的发展为知识地图的建立和维护提供了新的思路。每位项目成员在既往电子商务项目中都有相应的“痕迹”，比如完成的文档、绩效的表现、沟通的信息等。同时，他们可能在其他互联网平台中围绕电商项目话题进行发帖、评论。基于这些信息，可以对成员的能力和兴趣进行评价，从而对企业内部的打分做有益补充。

在应用知识地图时，要注意不同类型的知识地图，适用在不同的工作性质上。一方面，比如，管理者因为需要开发电子商务网站组建项目团队，如果企业建立了由知识概念分类为刻画维度的知识地图，则可以用来协助管理者获得在网站浏览、搜寻检索、主题学习、分类编目等方面较为擅长的人员；另一方面，如果企业建立了主要描述流程的知识地图，则管理者可以在开发过程中获得各环节最佳实践、常见问题的判断与解决等知识支持。

因而，企业需要根据自身的知识结构和用途，来建立与维护不同类型的知识地图。在此基础上，可以根据企业的知识地图抽取得到电子商务项目团队的知识地图。

2. 电子商务项目团队的职责分配矩阵

通过企业知识地图，企业管理者可以根据所面临的项目任务，动态确定组织中符合所需知识条件的人员。项目团队的知识地图建立之后，制定职责分配矩阵（responsibility assignment matrix）是进行成员职责分配的第二步。为了保证项目中各项工作顺利进行，就必须明确工作与人力资源的关系，将每项工作分配到具体的个人（或小组），并指定负责人，同时如果是多人协作完成，还要明确不同的个人在这项工作中的职责。在项目管理中，这部分内容最常使用的方法为职责分配矩阵。

职责分配矩阵以活动（工作包）和人员为两个坐标，反映了与每个人员相关的所有活动，以及与每个活动相关的所有人员。根据知识地图中不同人员所具备的知识和彼此之间的关系，将人员对于活动的影响分别用负责人P（primary）和参与者S（subordinary）表示，选择的依据就是在知识地图中各知识点上成员的能力和兴趣得分。

例如，表6-2表明，张三在需求分析方面的技术能力和兴趣表现出众，因此可以作为项目需求分析活动的负责人，而根据王五所具备的条件，管理人员认为其不适宜作为需求分析活动参与者，而应该是市场营销活动的负责人。由此得到了如表6-3所示的职责分配矩阵。

**表6-3　某电子商务项目职责分配矩阵**

| | 张三 | 李四 | 王五 |
|---|---|---|---|
| 需求分析 | P | S | |
| 市场营销 | S | S | P |
| 车辆管理 | | P | S |

在实际应用中，人们发现上述职责矩阵虽然可以明确成员的职责，但作为起从属作用的成员，矩阵没有体现他们彼此之间在能力和兴趣方面的差异。当团队面临重要任务，如果需要挑选骨干成员承担责任，或负责人暂时离开团队，需要有人临时代理时，表6-3所示的矩阵并不能辅助决策。项目第二负责人概念的提出，可以有效地解决这个问题。

在成员中，选择那些具备一定技术能力和发展潜力的成员，即能力得分达到标准要求，同时兴趣得分较高，可以在团队中明确地定义为项目第二负责人，得到如表6-4所示的职责分配矩阵，其中S1即为项目第二负责人。

**表 6-4　定义项目第二负责人的职责分配矩阵**

| | 张三 | 李四 | 王五 |
|---|---|---|---|
| 需求分析 | P | S1 | |
| 市场营销 | S | S1 | P |
| 车辆管理 | | P | S1 |

第二负责人的存在，为项目管理带来了如下的好处：第一，提高了项目的稳定性，作为主要负责人的成员离职或休假时，第二负责人可以自然接替，不会出现不熟悉项目状况而阻碍项目进展的情况；第二，为成员职业生涯发展创造良好条件，S1 的存在在一定程度上对主要负责人造成了竞争压力，同时也为主要负责人的升职扫除后顾之忧，如果某项工作只能由一个人承担，虽然这个人可以逐渐成为专家，但也说明这个人不可取代，不能升职到其他岗位。

以上分析了项目团队成员的职责分配过程，需要注意的是，有时为了进一步明确在项目进行过程中需要咨询意见，或需要将相关信息通报的人员关系，还可以用负责（responsible，R）、有责（accountable，A）、咨询（consult，C）和通知（inform，I）分别表示各种关系，即可得到另一种形式的职责分配矩阵，如表 6-5 所示。

**表 6-5　某电子商务项目的职责分配矩阵**

| 活动 | 人员 | | | | |
|---|---|---|---|---|---|
| | 张三 | 李四 | 王五 | 赵六 | 孙七 |
| 需求分析 | R | A | I | I | I |
| 市场营销 | A | A | R | C | I |
| 车辆管理 | I | R | A | C | C |

除了职责分配矩阵，还可以借助文字描述更多相关信息。例如需要详细界定的职责，可以通过文字描述岗位人员职责、授权、能力和资格等方面的信息，而不仅仅是用表中的字母来标示。

### 6.2.5　案例：校园二手用品跳蚤市场移动 App 项目团队知识地图与职责分配矩阵

校园二手用品跳蚤市场移动 App 项目组以 WBS 图第二层为基准，根据工作的类似性确认岗位，以能力分和兴趣分评价团队成员。

在能力的部分我们利用 270 度打分法。所谓的 270 度打分法是根据 360 度打分法演化而来的。360 度打分法一般是指通过上司、下属、客户和同事四个维度进行打分，分别可以形象地用一个员工中的上下左右来指示，每个维度相当于 90 度。当然，也可以项目成员自己对自己打分。由于本项目中团队成员没有下属这个维度，同事不对项目成员打分，所以本项目采用 270 度打分法，即经理打分（占 50%的权重）、成员打分（占 40%的权重）、用户打分（占 10%的权重）三个维度。具体为：

（1）由项目经理对该成员在各个岗位的能力打分（权重为 50%）；

（2）本人对自己各个岗位的擅长程度进行打分（权重为 40%）；

（3）由用户对项目成员在各个岗位的能力打分（权重为 10%）；

最后的加权平均和为得分。特别说明的是项目经理本人的能力分由（2）和（3）折合相应比例计算得到。兴趣分打分由项目组成员自己完成。下面分别给出了能力分和兴趣分的打分标准。

1. 能力分打分标准

10分：熟悉使用此方面的知识，有丰富的实践经验，能够领导其他成员完成相应工作。

8分：熟悉此类知识，但经验不够丰富。

6分：对此类知识有一定了解，需要进一步学习。

4分：对此类知识有过少量接触，不过缺乏深入了解。

2分：对此类知识完全没有了解。

2. 兴趣分打分标准

10分：此类工作完全符合本人的兴趣，对该工作抱有极大的热忱。

8分：对该工作比较有兴趣，能够比较愉快地完成工作。

6分：能够以平常心态完成该项工作，谈不上有兴趣。

4分：能够勉强接受该工作，尽量完成任务。

2分：不愿意从事此类工作。

表6-6为本项目组的知识地图得分表。

**表6-6　校园二手用品跳蚤市场移动App项目组成员知识地图得分表**

| | | 刘×× | 周×× | 阮×× | 孙×× | 张×× | 吴×× | 范×× |
|---|---|---|---|---|---|---|---|---|
| 项目管理 | 能力分 | 8 | 8 | 6 | 7 | 5 | 5 | 7 |
| | 兴趣分 | 6 | 5 | 7 | 6 | 7 | 7 | 9 |
| 需求分析 | 能力分 | 5 | 8 | 9 | 5 | 9 | 5 | 10 |
| | 兴趣分 | 7 | 10 | 8 | 9 | 8 | 7 | 7 |
| 系统设计 | 能力分 | 7 | 10 | 7 | 8 | 10 | 5 | 8 |
| | 兴趣分 | 10 | 5 | 5 | 10 | 9 | 8 | 9 |
| 系统实施 | 能力分 | 9 | 6 | 6 | 9 | 7 | 10 | 10 |
| | 兴趣分 | 10 | 7 | 5 | 10 | 8 | 8 | 7 |
| 系统测试 | 能力分 | 8 | 9 | 8 | 5 | 10 | 10 | 6 |
| | 兴趣分 | 6 | 5 | 9 | 6 | 7 | 8 | 5 |
| 系统验收 | 能力分 | 5 | 7 | 10 | 7 | 6 | 8 | 6 |
| | 兴趣分 | 7 | 8 | 9 | 5 | 5 | 5 | 5 |

根据知识地图得分表，制定本项目小组的职责分配矩阵，所遵从的规则是：

能力与兴趣加权得分＝兴趣×0.1＋能力×0.9

P（活动负责人）和S（活动参与者）的计算方法是：按加权结果由大到小排序，最大值为P，在剩下的人员中第一名或者是前两名作为S。

S1（活动第二负责人）计算方法是：兴趣×0.4＋能力×0.6，将得到的结果从大到小排序，排除已经是P的人员，在剩下的人员中选择最大的作为S1。

需要说明的是，当出现多人分值相同时，按照活动的工时安排随机选取适宜人选；本项目中没有咨询和通知职责的分配。表 6－7 为本项目组的职责分配矩阵表。

**表 6－7　校园二手用品跳蚤市场移动 App 项目组成员职责分配矩阵表**

| | 刘×× | 周×× | 阮×× | 孙×× | 张×× | 吴×× | 范×× |
|---|---|---|---|---|---|---|---|
| 项目管理 | P | S | | S | | | S1 |
| 需求分析 | | S1 | S | | S | | P |
| 系统设计 | | S | | S1 | P | | S |
| 系统实施 | S1 | | | S | | P | S |
| 系统测试 | | S | | | S1 | P | |
| 系统验收 | | S1 | P | | | S | |

职责分配矩阵做好以后，可以与第 3 章案例项目章程中的表 3－2“项目的人员组成与职责分配”进行对照，并根据每个人的精力做少许的调整。

## 6.3　电子商务项目干系人管理与团队建设

将项目成员组织为团队之后，如何促进团队的有效运作，是项目人力资源管理的重要任务，一般通过沟通管理、授权管理和考核与激励来实现。其中，考核与激励我们将在下一节详细介绍。因此，本节将首先在分析项目涉及人员即干系人分析的基础上，对电子商务项目如何制定沟通计划、沟通的特点与内容、沟通的方式与技巧等方面进行介绍，然后对授权的原则、内容和方法展开讨论。

### 6.3.1　电子商务项目的干系人分析

项目干系人管理是项目管理十大知识体系之一。项目干系人是指能影响项目或受到项目影响的人或组织。项目干系人可能来自组织内部，也可能来自组织外部。

1. 干系人分析的注意事项

确认项目的干系人，并对干系人进行分析，是项目管理的重要组成部分，需要注意以下因素：

（1）干系人的识别标准。在某些项目中，较难确定哪些人员或组织与项目存在干系，有多大的影响程度，例如，在电子商务策划项目中，未来将被雇用到公司进行商务运作的员工也是该项目的干系人，如何对这些潜在的干系人做需求分析是需要思考的问题。

（2）干系人的影响在随时间变化。确定了项目干系人之后，其在参与项目的过程中，对于项目的影响也会发生变化。即同一类项目干系人，在项目的生命期进程中会在项目的不同阶段产生不同的影响，仅仅辨别确定项目干系人，忽略其对项目影响作用的不断变化，会给项目的目标实现带来巨大影响。例如，电子商务项目的投资人在项目开展初期，是项目能否启动的关键干系人，需要引起项目经理的绝对重视，因为有资金注入才能保证项目运行；而在项目的进行过程中，投资人只需要收到项目经理的定期汇报，以起到监督的作用。

（3）干系人的影响有积极或消极之分。积极的项目干系人往往是那些会从项目成功中获益的利害相关人，显然他们会对项目提供各种可能的支持，也很容易辨析；而消极的项目干系人是指在项目成功中利益受损的利害相关人，会通过各种渠道妨碍项目进行，同时他们对自己的消极意图通常比较隐蔽，很难辨析，因此需要项目管理者的特别关注，以避免项目失败的风险。比如，电子商务项目的用户中，有一部分可以通过系统实施改善劳动条件和强度，提高工作效率和绩效，他们对于系统项目是积极干系人；而系统的应用也会分担甚至替代一部分人的工作，导致他们的减薪甚至裁员，这部分用户对项目的开展可能会有消极阻碍作用。

（4）项目干系人因为各自利益不同，通常具有不同甚至冲突的目标。例如，用户对一个新的电子商务系统的要求是低成本，系统架构师则可能强调技术出众，编程分包商可能对利润的最大化更感兴趣。因此，项目经理必须对项目干系人不同的目标进行管理。

2. 干系人管理的参考原则

（1）理顺干系人的关系，找出所有干系人，避免遗漏。以主要的活动为依据，考虑各干系人对活动的影响，分析围绕某项活动各干系人之间的沟通频率，区分经常或偶尔的沟通关系，以便于对干系人进行不同程度的管理。

（2）了解干系人的需求并加以利用。例如，对于系统的硬件配置，用户和供应商的侧重点是不同的，项目经理应该利用干系人的需求，推动他们对项目做出贡献。

（3）预测干系人可能对项目产生的影响并加以应对。在进行干系人管理时，需要预测随着时间的推移，干系人的影响可能会发生什么变化；或者预测当对他们提出一些要求时，他们可能有什么反应。例如，假定要求开放某个数据源的权限，干系人会有什么反应。如果这个反应是积极的，有利于项目整体进展，就加以利用；如果预测反应是消极的，就事先采取相关的沟通措施，降低对项目的影响。

3. 电子商务项目的常见干系人

在电子商务项目中，主要的干系人包括：

（1）项目经理：负责全面管理项目的人。

（2）客户或用户：使用项目产品的组织或个人。客户会有若干层次，例如，一个电子商务平台，它的客户包括决定实施的决策者、使用电子商务系统购买商品的操作者以及系统维护人员等。

（3）职能部门：其雇员会直接参与并为项目工作的部门，比如电子商务系统、市场、物流等职能部门。

（4）项目组成员：执行项目工作的一组人，如为完成一个电子商务项目而组成的项目组。

（5）项目管理小组：直接参与项目管理的项目组成员，尤其是规模大、时间跨度大、成员数量多的项目，仅靠一个项目经理是不够的。

（6）资源租借方和外包方：有些电商项目团队会将不重要的部分工作外包，或租用某些非核心资源，例如，租用云服务器等，租借方和外包方的稳定及表现也会对项目的顺利开展产生影响。

（7）出资人：以现金或贷款形式为项目提供经济资源的组织或个人，例如在电子商务项目中公司的股东。

（8）其他干系人：并不直接采购或使用项目产品，但是因为某种关系，可以对项目进程施加积极或消极影响的个人或组织。比如，新闻媒介、相关的政府部门、市场中潜在的竞争对手等。

除了这些主要的项目干系人，还有许多内部和外部的干系人，比如公司所有人、投资人、债权人、设备的供应商、成员家属（比如家庭关系是否和睦会影响员工工作效率）等。

4. 项目干系人分析的工具

不同干系人对项目的具体影响，可以通过表 6－8 分析总结。干系人可以分为用户方、电子商务项目承建方和其他第三方三类。在电子商务项目中，一般将使用平台进行交易的个人或企业定义为系统用户方，将平台系统的开发提供者定义为承建方，而诸如系统分包商、产品供应商、政府相关部门等即为其他第三方。

**表 6－8　干系人对项目影响分析表**

| 干系人分类 | 角色 | 对项目的要求 | 应承担的责任 | 关注的项目指标 | 可能出现的风险 |
|---|---|---|---|---|---|
| 用户方 | | | | | |
| 项目承建方 | | | | | |
| 其他第三方 | | | | | |

在每一类干系人中，有不同的角色，角色对项目系统提出的需求是不同的，反映了干系人的不同利益目的，比如电子商务项目承建方的需求调研小组，要求项目可以最大限度满足用户需要；而同属于承建方的开发团队，则要求系统可以使用最便捷成熟的编程工具。同时，不同的角色对项目担负的责任也不同，对于负有重要管理责任的角色，如项目经理，或用户方决策经理，是沟通中的关键干系人。与利益、责任相关，不同的角色关注项目的具体指标不同，有的角色从盈利率衡量项目，有的从时间长短衡量，有的关注资金规模，有的角色看重质量。作为项目干系人，在从事与项目利益相关的活动时，有可能会对项目的结果产生不可完全预知评估的影响，即存在风险，这也是干系人分析的重要方面。

## 6.3.2　案例：校园二手用品跳蚤市场移动 App 项目的干系人分析

校园二手用品跳蚤市场移动 App 项目的干系人包括甲方、乙方和第三方。甲方即移动 App 出资方，乙方即移动 App 承建方，这里的第三方即为最终用户方。具体分析如表 6－9 所示。

**表 6－9　校园二手用品跳蚤市场移动 App 项目的干系人分析**

<table>
<tr><th colspan="2"></th><th>提出的需求</th><th>关注指标</th><th>应承担的责任</th><th>可能的风险</th></tr>
<tr><td rowspan="2">甲方干系人</td><td>网络中心主任</td><td>(1) 移动 App 功能齐全，能对二手用品信息进行全面管理；<br>(2) 移动 App 界面精美易用，吸引用户群。</td><td>(1) 移动 App 功能实现情况；<br>(2) 移动 App 的外观和用户满意度。</td><td>(1) 项目立项和成果验收；<br>(2) 指导移动 App 建设，配合调研工作；<br>(3) 关键性的决策。</td><td>(1) 对调研工作不重视、不支持；<br>(2) 可能离职；<br>(3) 做出不恰当的指导和决策。</td></tr>
<tr><td>维护人员</td><td>移动 App 的管理及维护较方便。</td><td>(1) 移动 App 运行期间的错误率；<br>(2) 维护费用。</td><td>(1) 协助开发；<br>(2) 移动 App 运行后的维护工作。</td><td>不配合项目组的开发工作。</td></tr>
</table>

续表

| | | 提出的需求 | 关注指标 | 应承担的责任 | 可能的风险 |
|---|---|---|---|---|---|
| 乙方干系人 | 项目经理 | (1) 移动App项目按时、保证质量地完成；(2) 盈利率不低于5%。 | (1) 进度、质量、范围管理指标；(2) 移动App成本和绩效评估。 | (1) 统筹规划，合理分工，项目管理；(2) 协调人力，分配资源，控制项目质量、成本和进度。 | (1) 计划不当，导致项目失败；(2) 项目管理控制不当，亏损甚至无法按期保质完工。 |
| | 项目组成员 | (1) 经理的领导和各成员的支持、协调；(2) 积累工作经验。 | (1) 任务完成效率、效果；(2) 工作进度。 | 在规定时间内，保质保量地完成移动App建设项目。 | (1) 缺乏工作热情；(2) 离职或不服从安排。 |
| | 其他职能部门 | 管理工作符合现行的管理制度。 | 财务、人力保障。 | 向项目组提供必要资源。 | 无法满足项目要求。 |
| 第三方干系人 | 校内学生 | (1) 能实现二手商品（书籍等）交易；(2) 有留言等功能方便交易。 | (1) 信息的及时性、安全性；(2) 界面的友好性和使用舒适度。(3) 商品（书籍等）种类的多样性。 | (1) 合法、正确地使用试运行的移动App进行交易；(2) 协助维护人员的工作。 | (1) 交易中的欺诈行为；(2) 对试运行的移动App进行恶意破坏或攻击。 |

### 6.3.3 电子商务项目的沟通管理

确定项目干系人之后，便可以分析这些人员各自需要什么信息、在每个阶段要求的信息是否不同、应该如何根据项目的实际情况建立信息传递方式等，因此，在进行沟通管理时，需要针对上述问题建立相应的沟通计划，然后分析沟通内容，选择恰当的沟通方式与技巧。

1. 建立沟通计划

一个完整的项目沟通计划中应包括如下主要内容：

(1) 确定文件保存方式。在沟通计划中首先明确各种信息保存方式、信息读写的权限，明确各类项目文档、辅助文件等的存放位置及相应的读写权限，建立相应的目录结构，收集和保存不同类型的信息，进行统一的版本管理。

(2) 建立沟通列表。存放项目干系人的联系方式。如系统开发人员、物流部门人员、客户、高层领导、系统支持、顾问、行政部人员等。记录他们的手机号码、邮箱地址、座机号码、微信号等，尽量做到简洁、明了。

(3) 建立汇报制度。明确说明项目组成员对项目经理、项目经理对上级及相关人员的工作汇报方式、准确时间和形式。比如，在某个电子商务项目中，项目组成员在周末提交每周进展报告，汇报一周的工作进展状况及遇到的问题、解决方法；每周一下午1：30召开项目组例会，在项目团队内进行信息交流沟通。所有常规沟通都应该有会议记录，另外需要设定某些规则，如重要的电子邮件都必须回复是否收到。

(4) 统一项目文件格式。使用统一的文件格式，是项目标准化管理的一部分，因而必须统一各种文件模板，并提供相应的编写指南。比如，每个项目小组提交同样格式的周报。

（5）沟通计划的维护人。明确本计划在发生变化时，由谁进行修订，并向相关人员发送。

项目沟通计划是项目整体计划的一部分，它的作用非常重要，很多项目中没有完整的沟通计划，导致沟通非常混乱。有的项目沟通也还有效，但完全依靠客户关系或以前的项目经验，或者说完全靠项目经理个人能力的高低，当项目遇到特殊环境或出现人员变动时，会严重影响沟通效率。严格说来，一种高效的沟通体系不应该只在大脑中存在，也不应该仅仅依靠口头传授，落实到规范的沟通计划中很有必要。

2. 分析沟通内容

在电子商务项目管理过程中的每个阶段和环节，在团队内部和外部，都需要进行有效的沟通，典型的沟通内容包括：

（1）团队内部日常工作进展的报告。报告内容包括在完成项目工作的过程中，出现的问题和意外状况、解决方法和经验教训总结，也包括对自己和别人下阶段工作提出的建议。

（2）团队内部项目管理计划的变更。根据当前工作绩效信息，对比项目目标，重新规划计算当前状态下的项目进展情况，包括时间、成本等，对项目管理计划进行调整和变更。将变更内容有效沟通至相关干系人，才能保证团队目标和进度的协调一致。

（3）团队内部的责任、权利、利益的沟通。项目成员是为了利益而工作的，为了促使其完成所负责的工作，需要明确成员的责任和权利、利益分配机制，并在相应范围内进行有效沟通，从而能够对项目进展过程中的成功和失败进行有效控制，促进项目人员的工作积极性。知识地图、职责分配矩阵以及考核机制等的公开是这方面沟通的重要内容。

（4）主要面向团队外部的工作绩效信息。绩效信息通常向项目团队外部的干系人提供，例如投资人、用户等，所评价的工作主要围绕项目进展情况，包括资源投入使用情况、项目范围、进度计划、成本和质量方面的信息，如某项活动的实际完工时间（实际成本损耗）与预测时间（预期成本损耗）的差别；活动质量控制度量结果；等等。

（5）同时面向团队内部、外部干系人的项目报告。说明项目状态的描述信息，包括项目生命期内从项目启动到项目收尾所有阶段的相关报告，例如系统规划书、需求分析书、逻辑设计书等，还包括项目进行过程中总结的问题记录单、经验教训报告等。

3. 选择沟通方式与技巧

上述需要及时准确沟通的内容，可以通过不同的方式，在不同的项目干系人之间传递。总体而言，沟通方式有：

（1）项目会议。包括面对面（这是一种成本较高的沟通形式）、电话、可视电话、网络会议（需要配备相应的软硬件条件）等会议形式，可以在不同的情况下使用。比如当需要集合众意，讨论项目的某些决策时，或传达重要信息，统一项目组成员的思想或行动时，都需要召开会议，如制定项目考核奖励措施、项目启动、里程碑总结等。

（2）E-mail、传真等书面沟通形式。这是比较经济的沟通方式，沟通的时间一般不长，沟通成本也比较低。这种沟通方式一般不受场地的限制，也不需要同时占用所有人的时间，因此被广泛采用。当然这种方式也有一些弊端，比如需要反复沟通，短时间内难以有结果，不方便群体讨论决策，一般在解决较简单的问题或发布信息时采用。

（3）网络发布、共享电子数据库、虚拟办公等基于软件支持平台的沟通形式。这也是比较经济的沟通方式，将项目有关的重要信息数据通过网络或数据库共享，同时，也可以将重要的个人或组织经验知识通过支持平台实现共享、学习，建立知识管理系统。

（4）即时消息沟通。这是另一种经济、常见的沟通方式。即时通信（instant messaging，如使用微信、QQ等），顾名思义，沟通迅速，而且只要互相加为沟通的对象，任何人在任何地点、任何时间都可以沟通。

为了达到通过各种途径实现内容的有效沟通的目的，需要良好的沟通技巧。常见的技巧包括：

（1）沟通要有明确目的。沟通前，项目人员要弄清楚做这个沟通的真正目的是什么，要对方理解什么。沟通时要注意只沟通必要的信息，漫无目的的沟通是无效的沟通。

（2）沟通要善于聆听。沟通不仅仅是说，也包括听。要从听者的角度对信息进行再度加工，吸收听者的反馈，从而更利于信息的交流。

（3）要尽早沟通。尽早沟通要求项目经理定期和项目成员建立沟通，不仅容易发现当前存在的问题，很多潜在问题也能暴露出来。

（4）注意基础性技巧。比如编写沟通文档时，写作和表达坚持明确的主旨（即不断强调所传递信息的核心观点），并力求简明扼要，意思明晰。

（5）提高沟通的艺术性。解读对方的情绪从而了解事实真相、因人而异地采取说服策略、应用对集体有利的方法来解决团队的问题等。

（6）有效利用多种沟通渠道与方式。要针对所沟通的内容和对象的特点和条件，多种沟通方式综合使用。比如电子邮件、项目管理软件等现代化工具的使用可以提高沟通效率，拉近沟通双方的距离，减少不必要的面谈和会议。

（7）避免无休止的争论。沟通过程中不可避免地存在争论。无休止的争论丝毫不利于结论的形成，而且是浪费时间的重要原因。终结这种争论的最好办法是项目经理发挥自己的权威性，充分利用自己对项目的决策权，及时得出结论。

4. 新型网络环境下的项目沟通

随着互联网的迅猛发展，在电子商务项目中，社交网络、博客以及微博、微信等基于互联网和移动互联网的新型应用系统逐渐成为不可或缺的沟通方式。

对比项目会议、电子邮件、知识管理系统等传统的项目沟通方式，各种迅速发展的新型网络系统，具有以下新特点：

（1）便捷。移动互联网技术的快速进步给用户带来了不同以往的沟通体验。通过微信、微博等各种应用，用户可以在任何时间、任何地点发布咨询信息，并可以得到来自网络中众多用户的关注和回应。同样，即便不认识发布相关信息的人，用户也可以随时随地在这些应用中获得自己感兴趣的内容。

（2）成本低。依托于这些新型系统建立的项目沟通网络，用户可以很方便地实现即时沟通，并不需要额外的费用。

（3）内容呈现形式灵活。新型的网络系统为用户提供了各种可以选择的内容呈现方式，包括文字、图像、影像、声音、链接等。用户可以根据自己的需要，在一个沟通平台上灵活选择多种呈现形式，而在传统的沟通方式中，这几乎是不可能实现的，丰富的沟通方式有助于提高沟通效率。

（4）非正式。在新型系统中，用户的身份不仅仅是项目组成员，所沟通发布的内容也不仅仅是与工作相关，实际上，更多的是反映用户的家庭生活、兴趣爱好等非正式的内容。非正式沟通的氛围相对比较活跃，在这样的氛围下，比较有利于达到沟通的效果。

（5）组织方式更加灵活。新型的网络沟通方式既可以实现人员之间的个别沟通，也可以同时构建小组，进行群体讨论。

（6）技术基础不断增强。互联网硬件和软件水平的快速进步，为沟通协作提供了良好的基础，即便是远程跨境沟通，参与者也可以获得几乎与面对面同样的沟通效果；信息安全技术的发展，为沟通的安全起到了保驾护航的作用。

（7）辅助手段不断发展。基于即时沟通平台发展出许多便于沟通的小应用程序，这些手段可以辅助进行资源共享、文档共同编辑等，促进更好的沟通。

### 6.3.4　电子商务项目的冲突管理

项目团队在进行沟通时，由于不同干系人对问题的认知、意见、需求、利益不同，不可避免会产生冲突。传统观念认为冲突是有害的，是必须避免的，事实上，冲突有不同的类别，有时可以提升组织绩效，发挥积极促进作用，本节将介绍冲突产生的原因、冲突对项目团队产生的破坏或建设性作用以及冲突的处理策略。

1. 冲突产生的原因

在不同项目中，因为项目的特定环境，参与项目的人员不同，冲突产生的原因有很大差异，概括而言，原因包括以下几个方面：

（1）个性差异引发的冲突。团队中的成员因为个人知识背景、性格、喜好、信仰、价值观等方面的差异，在参与决策时可能存在冲突。

（2）信息沟通不畅引起的冲突。电子商务项目中的技术团队、管理团队，一般从属于不同部门，如果没有很好的交叉业务交流，就可能经常出现信息沟通不畅的状况，从而引发冲突。

（3）个人与组织文化不一致引发的冲突。团队新进入的人员容易产生这种冲突，源于与组织现有的文化、做事方式、看待问题和解决问题的方法等方面存在差异。

（4）利益冲突。在资源和利益有限的情况下，必然存在由于争夺利益资源而存在的冲突。

（5）管理的权术思想引发的冲突。管理者不能科学、公平地进行管理决策，导致团队内部的不和谐，派系斗争就是很好的例子。

2. 冲突对项目团队的作用

冲突可以分为建设性和破坏性两类。那些存在创新思维的、对决策现状有积极改进趋向的冲突，就是建设性冲突，比如两个配送管理人员因为车辆运营路线与时间、成本的关系无法达成一致，就有可能使大家进一步思考费用最低的优化路线。而那些冷漠的、不合作的、消极的、甚至起破坏作用的对待现状的态度和做法，称为破坏性冲突，比如，系统开发团队中两个技术人员存在利益冲突，一方将另一方即将完成的程序代码从机器中恶意删除。

建设性冲突可以为项目团队带来以下好处：

（1）有利于创新氛围的形成。不管是成员还是团队，都需要创新才能发展，一个新的观念、技术、产品、技能、方法的学习和引进，会不可避免与现有的模式存在冲突，但这种冲突很有可能会为个人或团体带来新的发展方向和机遇。

(2) 增加成员的才干和能力。个人的知识有限，面对复杂状况往往无法做到全面准确地判断决策，与其他成员观点的冲突及最终的解决，有利于个人充实提高自身解决问题的能力。

(3) 积累有效解决和避免冲突的方法。对比破坏性冲突，建设性冲突更容易得到解决，因此也利于成员和团队积累相关的经验方法。

(4) 对组织的问题提供多方面诊断信息。建设性冲突有利于组织内形成开放、民主、创新的文化氛围，能够接受来自内、外部各种意见和建议。

(5) 促进健康的团队建设。建设性冲突可以带来良性竞争，有利于成员间的相互促进和提高。

另一方面，破坏性冲突对项目团队的负面影响体现在：

(1) 消除冲突影响需要耗费大量时间，可能会浪费项目的资源。

(2) 冲突会给团队带来极高的经济代价，比如上面提到的开发人员破坏性冲突的例子，如果代码删除导致系统延期完成，团队需要支付高额的赔偿费用。

(3) 冲突导致团队内耗，妨碍项目团队整体的发展，在团队内形成派系的对立。

(4) 冲突会带来个人情绪上和身心健康上的损害。

(5) 如果沟通环节中干系人直接存在破坏性冲突，将导致信息传递失真，引发更大的冲突和损失。

3. 解决冲突的策略

冲突的解决更多时候是一种艺术，不存在完整的解决方法，对应于建设性和破坏性的冲突类型，处理冲突可以选择结构法和对抗法。结构法往往通过职权关系或者组织设计，隔离各个部分来减少冲突的直接表现。与之相反，对抗法则力图通过把各个部分聚集在一起使冲突表面化，强调冲突双方直接交锋、公开地交换有关问题的信息、力图消除双方分歧，从而达到一个双方都满意的结果的过程。表6-10中归纳了几种常见的冲突处理策略和适用环境，其中强制和回避属于结构类的处理方法，而合作、妥协和顺应则属于对抗类的处理方法。遇到冲突时，要根据具体环境情况，以及冲突的分类和冲突方的特征进行处理。

**表6-10　常见的冲突处理策略**

| | 策略内容 | 适用环境 |
|---|---|---|
| 强制 | 在权威作用下，强制双方接受 | 紧急事件，需要快速决策 |
| 回避 | 将冲突搁置 | 不是主要问题或解决成本太高 |
| 合作 | 双方为实现共同目标而合作 | 在一个利益团体中，追求共同目标 |
| 妥协 | 双方各自让步妥协 | 势均力敌的对手，无法达成合作或强制 |
| 顺应 | 某方顺应服从对方意见 | 对别人更重要或别人意见更恰当 |

4. 新型网络环境下的项目冲突管理

借助社交网络、微博、微信等工具，电子商务项目团队在新型网络环境下进行冲突管理可能具有以下优势：

(1) 有可能避免某些冲突。冲突的发生在很多情况下是因为没有充分沟通，如前面沟通部分所介绍的，新型沟通工具和方式使得项目沟通的范围、效率和深度都有所增强，基于良好的沟通，各利益方对相互的信息了解会更加充分，进而避免了某些冲突的产生。

(2) 有可能提前进行冲突识别。冲突不是一朝一夕突然发生的，特别是激烈的冲突，相关方在冲突发生之前大多就有隐患。借助新型网络工具平台中的数据以及相应的数据分析，可以识别出异常之处，从而预判冲突是否可能会发生，并采取相应措施进行应对。

(3) 非正式的方式有时更利于冲突处理。冲突发生之后，社交软件提供了一种非正式的相对轻松的解决问题的氛围，为冲突相关方增进其他方面的了解和建立共识奠定了基础，有利于冲突处理。

5. 冲突管理中还需要注意的问题

在进行冲突管理时，应采用主动大度的态度，尽量避免以下问题：

(1) 过度理性，对于负面情绪视而不见。即便正确的决策也会遇到来自他人的消极情绪，这种态度不能忽略，如果采用回避搁置的策略，会为决策的顺利实施留下隐患。

(2) 认为处理冲突是对人不对事。将因为对事情的看法不同而产生的冲突，延伸到对人的批评攻击，这非但不利于冲突的解决，反而会带来更大更多的冲突。

(3) 认为处理冲突是项目经理一人的责任。项目经理应该鼓励冲突当事人采用各种沟通方式，并与冲突双方一起协调处理，才能使冲突真正得到解决。

(4) 固守自己的看法观点不让步，认为只有对方需要改变。应该主动采取行动，或表现出愿意解决冲突的态度，不应该等对方先行动并表示其善意后再行动。

### 6.3.5 电子商务项目的授权管理

电子商务项目团队的整体目标需要与责任授权相联系，才能保证有效完成。团队授权就是授予团队或团队中的小组、个人，在一定的人力、资源、时间范围内相应的职能、职责和任务，以方便其能够在足够的保障下有效完成所分配的任务。

在进行授权之前，要确定团队的任务、目标以及完成任务所需的各种资源，比如项目需要在什么时间内完成何种功能的商务平台、实现满足要求的市场运作等，而软硬件、网络、人力、车辆设备等则是团队资源。

授权可以明确项目成员的责任义务，更好地利用组织内人力的经验和才能，完成既定任务，也可以增加成员的责任感和归属感，但同时也应该尽力避免授权存在的风险，比如由于缺乏统一标准和培训，又如不恰当的授权无法建立威信。授权后应该有配套的监督制度约束被授权人，否则可能会导致权力滥用，造成项目成本的增加，甚至项目的失败。

下面简要讨论授权时需要注意的原则和思想。

1. 创造授权文化

要保证授权的顺利进行，需要在团队内自上而下地建设授权文化。首先，管理人员要进行心态的自我调整，要明白授权并不是对自己权力的威胁，而是为了更好地激励成员完成任务、提高效率、巩固自身权力的一种必要手段。项目经理要消除管理人员的抵抗情绪，认识到授权的必要性。其次，对被授权的员工，要在团队内创造授权和勇于承担责任、勇于创新的气氛。不同的岗位应对相应程度的失败予以宽容。要鼓励员工不怕失败，敢于创新，对待授权认真负责。

2. 公开授权

在团队内进行授权时，应该明确在什么资源范围内，对哪些任务面向哪些成员进行哪些责任的授权。授权是正式的、公开的、制度化的、透明的，防止出现领导找个别人单独谈话授权的情况。只有公平、公开，才能带来科学正确的授权，使得满足条件的员工获得恰当的授权，同时正式、制度化的授权，才能保证授权的威信，方便被授权人在团队中顺利实施各项管理控制工作。

3. 沟通授权

授权进行前，双方必须进行沟通，沟通的内容包括：

（1）对授权的目的和范围、任务和责任等达成共识，从而不会出现因为理解偏差而带来的责任盲区和绩效降低等问题；

（2）事先确立绩效评估的基准，这是被授权人完成任务的目标，也是对其进行考核评估的依据；

（3）事先确定报告期，被授权人在一定的时间阶段对所负责的工作进行总结，并向授权人报告工作情况，从而有利于对项目的有效控制。

4. 择人授权

选择被授权人时，能力和其对权力的期望是需要重点考察的两个方面。被授权人的经验、知识技术能力、协调管理能力、创新开拓能力是否满足责任的要求，都要认真地考察。被授权人能力过低会导致其无法胜任，项目失败，能力过高也会使工作缺乏挑战，不能有效激励员工的积极性。除了能力，授权时，还需要了解被授权人对权力的期望，如果是一个对管理和权力没有兴趣的人，即便有很高的专业能力，也不是恰当的授权对象。

5. 择事授权、择时授权

除了授权对象，授权中还要明白，不是所有的事件任务都需要和适合授权给成员，尤其是关系团队总体规划发展的任务，或时间紧迫非常重要的任务，或需要统筹管理整个团队人员或其他资源才能实现的任务，都需要管理人员亲力亲为，不适合进行授权。另外，不是任何时刻都是授权的恰当时刻。比如，在项目启动团队组建之初，各种关系还没有磨合，对预期的结果还未达成共识就不适宜进行授权。

6. 授权后的支持要有度

授权后，对被授权人进行支持关怀是必要的，但需要避免关怀失当的问题，比如经常催促被授权人去执行某项工作，并不利于工作的开展，反而会挫伤其积极性。另外，要根据被授权人的成熟度决定报告期，不要对所有被授权人规定统一的报告期，比如对于那些面临复杂任务、自身能力不成熟的被授权人，可以安排较为频繁的报告期，比如一天报告一次，在被授权人报告工作时，授权人可以予以适当的指导和帮助；而对于那些能力强、经验丰富的被授权人，可以安排周期较长的报告期，比如半个月报告一次。

7. 授权过程中利用好新型网络环境

快速发展的信息处理技术以及社交网络、微博、微信等网络工具，为项目团队的授权提供了有力支撑。在互联网思维影响下，社会组织结构日趋扁平化，员工的自我管理意识、主动性都会增强，有利于授权文化的营造；各类沟通工具有利于公开授权和沟通授权的顺利展开；借助信息处理工具，电子商务项目可以对人员以往的工作表现和现有的工作能力做出科学的判断，提高择人授权的准确性；还可以更加科学地将人员和任务进行匹配，提高择事授权的有效性。

## 6.4　电子商务项目团队的激励和考核

为了保证项目的顺利沟通和授权，实现各项任务目标，激励管理和考核管理是人力资源管理中重要的手段方法。本节将在介绍激励的理论的基础上，分析激励的方法和机制，讨论团队成长中若干阶段的激励特点，最后讨论对个人和团队进行考核的方法。

### 6.4.1　人员激励的关键理论

在电子商务项目中如何科学地设置目标，对团队成员进行有效激励，来自人力资源管理领域的研究成果给我们提供了很多启示。激励理论包括内容型、行为改造型、过程型、委托代理人型等。限于篇幅的关系，以下仅介绍三种具有代表性的激励理论。

1. 马斯洛的需求层次理论

亚伯拉罕·马斯洛（Abraham Harold Maslow，1908—1970 年），美国社会心理学家、人格理论家和比较心理学家，在 20 世纪 50 年代提出了著名的需求层次理论。该理论将人们的需求内容分为五个层次，核心思想可以总结为两个方面：第一，当低层次的需求基本得到满足以后，它的激励作用就会降低，高层次的需求会取代它成为推动行为的主要原因；第二，低层次的需求未能满足之前，高层次的需求较难对人起到相应的激励作用。具体内容如下：

（1）生理需求。是指人们满足生存需要的要求，主要是衣食住行的需求。只有这些需求得到满足，员工才可能生存。管理人员应该明白，当员工还在为生理需求（比如住房）而忙碌时，他们所真正关心的问题就与他们所做的工作无关，员工这时主要为报酬工作。因而此时激励手段主要包括增加工资、提高福利待遇等。

（2）安全需求。是指人们要求保障自身生命安全及自由、摆脱失业和丧失财产威胁等方面的需求。如果对于员工来说安全需求最重要，那么，管理人员在管理中可以使用的有效的激励手段应该为健全规章制度、完善医疗保障并保护员工不致失业。

（3）社会需求。是指人们对于朋友同事间的友情、属于某一个群体、成员间相互照顾的归属需求。当人们满足了生理及安全需求之后，社会需求就会突出。此时工作被人们视为寻找和建立温馨和谐的人际关系的机会，管理者应该在工作中提供社交往来机会，鼓励群体活动，并且遵从集体行为规范。

（4）尊重需求。是指人们希望自己有稳定的社会地位，个人的能力和成就得到社会承认的需求。包括人在不同境遇下面对困难的自信和自尊，更包括由于别人肯定他们的才能而得到的成就、名声、地位和晋升机会。对于需要满足尊重需求的团队成员，管理人员应给予更多的肯定和荣誉以实现激励。

（5）自我实现需求。是指人们实现个人理想、抱负，尽量发挥自己才能，实现具有挑战性目标的需求，这是最高层次的需求。如果团队成员体现出自我实现的需求，管理人员应该根据知识地图尽量安排员工做其感兴趣的工作，这样才会使他们感到最大的快乐。

对于电子商务项目中的人员而言，不同职位、不同背景的成员会有不同需求，比如，项目经理所具备的能力和所从事的工作，说明了其社会、尊重需求已经被满足，而自我实现是其最重要的需求。因此，在人力资源激励中特别需要注意分析识别不同人员的需求，根据成员所属的需求层次阶段，采用对应的激励手段，才能取得良好效果。

2. 赫茨伯格的双因素激励理论

双因素理论，也称激励-保健因素理论，是美国的行为科学家弗雷德里克·赫茨伯格（Fredrick Herzberg）在1966年提出的。该理论将激励因素分为两大类：一类是保健因素，包括公司政策与管理、监督、工作条件、人际关系、薪金、地位、工作安定等；另一类是激励因素，如成就、赏识、挑战性的工作、增加的工作责任、职业的满意和赏识以及成长和发展的机会等。这两种因素对员工产生不同的激励作用，应该区别对待。

赫茨伯格的调查显示，员工对组织感到不满意、抱怨的因素大多与工作环境或工作关系等保健因素有关，虽然这些因素的改善可以预防或消除员工的不满，但不能直接起到激励的作用。保健因素的满足对员工产生的效果类似于卫生保健对身体健康所起的作用。保健从人的环境中消除有害健康的事物，它不能直接提高健康水平，但有预防疾病的效果；它不是治疗性的，而是预防性的。当这些因素恶化到人们认为可以接受的水平以下时，就会产生对工作的不满意。但是，当人们认为这些因素很好时，它只是消除了不满意，并不会导致积极的态度，这就形成了某种既不是满意、又不是不满意的中性状态。也就是说，保健因素是消除不满的基本条件，但在激励中只提供保健因素是不够的。

与此相反，使职工感到满意的因素主要与工作内容或工作成果等有关，这些因素的改善可以使职工获得满足感，产生强大而持久的激励作用，称为激励因素。只有激励因素具备了，才能对人们产生更大的激励。从这个意义出发，赫茨伯格认为传统的激励假设，如提供良好的工作条件等，都不会产生更大的激励。它们能消除不满意，防止产生问题，但即使这些因素达到最佳程度，也不会产生积极的激励。按照赫茨伯格的意见，管理者应该认识到保健因素是必需的，不过它一旦使不满意中和以后，就不能产生更积极的效果；只有激励因素才能发挥真正意义上的激励作用，使人们有更好的工作成绩。赫茨伯格在企业调查中还发现，激励因素和保健因素都有若干重叠现象，如赏识属于激励因素，基本上起积极作用；但当没有受到赏识时，又可能使员工感到不满，属于保健因素的作用范畴。

可以用赫茨伯格的一句话对双因素理论进行概括——“保健因素是工作中不满意因素的主要制造者，而激励因素则通向满意感。”

对于电子商务项目而言，工作环境、工作氛围属于保健因素，要使团队成员没有不满意，就需要给团队成员提供一个好的工作场所、一个积极的氛围；而成就感、感兴趣的工作则是激励性因素，要使团队成员满意，就需要给团队成员做好职业生涯规划，并参照知识地图，安排他们做自己有兴趣且有一定挑战性的工作。只有这两方面都做好了，项目成员才会达到对工作真正满意的状态。

3. 期望理论

以上两个理论是针对“需要”的研究，回答了以什么为基础或根据什么才能激发调动起员工工作积极性的问题，而弗鲁姆（V. H. Vroom）在20世纪60年代所提出的期望理论（expectancy theory）则强调：通过满足人们的需求实现组织目标，需要一个过程，需要通过制定一定的目标影响人们的需要，从而激发人们的行动。

该理论认为，组织设定的目标对人的激励程度受两个因素影响：

（1）目标效价，即人们认为目标的实现能产生多大的价值。如果产生的价值越大，人们的积极性也就越高。

（2）期望，即人们对目标实现可能性的估计。人们对于可能性较大的目标通常会尽力实现，而如果人们认为某个目标几乎没有可能实现，是不会产生激励效果的。

进而期望理论认为，目标的激励作用是目标效价与期望的乘积，是两者共同作用的结果。如果一个目标的实现能够产生很大的价值，但是实现的可能性很低，就不能促进人们产生积极性。同样，即便一个目标很容易实现，但是实现之后不会产生很好的价值，也不会激励人们努力。以期望理论为指导进行员工激励，就需要使员工明确，他们的需求是与组织的目标密切联系的，而只要努力工作就能够实现自己的需求。

## 6.4.2　综合激励公式与激励机制设计

了解上述激励理论之后，还需要采取一定的方法和机制，才能实施有效的激励。以下从分析综合激励公式入手，介绍激励方法，之后讨论激励机制的设计准则。

1. 综合激励公式

各种激励理论都描述分析了不同因素对员工的激励作用，如何在实际激励管理中科学评价这些因素的作用并有效运用，是更加重要的工作，公式 6.1 所描述的综合激励公式在一定程度上形象化地解决了这个问题。

$$M = V_{it} + E_{ia}(V_{ia} + \sum E_{ej} \cdot V_{ej}) \tag{6.1}$$

接下来按照容易理解的顺序介绍公式中各符号的含义。$M$ 是综合激励效果，量化描述了后面的若干因素共同形成的对成员的激励作用。

$V_{ej}$ 代表完成任务后取得的奖酬的大小，即外酬效价，$E_{ej}$ 表示取得奖酬的可靠性，因为某项活动的成功完成一般有若干奖酬，比如金钱、职称、股票等，而每种奖酬实现的可靠性是不一样的，通常来自政府或权威组织的奖酬，兑现的可能性要高于企业或个人的奖励承诺。因此公式中按照可靠性估计对其进行了加权求和，这样就得到了完成任务后，各种奖励的实际收益。

$V_{ia}$ 是对完成任务的重要性的评价，某些任务的完成虽然不能获得很高的外酬效价，但任务本身对组织具有很大的重要性，比如代表项目团队在总公司表彰大会中的发言，这样的任务易于激励员工的荣誉感和责任感，强调 $V_{ia}$ 也可以起到很好的激励作用。

$E_{ia}$ 是对完成任务的期望值，按照工作任务难度，被激励人依据自身能力，对任务能否按时、按质完成进行估计，得到完成任务可能性的估计 $E_{ia}$。即便任务很重要，也可以得到较高的外酬效价，但因为条件或能力的限制，被激励人成功完成任务的可能性很小，那么 $V_{ej}$ 和 $V_{ia}$ 所起到的激励作用就会大大降低，这是因为在公式 6.1 中，用 $E_{ia}$ 对激励效果进行了修正。

最后，$V_{it}$ 是活动本身提供的内酬效价，表示的是被激励人对所从事活动的兴趣、自我实现意愿。这与来自外界的奖励、工作的难度、自身的能力没有太大关系。比如，被激励人一直对研究新技术、新产品充满兴趣，如果安排其从事技术研发工作，对比其他人会有更高的工作热情和效率。

2. 激励的渠道和方法

由综合激励公式，可以发现激励是多种因素综合作用的结果。在进行激励时，要针对不同因素的特点，采用不同的应用策略重点。

（1）科学使用，不要过分依赖外酬效价。外酬效价 $V_{ej}$ 是在激励中使用最多的手段，管理者在任务开始前，将工作完成后可以得到的物质条件的改善、精神奖励的满足在相应范围内公布，以达到激励的目的。

（2）需要注意的是承诺的各种外酬效价，必须确保其兑现的可靠性 $E_{ej}$，如果给出的奖励一再不能兑现，将逐渐降低外酬效价 $V_{ej}$ 的激励作用，直至被激励人完全丧失信任。

（3）外酬效价要有的放矢地进行，参考公式 6.1 的描述，如果工作对被激励人是无法实现的（即 $E_{ia}$ 很低），或者被激励人本身没有意愿（即很低的 $V_{it}$）从事这项工作，则单纯强调外酬效价的激励效果是有限的。

（4）重视任务的重要性评价 $V_{ia}$ 的激励作用。$V_{ia}$ 在实际工作中的使用并不频繁，而事实上，实施这种激励组织不需要花费太多成本，而这对于已经实现生理需求、安全需求，对工作没有不满的员工，是很好的激励手段，能够激发他们的责任感、成就感。因此，管理者要善于强调工作的重要性，创造各种场合让员工感受到自己所从事的工作对他人、团队、企业、组织外部的重要影响，激励其顺利完成任务。

（5）选择激励对象，设定激励目标时，注意考察被激励人的自身能力（通过 $E_{ia}$ 表现）和意愿 $V_{it}$。前面的内容曾经提到，在进行职责分配和授权时，强调要针对任务，从员工的能力、兴趣两个方面评价，要择人授权，在激励时也是如此。如果被激励人无法完成任务，$E_{ia}$ 很低，所设定的外酬效价和任务的重要性评价非但不能起到激励效果，反而会刺激被激励人，影响其工作积极性。同样，追求工作中的兴趣和成就感，已经是越来越多项目成员工作的主要目的。项目经理在激励时应充分考虑到 $V_{it}$，将工作安排与团队成员的兴趣相结合，最大程度地发挥工作对其的吸引力和挑战性，提高激励作用。

（6）各种因素综合作用，缺一不可。由公式 6.1 可以看到，实现对员工的激励，需要激发员工自身工作热情，提高其完成工作的可能性，强调工作的重要程度，给予适当、可信的物质和精神激励，只有这样，才能保障激励的效果。

3. 激励机制的设计

实现科学有效的激励，除了考察激励的手段之外，还要建立相应的机制，使激励落实到具体的制度中，持久有效地发挥激励作用。进行激励机制设计时，一般考虑从以下几个方面入手：

（1）目标导向的激励机制。项目一般都可以描述为在特定时间、有限资源内完成的任务目标，因此将项目总体目标按照时间、小组进行分割，得到各个具体目标以及相应的评价指标，建立目标导向的激励制度。

（2）鼓励知识共享的激励机制。项目进行过程中，很少有一个人可以独立完成的情况，因此借鉴已有的经验知识，可以极大提高运作效率。然而如果没有相应的激励，员工没有主动将自己所从事工作获得的知识进行分享的积极性，则不利于团队成长。

（3）有关培训的激励机制。培训是提升员工工作能力的重要手段，要建立相应的制度，保证培训机会公平、公正地在员工中进行分配，刺激员工为享受培训资源而努力，从而实现对项目成员的激励。

（4）技术技能级别晋升的激励机制。团队对待拥有丰富经验和能力的技术、工程、市场专业人员，按照其贡献程度给予相应的肯定和回馈，可以激励员工，根据自身能力兴趣，明确发展方向并为之努力。

（5）旅游休假激励机制。作为精神奖励的重要组成部分，旅游休假对于缓解员工工作压力，保持工作热情，具有重要作用。相应制度的建立，将使激励公开透明，作用明显。

（6）客户满意度评价和监理激励机制。在激励制度中，引入作为团队外部的客户满意度和监理部门的意见，将帮助管理者促进项目成员在工作中全面的满足各方面的要求，真正实现任务的成功完成。

需要说明的是，这些分类的激励机制，在实际企业中应该落实为一系列切实可行的规章制度。

### 6.4.3　项目团队的成长与激励

对团队进行有效的激励，首先，要根据团队的项目背景和成员能力，制定可行（在成员的能力范围内可以达到，也要保证一定的挑战性）、可测（对工作绩效的评价可以用客观准则衡量）、公平（在推行过程中，强调操作过程公开公平）的目标并定期检查，把大、中、小和远、中、近的目标相结合，使成员在工作中把自己的行为与这些目标紧紧联系在一起，并朝目标的方向努力。其次，要根据实际效果与目标对比得到的绩效衡量，对成员进行公开公平的、物质和精神奖励相结合的、适度的奖励或惩罚。另外，激励中还应辅助以恰当地树立典型、建立集体荣誉感等途径。

以下将重点讨论项目团队成长的不同阶段应该选择的不同激励的侧重点，如图 6－5 所示。

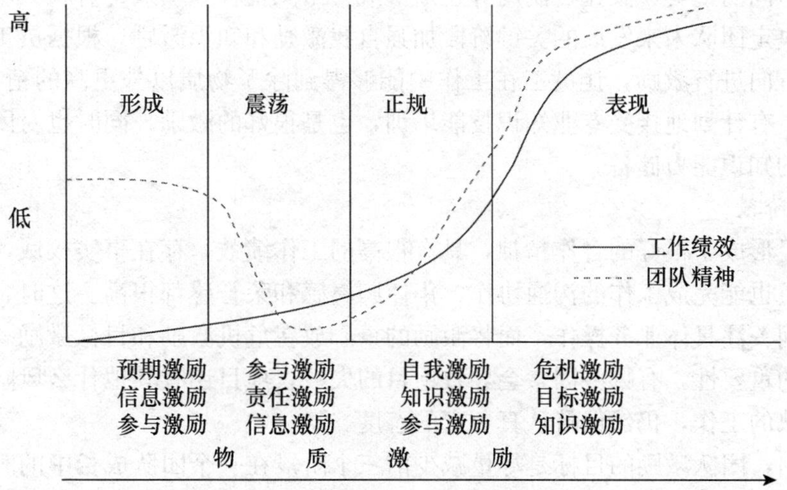


图 6－5　激励与项目团队成长的不同阶段

图6-5中将团队成长的阶段分为：形成、振荡、正规、表现四个阶段。当然，团队还可能有另外一个阶段，即解散或收尾阶段。这里主要讨论前四个阶段。实线表示的工作绩效由低向高逐渐增强，从增长速度可以看出，形成和振荡阶段是缓慢增长，在正规和表现阶段，团队绩效得到快速提升。而虚线代表的团队精神，则经历了由高到低，再转向高的过程，具体原因是与团队所处阶段的环境条件有关的，以下将详细说明。

1. 形成阶段

在这个阶段里，项目处于启动阶段，团队刚刚组建，成员对项目任务、自身实现具有很高的憧憬和希望，很愿意为项目出谋划策，贡献力量，团队精神较高，但此时成员间缺乏认识和了解，还没有对工作进行有效分配，工作绩效比较低。此时，激励中应该重点强调预期激励和信息激励。通过预期激励，加强员工对任务目标的展望，坚定参与项目的信心，对将来可能出现的困难有所估计；同时信息激励的主要作用在于，通过公开项目启动阶段的相关信息，使成员了解获得项目所经历的激烈竞争，明白项目来之不易，还要了解团队中的其他成员加入团队的背景、经验、作用和贡献，为今后工作的开展奠定合作基础。

2. 振荡阶段

团队组成一段时间后，就进入磨合或振荡阶段，此时部分员工对所分配的任务内容、工作方式、享受的资源等方面可能表现出不满，甚至出现抵触、要离开团队的情绪，不愿意与他人合作，不能完成项目经理所分配的工作。团队精神下降到最低，也影响了团队绩效的提高。为了应对这种局面，参与激励和责任激励将发挥主要作用。通过强调参与，成员有机会了解到整个项目各个环节的工作，清楚项目目前的资源、能力状况，消除成员间的猜疑妒忌，理顺团队关系。另外，责任激励作用明显，明确各成员的任务，强调工作的重要性，激发其责任感和完成任务的自我实现意愿。

3. 正规阶段

经过振荡磨合后，团队成员间的误会逐渐消除，了解加深，工作分配、沟通、合作更加和谐，团队间的默契、文化、制度等逐渐形成，团队精神和绩效都有较大增长。管理者应该在这个决定团队未来发展的关键阶段加强自我激励和知识激励。根据员工的兴趣爱好和职业发展方向进行激励，让员工在工作中能够得到除了物质以外更高的精神愉悦满足。这时组织成员有计划地接受专业知识技能培训，也是很好的激励，同时也对团队未来发展积累了所需的知识能力储备。

4. 表现阶段

团队已经形成了很好的合作精神，具有很高的工作绩效，存在事实权威，即便项目经理不在，成员也能完成工作的沟通协作，集体归属感和荣誉感都很高。这时，管理者不用花费大量时间关注具体业务操作，而将激励的重心放在危机激励和目标激励。不断强化项目实现目标的重要性，有哪些因素会导致项目的失败，项目还有其他什么风险等，使成员对待驾轻就熟的工作，仍然保持认真负责的态度。

可以看出，团队激励的目标是尽量减少前三个阶段在一个团队成长中的时间消耗，同时，对于已经发展到表现阶段的团队，不要轻易解散，项目结束后，可以安排他们承接另外的项目，尽量减少人员变动，以免团队中新人居多再回到一个团队的形成、振荡阶段。

### 6.4.4　电子商务项目的考核管理

要对电子商务项目团队或团队成员进行激励，首先要做的是对他们完成的工作进行考核，做得好的需要激励，做得不好的则要批评或惩罚。

电子商务项目中的绩效考核，包括成员个人和团队两个层面的考核。

1. 电子商务项目成员的考核

个人考核主要从特征、行为、绩效三个方面衡量。

（1）特征。项目成员的特征包括成员的学历、专业职称、技能证书等各种与项目任务相关的能力证明，表明了个人在技术知识方面具备的素质水平，企业在制定基础薪酬时，项目成员的特征是主要因素之一。

（2）行为。项目成员的行为包括成员在项目进展过程中所表现出的勤奋、合作、奉献等品质，将个人的时间、知识、经验贡献给团队以及其他成员，从而促成整体任务的完成。

（3）绩效。项目成员的绩效即对比目标要求，成员所担负的责任、任务的实际完成情况，可以通过数量的百分比和时间的长短等方面来衡量。相对其他两个方面，绩效是使用最为普遍的考核内容，与企业的效益联系最为密切，也可以比较客观、公平地测量。

在个人考核中，通常通过打分的方式对以上三个方面进行综合考评，以制度的形式将考核的要素及相应的权重确定下来，才能得到对成员个人全面的评价，否则可能会误导项目成员。比如仅强调绩效（虽然这是企业最为看重的考核方面），会过多刺激成员的功利心，使其仅考虑个人短期利益，不愿与其他人员合作，而带来团队长期损失。同样，过多地强调项目成员的特征，可能会使团队内形成追求文凭、论资排辈的氛围，不利于成员发挥积极性来完成工作绩效，不能按照项目的需要和发展来学习更新知识。

在电子商务项目中，成员考核有些需要注意的特点，主要包括：

（1）团队构成复杂，每个成员所承担的工作很难用同一个标准衡量。成员所负责的工作从系统分析、设计、编码、测试，到市场策划、品牌推广、形象设计，再到产品供销、仓储运输，性质和内容各有不同。即便承担同一类型的任务，比如系统设计，也会因为所涉及的模块难度和重要性不同，而造成成员工作复杂度的差异。因此，需要针对每一类别的工作，按照上述三个方面建立适应的考核指标。

（2）考核要对“行为”中的沟通贡献加以强调，有时胜过个人技术能力和绩效。在电子商务项目中，不可能由一个人完成项目从立项到收尾所有阶段的工作，团队合作在电子商务项目中尤为重要。每个子任务的开展，都需要在总任务的协调下，保证与其他子任务的实时沟通与一致性，这样才能使项目顺利进行。

（3）考核要强调“行为”中的经验分享和知识学习。一般情况下，这两种因素并没有与员工所完成任务的绩效直接建立联系，因此在考核中时常被忽略。然而实际上，在电子商务项目中，团队知识的学习和共享是非常重要的，成员个人所进行的每一项工作以及解决的每一个问题，都可能被其他成员所借鉴，包括各种文档、表格和经验等，当这些经验作为知识得以保留、共享之后，也可以被其他的电子商务项目学习利用，从而带来效率的提高。

2. 电子商务项目团队的考核：平衡计分卡

以上是关于个人考核的分析，在项目考核中，除了对个人进行考核之外，由多人组成的团队绩效如何，成员是否协调努力，是否实现了团队的目的、解决了单个人无法完成的任务，是更为重要的。因此，对项目团队绩效的考核，与个人考核不同，强调的便是作为整体，团队所承担的任务责任的完成情况，同时也要考虑团队的建设，能否使团队整体效能高于成员个体单个效能的综合，即能否实现1＋1＞2的效果。以下将介绍团队激励中常用的方法。

平衡计分卡（balanced scoreboard），由罗伯特·卡普兰（Robert Kaplan）与大卫·诺顿（David Norton）在1992年提出，围绕企业的愿景与战略，通过财务（financial）、客户（customer）、企业内部业务（internal business processes）、学习和成长（learning and growth）四方面指标的衡量，综合评价团体的绩效。如图6-6所示，财务方面的各项指标反映了企业目前的经营效率（时间上相对短期），而学习和成长则为衡量企业未来持续变革、发展能力提供了预测评价依据（时间上相对长期）；各项业务指标从企业内部评价企业的业务流程、运作成果（空间上考虑内部），而对客户层面的评价，则反映了企业外部对企业的要求（空间上考虑外部）。

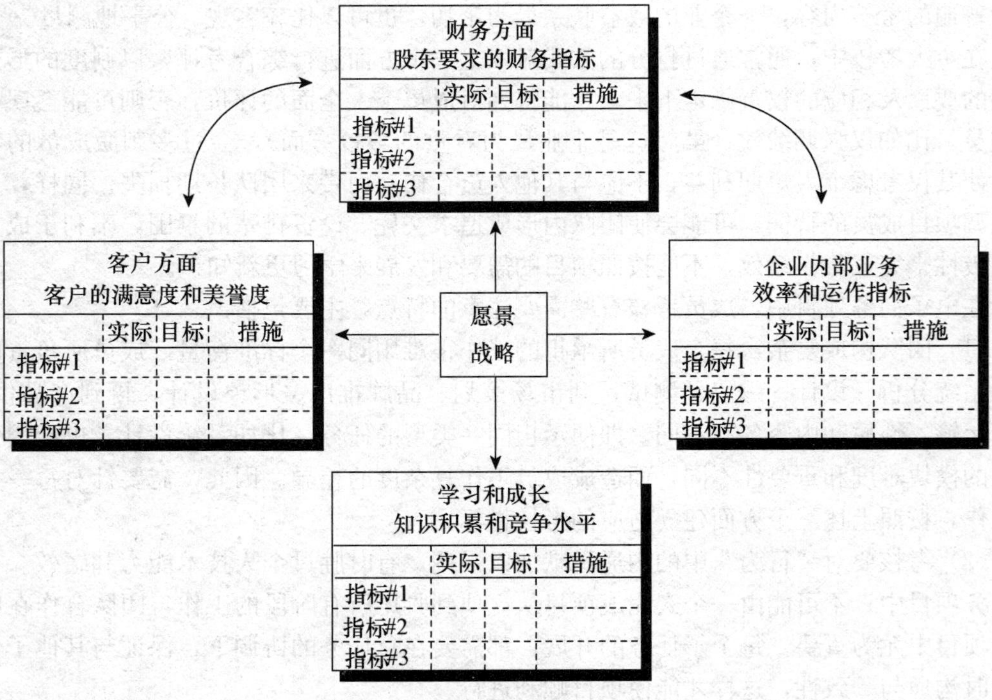

图6-6 平衡计分卡结构示意图

由此可以看出，平衡计分卡实现了从时间和空间两个方面，对企业现在和将来、内部和外部的全面衡量，超越了传统以财务会计量度为主的绩效衡量模式，在考察现在业绩的同时，也强调团队应以顾客需求为导向，提高内部流程的运作效率，同时具备学习与成长能力。

在平衡计分卡的使用中，上述四方面各自有相应的一系列指标、量度和目标值，描述团队的产出，用系统、全面、完整的绩效考核量度，把企业愿景、战略等抽象概念转化为企业内部、外部、现在、未来发展运作的精确目标，就像驾驶舱里的标度盘和指示器，可以同时反映关于团队的各个方面的详细信息，并可以预防可能出现的一些方面的短期行为，对于电子商务项目团队获得的收益或损失能够全面准确地进行评价。

毕马威公司结合平衡计分卡在企业团队中的实际使用情况，曾经提出过“使用平衡计分卡的十条戒律”，其中指出，有效使用平衡计分卡，必须有明确的团队目标，获得包括管理层等相关人员的支持，考虑到不同团队组成人员、承担任务、团队文化等因素量身定做适宜的平衡计分卡，并对所有人员进行入门指导。同时还要全面考虑平衡计分卡带来的额外工作量和成本，以及实施的相应基础（比如信息的及时沟通），等等。

3. 电子商务项目成员和团队的考核：KPI

有了上述的考核框架，在具体的指标选择中，可以参照KPI的思路进行管理。KPI（key performance indicators，关键绩效指标）是一种衡量业绩表现的量化指标，可以用于项目成员和团队的考核。

KPI的确定一般自上而下，逐层制定，即先得到公司级的KPI，然后再以此为依据，制定各部门、团队和成员的KPI。

KPI根据评价侧重点不同，内容会有所不同。例如，如果侧重于对效益的评价，KPI将重点围绕体现项目团队盈利能力的财务指标来制定，包括资本回报率、利润总额等；如果侧重于对运营效率的评价，KPI将围绕评价运营活动结果的指标来制定，包括事故率、预算执行率、技术进步贡献率等；如果侧重于对人员管理的评价，KPI将重点衡量培训成长、企业文化等人员管理有关的因素，包括培训覆盖率、员工满意率等。

KPI的特点包括以下几点：第一，它是基于团队整体战略的逐步分解，当然也可以不断调整；第二，它并不强调过程，而是对关键重点因素的把控；第三，它是团队自上而下一致认可的，团队有了沟通的基础，保持目标的一致性。

基于KPI的考核，可以促进团队利益和个人利益的一致，并保障团队整体战略的实施，有利于目标的实现。另外，KPI还是一个诊断机，可以使团队自上而下都能够明确各层关键指标的表现，从而聚焦于影响KPI表现的关键问题，并采取相应的行动。

在运用KPI考核时要意识到，不要陷入唯数字指标论的机械考核中，并且要注意保护员工的创造力，对背离KPI考核的情况要具体分析。

### 6.4.5 案例：校园二手用品跳蚤市场移动App项目成员的考核

在这个移动App建设的过程中，我们特地制定了项目成员考核指标体系，分别以项目成员的特征、行为、绩效为导向予以考评，参见表6-11。

（1）项目成员特征导向评价方法：选择项目成员具备的一些共性作为特征考核指标，比如具有项目知识多少、沟通能力强弱、合作精神高低等。

（2）项目成员行为导向评价方法：通过度量项目成员在参与项目过程中表现出来的一些有共性的行为作为成员的行为考核指标，比如完成工作的态度、是否按时出勤、是否对团队提出过建议等。

（3）项目成员绩效导向的评价方法：选择由于项目成员的努力而使得项目本身产生的

一些有代表性的结果信息作为成员的结果考核指标。比如 CPI（成本效率）、SPI（进度效率）、客户满意度等。

**表 6-11　考核评级标准表**

| 评级标准 | | 评分 | | | | |
|---|---|---|---|---|---|---|
| | | 1 | 2 | 3 | 4 | 5 |
| 项目成员特征导向 | 项目知识 | 很低 | 低 | 平均 | 高 | 很高 |
| | 沟通能力 | 很低 | 低 | 平均 | 高 | 很高 |
| | 合作精神 | 很低 | 低 | 一般 | 好 | 很好 |
| 项目成员行为导向 | 工作态度 | 很差 | 差 | 一般 | 好 | 很好 |
| | 出勤情况 | 从来没有 | 极少 | 有时 | 经常 | 几乎总是 |
| | 建议情况 | 从来没有 | 极少 | 有时 | 经常 | 几乎总是 |
| 项目成员结果导向 | CPI | 低于 70% | 70%～80% | 80%～90% | 90%～100% | 100%以上 |
| | SPI | 低于 70% | 70%～80% | 80%～90% | 90%～100% | 100%以上 |
| | 客户满意度 | 低于 10% | 10%～40% | 40%～60% | 60%～80% | 80%～100% |

针对上述指标，按照程度由强到弱以 5 分制对每个成员的各项指标分别打分，算出其总评分（特征导向占项目成员最终绩效的 20%、行为导向占 40%、绩效导向占 40%）。其中，整个打分过程又由三类人员参与，按照一定的权重累加。

参与的人员及其权重比重如下：

（1）由项目经理对各员工的表现打分（权重为 50%）；

（2）本人对自己的工作表现打分（权重为 30%）；

（3）由同事对员工在各个岗位的工作表现打分（权重为 20%）。

最后的加权平均和为得分，项目经理的得分由本人和同事按各占 50%权重组成。通过这个评价标准，我们制定出了成员考核模板，对项目组成员进行评价，如表 6-12 所示。

**表 6-12　校园二手用品跳蚤市场移动 App 项目成员考核表**

| | | 刘×× | 阮×× | 周×× | 孙×× | 吴×× | 张×× | 范×× |
|---|---|---|---|---|---|---|---|---|
| 项目成员特征 | 项目知识 | | | | | | | |
| | 沟通能力 | | | | | | | |
| | 合作精神 | | | | | | | |
| 项目成员行为 | 工作态度 | | | | | | | |
| | 出勤情况 | | | | | | | |
| | 建议情况 | | | | | | | |
| 项目成员绩效 | CPI | | | | | | | |
| | SPI | | | | | | | |
| | 客户满意度 | | | | | | | |
| 项目成员总评 | | | | | | | | |

## 思考题

1. 电子商务项目成员有哪些职业发展路径？除了本书提到的，你认为还有那些发展路径？

2. 电子商务项目有哪些组织结构？各适用于什么样的环境条件？

3. 电子商务项目中，制作知识地图的步骤是什么？

4. 如何利用知识地图制定项目团队的职责分配矩阵？

5. 如何进行电子商务项目的干系人分析？

6. 你思考一下如何在电子商务项目中避免破坏性冲突，鼓励建设性冲突？

7. 团队的授权包括哪些思路和原则？

8. 按照综合激励公式的描述，影响激励效果的因素有哪些？作为一个项目经理，针对每个因素如何应对可以提升总的激励水平？

9. 团队成长过程中，振荡期的特点是什么？在振荡期应该采用哪些激励方式？

10. 个人考核的要点有哪些？你能设计分别用平衡计分卡或 KPI 进行团队考核的例子吗？

# 第 7 章

# 电子商务项目的质量与风险

在很多电子商务项目的实际建设过程中，往往只强调电子商务系统必须完成的功能、应该遵循的进度计划以及建设这个系统花费的成本，却很少注意电子商务项目的质量管理。这种做法的后果，要么是系统的维护费用非常高，要么是系统的可移植性和兼容性比较差。显然，我们必须重视电子商务项目的质量管理。

电子商务项目的质量与风险是紧密相关的。电子商务项目如果存在质量问题，则电子商务的运行就会存在风险。为了确保项目成功，我们可以引入监理和审计机制。因此，本章首先阐述电子商务项目的质量管理，然后介绍电子商务项目的风险管理，最后我们对电子商务项目监理与审计的含义进行探讨。

## 7.1 电子商务项目的质量管理

由于作为电子商务系统项目的最终产品之一的软件比较难以测量，特别需要对电子商务系统的建设过程进行管理，所以我们首先阐述项目全面质量管理思想，介绍有关电子商务系统项目质量管理体系与政策，在此基础上，讲解电子商务项目的质量规划、实施质量保证和实施质量控制。

### 7.1.1 电子商务项目的全面质量管理

国际标准化组织（ISO）在《质量管理和质量保证：术语》中对于质量的定义是："质量是反映实体（产品、过程或活动等）满足明确的和隐含的需要的能力特性总和。"那么什么是电子商务项目的质量呢？一般认为，电子商务项目的质量至少应包括两个关联又各有侧重的项目方面，一是管理方面的，即项目管理过程质量，包括系统建设的准备、规划、组织、协调以及运行管理方面所反映的工作质量问题；二是技术方面的，即产品实现过程质量，包括系统生命期各阶段的产品质量。这两个方面的质量问题是相辅相成的，管理方面的质量可以促进技术产品质量的提高，技术产品的质量也可以促进管理质量的提高。

在制造业和服务业中，人们通过全面质量管理（total quality management，TQM）

来实现产品的质量。所谓全面质量管理的思想，国际标准化组织认为：“是一个组织以质量为中心，以全员参与为基础，目的在于通过让顾客满意和本组织所有成员及社会受益而达到长期成功的一种质量管理模式。”

从这一定义中可以看出，全面质量管理的指导思想分两个层次：其一是整个组织要以质量为核心，其二是组织的每个员工要积极参与全面质量管理，而全面质量管理的根本目的是使全社会受益和使组织长期成功。确切地说，全面质量管理的核心思想是质量管理的全员性（全员参与质量管理）、全过程性（管理好质量形成的全过程）和全要素性（管理好质量所涉及的各个要素）。

在电子商务项目质量管理中同样要使用全面质量管理的思想。例如，对于电子商务系统项目而言，质量管理不是项目建设完成后的最终评价，而是在电子商务系统建设过程中的全面质量管理。也就是说，它不仅包括系统实现时的质量管理，也包括系统分析、系统设计时的质量管理；不仅包括对系统实现时软件的质量管理，而且包括对文档、系统建设人员和用户培训的质量管理。显然，在电子商务系统建设生命期的各个阶段，对上一阶段的理解和本阶段的设计与实现上都存在着这样或那样的问题，如图 7－1 所示，在该图中阶段之间的接口至少存在列出来的这些问题，要想每一个问题都能顺利解决并不太容易。并且，根据一些 IT 公司的统计资料，在后期对一个质量缺陷进行处理比在早期对该缺陷进行相应的处理所需付出的代价可能高 2～3 个数量级。图 7－2 定性地描绘了在不同时期引入一个变更所需付出的代价的变化趋势。因此要从电子商务项目建设的一开始就进行全面质量管理，以便尽量在早期发现错误，及早更正。

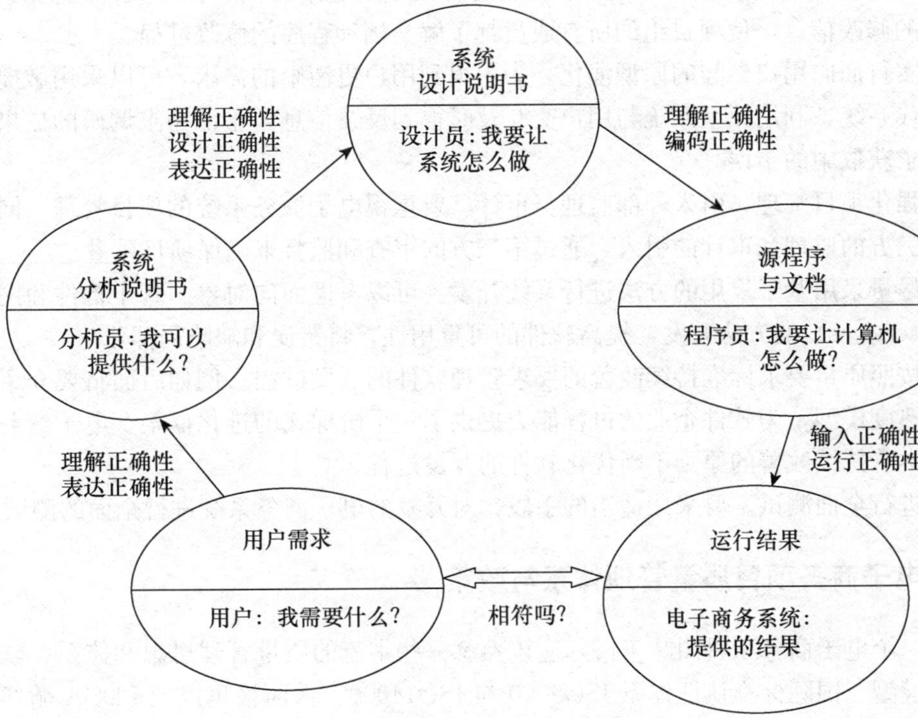


**图 7－1　电子商务系统项目生命期各阶段之间的关系**

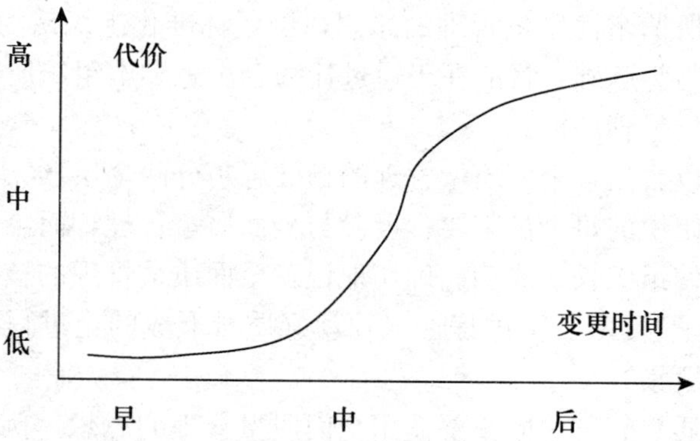


图7-2　某具体变更发生时间与所付代价关系图

为了在电子商务系统项目的建设过程中实施全面质量管理，主要采取下述措施：

（1）实行工程化的开发方法。电子商务系统的建设，是一项系统工程，必须建立严格的工程控制方法，要求开发组的每一个人都要遵守工程规范。

（2）实行阶段性冻结与改动控制。在电子商务系统建设的每个阶段末要“冻结”已经取得的成果，作为下个阶段开发的基础。冻结之后不是不能修改，而是其修改要经过一定的审批程序，并且涉及项目计划的调整。

（3）实行里程碑式审查与版本管理。里程碑式审查就是在电子商务生命期的每个阶段结束之前，都要正式使用验收的标准对该阶段的冻结成果进行严格的技术审查。这样，如果发现问题，可在阶段内部解决。版本管理的含义是通过给文档和程序文件编上版本号，记录每次的修改信息，使项目组的所有成员都了解文档和程序的修改过程。

（4）实行面向用户参与的原型演化。为了得到用户更清晰的需求，可以采用敏捷的方法不断迭代系统，利用原型系统与用户交互及时得到反馈信息，验证需求调研的成果并及时纠正需求获取中的错误。

（5）强化项目管理，引入外部监理与审计。要重视电子商务系统的项目管理，同时还要重视第三方的监理和审计的引入，通过第三方的审查和监督来确保项目质量。

（6）尽量采用基于重用的方法进行系统开发。可以考虑面向对象、基于构件和网络服务（web services）的方法开发，提高软件的可重用性，将错误和缺陷局部化。

（7）按照质量要求标准持续改善的要求管理软件的开发过程。例如后面将要介绍的软件能力成熟度模型，为软件企业的过程能力提供了一个阶梯式的进化框架。电子商务系统的建设应本着持续改善的原则不断优化软件的开发过程。

（8）进行全面测试。要采用适当的手段，对开发的电子商务系统进行全面的测试。

### 7.1.2　电子商务项目质量管理体系与政策

对于一个电子商务项目团队来讲，应该熟悉一些主流的质量管理思想和体系。软件能力成熟度模型、国际标准认证体系ISO9000与ISO14000、六西格玛以及PDCA循环是电子商务项目可以参考的质量管理思想或体系，还有一些法规政策也是电子商务项目团队需要了解的，本节就对这几项内容进行简单介绍。

1. 软件能力成熟度模型（CMM）

软件能力成熟度模型的英文为 capability maturity model for software，缩写为 SW-CMM。SW-CMM 模型是 1986 年由美国卡内基·梅隆大学软件工程研究所提出的。

在不做特别说明的情况下，软件能力成熟度模型 SW-CMM 一般简称为 CMM 模型。它是评估软件能力与成熟度的一套标准，该标准基于众多软件专家的实践经验，主要用于对软件过程改善和软件过程评估，是国际上流行的软件生产过程标准和软件企业成熟度等级认证的标准。

CMM 的核心思想是将软件开发视为一组过程，并根据统计质量管理的理论对软件开发进行过程管理，以使其满足工程化、标准化的要求，使企业能够更好地实现商业目标。它侧重于软件开发的管理及软件工程能力的提高，因此 CMM 可以作为企业软件过程改进的指南，可以帮助软件企业建立严格的、规范的软件开发过程，从而有效地提高软件工程能力。

CMM 的目标之一是对成熟的和不成熟的软件过程加以区别。不成熟的软件过程隐含着在没有明确的指导原则的情况下组织软件项目的开发，而项目的结果极大地依赖于团队和项目经理的能力。与之相反，在成熟的软件过程中，项目的执行遵循已定义的软件过程。在这种情况下，项目的结果不再过分地依赖于具体人员，而更加依赖于过程。由此可以得出，软件过程越成熟，软件开发的过程就越可以得到复制，软件开发的结果就越可预测，而项目也能得到更好的控制。

在通往更高成熟度的途中会经历一些良好定义的稳定状态，CMM 把它们称为成熟度等级（maturity levels）。CMM 模型提供了一个基于过程能力阶梯式进化的框架，阶梯共有五级。这五级由低到高依次为：初始级、可重复级、已定义级、定量管理级和优化级。

2. 软件能力成熟度模型集成（CMMI）

随着 CMM 在各行业广泛和深入地应用，不同领域的 CMM 模型不断发展起来，这时不可避免地出现了各类 CMM 模型彼此之间的重复和矛盾。为了解决这一问题，软件能力成熟度模型集成（capability maturity model integration，CMMI）在 2002 年正式发布。

与 CMM 类似，CMMI 中也提供了一个五级的基于过程能力阶梯式进化的框架，这五级由低到高依次为：初始级、可管理级、已定义级、定量管理级和优化级。同样，在 CMMI 中每个成熟度等级（第 1 级除外）也规定了不同的关键过程域，在 CMMI 中一共有 22 个过程域，具体如表 7-1 所示。

与 CMM 类似，一个软件组织如果希望达到 CMMI 某一个成熟度等级，同样必须完全满足这个级别以及之前各级别关键过程域相应的条件。

3. 国际标准认证 ISO9000 与 ISO14000

ISO（International Standardization Organization）是著名的国际标准化组织。1979 年 ISO 成立质量管理和质量保证技术委员会（Technology Committee，TC）TC176，专门负责制定质量管理和质量保证标准。其中，TC176 即 ISO 中第 176 个质量管理和质量保证技术委员会。

表 7-1 CMMI 的 5 个等级和相应过程域

| CMMI 等级 | 过程域（中文名称） | 过程域（英文名称） |
| --- | --- | --- |
| 第 1 级　初始级 | | |
| 第 2 级　可管理级（7 个过程域） | 需求管理 | requirements management |
| | 项目规划 | project planning |
| | 项目监控 | project monitoring and control |
| | 供应商协议管理 | supplier agreement management |
| | 度量分析 | measurement and analysis |
| | 过程和产品质量保证 | process and product quality assurance |
| | 配置管理 | configuration management |
| 第 3 级　已定义级（11 个过程域） | 需求开发 | requirements development |
| | 技术方案 | technical solution |
| | 产品集成 | product integration |
| | 验证 | verification |
| | 确认 | validation |
| | 组织过程焦点 | organizational process focus |
| | 组织过程定义 | organizational process definition |
| | 组织培训 | organizational training |
| | 集成化项目管理 | integrated project management |
| | 风险管理 | risk management |
| | 决策分析与解决方案 | decision analysis and resolution |
| 第 4 级　定量管理级（2 个过程域） | 组织过程绩效 | organizational process performance |
| | 定量项目管理 | quantitative project management |
| 第 5 级　优化级（2 个过程域） | 组织革新与部署 | organizational innovation and deployment |
| | 原因分析与解决方案 | causal analysis and resolution |

在各国专家努力的基础上，国际标准化组织在 1987 年正式颁布了 ISO9000 系列标准（9000～9004）的第一版。ISO 制定出来的国际标准除了有规范的名称之外，还有编号，编号的格式是：ISO＋标准号＋［杠＋分标准号］＋冒号＋发布年号（方括号中的内容根据需要设置），例如：“ISO8402：1987”和“ISO9000-1：1994”等，分别是某一个标准的编号。

要注意，“ISO9000”不是指一个标准，而是一族标准的统称。根据 ISO9000-1：1994 的定义：“ISO9000 族”是由 ISO/TC176 制定的所有国际标准。这族标准不断更新迭代，目前最新的版本为 2019 年版，规定了如下四个核心标准，供企业参考使用：

（1）ISO9000：《质量管理体系：基础和术语》；

（2）ISO9001：《质量管理体系：要求》；

（3）ISO9004《质量管理体系：业绩改进指南》；

（4）ISO19011《质量和（或）环境管理体系审核指南》。

ISO9000 实际上是由计划、控制和文档工作三部分组成的无限循环的体系。计划用来保证方向、目标、授权和每种活动的责任关系的确切定义和理解。控制用来保证目标与方向的拟合，已经通过正确行动预测和避免问题的发生。文档工作主要是用来反馈质量管理系统在满足客户需求方面运行得如何以及何种改变是必要的。为使 ISO9000 标准更广泛地、适当地应用，ISO/TC176 不断与其他委员会或相关行业合作，制定各行业相应的具体标准，以扩大 ISO9000 族标准的使用范围。

为加强组织改善环境绩效的能力，帮助企业承担环境保护这一重要的社会责任，ISO 组织颁布了环境管理体系标准 ISO14000，包括 ISO14001、ISO14004、ISO14010、ISO14011、ISO14012 等五个具体标准和审核准则。这一标准继承了 ISO9000 体系的适用性和灵活性，可适用于任何类型与规模、文化和社会背景下的组织。其中，ISO14001 是这一系列标准的核心，它是系列中其他标准的基础，也是企业环境管理体系建立和审核的依据。

电子商务项目同样也面临环境问题，例如，移动电子商务系统项目所需的基站，在建设和运维过程中产生的辐射会对环境和人体造成威胁；再如硬件提供商在电子产品的生产过程中会产生对环境有极大破坏的废料、废液。ISO14000 标准的推广，首先有利于促进企业增强环境意识，减少供应链相关企业的污染；其次帮助企业树立良好社会形象，提高市场竞争力；最后能够在项目过程中贯彻节能降耗的标准要求，从而提高效益，降低成本。

4. 六西格玛管理简介

20 世纪 90 年代发展起来的六西格玛（σ）管理是从全面质量管理方法演变而来的，它是一个高度有效的企业流程设计、改善和优化的技术，既着眼于产品质量，又关注过程的改进。西格玛（σ）在统计学上用来表示标准偏差值，值越大，缺陷或错误就越少。六西格玛（6σ）是一个质量目标，意味着所有的过程和结果中，99.999 66% 是无缺陷的。六西格玛也关注过程，将过程能力用 σ 来度量，σ 越大，过程的波动越小，过程以最低的成本损失、最短的时间周期满足顾客要求的能力就越强。

在六西格玛管理中将所有的工作作为一种流程，采用量化的方法分析流程中影响质量的因素，找出最关键的因素加以改进从而达到更高的客户满意度，采用界定、测量、分析、改进、控制这样一套不断改进的循环，对项目组织的关键流程进行改进。在具体的实施过程中，需要一套专业的团队，包括：负责实施协调的管理委员会、执行负责人（一般由项目经理担任）、熟练掌握六西格玛管理理论实践的黑带以及经过一定的培训了解六西格玛管理工具方法的绿带等。当然，除了专业团队，在实施六西格玛管理中，更强调最高管理层承诺、有关各方参与，并建设相应的培训方案和测量体系，从而系统地保证和提高质量。

5. ISO9000、ISO14000 与六西格玛管理

作为直接面向质量管理的标准，ISO9000 和六西格玛管理法有许多相似之处，例如，组织的质量管理工作以顾客为关注焦点，采用过程方法，强调组织领导积极参与质量工作的重要性，提倡全员参与等。然而它们更有各自的侧重点：ISO9000 为企业实现质量管理的系统化、文件化、法制化、规范化奠定了基础；而六西格玛管理法则提出了为保证产品质量，综合运用的一整套质量管理思想、体系、手段和方法，使项目组织可以进行系统的质量管理活动。因此对于电子商务项目质量管理工作而言，前者可以为电子商务项目架设一个基础质量体系平台，而后者则可以为具体的电子商务项目提供质量管理的方法体系。

同属于ISO组织所提出的标准，ISO9000和ISO14000体系虽然针对的是不同具体问题，但两者本质上都是科学的管理体系，能够促进企业进行细致、有效的管理，全面提升企业的管理水平。同时，在进行质量管理的同时，强调环境问题，推广ISO14000体系，可以帮助电子商务企业追求绿色IT，以低能耗实现质量的提高，从而在增加效益的同时降低成本。

6. PDCA循环

PDCA循环的概念最早是由美国质量管理专家戴明提出来的，所以又称“戴明环”，PDCA循环体现了全面质量管理的基本思想，也是全面质量管理的基本工作步骤和程序，是在质量规划中可以采用的一种思路和方法。

PDCA把质量管理过程具体划分为计划（plan）、执行（do）、检查（check）、处理（action）四个阶段和八个工作步骤，强调按此顺序不断循环从而进行所有质量管理活动。PDCA循环实际上是有效进行任何一项项目工作的合乎逻辑的工作程序。在质量管理中，PDCA循环得到了广泛的应用，并取得了很好的效果，因此有人称PDCA循环是质量管理的基本方法。之所以将其称为PDCA循环，是因为这四个过程不是运行一次就完结，而是要周而复始地进行。一个循环完了，解决了一部分问题，可能还有其他问题尚未解决，或者又出现了新的问题，再进行下一次循环。

PDCA四个英文字母及其在PDCA循环中所代表的含义如下：

P（plan）——计划，确定项目质量管理方针和目标，确定项目质量计划；

D（do）——执行，实地去做，实现项目质量计划中的内容；

C（check）——检查，总结执行项目质量计划的结果，注意效果，找出问题；

A（action）——处理，对总结检查的结果进行处理，成功的经验加以肯定并适当推广、标准化；失败的教训加以总结以免重现，未解决的问题放到下一个PDCA循环。

项目质量提高的过程就是戴明环不断转动的过程。在戴明环中，每个大环还可能套着小环，每次转动，都比上一次上一个台阶。作为全面质量管理体系运转的基本方法，PDCA循环必须经历八个步骤，每个步骤的具体内容和所用的方法如表7-2所示。

7. 法规标准

对于电子商务项目，特别是策划和运营类的电商项目而言，除了要了解上述质量管理体系外，还需要了解电子商务相关的法律和规定。

为了保障电子商务各方主体的合法权益，规范电子商务行为，维护市场秩序，促进电子商务持续健康发展，2018年8月全国人大常委会通过了《中华人民共和国电子商务法》，并于2019年1月1日起施行。该法律明确了电子商务各参与方和平台各自的权利义务，对电子商务相关的信息保护、知识产权保护、平台监督、进出口交易和农村电商等具体问题做出了规定。

作为电子商务项目，必须要遵守法律规定，按照法律要求策划、建设和运营。具体而言，电子商务经营者和平台经营者需要按照法律规定进行信息披露和用户信息保护，需要依法完成产品和服务交易，签订合同、解决争议。涉及特殊电商项目，比如跨境电商项目，要按照海关、税收、进出境检验检疫、支付结算等各类管理制度的要求进行报关、报检、仓储物流等活动。总之，《中华人民共和国电子商务法》是电商项目进行策划、建设和运作的基础，是电商项目必须满足的要求。

表 7－2　PDCA 循环的步骤和方法

| 阶段 | 步骤 | 主要方法 |
| --- | --- | --- |
| P | 1. 分析现状，找出问题 | 排列图，直方图，控制图 |
| | 2. 分析各种影响因素或原因 | 因果图 |
| | 3. 找出主要影响因素 | 排列图 |
| | 4. 针对主要原因，制定措施计划 | 回答“5W1H”的问题：<br>为什么制定该措施（Why）？<br>达到什么目标（What）？<br>在何处执行（Where）？<br>由谁负责完成（Who）？<br>什么时间完成（When）？<br>如何完成（How）？ |
| D | 5. 执行、实施计划 | |
| C | 6. 检查计划执行结果 | 排列图，直方图，控制图 |
| A | 7. 总结成功经验，制定相应标准 | 制定或修改工作规程、检查规程及其他有关规章制度 |
| | 8. 把未解决或新出现问题转入下一个 PDCA 循环 | |

除了法律，2017 年起至今，全国电子商务质量管理标准化技术委员会（编号 TC563）陆续发布并开始实施了一系列标准规范，对电子商务质量管理、商家信用、产品信息、出口备案、纠纷处理等方面进行了规定。

了解这些与质量相关的标准体系和法律规范，有利于电子商务项目与其他不同电商平台、其他参与者建立统一的标准，提高运作效率。比如，围绕质量管理和顾客满意，专门制定的《质量管理 顾客满意 企业-消费者电商交易指南》，对组织策划、设计、开发、实施、保持和改进电子商务交易，提出了具体的要求，这些要求应该渗透到策划、建设和运营各类电子商务项目中。再如，《跨境电子商务供应链质量安全管理指南》规定了跨境电子商务供应链管理的目的、范围、总要求、策划、运行、绩效评价、改进等方面内容，为跨境电子商务项目的开展提供了重要的依据。

### 7.1.3　电子商务项目的质量规划

电子商务项目的质量规划就是要将与电子商务有关的质量标准标识出来，并提出如何达到这些质量标准和要求，在此基础上制定并评审通过电子商务项目的质量规划。

1. 质量规划工作的依据和成果

在编制电子商务项目质量规划时，主要的依据包括如下几部分：企业的质量方针、国家的法律法规、项目的合同文件中对交付产品的要求等。

质量方针是由企业的高层管理者对所有电子商务项目应达到的质量目标和方向制定的一个指导性文件，包括电子商务项目需求调研的方针、系统设计的质量方针、系统实施的质量方针、系统测试的质量方针以及项目完工交付的质量方针等。当然，在项目实施过程中，项目团队可以根据实际情况对质量方针进行适当的修正。比如，现在IT行业的企业都很重视CMM和CMMI的认证工作，也都很重视ISO9000国际质量体系认证的达标或者升级工作，电子商务项目应该参考这些认证标准，制定相应的质量方针。

项目团队在进行质量规划时，还必须要遵从前面提到的各种政策法规，考虑适合电子商务领域的专门标准和规则。例如，在一个跨境电子商务规划项目中，项目人员首先要充分研读电子商务相关的法律和标准，特别是关于跨境电商的相关标准规定，根据这些规定，分析本项目具体的定位特点，包括具体交易国家、具体产品、具体供应链等方面，然后制定满足要求的质量方针。

合同文件中说明了用户对电子商务项目的需求以及主要目标，项目团队应采纳客户需求驱动的全面质量管理理论进行质量规划。合同文件中有关产品的描述包含了更多的技术细节和性能标准，是制定质量管理计划必不可少的部分。

电子商务项目质量规划的成果主要包括质量管理计划、检查表和相应的操作说明等。其中，质量管理计划提供了对整个项目进行质量控制、质量保证及质量改进的基础，主要描述项目质量保证团队应该如何实施项目质量方针。各种检查表是记录项目执行情况和进行分析的工具。

我们以光缆铺设为例，某电子商务系统项目的承建商为了确保光缆铺设的质量，给出了下面的操作说明："铺设光缆前，应检查有无断点、压痕等损伤；光缆的弯曲半径不应小于光缆外径的20倍；光缆可用牵引，牵引力应加于加强芯上，牵引力大小不应超过150千克，牵引速度宜10米/分；一次牵引长度不宜超过1千米；光缆接头的预留长度不应小于8米；光缆接续后应作保护，并安装好光缆接头护套；地下光缆引上电杆，必须穿入金属管；光缆的接续点和终端应作永久性标志。"如果项目团队在施工中违反了以上操作说明，就有可能存在质量风险。

与电子商务系统项目关注硬件设施的质量规划不同，电子商务运营项目更加关注软件和信息的质量规划。电子商务软件系统的质量极大地影响着运营类电子商务项目的整体质量，相应地，在质量规划中应该体现对软件性能质量的管理计划。除了日常运营，计划中还要包括在交易中出现异常情况，例如交易量瞬间急剧上升等紧急情况下，软件质量的要求、预警和应对。同时，信息的展示披露、共享、存储加工、隐私保护等内容，逐渐被运营类电商项目所重视。由此，规划中还会体现信息的质量规划，对商品、包括电商平台的各参与方、各相关方的信息质量做出管理计划，并给出相应的操作说明。

*2. 质量与成本的权衡*

在制定质量管理计划时，需要权衡项目得到的质量与付出的成本。也就是说，质量是与成本相对应的。所谓质量成本是指为了达到产品或服务质量而进行的全部工作所发生的所有成本。这些努力包括为确保与合同要求一致而做的所有工作所引起的成本，即一致成本，以及由于不符合要求而需要做的工作所引起的成本，即不一致成本。

质量工作引起的成本也可以分为另外三种：预防成本、评估成本、故障处置成本，而后者又可分解为内部成本与外部成本。其中预防成本和评估成本属于一致成本，而故障处置成本属于不一致成本。预防成本就是为了使项目结果满足项目的质量要求在项目结果产生之前而采取的一系列活动；而评估成本是项目的结果产生之后，为了评估项目的结果是否满足项目的质量要求所做的测试活动而产生的成本；故障处置成本是在项目的结果产生之后，通过质量测试活动发现项目结果不能满足质量要求，为了纠正其错误使其满足质量要求而发生的成本。

项目成果的合格率越高则付出的预防成本、评估成本也越高，相反故障处置成本则越低，而质量总成本是上述预防成本、评估成本和故障处置成本之和，所以我们要权衡质量与成本的关系，选择合适的合格率等质量标准。

### 7.1.4　电子商务项目的质量保证

质量保证是在质量体系中实施的全部有计划的、有系统的活动，提供满足项目相关标准的措施，贯穿整个项目实施的全过程。与关注产品质量检查的质量控制相比，质量保证关注的是质量计划中规定的质量管理过程是否被正确执行，是对过程的质量审计。

具体而言，电子商务策划项目的质量保证主要是对所做的策划整体进行评审，确保质量规划满足各项要求，能够得以顺利实施，并有相应的检验和控制手段。而电子商务系统项目的质量保证包括对电子商务的开发计划、标准、过程、系统需求、系统设计、数据库、手册以及测试信息等进行评审等。电子商务运营项目质量保证的重点在于监控并确认运营各环节涉及的质量规划得到有效的实施。

1. *质量保证工作的依据和内容*

实施项目质量保证的依据主要有项目质量管理计划、质量控制的度量结果以及质量工作的操作说明。其中质量控制的度量结果可以用于比较和分析，项目质量工作说明则是对于项目质量管理具体工作的描述。

电子商务项目的质量保证主要包括以下几个方面的工作：

（1）清晰的质量要求说明。对于电子商务项目来说，质量保证的首要工作是提出该项目的质量要求，既要有清晰的项目最终产出物的质量要求，又要有清楚的项目中间产出物的质量要求。对于项目中间产出物的质量要求越详细、越具体，项目的质量保证也就会越周密、越可靠。

（2）科学可行的质量标准。项目质量保证工作还需要依赖科学可行的项目质量标准，即根据以前的经验和各种各样的国家、地区、行业质量标准设计出适合于具体项目质量保证的项目工作和项目产出物的质量标准。

（3）组织和完善项目质量体系。这是项目质量保证中的组织工作，这一工作的目标是要建立和健全一个项目的质量保证体系的组织机构，并通过这一质量体系去开展项目质量保证的各项活动。

（4）配备合格和必要的资源。在项目质量保证中需要使用各种各样的资源，包括人力资源、物力资源和财力资源等。因此项目质量保证的另一项工作内容就是要为项目质量保证配备合格和必要的资源。

（5）持续开展有计划的质量改进活动。项目质量保证的一项核心工作是持续开展一系列有计划的、为确保项目产出物质量而开展的审核、评价和质量改进工作。

（6）项目变更的全面控制。要实现规定的项目质量就必须开展对于项目变更的全面控制。这并不是说所有的项目变更都必须避免和消除，因为有些项目变更是为提高项目质量服务的，是为更好地满足项目业主/客户的需求服务的，这种项目变更对于项目质量管理而言是可取的。

2. 质量保证工作的方法和技术

当进行项目的质量保证时，采用的方法和技术主要是质量审计和质量改进。

质量审计也称为质量审核，是对特定质量管理活动的结构化审查。其目的是确定质量活动及其相关结果是否符合质量计划安排，以及这些计划安排是否有效地贯彻执行，并且是否达到了项目目标。质量审计可以包括质量体系审计、项目产品质量审计、过程质量审计、监督审计、内部质量审计、外部质量审计等。质量审计可以是有计划的，也可以是随机的，可以由公司内的稽查员或特定领域的第三方执行。

质量改进是以“增加项目的有效性和效率，提高项目投资人收益”为主要目的而采取的各种与质量相关的行动。项目质量改进的方法包括提出项目质量改进建议和实施质量改进行动两个方面。一般的项目质量改进建议至少包括：目前存在的项目质量问题及其后果；发生项目质量问题的原因分析；进行项目质量改进的建议目标；进行项目质量改进的方法和步骤；进行项目质量改进所需的资源；项目质量改进成果的确认方法等。项目质量改进行动的方法多数是根据项目质量改进建议而确定的具体工作方法。

质量保证的成果主要是项目质量的改进。为了客户的利益，质量改进必须影响到电子商务项目的最终产品——电子商务系统，即团队必须通过有效的合作，最终提供给客户最能满足其价值需求的电子商务系统。因此团队必须从客户的角度关注高价值的系统组件。为了提供有价值的产品给客户，关键在于通过深入了解客户的显性需求和隐性需求后，将客户需求转换成质量特性，并将有价值的设计融入系统中，实现质量的顾客驱动。

需要注意的是，不同类别的电子商务项目，质量保证采用的方法和技术侧重点有所不同。在策划类项目中，因为通常周期较短，涉及的外部人员较多，相对于质量改进而言，质量审计的重要性更大一些。在系统类项目中，因为项目各阶段依赖性较强，在这类项目中质量审计和质量改进都非常重要。在运营类项目中，考虑到持续进行的项目周期，质量改进是质量保证的关键，需要不断吸收最新的有价值的相关利益方需求，并将其反映到项目中。

### 7.1.5 电子商务项目的质量控制

项目的质量控制主要是监督项目的实施结果以确定它们是否符合相关的质量标准及确定排除不满意结果的因素的方法。这项工作的主要内容包括：项目质量实际情况的度量、项目实际质量与项目质量标准的比较、项目质量误差与问题的确认、项目质量问题的原因分析和采取纠偏措施来消除项目质量差距与问题的一系列活动。

项目质量控制和项目质量保证最大的区别在于：项目质量保证是一种从项目质量管理组织、程序、方法和资源等方面为项目质量保驾护航的工作，而项目质量控制是直接对项目质量进行把关的工作。项目质量保证是一种预防性、提高性和保障性的质量管理活动，而项目质量控制是一种过程性、纠偏性和把关性的质量管理活动。

1. 质量控制工作的依据和成果

电子商务项目的质量控制是指，监督电子商务项目的实施状况，确定电子商务项目的实施质量是否与相关的质量标准相符合，找出存在的偏差，分析产生偏差的原因，并根据质量管理计划提出的内容，寻找避免出现质量问题的方法，找出改进质量、组织验收和进行必要返工的解决方案。简单地说，质量控制就是对项目实施全过程中的各阶段状态和成果进行持续不断地检查、度量、评价和调整的活动。

在实施项目质量控制时，其依据主要有项目的阶段工作成果、项目质量管理计划、操作描述以及项目质量控制标准与要求。项目质量控制标准与项目质量目标和项目质量计划指标是不同的，项目质量目标和计划给出的都是项目质量的最终要求，而项目质量控制标准是根据这些最终要求所制定的控制依据和控制参数。通常这些项目质量控制参数要比项目目标和依据更为精确、严格和有操作性。

通过项目质量控制之后，所得到的最重要的成果就是项目质量的改进。除质量改进外，质量控制的结果还可能是接受项目成果、返工或对项目管理过程进行调整。返工指的是每个具体的项目工作在质量控制过程中都有可能被接受或拒绝，不被接受的工作需要重新进行，也就是返工。一旦做出了接受项目质量的决定，就表示一项项目工作或一个项目已经完成并达到了项目质量要求，如果做出不接受的决定就表示项目未达到质量要求，应要求项目返工。当然，返工非常昂贵，所以项目经理必须努力做好质量计划编制和质量保证工作以避免返工。如果返工成为必然，就要认真地设计返工工作的方案，争取最小的成本代价和最少的返工工作量。返工既是项目质量控制的一个结果，也是项目质量控制的一种工作和方法。过程调整是指在质量控制度量的基础上纠正或防止进一步出现质量问题而对项目管理过程作的调整。它是指根据项目质量控制的结果和面临的问题，或是根据项目各相关利益者提出的项目质量变更请求，对整个项目的过程或活动所采取的调整、变更和纠偏行动。

2. 质量控制工作的方法和技术

项目质量控制的方法有很多，最常用也是最直接的方法就是检查，包括为确定项目的各种结果是否符合用户需求所采取的诸如测量、检查和测试等活动，既可能检查单个活动的结果，也可能检查项目的最终产品的结果。

数据是质量控制的基础，“一切用数据说话”才能做出科学的判断。用数理统计方法，收集、整理质量数据，有助于分析、发现质量问题，以便及时采取对策，预防和纠正质量问题。常用的质量控制工具包括：流程图、检查表、因果图、控制图、趋势分析和帕累托图等。

（1）流程图。

流程图是通过相应的工作流程来规范质量管理工作，直观明了。另外，流程图显示流程上不同因素之间怎样互相作用和影响，从而能够帮助项目团队来预测哪些质量问题将要发生，可能发生在什么地方，应该采取什么样的解决办法。

（2）检查表。

检查表通常由详细的条目组成，是用于检查和核对一系列必须采取的步骤是否已经实施的结构化工具，具体内容因行业而异。检查表是一种有条理的工具，可繁可简，语言表达形式可以是命令式口吻，如“开始调研”；也可以是询问式口吻，如“调研工作已经完成了吗”。

(3) 因果图。

因果图又称鱼刺图、树枝图等，是一种逐步深入研究和讨论质量问题的图示方法。因果分析图是以结果作为特性，以原因作为因素，在它们之间用箭头联系表示因果关系，如图7-3所示。因果图是一种充分发动项目成员动脑筋、查原因、集思广益的好办法，也特别适合于项目团队中实行质量的民主管理。当出现了某种质量问题，但未搞清楚原因时，可针对问题发动大家寻找可能的原因，使每个人都畅所欲言，把所有可能的原因都列出来，然后将这些因素划分类别，将各类别的因素填写在原因类别框中。

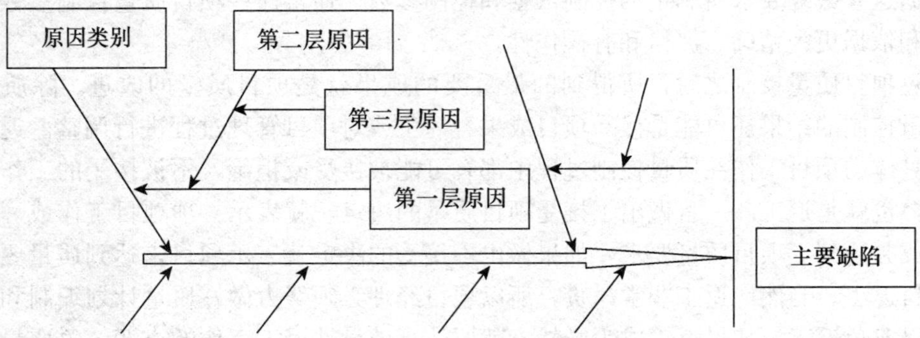


**图7-3 因果图**

对于同一类别组的原因，还可以分出它们的层次，按照层次的先后逻辑，标注在相应位置上，如图7-3所示，这样导致质量问题发生的原因就层次分明、一目了然了，在此基础上可以再结合后面介绍的帕累托图来分析其中的主要原因。图7-4是某电子商务系统没有按时交付的因果图。

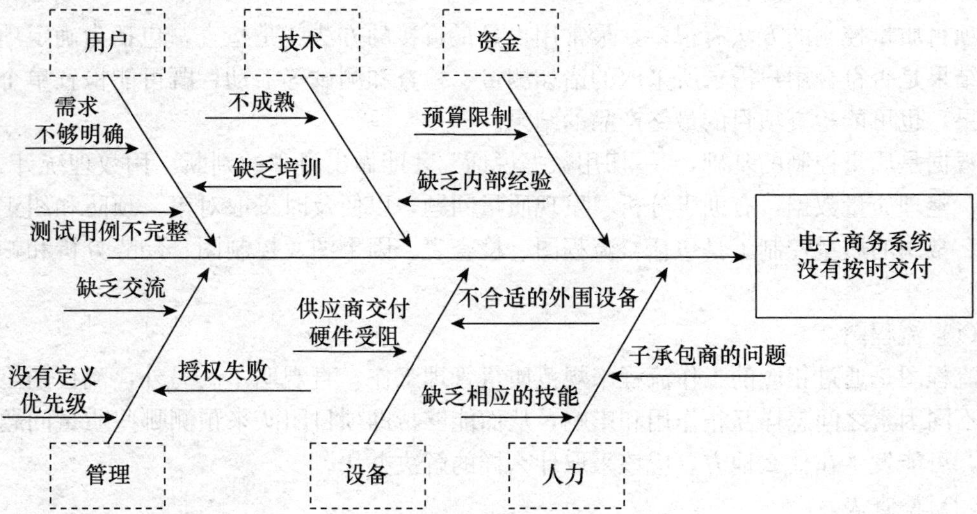


**图7-4 某电子商务系统没有按时交付的因果图**

(4) 控制图。

控制图如图7-5所示，它是一种有控制界限的图，用来分析引起质量波动的原因是偶然的还是系统的，可以提供系统原因存在的信息，从而判断工作过程是否处于受控状态。

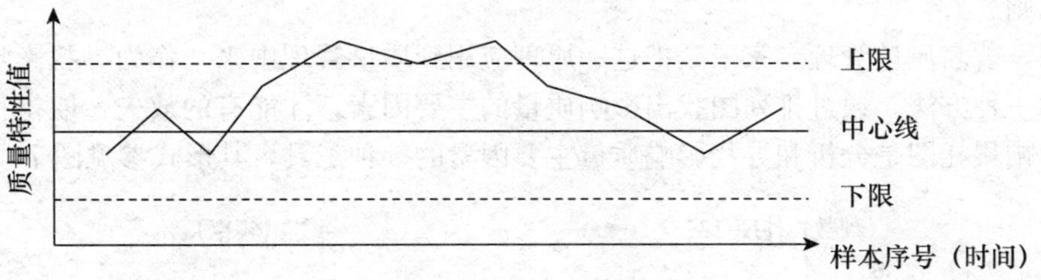


图7-5 控制图

图7-5中上/下控制线表示变化的最终限度，当在连续的七个设定间隔内变化均指向同一方向时，就应分析和确认项目是否处于失控状态。当确认项目过程处于失控状态时，就必须采取纠偏措施，调整和改进项目过程，使项目过程回到受控状态。控制图法是建立在统计质量管理方法基础之上的，它利用有效数据建立控制界限，如果项目过程不受异常原因的影响，从项目运行中观察得到的数据将不会超出这一界限。

实际上，控制图可以用于监控任何形式的输出变量，比如还可以监控项目的进度和费用变化、范围变化的幅度和频率、项目的其他管理结果等，从而确认项目过程是否处于受控状态。

(5) 趋势分析。

趋势分析是根据以往历史数据，利用数学技术来预测未来情况的分析方法，可用来跟踪一段时间内变量的变化。图7-6给出了一个趋势分析图的例子，从图中可以看出，随着时间的推移，事故发生率呈下降趋势。趋势图的主要优点是便于绘制，易于理解。

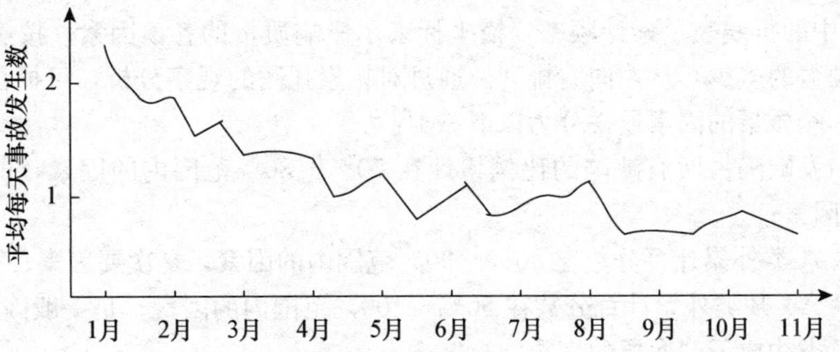


图7-6 趋势分析图

(6) 帕累托图。

帕累托图因此图的发明者意大利经济学家帕累托（Pareto）的名字而得名。帕累托发现在许多国家中少数人占有大量财富，而多数人仅拥有少量财富。这些少数人对财富起着支配作用。于是他提出了“关键的少数（vital-few）和次要的多数（trivial-many）”的关系。这个关系存在于社会的很多场合，例如，在一个股份制公司中，人们常常会发现，大约20%的股票持有者往往占有大约80%的股票份额。

这种80/20关系还存在于以下场合：80%的营业额是由20%的顾客产生的；80%的破坏是由20%的原因造成的；80%的延误是由20%的分包商造成的。要注意的是，上述80%和20%都是指大约，不是指精确的数值，它强调的是“关键的少数”和“次要的多数”的原则。

后来，著名质量管理专家朱兰把这一原理应用到质量管理中来，作为寻找影响质量主要因素的一种方法。通过排列图找出影响质量的主要因素，才能有的放矢，取得良好的经济效果。帕累托图是分析和寻找影响质量主要因素的一种工具，其形式参见图7-7。

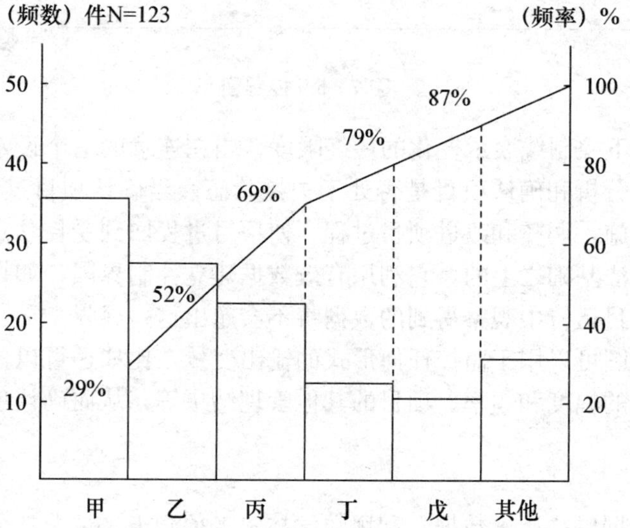


**图7-7 帕累托图**

图7-7中左边的纵坐标表示频数（如件数、金额等），右边纵坐标表示频率（以百分比表示），图中的折线表示累计频率，横坐标表示影响质量的各项因素，按影响程度的大小（即出现频数的多少）从左向右排列。通过对帕累托图的观察分析，可抓住影响质量的主要因素。影响质量的因素通常分为以下三类：

A类为引发缺陷占所有缺陷的比例累计在70%～80%范围内的因素，即“关键的少数”，是主要因素；

B类为除A类外累计百分数在80%～90%范围内的因素，是次要因素；

C类为除A、B类外累计百分数在90%～100%范围内的因素，是一般因素。

B类和C类构成了“次要的多数”。

图7-7是帕累托图的一个示例，图中的“甲、乙、丙、丁”四个因素为“关键的少数”，即A类因素，导致的缺陷累计占总缺陷的79%，接近80%；因素“戊”为B类因素，“其他”中的其他因素为C类因素，合起来构成“次要的多数”。

## 7.2 电子商务项目的风险管理

项目风险是一种不确定的事件，一旦发生，就会对项目目标产生某种正面或负面的影响。风险有其成因，同时，如果风险发生，也会导致某种后果。电子商务项目由于具有范围难以精确确定且经常发生变更、采用的技术复杂且更新较快、受人力资源影响很大等特点，导致电子商务项目建设过程中经常存在很多不确定的因素。显然，电子商务项目的风险管理对于电子商务项目建设的成功来说是一个很重要的内容，需要引起高度重视。电子商务项目风险管理最主要的目的就是帮助电子商务项目积极迎接风险，主动控制风险，以最小代价应对风险，使潜在机会或回报最大化，潜在风险损失最小化。风险管理的范畴可以从以下三个方面理解：

（1）风险管理面向项目进行的全过程。风险管理既不是在项目实施前对影响项目的不确定因素的简单罗列与事先判断，以及建立在此基础上的项目风险管理制度，也不是在项目进行过程中，当实际的项目风险发生时的危机管理以及应变对策，更不是纯粹的项目风险发生后的补救方案设计与事后经验总结。风险管理强调的是对项目风险全过程的管理。通过有效的风险管理工具或风险处理方法，对项目运行过程中产生的风险进行分散、分摊或分割，同时在项目风险发生后，采取有效的应对措施并能够总结经验教训。

（2）风险管理是全员参与的过程。风险管理并不仅仅是项目管理者的事情，是需要所有干系人参与的事项。风险管理需要全员共同参与，了解项目进行各阶段的风险，并在风险发生时采取应对措施。

（3）风险管理要对全要素进行集成管理。风险管理主要涉及项目工期、成本以及质量三方面的问题。可见，项目风险管理的过程是一个在可能的条件下追求项目工期最短、成本最低、质量最优的多目标决策过程，不能仅满足于对单一目标的追求。例如，项目工期的提前或滞后将直接影响成本的高低，项目质量的优劣与项目成本直接相关，同样项目的工期与质量的波动又会受成本因素的影响。由此不难得出，项目风险管理是对工期、成本以及质量的全要素集成管理。

项目风险管理就是对项目风险进行识别、分析和应对的系统的过程。因而本节主要阐述三方面的内容：电子商务项目风险的识别、电子商务项目风险的定性定量分析、电子商务项目的风险应对与监控。

### 7.2.1　电子商务项目的风险识别

风险识别指确定哪些风险会影响项目，并将其特性记载成文。在项目生命期的任何阶段，新风险都可能会出现，因而，项目风险识别是一项贯穿于项目实施全过程的工作。这项工作的目标是识别和确定出项目究竟有哪些风险，这些项目风险会给项目的工期、成本、质量、范围等方面带来什么影响，等等。

1. 风险识别的依据和成果

要进行电子商务项目的风险识别，就要考察与项目有关的制度、文档、项目偏差以及内外环境的变化。具体来说，要考虑以下内容：

（1）事业环境因素。在风险识别过程中，任何一种以及所有存在于项目周围并对项目成功有影响的组织事业环境因素与制度等，都可以成为风险识别的依据。比如，商务部出台的各种电子商务标准和规范以及工业和信息化部出台的有关软件的各种规定就需要关注。

（2）组织过程资产。从先前项目的档案或知识库中获取相关信息，包括以前项目中的实际数据、吸取的经验教训和学习到的知识，特别是先前做过的案例所形成的风险数据库能够为新项目的风险识别提供很大的帮助。

（3）项目范围说明书和工作分解结构。通过项目范围说明书可查到当时的项目假设条件信息。有关项目假设条件的不确定性，应作为项目风险的潜在成因进行评估。另外，风险都是和具体的项目工作联系在一起的，需要借助工作分解结构识别各项工作可能存在的风险。

除此之外，进行风险识别还要参考风险管理计划和项目管理计划，这是因为，风险管理计划中阐述了企业的风险管理政策，比如哪些是一级风险，哪些是二级风险，各由谁负责等；而要进行风险识别，也要求对项目管理计划中的范围、进度、成本、质量、人力资源等管理计划有所了解，项目团队应该对范围偏差、进度偏差、成本偏差、质量偏差等进行审查，以确定可能存在的各种风险。

不同类型的项目中，风险识别的关注点有所不同。例如，策划类项目要对项目的环境因素进行重点分析，除了电子商务项目领域的标准、法规和政策，还要基于项目的具体特点关注相关因素。对于跨境项目，需要对常见贸易对象如其他国家和地区的进出口、交易、仓储和运输等法律政策风险进行分析。

风险识别过程的主要成果是形成项目管理计划中风险登记册的最初记录，即形成风险事件列表，又叫风险清单。

2. 风险识别的方法和工具

要进行风险识别，首先，需要对与该项目有关的各种文件进行审查，对项目文件（包括计划、假设、先前的项目文档和其他信息）进行系统和结构性的审查。其次，需要根据历史资料，特别是以往类似项目所形成的风险分解结构（risk breakdown structure，RBS）模板（见图7-8），来识别RBS上的各种可能出现的风险。

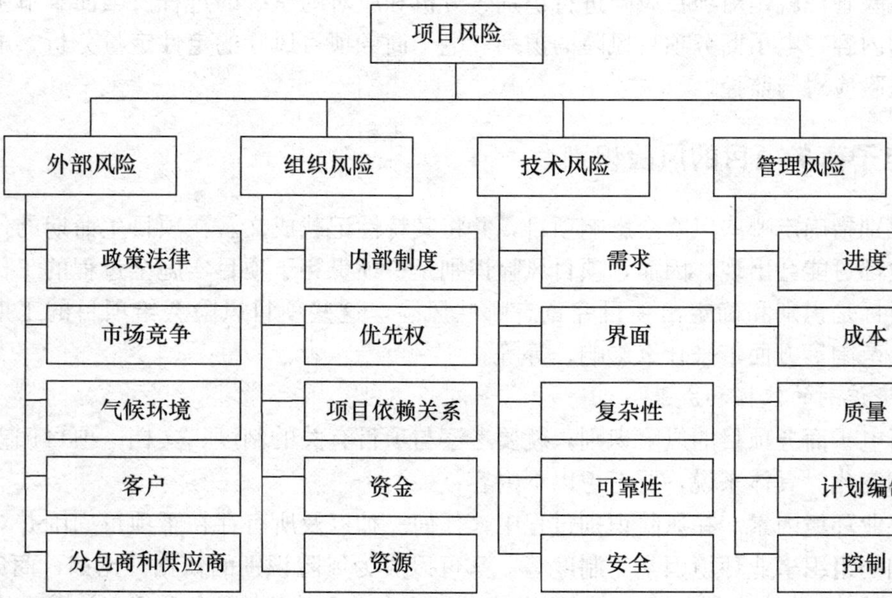


图7-8 某电子商务项目的风险分解结构

除此之外，我们还可以采用很多其他的风险信息搜集技术，包括访谈、头脑风暴法、德尔菲技术、SWOT分析、假设分析、检查表分析、因果图分析、挣值分析等。比如访问有经验的项目参与者、项目干系人或相关领域专家，可以识别各种类型的风险；因果图可用来识别风险的成因；利用挣值分析可以得到进度差和成本差，在此基础上可以进行风险识别。

（1）头脑风暴法。头脑风暴的目的是取得一份综合的风险清单。可以在一位主持人的推动下，与会人员就项目的风险进行头脑风暴，各抒己见。也可以以图7－8中的风险分解结构作为基础框架，然后对风险进行分类，按类别识别风险。

（2）德尔菲技术。德尔菲技术是专家就某一专题达成一致意见的一种方法。项目风险管理专家以匿名方式参与此项活动，主持人用问卷征询有关该项目重要风险的见解，问卷答案交回并汇总后，随即返回给专家审阅，请他们进一步发表匿名意见。此过程进行若干轮之后，会得到关于主要项目风险的一致看法。

（3）SWOT分析。从项目内部的优势（strength）、弱点（weakness），以及外部的机会（opportunity）与威胁（threat）四个角度对项目进行审议，以扩大风险考虑的广度。

（4）假设分析。每个项目都是根据一套假定、设想或者假设进行构思与指定的。假设分析是检验假设有效性的一种技术。这种方法一般先给出项目状态或情况的描述，然后变动项目的某种因素，分析变动后项目整个情况会怎样，会有什么样的风险发生，风险的后果怎么样，等等。因而，假设分析法对下列项目风险识别工作特别有用：分析和识别项目风险的后果；分析和识别项目风险可能波及的范围；研究某些关键因素对项目的影响；等等。

### 7.2.2　电子商务项目风险的定性定量分析

通过风险识别得到风险清单并记录在风险登记册后，项目团队可以采取进一步行动对风险进行定性和定量的分析。定性风险分析是指对已识别的风险进行风险分类，评估其发生的概率以及一旦发生将对项目产生的后果。定量风险分析是指量化各项风险对项目预期产生的影响，得到每个风险的风险期望值，在此基础上，对所有风险进行排序和确定风险级别。

1. 风险的定性分析

风险的定性分析主要包括两个部分：风险发生概率的评估和风险一旦发生造成影响或后果的评估。简而言之，就是通过风险定性分析，希望得到某个具体风险事件的风险概率和风险影响值。风险概率评估指调查每项具体风险发生的可能性。风险影响评估旨在调查风险对项目目标（如进度、成本、范围、质量）的潜在影响，既包括消极影响或威胁，也包括积极影响或机会。针对识别的每项风险，确定风险的概率范围和影响范围。

风险的定性分析可通过挑选对风险事件熟悉的人员，采用召开会议或进行访谈等方式对风险进行评估，参与人员既可以是项目团队成员也可以是项目外部的专业人士。访谈或会议需要由经验丰富的主持人引导讨论过程，参与者对每项风险事件的概率级别及其对每个项目目标（进度、成本、范围、质量）的影响进行评估，确定风险概率和风险影响值的等级。粗略评估风险概率及影响之后，通过查询风险概率（可能性）度量表以及风险影响值度量表（参见表7－3和7－4），就可以将定性分析的结果转化为一个定量的数值。

表7－3 风险概率（可能性）度量表

| 现象分析 | 风险可能性范围 | 分级计算数值 | 顺序计量分值 |
|---|---|---|---|
| 非常不可能发生 | 0%～10% | 5% | 1 |
| 发生可能性不大 | 11%～40% | 25% | 2 |
| 可能在项目中发生 | 41%～60% | 50% | 3 |
| 较可能发生 | 61%～80% | 70% | 4 |
| 极有可能发生 | 81%～100% | 90% | 5 |

举例来说，如果有一个风险事件是电子商务系统的人机界面很不友好，经过项目团队的评估，该风险较可能发生，那么我们可以对照表7－3，它出现在第一列的第四种现象，对应的风险概率可以采用三种方式给出：（1）对应第二列中可以给出具体的数值，比如估计为75%；（2）对应第三列中可以给出分级概率数值，即70%；（3）对应第四列中可以给出顺序计量分值，即4。当然，对于具体采用上述三种方式中的哪一种来计算，项目团队应该在风险管理计划中规定。

我们进一步对这个风险事件一旦发生造成的影响进行评估。这个风险可能会造成项目一定程度的返工，预测该风险事件一旦发生对于进度的影响将是12%，对于成本的影响是7%，对于质量的影响很小，只涉及个别模块，对于范围的影响几乎觉察不到。那么，如表7－4所示，如果采用非线性度量法，我们可以从表中查到该风险对项目主要目标的影响分别是：成本影响值为0.1；进度影响值为0.4；范围影响值为0.05；质量影响值为0.1。该风险的最终影响值是上述四个影响值的最大值，即0.4。

注意，任何一个风险事件都是在项目的成本、进度、范围、质量四个方面对项目产生影响，所以在定性分析中，必须要分析出每一个风险事件对上述四方面的具体影响，并参照表7－4的表体部分内容给出相应的描述，再从表7－4中找出对四方面影响最大的值作为该风险事件的风险影响值，比如上述人机界面不友好的风险影响值是0.4。

表7－4 风险对项目四大主要目标影响值表

| 定性度量 | | 很低 | 低 | 中等 | 高 | 很高 |
|---|---|---|---|---|---|---|
| 非线性度量 | | 0.05 | 0.1 | 0.2 | 0.4 | 0.8 |
| 项目目标 | 成本 | 不显著的成本增加 | 成本增加<10% | 成本增加10%～20% | 成本增加20%～40% | 成本增加>40% |
| | 进度 | 不显著的进度拖延 | 进度拖延<5% | 进度拖延5%～10% | 进度拖延10%～20% | 进度拖延>20% |
| | 范围 | 范围减少不易察觉 | 范围次要部分受到影响 | 范围主要部分受到影响 | 范围减少干系人无法接受 | 项目最终结果不可用 |
| | 质量 | 质量退化不易察觉 | 只有要求很高的应用受到影响 | 质量降低需要干系人确认 | 质量降低干系人无法接受 | 项目最终结果不可用 |

表 7－4 是 PMBOK 指南（美国项目管理学会推出的《项目管理知识体系指南》）中提供的一个模板，在实际执行中各个企业或项目团队可以根据本单位的管理要求调整表格内的具体内容。但是总的原则是，其中的各项值随着项目风险管理乃至项目管理水平的提高，可以管理得更加严格。比如，现在表中是“进度拖延＞20％”被判为很高，非定性度量为 0.8；而项目团队所在企业管理水平还比较低，那么可以把表中的“进度拖延＞20％”改为与企业当前管理水平相一致的“进度拖延＞30％”；随着该企业管理水平的提升，一年后可以改回“进度拖延＞20％”，两年后甚至可以改为“进度拖延＞15％”。因而，该表可以在实际企业运作中做出相应调整。

2. 风险的定量分析

风险的定量分析是指在得到风险概率和风险影响值之后，进一步得到每个风险的风险期望值，在此基础上，对所有风险进行排序并确定风险级别。风险期望值是评价风险预期损失或机会的重要参数，它的计算公式为：

风险期望值＝风险概率×风险影响值

比如在上面人机界面不友好的例子中，如果我们采用表 7－3 中第三列的数值得到风险概率为 70％，即 0.7；而风险影响值为 0.4。那么对于人机界面不友好这个风险事件来说：

风险期望值＝风险概率×风险影响值＝0.7×0.4＝0.28

如果风险概率我们采用表 7－3 中第二列或第三列的百分比计数，风险影响值采用表 7－4 中的非线性度量计数，那么风险概率和风险影响值都是小于或等于 1 的值，得到的风险期望也是小于或等于 1 的值。这样，就消除了项目规模对风险期望值的影响，可以将不同项目识别出的风险事件的风险期望值进行统一比较、排序，以实现多项目的风险统一管理。

如果项目团队特别想知道上述得到的风险期望值 0.28 的具体含义，可以将 0.28 乘以项目总的合同金额，比如项目合同金额为 100 万元，那么，该风险事件的风险期望值为 28 万元。当然，这只是一个大致的估计，不是精确的估计，是为了让大家对风险期望值有一个直观的理解。

知道了每个风险事件的风险期望值之后，我们还需要确定它们的等级，不同的等级应该对应不同的负责人。我们可以按照风险的期望值大小对识别的风险事件划分等级，具体的划分原则要根据各家企业的风险政策细则来确定。比如表 7－5 所示，某 IT 公司规定风险期望值在［0，0.05］之间的风险为四级风险，由项目成员负责，并通知项目经理；（0.05，0.1］之间的风险为三级风险，由项目经理负责，并通知公司主管项目的副总；（0.1，0.2］之间的风险为二级风险，由公司主管项目的副总负责，并通知客户和总经理；风险期望值在 0.2 以上的风险为一级风险，由总经理负责，并通知客户。这样，就可以对识别出的所有风险事件进行分级，并且每个风险事件的责任也很明确。要说明的是，表 7－5 中的数据只是一个模板，不同的企业、不同的项目团队应该制定自己的风险等级政策。

**表7-5　风险等级划分表**

| 风险等级 | 风险期望值范围 | 风险负责人 |
|---|---|---|
| 一级风险 | 0.2＜风险期望值≤1 | 总经理负责，通知客户 |
| 二级风险 | 0.1＜风险期望值≤0.2 | 公司主管项目副总负责，通知客户和总经理 |
| 三级风险 | 0.05＜风险期望值≤0.1 | 项目经理负责，通知主管副总 |
| 四级风险 | 0≤风险期望值≤0.05 | 项目成员负责，通知项目经理 |

在上述对每个风险事件都计算得到了风险期望值，并且进行了排序和定级后，我们可以找到每个报告期中前十个风险事件。这十个风险事件需要重点关注和应对，我们通常所说的“十大风险追踪”就是对前十个风险事件进行跟踪和监控。

对于识别出的每个风险事件，还可以对每个风险事件的紧迫性进行评估。需要近期采取应对措施的风险可被视为急需解决的风险。实施风险应对措施所需要的时间、风险等级等都可作为确定风险优先级或紧迫性的指标。

### 7.2.3　电子商务项目的风险应对与监控

对电子商务项目组而言，识别出风险并不一定是坏事。风险根据其所导致后果的性质不同，可以分为消极风险和积极风险。消极风险指的是会给项目团队或项目管理各要素带来不利影响或者损失的事件。比如，会带来成本增加、项目质量下降或者时间延期的各类风险。而积极风险通常能够给项目带来新的发展机会、新的盈利点、新的优势等变化的外部因素。比如，新扶持优惠政策的出台、新技术带来管理效率的提升、新市场带来更优质客户或者更低成本的供应商等。显然对这两类风险的应对方法是不同的。

风险应对是指为电子商务项目增加成功实现的机会、减少失败威胁而制定方案，采取相应措施进行处理的过程。风险监控则是风险应对计划制定以后，在每个报告期中对已识别的风险进行监控，对新出现的风险进行重新识别和应对的过程。

1. 风险的应对

针对特定风险事件的风险应对措施应该是很具体的，但归纳来说，可以将风险应对措施分为两大类：预防措施和纠正措施。

预防措施是指为防止风险事件发生而采取的措施。鉴于风险事件发生后有很多的不良后果，我们首先要想办法避免这种引起不良后果的风险的发生。这里要列举的就是防患于未然的措施。比如项目文档不完备可能会对后面的系统维护和升级造成困难，为防止这一风险的发生，项目经理就可要求项目成员做好系统实施的各个阶段文档，并定期抽查以监督项目成员的文档撰写。

纠正措施是指一旦风险发生时所采取的应对措施。当防范措施失效或防范措施没有被认真执行时，风险就有可能发生。风险一旦发生，项目组就必须想办法将风险事件发生后的损失降低到最低程度。比如由于项目成员跳槽造成项目进度延迟而一时又招不到合适的员工时，可以采取去高校招聘相关专业的处于实习阶段的在校学生来做兼职人员。

风险应对过程包括确认与指派相关风险应对负责人，从几个备选方案中选择一项最佳的风险应对措施来应对识别出的风险。风险应对过程应该根据风险排序和定级后的优先级水平处理风险。电子商务项目风险应对的措施可以分为两大类，一类是对于威胁大于机会的消极风险的应对策略，一类是对于机会大于威胁的积极风险的应对策略。

（1）消极风险的应对策略。

①上报。风险上报是指当项目团队认为风险的应对策略权限超出了项目范围时，就应该采用上报策略。在上报时要明确风险威胁的相关人员。

②规避。风险规避是在考虑到某项目的风险及其所致损失都很大时，主动放弃或终止该项目，以避免与该项目相联系的风险及其所致损失的一种处置风险的方式，它是一种最彻底的风险处置技术。当然，这是一种消极的风险处置方法，因为同时也失去了实施项目可能带来的收益。

③转移。风险转移是指项目组将风险有意识地转移给与其有经济利益关系的另一方的风险处置方式。购买保险是最重要的风险转嫁方式，非保险型转嫁方式是指项目组将风险可能导致的损失通过合同的形式转嫁给另一方，其主要形式有租赁合同、委托合同、分包合同等。通过转嫁方式处置风险，风险本身并没有减少，只是风险承担者发生了变化。

④缓解。风险缓解是为了最大限度地降低风险事件发生的概率或者减小损失幅度而采取的风险处置技术。比如在时间和空间上把风险因素与可能遭受损害的人、财、物隔离等。

⑤接受。风险接受是指不采取上述主动措施，接受威胁的存在。如前面所介绍的，风险威胁是分很多级别的，对待优先级低的威胁，可以采取接受这种方式。接受又具体分为主动或被动的方式。主动接受策略，又称为主动自留，是通过预留时间、资金或资源的方式，应对出现的威胁，是指在对项目风险进行识别和分析的基础上，明确风险的性质及其后果，风险管理者认为主动承担某些风险比其他处置方式更好，于是筹措相应资源将这些风险自留。被动接受策略，又称为被动自留，是定期对威胁进行审查，确保风险并未发生重大改变。被动自留是一种被动的处置方式，有时会造成严重的后果，使项目团队遭受损失或错过机会。有选择地对部分风险采取接受方式，有利于项目团队获利更多，但接受哪些风险，是项目团队必须认真研究的问题，如自留风险不当可能会造成更大的损失。要注意的是，风险接受并不是不采取任何措施。

（2）积极风险的应对策略。

①上报。与消极风险应对相类似，当出现项目团队认为超出项目范围的积极风险时，也应该采取上报的策略，并且明确与该风险相关的人员。

②开拓。风险开拓是指通过确保机会肯定实现而消除与特定积极风险相关的不确定性，比如可以为项目分配更多的资源，如增派有经验、能力强的项目成员。

③分享。风险分享是指将风险的责任分配给最能为项目利益获取机会的第三方，比如建立风险分享合作关系，签订机会利润分享合同等。

④提高。风险提高是指通过提高积极风险的概率或其积极影响，识别并最大程度地发挥这些积极风险的驱动因素，强化其触发条件，提高机会发生概率。

⑤接受。与消极风险应对类似，项目团队可以主动接受风险的存在。具体而言，可以评估预判此风险的未来发展，主动预留资源；也可以被动定期审查，确认风险级别。

在风险应对的过程中，注意要在风险登记册或风险事件应对表中针对每个具体的风险事件给出相应的风险应对措施、风险应对措施处理的截止日期、风险事件的负责人等信息。

2. 风险的监控

在项目生命期实施项目风险应对措施时，应持续对项目工作进行监督，对已经识别的风险进行监控，同时寻找可能出现的新风险。换句话说，风险监控是指识别和分析新生风险，追踪已识别风险和“风险应对表”中的风险，重新分析现有风险，审查风险应对策略的实施并评估其效果的过程。风险监控是项目生命期内不间断实施的过程。

在风险监控中，一般要关注以下工作：

(1) 风险再评估。应安排定期进行项目风险再评估，同时要检查并记录风险应对策略，处理已识别风险及其根源的效果。

(2) 偏差和趋势分析。通过挣值分析、项目偏差和趋势分析等对项目总体绩效进行监控，与基准计划的偏差可能表明威胁或机会的潜在影响。

(5) 风险准备金分析。在项目任何时点都要将剩余的风险准备金金额与拟接受的风险进行比较，以确定剩余的风险准备金是否仍旧充足。

(4) 更新风险登记册。将新的风险识别和应对情况以及原有风险的变动情况纳入风险登记册中。

(5) 更新风险数据库。对于典型的风险事件可以形成记录并对风险分解结构和组织的风险数据库进行更新。项目风险管理活动获取的经验教训，将有助于积累组织的经验教训，使风险数据库更加丰富。

### 7.2.4 案例：校园二手用品跳蚤市场移动App项目的风险识别、分析与应对

我们使用规范的风险管理思想来识别、分析、应对与监控校园二手用品跳蚤市场移动App项目的风险。本项目风险的识别与应对经过了以下三个步骤。

(1) 风险识别：列出所有可能的风险事件；

(2) 风险分析：为每个风险事件分析风险概率和风险影响值，计算风险期望值，确定风险的级别和顺序；

(3) 风险应对：确定风险应对的策略、应对措施及截止时间和负责人。

1. 风险的识别

风险识别的方法是确定“风险编号”，找出可能发生风险的“WBS模块”，再拟定“风险事件名称”。

项目组成员依据已有WBS中那些没有下一层工作的底层工作包，通过头脑风暴法识别出可能会影响项目进度、成本、范围、质量的潜在风险，对每个风险事件都进行编号，赋予一个含义明确的名称记录在表7-7的风险识别、分析和应对表中。

2. 风险的分析

风险的分析阶段由项目团队分别确定“风险概率”“风险影响描述”“风险影响值”“风险期望值”“排序”“风险级别”。具体做法如下：

(1) 对于每个风险事件，由项目组有经验的成员分别对该风险事件发生概率进行估计，加总平均得出此事件的风险概率。

(2) 对于每个风险事件，由项目组有经验的成员分别对该风险事件一旦发生，造成的影响进行讨论。将在进度、成本、范围与质量四方面的影响进行具体描述，然后到表7-4“风险对项目四大主要目标影响值表”中分别找到对应的影响值，将四方面影响最大的影响值填入表7-7的风险影响值一栏中，将对应的风险影响描述填入“风险影响描述”一栏中。

(3) 根据得出的风险概率和风险影响值，将“风险概率”与“风险影响值”相乘计算得出“风险期望值”，并将风险事件按照风险期望值从大到小排序，为其赋予一个顺序编号，对于前十个风险我们要重点进行监控，进行十大风险追踪。

(4) 我们项目组假设参照表7-6中风险等级划分表确定风险等级，可以根据得到的风险期望值得到风险的级别，并确定相应的风险负责人。假设规定风险期望值在[0, 0.02)之间的风险为二级风险，由项目的相应工作包负责人负责，并通知项目经理；[0.02, 1]之间的风险为一级风险，由项目经理负责。

3. 风险的应对

在风险应对中，确定“风险策略”“风险应对措施”“风险处理截止时间”“风险负责人”。对每个风险事件，项目组员讨论确定一种主要的风险策略，确定出一项或多项措施来应对风险。参照表7-6中风险的级别可以得出每件风险事件的负责人。根据所要采取的具体措施，确定处理的截止时间，比如截止时间填写一周，那么，对于预防类措施，截止时间是指风险识别之后的一周之内；对于纠正类措施，截止时间是风险发生之后的一周之内。

**表7-6 校园二手用品跳蚤市场移动App项目的风险等级划分表**

| 风险等级 | 风险影响值 | 负责人 |
|---|---|---|
| 一级 | ≥0.02 | 项目经理 |
| 二级 | <0.02 | 项目成员，并向项目经理报告 |

在这个项目中，我们讨论了干系人分析、SWOT分析、WBS分析及挣值分析中所识别的风险。校园二手用品跳蚤市场移动App项目的风险识别、分析和应对表如表7-7所示。

## 7.3 电子商务项目的监理与审计

为了帮助客户减少实施电子商务项目的风险，我们还应加强电子商务项目的监理与审计。

### 7.3.1 电子商务项目的监理

1. 电子商务项目监理的含义

电子商务系统项目监理，是信息系统工程监理的一种类型，是指具备相应资质的第三方（丙方），根据电子商务系统的建设规律以及国家法律法规、建设合同和监理合同的要求，对电子商务系统建设过程中的行为、事件和文档进行审查和监督，为用户方（甲方）

表 7-7　校园二手用品跳蚤市场移动 App 项目风险识别、分析和应对表

| 风险识别 | | | 风险定性与定量分析 | | | | | | 风险应对 | | | |
|---|---|---|---|---|---|---|---|---|---|---|---|---|
| 编号 | WBS 模块 | 风险事件 | 风险概率 | 风险影响描述 | 风险影响值 | 风险期望值 | 排序 | 级别 | 风险策略 | 风险应对措施 | 风险处理截止时间 | 风险负责人 |
| 1 | 需求分析 | 需求分析不准确 | 10% | 用户需求描述不清，移动 App 详细需求说明书质量低 | 0.2 | 0.02 | 2 | 一级 | 缓解 | 预防，摸清用户背景，对说明书做调整 | 一周 | 项目经理 |
| 2 | 总体设计 | 体系结构设计不合理 | 1% | 对移动 App 体系规划不合理，影响系统质量 | 0.2 | 0.002 | 10 | 二级 | 接受 | 纠正，调整体系结构 | 一周 | 项目成员 |
| 3 | 总体设计 | 功能模块设计不合理 | 1% | 对功能的划分不合理，对项目的范围产生影响 | 0.1 | 0.001 | 12 | 二级 | 接受 | 纠正，调整模块 | 三天 | 项目成员 |
| 4 | 详细设计 | 用户界面设计不美观 | 5% | 设计风格不好，甲方不满意，由于返工影响项目进度 | 0.1 | 0.005 | 5 | 二级 | 接受 | 纠正，及时与用户沟通，征求用户意见 | 三天 | 项目成员 |
| 5 | 详细设计 | 数据库设计不合理 | 5% | 数据组织不合理，对进度产生影响 | 0.1 | 0.005 | 6 | 二级 | 接受 | 纠正，重新组织 | 一周 | 项目成员 |
| 6 | 软硬件购买 | 开发所用软硬件不到位 | 5% | 硬件的厂商代理不能按时到货，对进度有较大影响 | 0.4 | 0.02 | 3 | 一级 | 接受 | 纠正，寻找其他供应商 | 一天 | 项目经理 |
| 7 | App 应用开发 | 团队不稳定 | 10% | 开发人员突然离职，影响系统质量 | 0.4 | 0.04 | 1 | 一级 | 缓解 | 预防，进行人才储备 | 一周 | 项目经理 |
| 8 | 强度、响应测试 | 与用户要求的非功能需求有偏差 | 5% | 响应慢、强度不够，影响系统质量 | 0.1 | 0.005 | 7 | 二级 | 接受 | 纠正，寻找关键瓶颈并解决 | 一天 | 项目成员 |

续表

| 风险识别 | | | 风险定性与定量分析 | | | | | | 风险应对 | | | |
|---|---|---|---|---|---|---|---|---|---|---|---|---|
| 编号 | WBS模块 | 风险事件 | 风险概率 | 风险影响描述 | 风险影响值 | 风险期望值 | 排序 | 级别 | 风险策略 | 风险应对措施 | 风险处理截止时间 | 风险负责人 |
| 9 | 安全、可靠性测试 | 系统可靠性问题 | 3% | 系统测试过程中出现安全故障，影响系统质量 | 0.1 | 0.003 | 9 | 二级 | 接受 | 纠正，寻找并弥补漏洞 | 一天 | 项目成员 |
| 10 | 验收 | 验收时出现问题或遭到用户反对 | 1% | 用户对移动App提出不满意见，影响项目进度 | 0.2 | 0.002 | 11 | 二级 | 接受 | 纠正，及时与用户沟通 | 三天 | 项目成员 |
| 11 | 培训 | 接受培训的人员不配合培训工作 | 5% | 接受培训的人员对系统有抵触情绪，影响进度 | 0.1 | 0.005 | 8 | 二级 | 接受 | 纠正，及时沟通 | 一天 | 项目成员 |
| 12 | 内部总结 | 总结会议及报告质量低 | 10% | 项目成员不重视总结工作，影响系统的运行质量 | 0.2 | 0.02 | 4 | 一级 | 缓解 | 预防，进行考评管理 | 一周 | 项目经理 |

提供与项目有关的信息和信息处理能力的支持，以确保电子商务系统项目的建设成功。

监理方（丙方）的监理与承建方（乙方）的项目管理有联系，但更主要的是区别。它们的联系是都按照电子商务系统的建设规律与项目管理的思想进行管理。它们的区别是主体不一样，项目管理是由承建方（乙方）实施的，在成本、进度和质量三者中主要考虑前两者，特别是成本，并且项目管理涉及电子商务系统建设的各个环节；而监理是由第三方即监理方（丙方）实施的，在成本、进度和质量三者中主要考虑的是质量，其次是进度，最后才是成本，并且监理的内容主要取决于监理方（丙方）与用户方（甲方）签订的监理合同，不一定涉及电子商务系统建设的各方面。

2. 电子商务项目监理的内容

一般来说，项目管理工作的核心可以归纳为“三控两管一协调”。所谓“三控”，是指成本、进度和质量三者的控制；所谓“两管”，是指合同管理和信息管理；所谓“一协调”，是指甲乙丙三方关系的协调。这里的甲方，通俗地说，就是指出钱的，即项目投资方（通常也是用户方）；这里的乙方，通俗地说，就是指干活的，即项目承建方；这里的丙方，通俗地说，就是指监督的，即项目监理方。

自然，作为监理也是从“三控两管一协调”这些工作着手监理，只不过角度不同。电子商务项目监理的工作内容包括质量控制、进度控制、投资控制、合同管理、信息管理、关系协调六个基本内容。当然，为了能使电子商务项目更好地合乎业主的要求，顺利地完成，监理公司可能还会做一些扩展性的服务，这里就不再展开。

具备良好素质的监理人员，能够极大地降低电子商务系统的建设风险。首先，电子商务项目监理人员应该非常熟悉信息技术，有丰富的、成功的电子商务系统建设经验，能帮助甲方对电子商务系统建设方案进行正确评价和选择，并能对乙方提供的各种证明材料、演示软件等市场信号进行辨析。其次，在电子商务系统的建设过程中，监理方可以根据自己的经验判明乙方是否偏离了甲方的实际需求，是否简化了系统的功能模块，是否采用了性能较低的配置或质量较差的产品，是否隐含了安全问题或系统的缺陷，等等。

除上述两种主要由乙方形成的风险外，监理方还能大大降低由于甲方因管理改革不到位或不及时造成的风险。监理方有丰富的管理知识和成功的电子商务系统建设经验，它能在项目合同签订之初，指出甲方为建设该电子商务系统需要调整的业务流程或管理体制，并制定出一个详细的改革计划，并在系统建设过程中，不断督促甲方按计划排除阻力进行调整。

所以，监理方不仅对乙方有约束，对甲方也有约束。对乙方而言，是监督和管理，重在监督；对甲方而言，是督促和助理，重在助理。

3. 电子商务项目监理的类型

电子商务监理的类型有很多，比如按照监理对象的类型划分，可以分为三类：电子商务策划项目的监理、电子商务系统项目的监理以及电子商务运营项目的监理。按照用户的要求和介入项目的深度分类，可分为咨询式监理、里程碑式监理和全程式监理三种类型。本章主要是针对电子商务系统按照监理介入项目的深度进行阐述。

（1）咨询式监理。

咨询式监理以咨询工作为主，重点在于项目前期对企业的电子商务整体规划和需求分析，工作完成的方式是以提交企业的电子商务整体规划书为主要任务，对于电子商务项目实施阶段发生的问题，主要根据用户提出要求，回答相应问题。由于这种监理形式对项目介入较浅，监理基本上不需要和承建方发生过多接触，监理人员更多地是担当咨询顾问的角色。对甲方单位而言，聘请咨询式监理最好在电子商务项目开始实施以前，这种方式的成本相比较是最低的。

(2) 里程碑式监理。

所谓里程碑式监理，是指按照电子商务系统的建设规律，将电子商务系统的建设划分为若干个阶段，在每一个阶段结束都设置一个里程碑，在里程碑到来时通知监理方进行审查或测试。一般来讲，这种方式比咨询式监理的费用要多，当然，监理方也要承担一定的责任。不过，里程碑的确定需要乙方的参与，或者说监理合同的确立需要承建方的参与，否则就会因对里程碑的界定不同而互相扯皮。

(3) 全程式监理。

所谓全程式监理，显然是最复杂的一种，不但要求对电子商务系统建设过程中的里程碑进行审查，还应该派相应人员进行全程现场跟踪、收集系统开发过程中的信息，不断评估电子商务系统承建方的质量和效率。这种方式的费用最高，监理方的责任也最大，适合那些对电子商务系统的建设不太了解、技术力量偏弱的用户方采用。

4. 监理合同

项目的监理工作需要监理合同进行保障，一般而言，监理合同的内容包括：

(1) 项目监理原则。例如独立公正原则、回避原则、保密原则等。以保证在监理过程中，监理方与承建方没有与本项目无关的利益关联和冲突，能够按照相关法律制度完成监理工作，出现相关问题可以找到责任承担方。

(2) 监理关系。合同中需要明确监理方与项目各方之间的关系，包括用户、系统提供方、分系统承建方等。

(3) 监理工作范围。确立监理工作涉及的具体系统硬件配置和软件模块，以及相应的工作阶段，例如某个子系统的招标、设计、实施、验收等环节。

(4) 监理工作依据。依据所监理的电子商务项目特点，列出监理工作的依据，包括相关的国际和国家法规、制度、标准，涉及开发、网络质量、安全体系结构等各方面。

(5) 监理人员组成。依据项目所涉及的不同技术支持和业务领域，监理组应配备相关的技术人员以及任务小组，并设计组织结构，方便各成员之间的沟通。进一步，应明确各监理人员的职责范围。

(6) 监理工作方法及流程。明确在项目进行的各个阶段具体的监理工作内容和要求，制定各项工作制度，涵盖沟通、质量检查、控制等各方面工作，并设计具体的监理工作流程。

### 7.3.2　电子商务项目的审计

相比信息系统监理已有的大量实践来说，信息系统审计是个比较新的事物，在国内还处于探索阶段，对电子商务的审计更是处于初级阶段。本节首先介绍电子商务审计的含义和内容，然后简要介绍电子商务审计的流程。

1．电子商务项目审计的含义和内容

信息系统审计是审计技术与信息技术共同发展的必然产物，是一个获取并评价证据，以判断信息系统是否能够保证资产的安全、数据的完整以及有效率地利用组织的资源并有效果地实现组织目标的过程。

信息系统审计与控制协会（Information Systems Audit and Control Association，ISACA）成立于 1969 年，总部在美国的芝加哥，它是从事信息系统审计的专业人员唯一的国际性组织。信息系统审计师资格（Certified Information System Auditor，CISA）是这一领域的唯一职业资格。

获取信息系统审计师资格（CISA）的人员称为信息系统审计师，也称 IT 审计师或 IS 审计师，是指既通晓信息系统的软件、硬件、开发、运营、维护、管理和安全，又熟悉经济管理的思想，能够利用规范和先进的审计技术，对信息系统的安全性、稳定性和有效性进行审计、检查、评价的专家级人士。

电子商务项目的审计属于信息系统项目审计的一种类型，它审计的对象覆盖了电子商务系统从规划、建设、运行、维护到报废的整个生命期。具体来说电子商务项目审计的基本内容包括：

①计算机资源管理审计；

②硬件、软件的获取审计；

③系统软件和程序审计；

④商务流程审计；

⑤数据完整性审计；

⑥系统开发审计；

⑦系统运行审计；

⑧系统维护审计；

⑨操作审计；

⑩安全审计。

其中系统开发审计、系统运行审计和系统维护审计合称系统生命期审计。

由以上电子商务审计的内容可知，电子商务项目审计与电子商务项目监理、电子商务项目测试和电子商务项目评价各有不同：

（1）电子商务项目监理重在对电子商务系统的规划与开发过程进行监督和管理，而电子商务项目审计不但要审计开发过程，还要审计电子商务系统的运行过程。

（2）电子商务项目测试主要是测试电子商务系统是否实现了设计的逻辑模型，并且主要是从技术上进行测试，而电子商务项目审计更重要的是测试电子商务系统是否忠实于企业的实际运作原型，是否符合国家的法律法规。

（3）电子商务项目评价是电子商务项目审计的延伸，电子商务项目的评价更带有主观性，与评价指标的选取有关，而电子商务项目的审计相比较更客观，强调的是数据的真实性和电子商务系统性能的客观性。

2．电子商务项目审计的流程

电子商务项目审计的流程是指电子商务项目审计工作从开始到结束的整个过程，它包括三个阶段：审计计划阶段、审计实施阶段和审计报告阶段。

（1）电子商务项目审计的计划阶段。

电子商务项目审计的计划阶段是整个电子商务项目审计过程的起点，主要任务是通过调查被审计单位的内部环境，初步评价审计风险，接受审计委托，并在此基础上制定审计计划。

（2）电子商务项目审计的实施阶段。

电子商务项目审计的实施阶段，是根据计划阶段确定的范围、要点、步骤、方法进行取证、评价，借以形成审计结论，实现审计目标的中间过程。它是电子商务项目审计全过程的中心环节，主要由符合性测试阶段和实质性测试阶段构成。

符合性测试的目标是审查被审计单位电子商务系统的内部控制制度的建立及遵守情况，根据测试结果修订审计计划，确定后续测试——实质性测试的程度。为此电子商务项目审计人员需要对电子商务系统执行一系列的测试。实质性测试是对交易和事项的详细测试或分析性复核测试，以获得审计期间这些事项或交易合法、完整、准确或真实存在的审计证据。实质性测试的目的就是要实施必要的数据测试，对能否达到企业特定的控制目标向管理层提供最终的保证或不保证，其结果是发布电子商务项目审计报告的依据。

（3）电子商务项目审计的报告阶段

在电子商务项目审计的报告阶段，电子商务项目审计人员必须运用专业判断，以经过核实的审计证据为依据，形成审计意见，出具电子商务项目审计报告。审计报告中应说明电子商务项目审计的范围、目标、期间和所执行的审计工作的性质和范围，以及电子商务项目的审计结论和建议等。

3. 电子商务项目审计的主要作用

（1）通过项目进行过程中的审计，可以及时发现不合理的经济活动，并能提出相应的改正建议，促使项目管理人员最大限度地实现对人、财、物使用的综合优化，从而尽可能降低项目造价，提高项目收益。

（2）通过审计，可以促进制定正确和可行的决策。项目审计可以对项目决策是否遵循了科学的程序、决策依据是否充分、方案是否经过了优选等做出正确评价，从而避免或终止错误的决策。这一点，对防止盲目投资和建设决策中的重大失误非常重要。

（3）通过审计，可以揭露错误和舞弊，制止违法违纪行为，维护投资者的权益。

（4）通过审计，可以交流经验，吸取教训，提高项目管理水平。任何时期的项目审计都会发现经验和暴露问题，这些经验和问题会帮助项目经理以及企业高层管理部门改善管理状况，避免或减少类似错误的出现。

（5）通过审计，可以激发项目管理人员的积极性和创造性。在审计过程中，通过对管理和建设现状的评价，奖优惩劣，从而激励项目管理人员恪尽职守，努力工作。

## 思考题

1. 电子商务系统项目为什么要实行全面质量管理？
2. 请简述 CMM 和 CMMI 的联系和区别。

3. 请简述PDCA循环的含义。
4. 请比较质量保证与质量控制的含义与区别。
5. 请分析帕累托图、因果图、控制图、趋势分析图的作用。
6. 请详细介绍风险识别、分析与应对的过程。
7. 你是如何看待风险的？风险与机会、损失的关系如何？
8. 请简要介绍电子商务项目监理和审计的含义。

# 第 8 章

# 项目管理软件与电子商务项目

电子商务项目的类型主要有三种，即电子商务策划项目、电子商务系统项目、电子商务运营项目。不管哪种类型的项目都可以采用项目管理软件进行管理，可以在时间和资源有限的条件下，辅助人们顺利完成电子商务项目的建设。因此，本章将分析项目管理软件的功能和特点，然后详细介绍一种比较常用的项目管理软件 Microsoft Project 2019 的使用，包括项目范围、进度、资源、成本等管理，最后的部分采用 Microsoft Project Professional 2019 软件对校园二手用品跳蚤市场移动 App 项目的管理进行了简要的介绍。

## 8.1 项目管理软件简介

### 8.1.1 项目管理软件的发展

与任何软件的诞生和发展一样，项目管理软件的诞生离不开项目管理理论和优化技术的发展，也与计算机技术的发展密不可分。计算机诞生之时，伴随项目管理技术的出现，产生了早期的项目管理软件。由于计算机技术的限制，这种软件只能在巨型计算机上运行，价格昂贵，主要应用于国防等特定的领域。

项目管理软件的大量涌现是在 20 世纪 80 年代，随着计算机成本下降与性能的迅速提高，加之项目管理技术和方法的蓬勃发展，项目管理软件的数量急剧增加，功能逐渐强大，普遍适用于各种行业项目，操作也日趋简化，不需要用户进行特别的训练，价格也大幅下降。

早在 20 世纪 70 年代，国内项目管理软件的研究就已经开始。20 世纪 90 年代以前，项目管理软件大多由用户单位自行研制、使用，满足自身特定需要，并没有形成产品。20 世纪 90 年代初，在软件行业蓬勃发展的大背景下，项目管理软件领域出现了专业化的软件企业，它们提供社会化、专业化、商业化的产品，带来了软件的快速发展。

20 世纪 90 年代末，项目管理软件产品由只能满足单个功能的单机版转向将项目进展的各个方面综合管理的集成系统。运行环境也随着网络发展的需要，由单机用户拓展到网络多用户，在一定程度上实现了企业内部的数据共享。

进入21世纪以来，项目管理软件的研发受到用户需求的变化，网络技术、数据库技术、通信技术的进步，国外软件竞争压力等因素的共同影响。国产项目管理软件开始注重质量与品牌管理，逐步建立大规模、高品质软件所必需的管理、人才、技术、环境基础。

### 8.1.2 项目管理软件的常见功能

目前市场上项目管理软件很多，包括Primavera公司的P6、SureTrak和Expedition；微软公司的Project 2019系列；Welcom公司的OpenPlan；Symantec公司的TimeLine；Scitor公司的Project Scheduler；等等。这些软件中有些属于高端软件，功能复杂，适合专业项目管理人员进行超大型多个项目的管理，价格比较昂贵；而有些则适用于中小型项目管理的需要，功能完备，使用方便，价格相对低廉。企业用户在进行软件选型时，应重点考虑自身需要与软件功能的匹配，比如，相比较建筑、桥梁等工程项目而言，电子商务项目的规模（持续时间较短、人力资金数量较少、设备等资源管理要求较低）一般情况下属于中小型项目，则项目开发团队不必花费高额费用购买高端软件进行项目管理。当然，项目的财务状况和操作人员熟悉程度，以及现有流程的契合程度也是选择项目管理软件需要参考的因素。

下面将介绍目前流行的项目管理软件的基本功能。需要说明的是，这些功能并不是所有管理软件都完全具备的，企业用户应该按照项目特点和管理需求，选择适宜的管理软件。

1. 进度管理

对于大多数项目而言，时间是最重要的资源。通过定义任务及其相互的逻辑关系，利用网络技术进行进度计划管理功能是项目管理软件中应用最普遍的、技术上最成熟的功能，它也是目前绝大多数项目管理软件的核心部分。软件能够根据任务信息，计算关键路径；进行时间进度分析；实时反映实际的计划执行状况，并进行相应的调整控制；输出进度状态报告。

2. 费用管理

项目管理软件具备的最基本的费用管理功能，是与进度计划集成在一起的费用计划与跟踪功能，对任务作业中所消耗的人员、材料设备、管理等费用可以按项目一次性计算，也可以分摊到具体的某个任务中。而具备高水平的费用管理功能的软件能够集成完成项目生命期内的所有费用的分析和管理，保持各项管理的一致性，并与合同相关内容联系，具体的功能包括投标报价、预算管理、费用预测、费用控制、绩效检测和差异分析等。

3. 资源管理

项目中涉及的资源包括消耗性的材料设备以及非消耗性的人力机械等。资源管理功能可以为所有资源建立完善数据，对资源状况以及资源对任务的贡献进行管理，能够根据任务要求和已有资源自动调配，对资源受限或过剩的情况进行资源均衡。

4. 沟通管理

项目进行过程中，需要不同干系人在不同时点、不同地点进行大量的信息数据交互沟通。包括进度报告发布、项目文档管理、项目组成员间及其与外界的通信与交流、项目公告板和消息触发式的管理交流机制等。借助互联网，项目管理软件可以在任何时间将在任何地点的所有干系人纳入沟通网络中。要注意的是，在沟通中软件需要提供保障数据安全性的功能。另外，软件对项目信息资料的输入输出处理逐渐标准化，这意味着项目管理软件可以方便处理在多个应用程序平台下的数据。

5. 风险管理与预测

项目存在范围、进度、成本、质量等风险，针对这些风险的管理技术已经发展得比较成熟，并体现在了项目管理软件中，常见的功能包括因果分析法、多分布形式的概率分析法和基于经验的专家系统等。同时，考虑到风险，对项目未来状况进行预测也是项目管理软件的重要功能，一般而言，还需要在预测的基础上，提供应对的解决方案，例如，当项目实际费用超出预算所采用的应对措施等。

6. 多项目管理

越来越多的项目管理软件提供给用户可以处理多个项目的功能，并且可以在多个项目间进行资源和数据的共享调配。

## 8.2　Microsoft Project 2019 介绍

Microsoft Project 是一款在国际上享有盛誉的通用的项目管理软件，凝集了许多成熟的项目管理理论和方法，可以帮助项目管理者实现时间、资源、成本的计划与控制。Microsoft Project 2019 作为本书写作时 Microsoft Project 系列最新的版本，具有更加强大和完备的功能。因数据中心位置的原因，站在中国用户的角度来看，该软件分为全球版和中国版，其中全球版由微软运营，数据中心在美国，中国版由世纪互联运营，数据中心在上海和北京。Microsoft Project 分为基于云端的解决方案和基于本地的解决方案，基于云端的解决方案又分为 Project Plan 1（本书写作时价格为 72.00 元/用户/月）、Project Plan 3（217.00 元/用户/月）、Project Plan 5（398.00 元/用户/月），功能逐渐递增；全球版本的解决方案分为 Project Standard 2019（本书写作时价格为 5 278 元/用户/月）、Project Professional 2019（10 338 元/用户/月）、Project Server。不同版本的 Project 可以满足不同层次、不同规模项目的管理需要。通过以下链接，用户可以自行选择所需版本。

https://www.microsoft.com/en-us/microsoft-365/project/project-management-software。

### 8.2.1　Microsoft Project 2019 的界面与新增功能

1. Project 软件界面介绍

双击打开 Microsoft Project Professional 2019（下文简称 Project 2019），进入初始界面“一站式中心”，在“开始”菜单的“新建”选项卡下点击“空白项目”，即可进入“项目管理编辑工作”界面，如图 8-1 所示。

**图 8-1 项目管理编辑工作界面**

“项目管理编辑工作”界面主要包含以下元素：

①标题栏：标题栏有运行程序的名称和文档名称。

②窗口控制按钮：窗口控制按钮有登录、窗口最大化、窗口最小化、关闭按钮。

③选项卡：选项卡里包含文件、任务、资源、报表、项目、视图、帮助、团队、格式等9类选项，点击选项卡里其中一个，对应菜单栏里的工具。

④菜单栏：菜单栏列出了所有操作选项，用户可以点击进行操作。菜单栏里所有的工具，都分别对应着相应的选项卡。

⑤日程表：以条形图的样式展示项目的关键任务、里程碑等信息。

⑥域标题：类似于 Excel 中的列标题，为工作表视图中每列顶部的灰色区域，点击域标题可选择该列。

⑦行标题：为每行左侧的灰色区域，任务工作表和资源工作表的行标题通常包含每项任务或资源的标识号。

⑧垂直拆分条：用于分隔甘特图、资源图表、资源使用情况、任务分配状况视图中的表与图表部分，或图例与图表部分。

⑨时间刻度和日期：在甘特图、资源图表、任务分配状况、资源使用情况视图顶部包含时间刻度和日期的灰色分割宽线，时间刻度和日期下方的区域显示了以图表方式表示的任务或资源信息。

⑩状态栏：位于界面的底部，主要显示当前的操作或模式状态。

⑪视图方式：用来切换工作表的视图模式，包括甘特图、任务分配状况、工作组规划器、资源工作表与报告5种模式。

2. Project 2019 新增功能

Project 系列软件流行过的版本主要包括 Project 2010、Project 2013、Project 2016 和 Project 2019，不同版本的 Project 在实质上未发生过多变化，只是不断在之前版本的基础上完善软件功能，优化操作界面，提升软件的易用性。同样，Project 2019 也在之前版本的基础上增加了一些新功能，下面对 Project 2019 的新增功能进行介绍。

（1）“前置任务”字段增加下拉菜单。

Project 2019 在“前置任务”字段（如图 8-2 的最右侧所示）增加下拉菜单列表。用户在选择任务的前置任务时无须再记住要链接到的任务的 ID，只需选择“前置任务”列中的单元格，然后单击下拉箭头，就可以看到项目中所有任务的列表。列表中的任务层次结构和顺序与项目完全匹配，使用户能够轻松滚动到前置任务，并选择旁边的复选框。

**图 8-2　前置任务下拉菜单图**

（2）增加“任务摘要名称”字段。

如果任务列表较长，可能很难了解整个项目计划中任务缩进的内容，因而 Project 2019 新增“任务摘要名称”字段（如图 8-3 的最右侧所示），该字段是只读字段，主要显示该任务上一级摘要任务的名称。将此字段添加为“任务”视图中的列，有助于阐明项目的结构。若要添加此字段，可以右键单击列标题（要添加域的位置的右侧），选择“插入列”，然后从下拉列表选择“任务摘要名称”。

| | | 任务模式 | 任务名称 | 工期 | 开始时间 | 完成时间 | 任务摘要名称 |
|---|---|---|---|---|---|---|---|
| 1 | | | 1 新房装修 | 97.5 个工作日 | 2020年8月26日 | 2021年1月8日 | |
| 2 | ✓ | | 1.1 交房 | 1 个工作日 | 2020年8月26日 | 2020年8月26日 | 新房装修 |
| 3 | | | 1.2 装修设计 | 8 个工作日 | 2020年8月27日 | 2020年9月7日 | 新房装修 |
| 4 | ✓ | | 1.2.1 实地测量及现场协商装修方案 | 2 个工作日 | 2020年8月27日 | 2020年8月28日 | 装修设计 |
| 5 | | | 1.2.2 装修方案设计 | 4 个工作日 | 2020年8月31日 | 2020年9月3日 | 装修设计 |
| 6 | | | 1.2.3 装修方案确认、修改及定稿 | 2 个工作日 | 2020年9月4日 | 2020年9月7日 | 装修设计 |
| 7 | | | 1.2.4 装修设计方案完成 | 0 个工作日 | 2020年9月7日 | 2020年9月7日 | 装修设计 |
| 8 | | | 1.3 选材、购买 | 40 个工作日 | 2020年9月8日 | 2020年11月2日 | 新房装修 |
| 9 | | | 1.3.1 选购电线、水管、开关插座等 | 1 个工作日 | 2020年9月8日 | 2020年9月8日 | 选材、购买 |
| 10 | | | 1.3.2 选购地砖、墙砖 | 1 个工作日 | 2020年9月9日 | 2020年9月9日 | 选材、购买 |
| 11 | | | 1.3.3 选购卫生间、厨房吊顶 | 1 个工作日 | 2020年9月10日 | 2020年9月10日 | 选材、购买 |
| 12 | | | 1.3.4 选购厨房整体橱柜 | 1 个工作日 | 2020年9月11日 | 2020年9月11日 | 选材、购买 |
| 13 | | | 1.3.5 选购卫浴设备 | 1 个工作日 | 2020年9月14日 | 2020年9月14日 | 选材、购买 |
| 14 | | | 1.3.6 选购客厅吊顶材料 | 1 个工作日 | 2020年9月15日 | 2020年9月15日 | 选材、购买 |
| 15 | | | 1.3.7 选购墙面漆 | 1 个工作日 | 2020年9月16日 | 2020年9月16日 | 选材、购买 |
| 16 | | | 1.3.8 选购壁纸 | 1 个工作日 | 2020年9月17日 | 2020年9月17日 | 选材、购买 |
| 17 | | | 1.3.9 选购沙发、床、衣柜等 | 2 个工作日 | 2020年9月18日 | 2020年9月21日 | 选材、购买 |
| 18 | | | 1.3.10 选购电灯 | 1 个工作日 | 2020年9月22日 | 2020年9月22日 | 选材、购买 |

**图 8-3　任务摘要名称**

（3）“日程表”中增加标签和任务进度。

Project 2019 支持在一个项目文件中创建多个日程表，并设置每个日程表的日期范围。同时，可依据需求为任务增加标签说明，以及显示任务的完成进度。以新房装修项目为例（见图 8-4），第一个日程表显示新房装修整体进度以及交房环节，为了突出显示交房环节，在相应进度条下方增加标签说明；第二个日程表显示装修设计环节，任务进度条上的阴影部分表示任务的当前进度，将鼠标置于进度条上可查看相应任务的具体信息。项目中的里程碑以◆的形式在日程表中进行标注。丰富多样的日程表设置，便于用户在共享状态时可以简单快速地说明计划和进行中的工作。

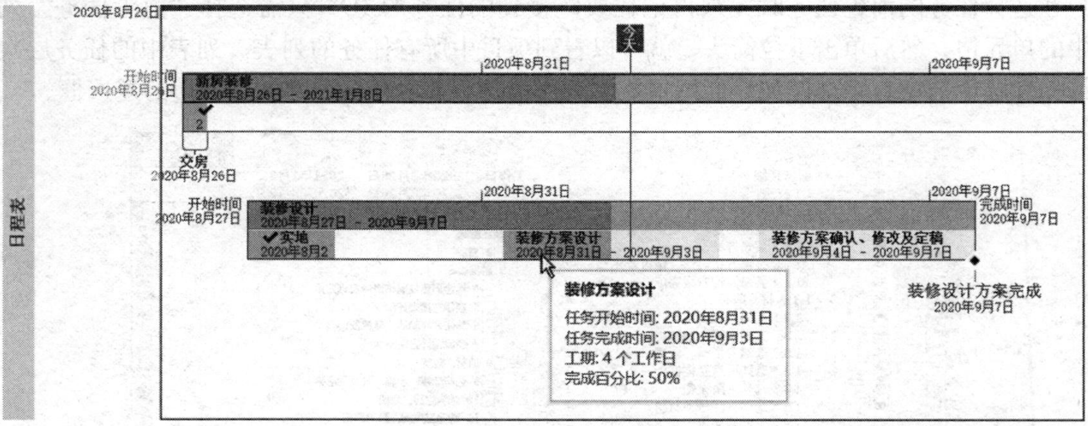


图 8-4　日程表图

下面，本书将以“校园二手用品跳蚤市场移动 App 项目”为例演示 Microsoft Project 2019 的重要操作。

### 8.2.2　Microsoft Project 2019 的项目文件管理

1. 建立项目文件

在使用 Microsoft Project 2019 来管理项目时，第一步是创建一个新项目文件。创建新项目时，可以选择从开始日期或完成日期来安排项目日程，并且可定义特定的文件属性来帮助组织或查找项目。

第一步，进入“一站式中心”，单击“新建”，选择“空白项目”。

第二步，进入项目编辑主界面后，需要设置项目信息。在“项目”选项卡中，单击“属性”栏中的“项目信息”按钮。若要从开始日期安排项目日程，在“开始日期”框中键入希望项目开始的日期，如图 8-5 所示。若要从完成日期安排项目日程，单击“日程排定方法”框中的“项目完成日期”，然后在“完成日期”框中键入希望项目完成的日期。

2. 项目属性及信息设置

为了帮助用户组织或查找项目，可以为项目输入文件属性，如描述性标题、主题、项目经理或备注。

第一步，在“文件”选项卡上单击“信息”，然后单击“项目信息”，在下拉菜单中选择“高级属性”，弹出“项目属性”编辑界面。

第二步，编辑项目信息。若要为项目输入基本文件属性，单击“摘要”选项卡（见图 8-6（a）），在“标题”“主题”“主管”或“备注”框中输入相关项目信息，然后单击“确定”；若要为项目添加自定义文件属性，可单击“自定义”选项卡（见图 8-6（b）），在“名称”“类型”“取值”框中输入相关信息，然后单击“添加”。

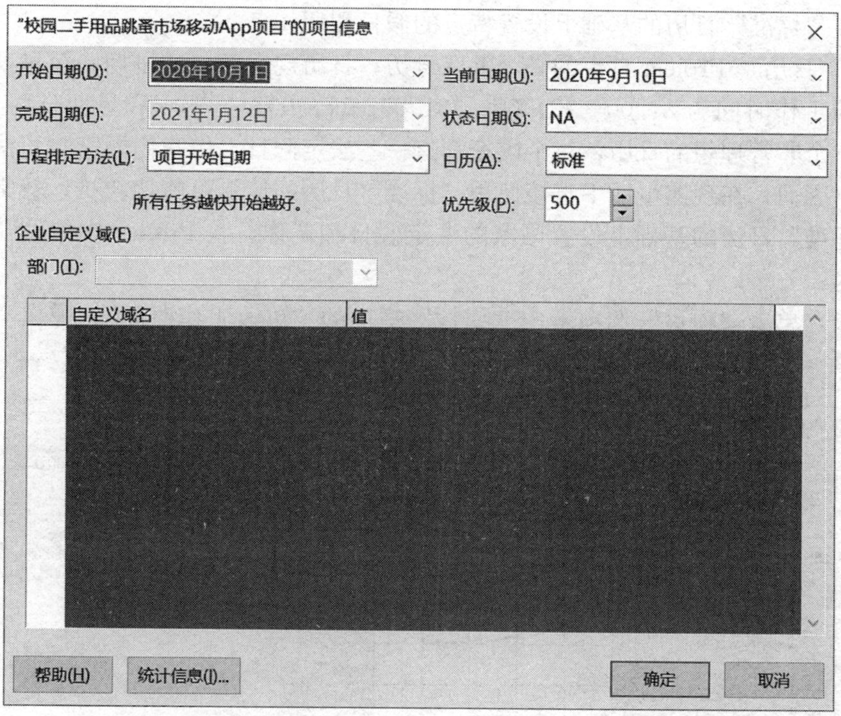


图 8－5　校园二手用品跳蚤市场移动 App 项目信息

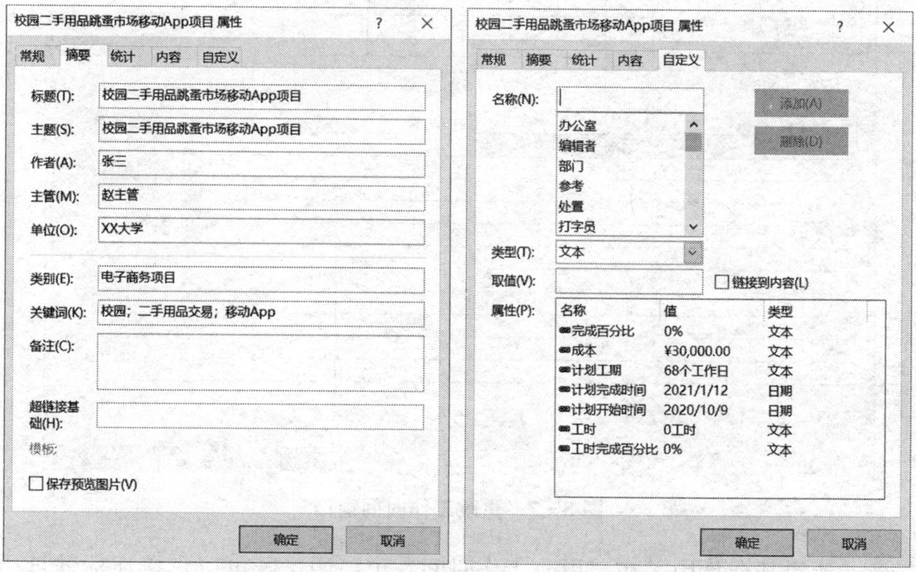


(a) 项目摘要信息　　　　(b) 项目自定义信息

图 8－6　校园二手用品跳蚤市场移动 App 项目属性

3. 项目日历编辑

为了真实反映现实世界，可以修改项目日历，以反映项目人员的工作时间。在本书中笔者选择了 2 种不同的日历形式来介绍日历的设置。本项目采用第一种日历形式。

（1）在“标准”日历的基础上设置特定的假日和调休。

“标准”日历是Project自带的一个默认日历，日历规定每周的星期一至星期五为工作日，每日的工作时间为8：00—12：00、13：00—17：00，星期六和星期日为非工作日。然而这是一个非常理想的日历，每个国家都有一些法定假日，像我们国家除了法定假日外还有调休。因而，在现实生活中直接使用“标准”日历的情形可能比较少，较常用的可能就是在“标准”日历的基础上设置国家的法定假日和调休。在Project中修改“标准”日历的步骤为：

第一步，单击“项目”选项卡中“属性”栏中的“更改工作时间”，弹出“更改工作时间”窗口（见图8-7）。

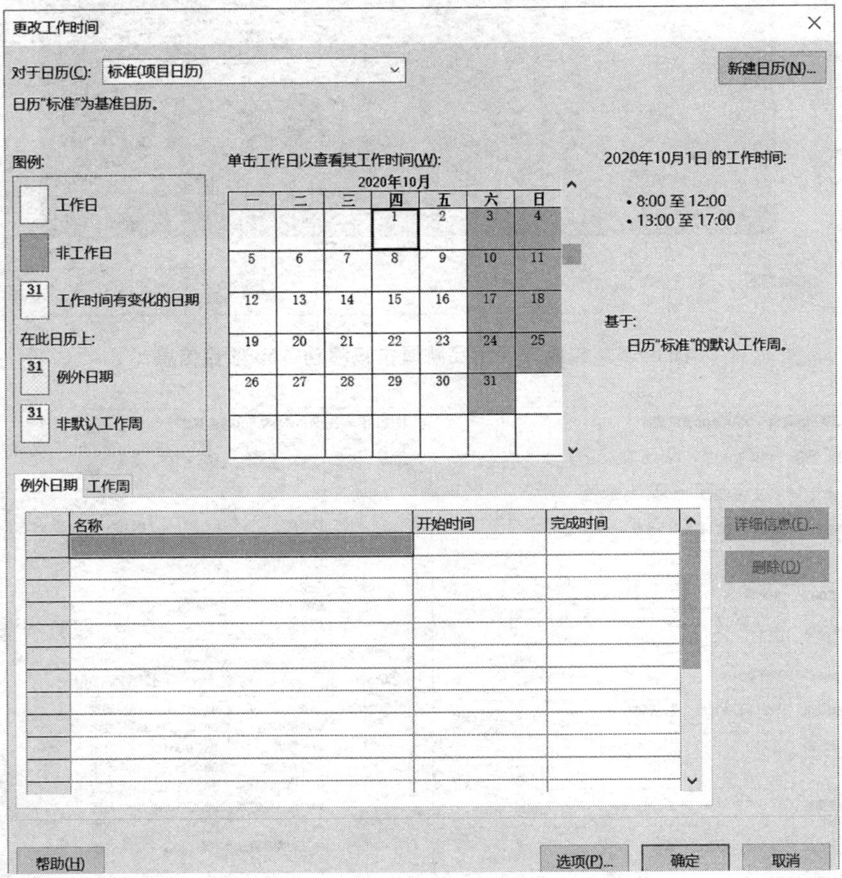


**图8-7 更改工作时间窗口**

第二步，新建基准日历。在“更改工作时间”窗口中，既可以直接在标准日历上设置假期和调休，也可以单独建立一个新的日历。这里介绍新建日历的方法，单击图8-7右上角的“新建日历”按钮，弹出“新建基准日历”窗口（见图8-8），在名称文本框处输入“标准+假期”，选择“新建基准日历”，点击“确定”就会回到“更改工作时间”窗口，但相对于图8-7而言已经有了变化，在该窗口左上角的“对于日历”处，已经从刚才的“标准（项目日历）”变成了“标准+假期”（见图8-9）。

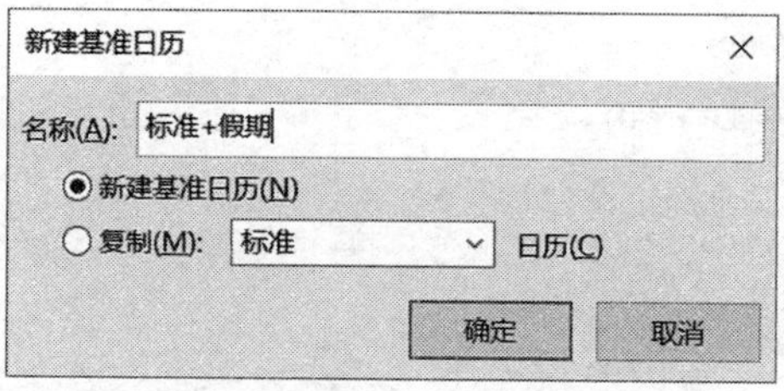


图 8-8　新建“标准＋假期”基准日历

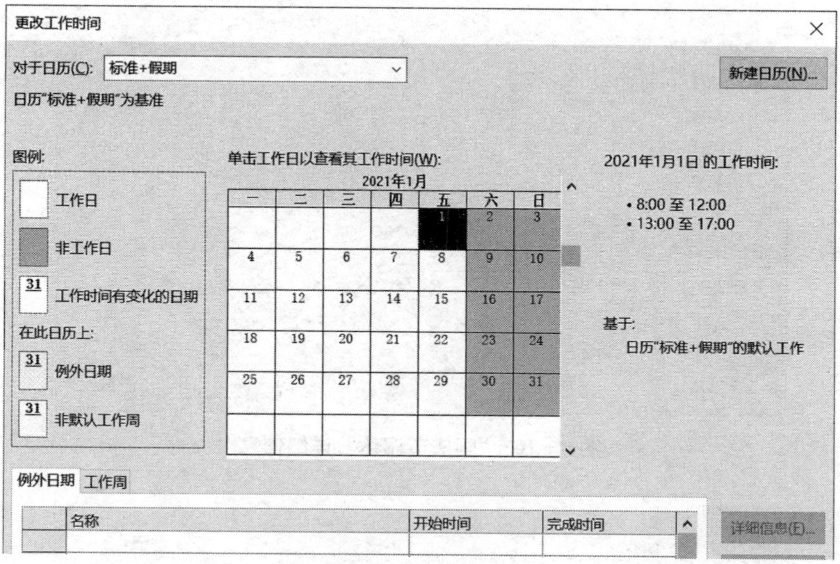


图 8-9　“标准＋假期”工作日历

第三步，设置节日、调休等例外日期。以“中秋节和国庆节”假期为例：在图 8-9 的“标准＋假期”日历界面单击“例外日期”选项卡，在下方表格的“名称”域中输入“中秋节＋国庆节假期”，并在“开始时间”域输入假期的起始时间 2020 年 10 月 1 日，在“完成时间”域中输入假期的结束时间 2020 年 10 月 8 日。由于国庆节假期存在调休，10 月 10 日调整为工作日，因而还需对此进行单独设置，在下一行的“名称”域输入“国庆节调休”，在“开始时间”和“完成时间”域中输入 2020 年 10 月 10 日，然后单击“国庆节调休”，再单击右侧的“详细信息”按钮，弹出如图 8-10 所示的窗口，在窗口中选择“工作时间”选项，下方的表格会自动显示默认的工作时间：8：00—12：00、13：00—17：00，然后单击“确定”按钮。按照同样的方法，输入项目期间的其他节日、调休等例外日期，最终日历如图 8-11 所示。

第四步，单击“确定”按钮，保存日历。

第五步，修改项目日历。在“项目”选项卡上，单击“属性”栏中的“项目信息”按钮。在弹出的项目信息编辑界面中，点击“日历”下拉菜单，选择“标准＋假期”，单击“确定”按钮保存修改。

（2）6 天工作制、7 天工作制日历。

基于公司特点或者行业特点等原因，某些公司或者公司的某些部门会采用每周工作 6 天

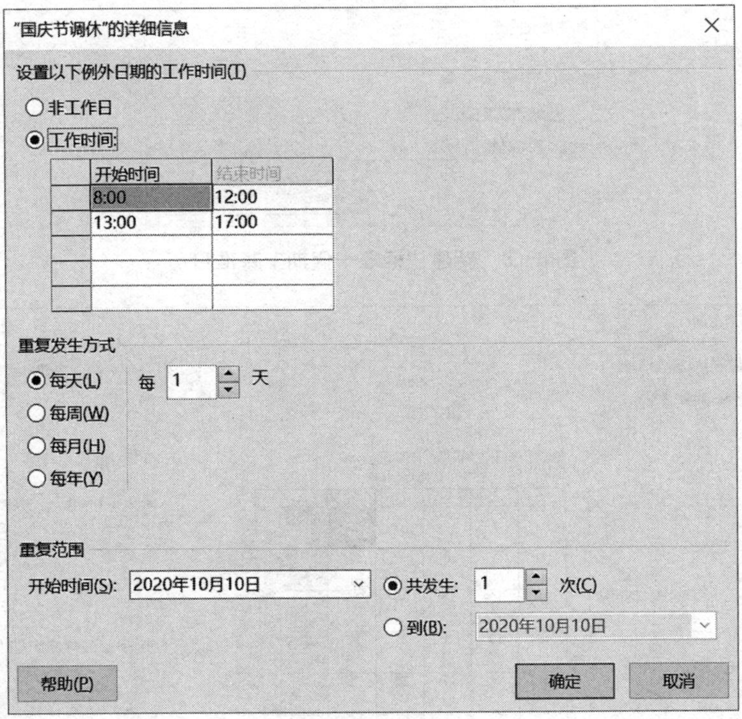


图 8-10 “国庆节调休”详细信息

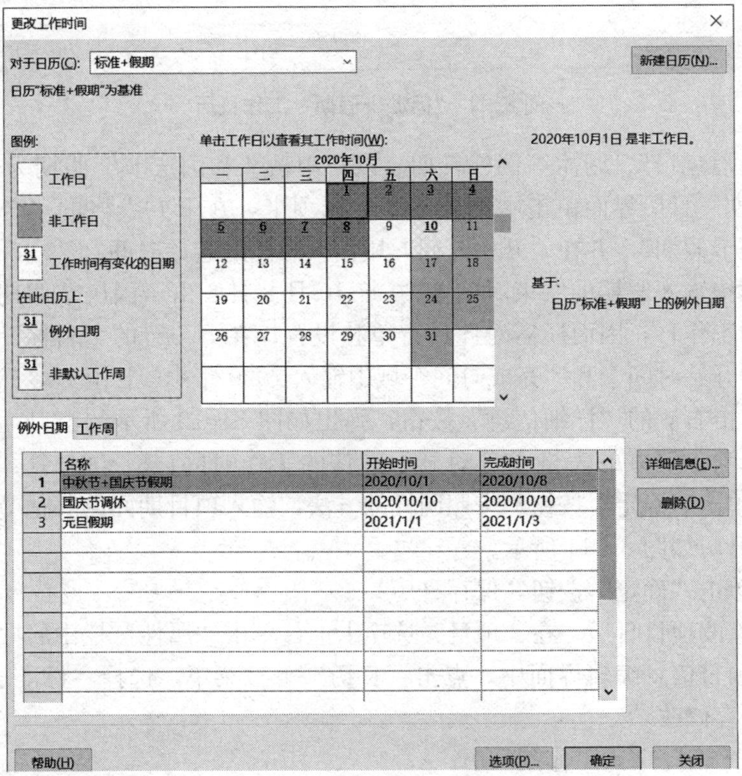


图 8-11 “标准十假期”最终日历

甚至 7 天的日历，只保证国家法定假日的正常放假。在 Project 中设置这些日历也很简单，下面先来创建一个 6 天工作制的日历，同时假设尽管平时的星期六需要上班，但是碰到国家法定假日时还是需要放假和调休的。

第一步，单击“项目”选项卡中“属性”栏中的“更改工作时间”，弹出“更改工作时间”窗口。

第二步，新建基准日历。在“更改工作时间”窗口中，单击右上角的“新建日历”按钮，弹出“新建基准日历”窗口（见图 8－12），在名称文本框处输入“6 天工作制”，选择“复制‘标准＋假期’日历”，点击“确定”。

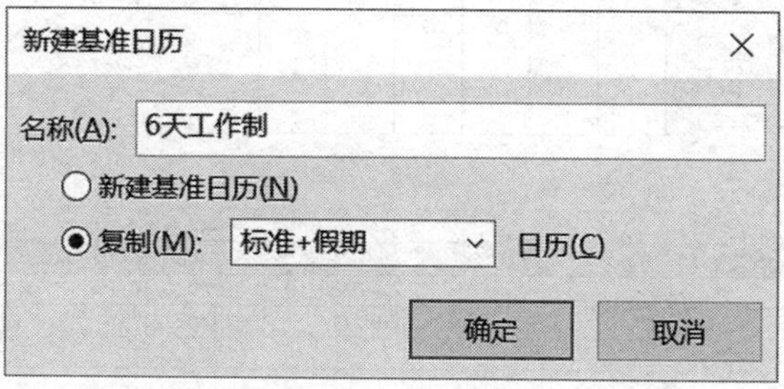


**图 8－12　新建“6 天工作制”基准日历**

第三步，在“6 天工作制”日历界面单击“工作周”选项卡，选中第一行的“默认”，单击右侧的“详细信息”，弹出“‘［默认］’的详细信息”窗口（见图 8－13）。在左侧单击“星期六”，然后在右侧选择第三个选项“对所列日期设置以下特定工作时间”，这时下面的工作时间是空白的，需要手动输入，可以直接按照默认的工作时间输入，即 8：00—12：00、13：00—17：00。单击详细信息小窗口中的“确定”按钮。

第四步，单击“更改工作时间”窗口下方的“确定”按钮，“6 天工作制”日历就创建好了，如图 8－14 所示。“7 天工作制”日历操作与此类似，在此不一一赘述。

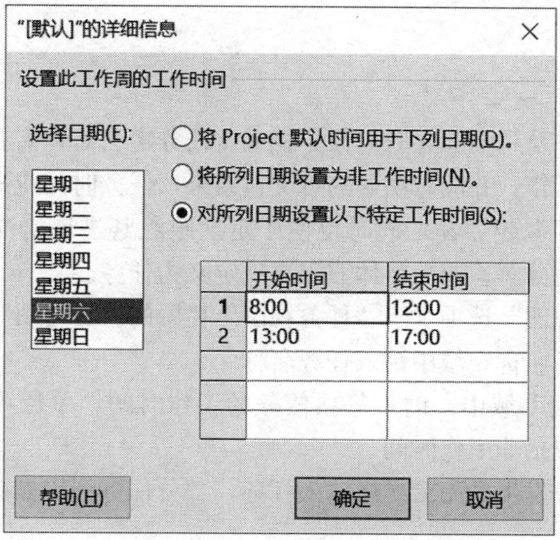


**图 8－13　“［默认］”的详细信息窗口**

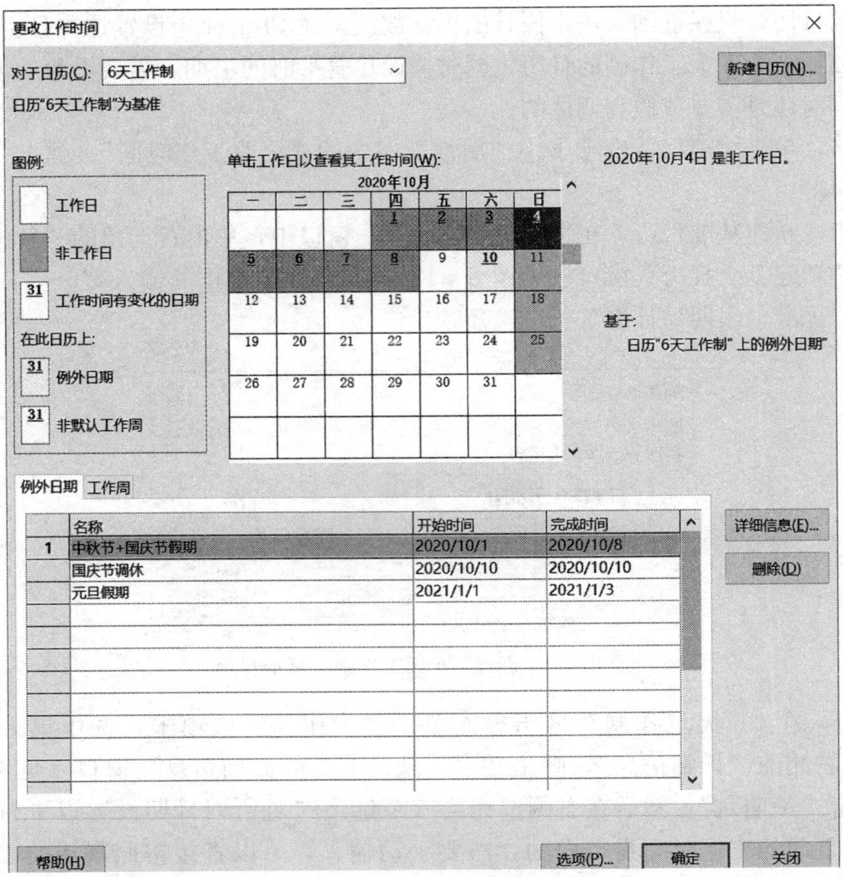


图 8-14 “6 天工作制”日历

## 8.2.3 Microsoft Project 2019 的项目范围和进度管理

1. 新建项目任务

（1）创建任务清单。

通常，项目是由一系列相互关联的任务组成。任务定义时，需要考虑如下因素：一个任务代表了一定量的工作，并应有明确的可交付结果；任务时间应短于总体项目工期，任务越短，估计时间和资源越容易，同时也便于定期跟踪其进展情况；对于风险较大的任务，应该进行更详细地分解；避免将休假等事项定义为任务。

第一步，单击“视图”选项卡下“任务视图”栏中的“甘特图”。

第二步，在“任务名称”域中键入任务名称。

第三步，在“工期”域中，键入每项任务的工作时间，单位可以是月、星期、工作日、小时或分钟，不包括非工作时间。

第四步，按照任务发生的先后次序输入任务，部分任务列表如图 8-15 所示。

（2）新建里程碑。

里程碑任务通常是项目计划中的一些关键节点或者事件，尤其是给客户或者领导呈报

| | 任务模式 | 任务名称 | 工期 | 开始时间 | 完成时间 | 前置任务 |
|---|---|---|---|---|---|---|
| 1 | | 项目管理 | 11 个工作日 | 2020年10月9日 | 2020年10月23日 | |
| 2 | | 项目开发立项 | 2 个工作日 | 2020年10月9日 | 2020年10月12日 | |
| 3 | | 可行性研究 | 3 个工作日 | 2020年10月9日 | 2020年10月13日 | |
| 4 | | 项目章程编写 | 2 个工作日 | 2020年10月9日 | 2020年10月12日 | |
| 5 | | 项目经理的任命 | 1 个工作日 | 2020年10月9日 | 2020年10月9日 | |
| 6 | | 项目计划的编制 | 4 个工作日 | 2020年10月9日 | 2020年10月14日 | |
| 7 | | 需求分析 | 15 个工作日 | 2020年10月9日 | 2020年10月29日 | |
| 8 | | 阅读文献 | 2 个工作日 | 2020年10月9日 | 2020年10月12日 | |
| 9 | | 实地考察 | 2 个工作日 | 2020年10月9日 | 2020年10月12日 | |
| 10 | | 用户访谈 | 3 个工作日 | 2020年10月9日 | 2020年10月13日 | |
| 11 | | 问卷调查 | 3 个工作日 | 2020年10月9日 | 2020年10月13日 | |
| 12 | | 竞品分析 | 3 个工作日 | 2020年10月9日 | 2020年10月13日 | |
| 13 | | 编写详细需求说明书 | 5 个工作日 | 2020年10月9日 | 2020年10月15日 | |
| 14 | | 系统设计 | 8 个工作日 | 2020年10月9日 | 2020年10月20日 | |
| 15 | | 体系结构设计 | 1 个工作日 | 2020年10月9日 | 2020年10月9日 | |
| 16 | | 功能模块设计 | 3 个工作日 | 2020年10月9日 | 2020年10月13日 | |
| 17 | | 数据库设计 | 3 个工作日 | 2020年10月9日 | 2020年10月13日 | |
| 18 | | 输入设计 | 2 个工作日 | 2020年10月9日 | 2020年10月12日 | |
| 19 | | 输出设计 | 2 个工作日 | 2020年10月9日 | 2020年10月12日 | |
| 20 | | 视觉设计 | 3 个工作日 | 2020年10月9日 | 2020年10月13日 | |
| 21 | | 交互设计 | 2 个工作日 | 2020年10月9日 | 2020年10月12日 | |
| 22 | | 编写App设计说明书 | 2 个工作日 | 2020年10月9日 | 2020年10月12日 | |

**图 8 - 15　校园二手用品跳蚤市场移动 App 项目任务列表**

计划时，里程碑任务可能是他们关注的重点。在一个项目计划中哪些任务是里程碑，完全靠项目团队自己去判断，在 Project 中设置里程碑任务比较简单，有三种方法，下面将逐一讲解。

① 工期为零的任务默认为里程碑任务。

如果一个任务的工期为零，Project 理解为它仅仅代表一个节点而不是一个持续性的活动，因此自动将工期为零的任务视为里程碑。如图 8 - 16 所示，假设在项目管理阶段新增一个里程碑“提交项目计划报告”，将其工期设置成 0 后，该任务就已被默认为是一个里程碑任务了，在默认情况下，里程碑任务的条形图显示为一个黑色的菱形符号◆。

| | 任务模式 | 任务名称 | 工期 | 开始时间 | 完成时间 |
|---|---|---|---|---|---|
| 1 | | 项目管理 | 11 个工作日 | 2020年10月9日 | 2020年10月23日 |
| 2 | | 项目开发立项 | 2 个工作日 | 2020年10月9日 | 2020年10月12日 |
| 3 | | 可行性研究 | 3 个工作日 | 2020年10月9日 | 2020年10月13日 |
| 4 | | 项目章程编写 | 2 个工作日 | 2020年10月9日 | 2020年10月12日 |
| 5 | | 项目经理的任命 | 1 个工作日 | 2020年10月9日 | 2020年10月9日 |
| 6 | | 项目计划的编制 | 4 个工作日 | 2020年10月9日 | 2020年10月14日 |
| 7 | | 提交项目计划报告 | 0 个工作日 | 2020年10月9日 | 2020年10月9日 |

**图 8 - 16　项目里程碑创建**

假如有些任务的工期不是 0，也想设置成里程碑任务，那么可以采用后面这两种方法。

② 在任务信息窗口中设置里程碑任务。

假设新增的里程碑任务“提交项目计划报告”的工期是 1 个工作日，如果想把它设置为里程碑，可以双击该任务，在弹出的“任务信息”窗口中单击“高级”选项，如图 8 - 17 所示，然后在该窗口最下方勾选“标记为里程碑”。单击“确定”按钮后，该任务也被设置成了里程碑任务，其条形图就会变成一个黑色小菱形了。

③ 在“里程碑”列中设置里程碑任务。

右击工作表区域的任意一列，然后在弹出的快捷菜单中选择“插入列”，在下拉菜单

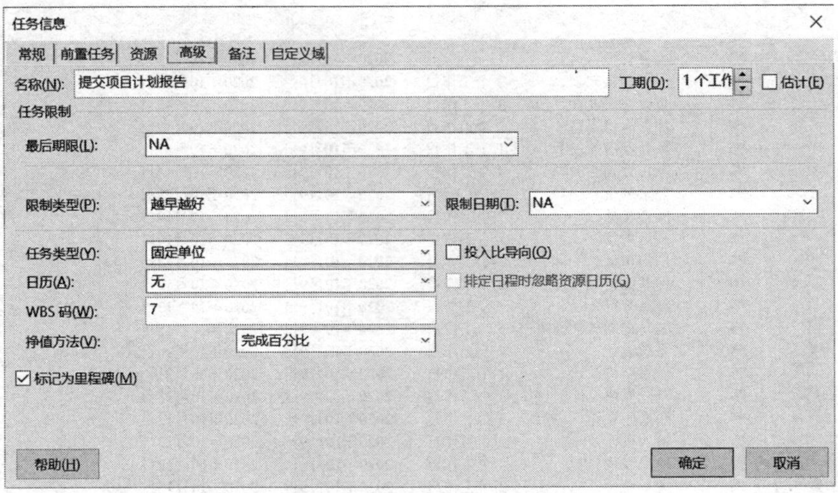


图8－17　项目里程碑设置（1）

中选择“里程碑”或者准确地输入“里程碑”，这样“里程碑”这一列就显示出来了，如图8－18所示。对于任务“提交项目计划报告”，在“里程碑”列中选择“是”，该任务就被设置为里程碑任务了，条形图也自动变成了黑色小菱形。

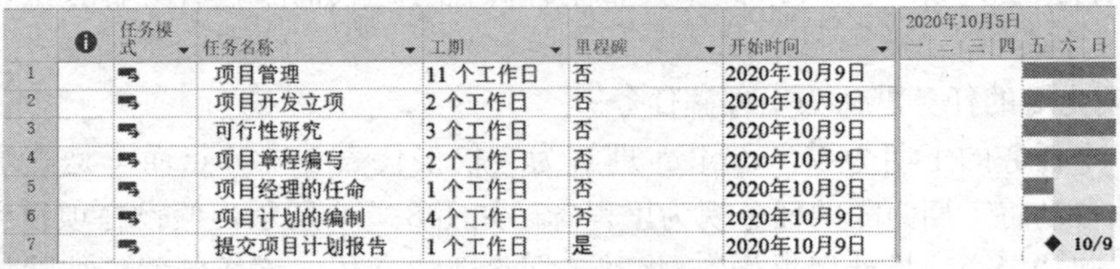

| | 任务模式 | 任务名称 | 工期 | 里程碑 | 开始时间 |
|---|---|---|---|---|---|
| 1 | | 项目管理 | 11个工作日 | 否 | 2020年10月9日 |
| 2 | | 项目开发立项 | 2个工作日 | 否 | 2020年10月9日 |
| 3 | | 可行性研究 | 3个工作日 | 否 | 2020年10月9日 |
| 4 | | 项目章程编写 | 2个工作日 | 否 | 2020年10月9日 |
| 5 | | 项目经理的任命 | 1个工作日 | 否 | 2020年10月9日 |
| 6 | | 项目计划的编制 | 4个工作日 | 否 | 2020年10月9日 |
| 7 | | 提交项目计划报告 | 1个工作日 | 是 | 2020年10月9日 |



图8－18　项目里程碑设置（2）

2. 项目任务管理

（1）建立工作分解结构。

在Project中创建了任务清单后，接下来需要设置任务之间的层级关系以建立工作分解结构。建立工作分解结构，只需选中要进行升级或降级操作的任务，然后单击“任务”选项卡下“日程”栏中的“升级”按钮或“降级”按钮使得指定任务成为摘要任务或子任务。这样可将相关的任务按一定层次缩进到概括的任务中，从而创建层次化的结构，便于把任务组织成更易于管理的模块。

以图8－19为例，第一个任务“项目管理”的任务级别是1，而其他任务是它的子任务，说明这个任务是一个摘要任务。这时可以在Project中选中该任务下的子任务（任务2到任务6），然后单击“降级”按钮，这样任务2到任务6就都变成任务1的子任务了。

若要显示任务的大纲编号，在“格式”选项卡下，勾选最右侧“显示/隐藏”栏中的“大纲数字”，这样所有任务的名称前就自动加上了代表任务层级的大纲数字。注意这个大纲数字是自动显示在“名称”列中的，但在选中某个任务时，编辑栏中只显示任务名称，不能编辑它的大纲数字。这里要提醒读者们，大纲数字是根据任务的层级关系自动生成

| | ℹ | 任务模式 | 任务名称 | 工期 | 开始时间 | 完成时间 | 前置任务 |
|---|---|---|---|---|---|---|---|
| 1 | | | ◢项目管理 | 4 个工作日 | 2020年10月9日 | 2020年10月14日 | |
| 2 | | | 项目开发立项 | 2 个工作日 | 2020年10月9日 | 2020年10月12日 | |
| 3 | | | 可行性研究 | 3 个工作日 | 2020年10月9日 | 2020年10月13日 | |
| 4 | | | 项目章程编写 | 2 个工作日 | 2020年10月9日 | 2020年10月12日 | |
| 5 | | | 项目经理的任命 | 1 个工作日 | 2020年10月9日 | 2020年10月9日 | |
| 6 | | | 项目计划的编制 | 4 个工作日 | 2020年10月9日 | 2020年10月14日 | |

**图 8－19　建立工作分级结构**

的，不可编辑。若要查看任务的 WBS 编号，可选择“任务名称”列单击鼠标右键，选择“插入列”，插入列后选择“WBS”，项目的 WBS 编号如图 8－20 所示。

| | ℹ | 任务模式 | WBS | 任务名称 | 工期 | 开始时间 | 完成时间 | 前置任务 |
|---|---|---|---|---|---|---|---|---|
| 1 | | | 1 | ◢1 项目管理 | 4 个工作日 | 2020年10月9日 | 2020年10月14日 | |
| 2 | | | 1.1 | 1.1 项目开发立项 | 2 个工作日 | 2020年10月9日 | 2020年10月12日 | |
| 3 | | | 1.2 | 1.2 可行性研究 | 3 个工作日 | 2020年10月9日 | 2020年10月13日 | |
| 4 | | | 1.3 | 1.3 项目章程编写 | 2 个工作日 | 2020年10月9日 | 2020年10月12日 | |
| 5 | | | 1.4 | 1.4 项目经理的任命 | 1 个工作日 | 2020年10月9日 | 2020年10月9日 | |
| 6 | | | 1.5 | 1.5 项目计划的编制 | 4 个工作日 | 2020年10月9日 | 2020年10月14日 | |

**图 8－20　显示任务大纲编号**

（2）建立任务间的关系。

项目中的任务通常按一定的顺序发生，为了使任务按照正确的时间顺序进行，需要在相关的任务间建立依赖关系，并指定相关的类型。关于任务的相关性，Project 中定义了四种，即“完成-开始”、“开始-开始”、“完成-完成”或“开始-完成”。在默认情况下创建“完成-开始”相关性。用户可以根据项目的实际情况来选择任务依赖关系的类型。建立任务之间依赖关系可通过两种方法，下面将逐一讲解。

① 建立任务链接。

第一步，单击“视图”选项卡中的“甘特图”。

第二步，在“任务名称”域中，按照链接顺序选择要链接的两项或多项任务。要选择相邻的任务，按住 Shift 键，然后单击需要链接的第一项和最后一项任务。要选择非相邻的任务，按住 Ctrl 键，然后依次单击需要链接的任务。

第三步，单击“链接任务”按钮，建立的任务链接如图 8－21 所示。

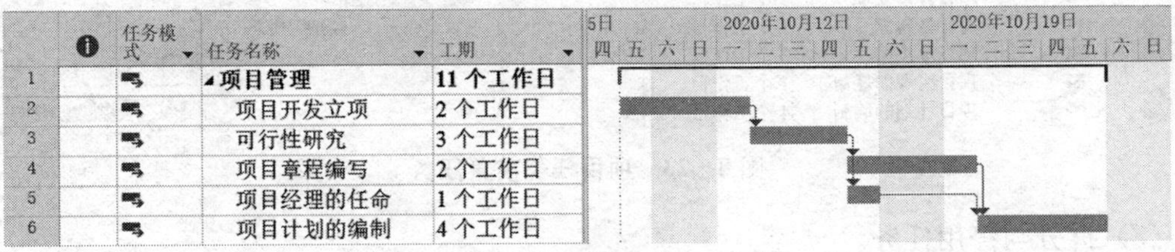


**图 8－21　项目任务链接**

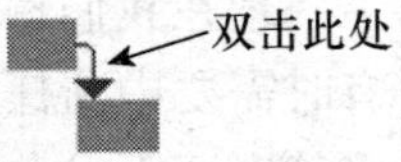


第四步，如果需要改变任务链接，双击需要修改的任务之间的链接线，将会弹出“任务相关性”对话框。

第五步，在“类型”文本框中，选择所需的任务链接类型。在“延隔时间”文本框中以工期或前置任务工期百分比的形式，键入所需的前置重叠时间或延隔时间。以负数或负的百分比键入前置重叠时间（例如，“－2 个工作日”表明两个工作日的前置重叠时间），以正数或正的百分比键入延隔时间，如图 8－22 所示。

第六步，单击“确定”按钮。

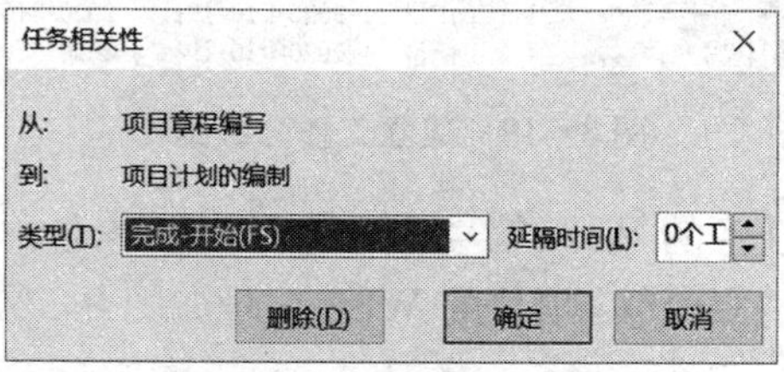


**图 8－22　项目任务链接修改**

另外，如果需要取消任务链接，可在“任务名称”域中选择需要取消链接的任务，然后单击“取消任务链接”按钮。此时，所有这些任务将会根据与其他任务的链接或限制重新安排日程。

② 在“前置任务”列键入前置任务。

第一步，单击“视图”选项卡中的“甘特图”。

第二步，在“域标题”区域单击右键，选择“插入列”，插入列后选择“前置任务”。“前置任务”域列出任务开始或完成所依赖的前置任务的任务 ID 号码。

第三步，在“前置任务”列键入该任务的前置任务，每个前置任务都由其任务标识号（后跟一个相关性类型和前置重叠时间或延隔时间）表示。前置任务的相关性类型为“FS（完成-开始）”“FF（完成-完成）”“SS（开始-开始）”“SF（开始-完成）”。若要输入前置重叠时间，请键入一个负数。若要输入延隔时间，请键入一个正数。

如果只在“前置任务”字段中输入任务 ID 号，Project 将假定相关性为“完成-开始”且延隔时间为零。如果有多个前置任务，它们均列出并由列表分隔符分隔，通常为逗号或分号。项目任务前置任务如图 8－23 所示。

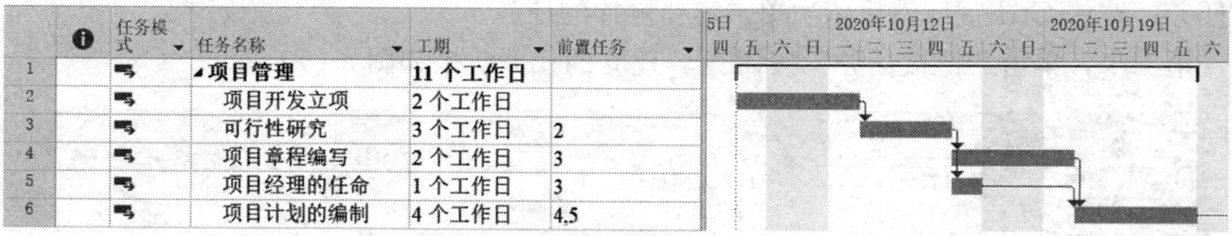


**图 8－23　项目任务前置任务**

（3）拆分与停用任务。

① 拆分任务。

现在我们输入的任务都是在一个时间段内连续、不间断地完成的。但在实际工作中，有时需要中断任务的执行，过一段时间后才继续开始。例如，一个资源撤离某项任务，而接替者要再过一段时间才能开始工作。此时，可以拆分任务来表示没有开展工作的时间段。根据不同的需要可以将任务拆分任意多次。拆分任务的方法如下：

第一步，单击“视图”选项卡中的“甘特图”。

第二步，单击“任务”选项卡“日程”栏中的“任务拆分”按钮。

第三步，在任务的甘特图中，选取任务，单击要拆分的日期，然后拖动条形图的第二部分，直至要继续开始工作的日期。以“可行性研究”任务为例，该任务在进行了一个工作日后，因突发情况需要暂停一个工作日，因而对该任务进行拆分，拆分结果如图 8-24 所示。

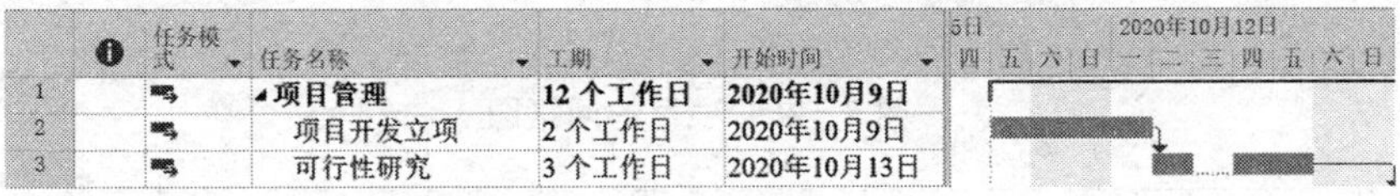


图 8-24　项目任务拆分

另外，如果要取消拆分，可以拖动拆分后的任务的某一部分使其与另一部分相接。

② 停用任务。

我们在做任务时，有时出于工作需要，可能会不需要一些个别的任务，但我们不能在甘特图上将这些任务删除，这时我们可以停用任务。

以停用“项目经理的任命”为例，选中要停用的任务，单击鼠标右键，选择“停用任务”。停用任务结果如图 8-25 所示。

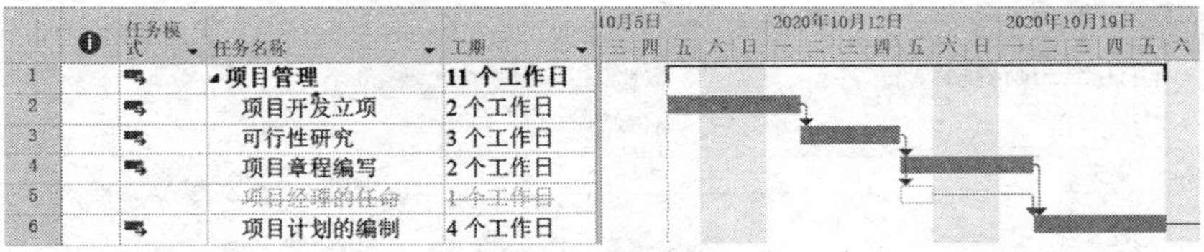


图 8-25　项目任务的停用

被停用的任务也可以取消停用，让任务继续开始使用。只需用鼠标右键单击被停用的任务，去掉“停用任务”前的√即可。

至此，完成了对一个项目范围的确定，建立了相应的项目文件，并定义了项目中的任务，以及项目任务的分解结构、完成时间、先后顺序、彼此关系等重要信息。

3. 项目查看与调整

(1) 查看整个项目。

项目在输入完基本数据后，需要进行检查，确信已排定了项目日程。Project 2019 提供了多种方法和手段，用户可以从不同的角度来了解项目的整体情况。

① 网络图。

网络图是查看项目的任务、相关性和关键路径的图形方式。框（或节点）表示任务，相关性显示为连接这些框的线条。要查看项目的网络图时，只需选择“任务”选项卡下“甘特图”下拉菜单中的“网络图”，Project 将由原先的“甘特图”视图切换为“网络图”视图，项目部分网络图如图 8-26 所示。

网络图中的任务节点默认显示任务的名称、开始日期、完成时间、标识号、工期、资源。若要显示任务的其他信息，可对网络图的样式进行修改，修改样式的步骤如下：

第一步，选择“网络图工具格式”中的“方框样式”，弹出“方框样式”编辑界面如图 8-27 所示。

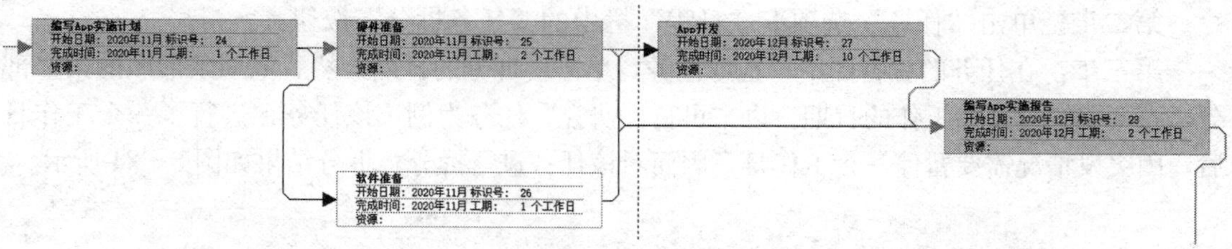


图 8－26　项目的网络图

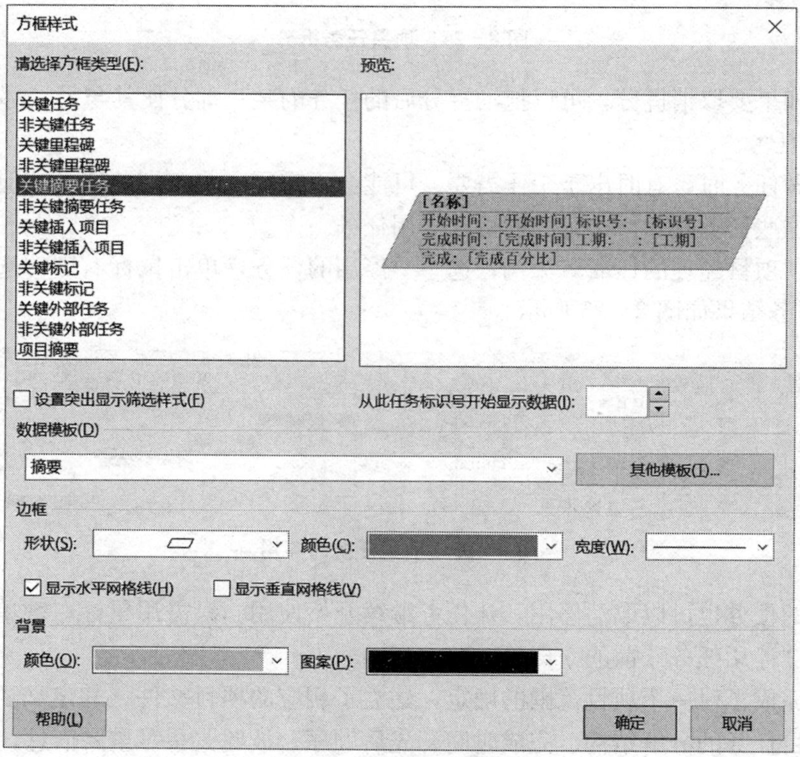


图 8－27　网络图模板设置

第二步，点击“其他模板”，点击“新建”，这里为新图例命名为“网络图 1”，将图例设置为 4 行，2 列，如图 8－28 所示。

第三步，在“选择单元格”中的图例各单元格的下拉菜单中选择需要显示的数据项，如第 4 行 1 列显示“自由时差”，在这里选择“可用可宽延时间”。

第四步，点击“确定”，在图 8－27 所示的“数据模板”中选择新建的图例，应用于当前网络图即可。修改后的项目网络图如图 8－29 所示。

② 甘特图。

甘特图是 Project 中最常使用的视图。它将列出项目中的任务，并使用条形图显示任务之间的关系和日程安排。通过甘特图可以了解整个项目，在 Project 中查看甘特图的具体方法是：

第一步，选取“视图”选项卡中的“甘特图”。

第二步，选择“视图”选项卡下“缩放”栏中的“完整项目”按钮即可查看项目的完

图 8 - 28　网络图模板编辑

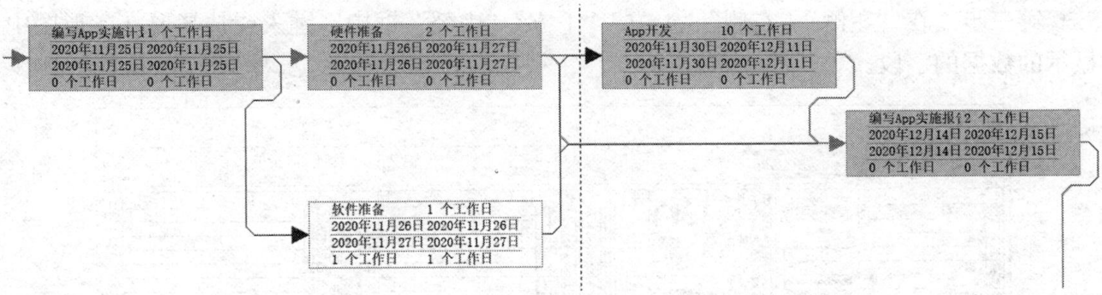


图 8 - 29　修改显示格式的项目网络图

整甘特图，如图 8 - 30 所示。

第三步，若需调整甘特图的显示比例，可选择“显示比例”中的“放大”按钮或“缩小”按钮，改变时间刻度，查看甘特图的详细信息。

在大多数情况下，需要在甘特图视图中的条形图上添加特定项目信息，例如任务名称、资源名称、完成百分比和开始日期。Project 中支持为条形图批量添加说明文本，以及针对特定条形图添加说明文本。

a）为条形图批量添加文本。

第一步，双击“甘特图”视图（而不是单个条形图）的图表部分中的任意位置，然后

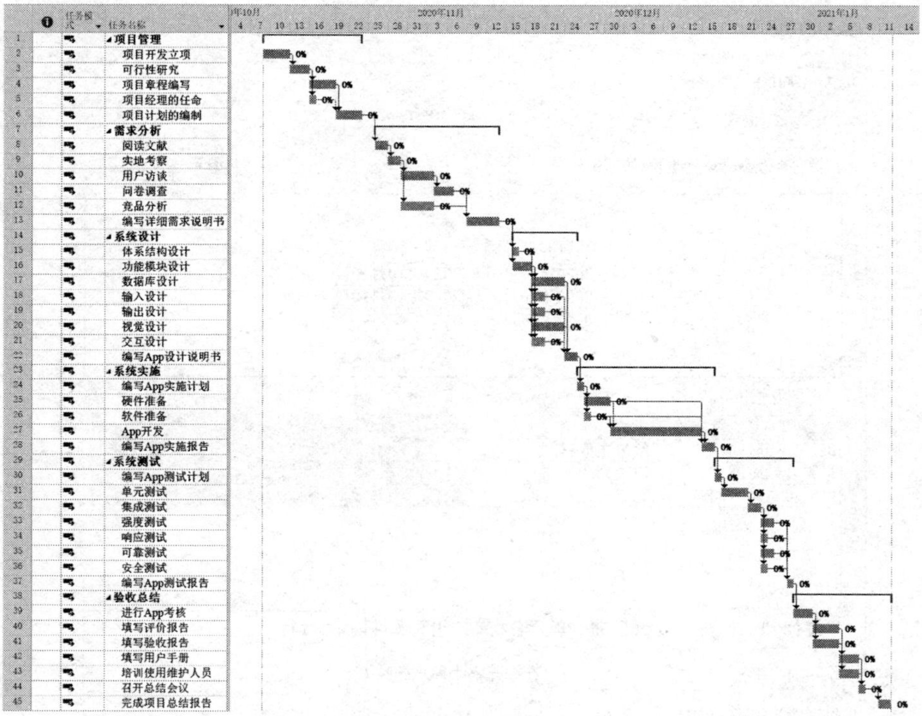


图 8-30　校园二手用品跳蚤市场移动 App 项目的甘特图

单击“条形图样式”，如图 8-31 所示。

第二步，在表中，单击要添加文本的条形图类型（例如“任务”），然后单击“文本”选项卡。

第三步，在“左侧”“右侧”“上方”“下方”“内部”框中，键入或选择要在条形图中显示的数据的字段。

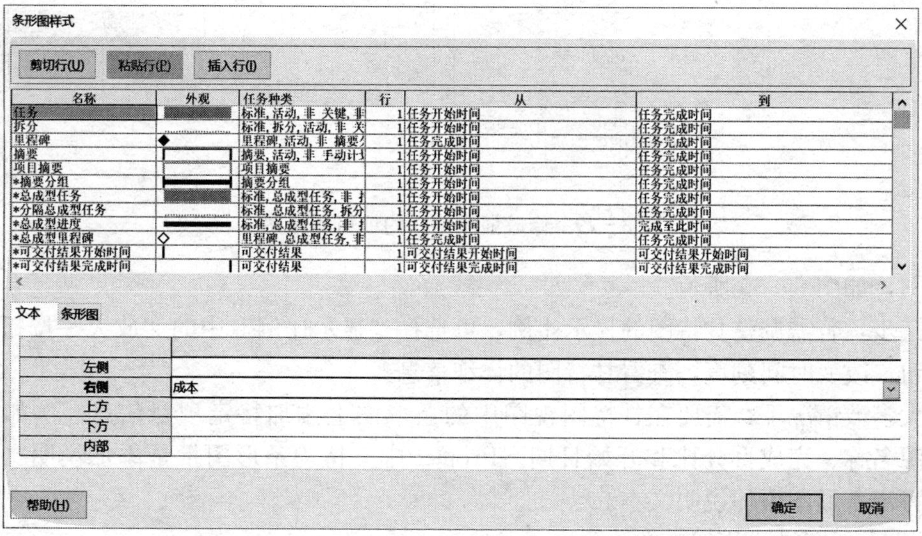


图 8-31　设置条形图样式

b）向特定条形图添加文本。

第一步，双击“甘特图”视图的图表部分中的单个条形图（而不是条形图之间的位置）。

第二步，在“格式栏”对话框中，单击“条形图文本”选项卡。

第三步，在“左侧”“右侧”“上方”“下方”“内部”框中，键入或选择要在条形图中显示的数据的字段。

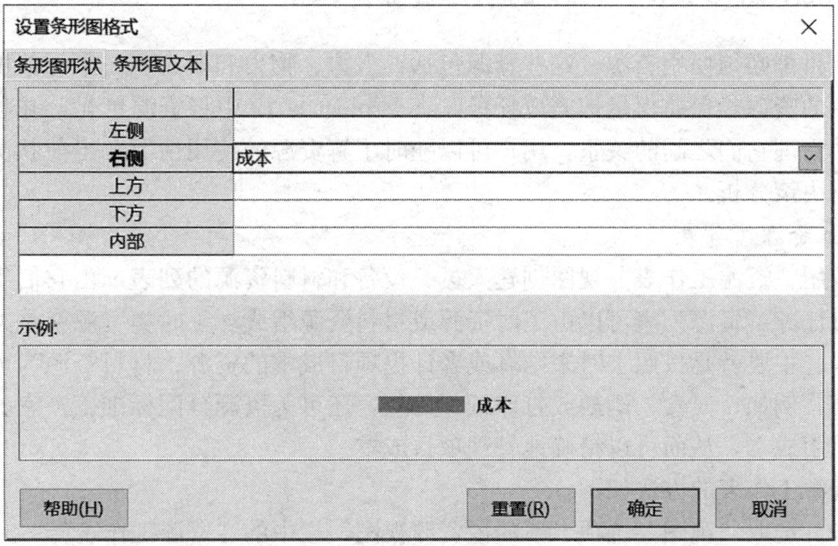


图 8－32　设置条形图格式

（2）调整日程。

如果在查看信息过程中发现不能满足项目完成日期的要求，则可以调整任务、资源来缩短日程。

首先，查看关键任务，检查关键任务的相关性，如果两个任务可以同时开始，则可将任务相关性更改为“开始-开始”。如果两个任务应同时完成，则可以将任务相关性更改为“完成-完成”，这样可以在很大程度上缩短关键路径，从而缩短了完成日期。

其次，检查和调整重叠任务。如果存在可比日程中显示的时间更早开始的任务，则可为任务添加前置重叠时间，从而使一项任务的开始日期与前置任务的完成日期彼此有些重叠。例如，如果测试可以在代码开发完工前开始，则可在代码完成一半后开始测试任务，从而更有效地利用时间。因此，可以在“代码开发”任务完成和“测试”任务开始之间设置前置重叠时间。在 Project 2019 中，输入负数或负数百分比作为前置重叠时间，例如－2 个工作日或－30％。当然也可通过添加延隔时间来延迟任务（在“任务相关性”对话框中的“延隔时间”域中输入正数或正数百分比），使前置任务延迟。

同时，也可以检查和调整对任务的限制。可将对任务的默认限制“越早越好”更改为其他七种限制之一，或将限制重新设为默认限制，以便更好地反映任务完成的时间，创建更精确的日程。

再次，可以通过拆分任务来调整日程。当需要暂时停止某个任务，而进行另一个任务时，利用拆分任务使其中断，并在日程的后续阶段将其恢复。

最后，还可以通过添加更多的资源来缩短任务的工期。例如，如果某任务的工期为两个工作日，并且已分配一个资源，在为该任务添加了另一个资源时，则该任务的工期可能将缩短到一个工作日。如果用户在资源分配上具有比日程期限更多的灵活性，则添加资源是缩短日程的有效方法。具体资源调整的原则和方法，将在下一部分中进行说明。

### 8.2.4 Microsoft Project 2019 的项目资源管理

任何项目都必须使用资源，这些资源包括：人力、物力和财力。一个好的项目管理者可以用较少的资源，保质保量地完成任务。在 Project 2019 中将资源量化，并与任务结合起来，自动管理它们之间的关系，用户可以随时了解资源的使用情况和当前状况，根据这些数据进行决策分析。

1. 建立资源工作表

可以使用“资源工作表”视图创建人员、设备和材料资源的列表，由它们组成工作组并实施项目任务。资源列表可以由工时资源或材料资源组成。工时类资源就是人工成本或者工时成本，主要就是按照工时来结算或者计提项目成本的资源；材料资源为可消耗的材料或供应品，例如，墨盒、硒鼓或打印纸。另外，还可为资源分配标准工资率、加班工资率或每次使用成本，从而可以精确地管理项目成本。

建立资源工作表的方法如下：

第一步，选取“视图”选项卡下的“资源视图”栏中的“资源工作表”。

第二步，在“资源名称”域中，键入资源名称。如果要指明资源组，可在资源名称的“组”域中键入组名。

第三步，在“类型”域中，指定资源类型。“工时”对应工时资源，“材料”对应材料资源。

第四步，对于每个工时资源（人员或设备），在“最大单位”域中键入该资源可用的资源单位数，为百分比。例如，输入 200% 表明特定资源的二个全时单位。对于每个材料资源（会在项目中不断消耗），在“材料标签”域中，键入材料资源的度量单位，如千克、吨等。

第五步，对于工时资源，应在“标准费率”、“加班费率”或“每次使用成本”域中输入资源支付费率。对于材料资源，应在“标准费率”或“每次使用成本”域中输入支付费率。

第六步，在“成本累算”域中，选取所需使用的累算方法。其中，“开始”表示在任务开始时累计成本；“结束”表示在任务结束时累计成本；“按比例”表示按完成百分比累计成本。

图 8-33 是为项目所建的资源工作表。

| | ❶ | 资源名称 | 类型 | 材料标签 | 缩写 | 组 | 最大单位 | 标准费率 | 加班费率 | 每次使用成本 | 成本累算 | 基准日历 |
|---|---|---|---|---|---|---|---|---|---|---|---|---|
| 1 | | 刘XX | 工时 | | 刘 | | 100% | ¥5.00/工时 | ¥5.00/工时 | ¥0.00 | 按比例 | 标准 |
| 2 | | 范XX | 工时 | | 范 | | 100% | ¥5.00/工时 | ¥5.00/工时 | ¥0.00 | 按比例 | 标准 |
| 3 | | 吴XX | 工时 | | 吴 | | 100% | ¥5.00/工时 | ¥5.00/工时 | ¥0.00 | 按比例 | 标准 |
| 4 | | 孙XX | 工时 | | 孙 | | 100% | ¥5.00/工时 | ¥5.00/工时 | ¥0.00 | 按比例 | 标准 |
| 5 | | 周XX | 工时 | | 周 | | 100% | ¥5.00/工时 | ¥5.00/工时 | ¥0.00 | 按比例 | 标准 |
| 6 | | 阮XX | 工时 | | 阮 | | 100% | ¥5.00/工时 | ¥5.00/工时 | ¥0.00 | 按比例 | 标准 |
| 7 | | 张XX | 工时 | | 张 | | 100% | ¥5.00/工时 | ¥5.00/工时 | ¥0.00 | 按比例 | 标准 |

**图 8-33 资源工作表**

2. 更改资源日历

前面介绍的项目日历是每个资源默认的工作时间和休息日。当个别资源的工作日程完全不同，或者存在假期或设备停工期时，可以修改个别的资源日历。资源日历的更改方法与项目日历的更改方法类似。

如果一组资源将具有相同的工作时间和休息日，则可为其新建一个基准日历。建立一个基准日历的方法是：

第一步，选取“项目”选项卡下“属性”栏中的“更改工作时间”，弹出“更改工作时间”对话框。

第二步，单击对话框中的“新建”按钮，并键入新基准日历的名称。

第三步，单击“新建基准日历”单选钮，从默认日历开始创建。或者基于某个已有日历单击“复制”，然后单击“日历”框中的日历名称。

第四步，单击“确定”按钮，然后修改日历上的日期和小时。

第五步，在“资源工作表”视图中，为每一个希望分配新基准日历的资源在其“基准日历”域中选择新基准日历（如图 8 - 34 所示）。

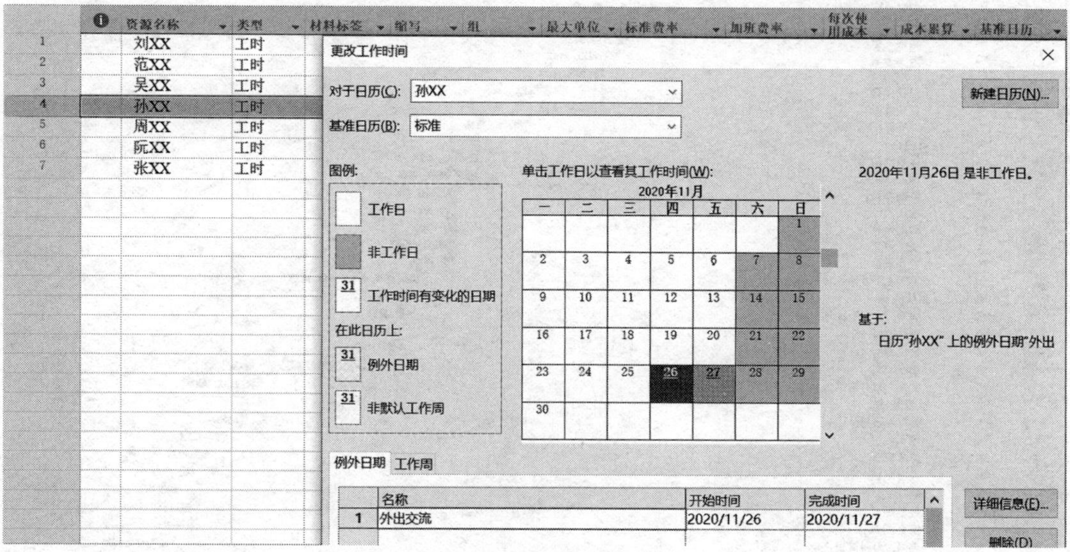


图 8 - 34　更改资源日历

3. 为任务分配资源

给任务分配资源就是将任务和资源关联起来，比如安排一个任务由哪些人来完成，需要使用哪些材料和设备。分配方法是：

第一步，选取“视图”中的“甘特图”。

第二步，在“任务名称”域中，选取希望为其分配资源的任务，然后选取“资源”选项卡下“工作分配”栏中的“分配资源”按钮。

第三步，在“资源名称”域中，选择希望分配给任务的资源。要分配多个不同的资源时，请按住 Ctrl 键并单击资源名称。

第四步，可以指定资源为全职或兼职。如果是兼职，需在“单位”域中输入或选择小于100的百分比，该百分比表示希望资源在任务上花费的工作时间的百分比。如果要分配多个相同的资源（例如三个测试人员），可在“单位”域中输入或选择大于100的百分比（例如300%）。必要时可在“名称”域中输入新资源的名称。

第五步，单击“分配”按钮，则在“名称”域左边出现选中标记，表明该资源分配给了所选定的任务。单击“删除”按钮，取消该资源对选定任务的分配。“替换”按钮可以实现一个资源替换另一个资源。

第六步，单击“关闭”按钮。

在“甘特图”中选取任务，双击该任务，会弹出“任务信息”对话框，选择“资源”选项卡，可查看资源的分配情况，也可以进行资源分配。图8－35是给任务分配资源后的甘特图。当资源分配后，“任务名称”前一列出现♣标志，则表示分配给该任务的资源出现了过度分配情况。

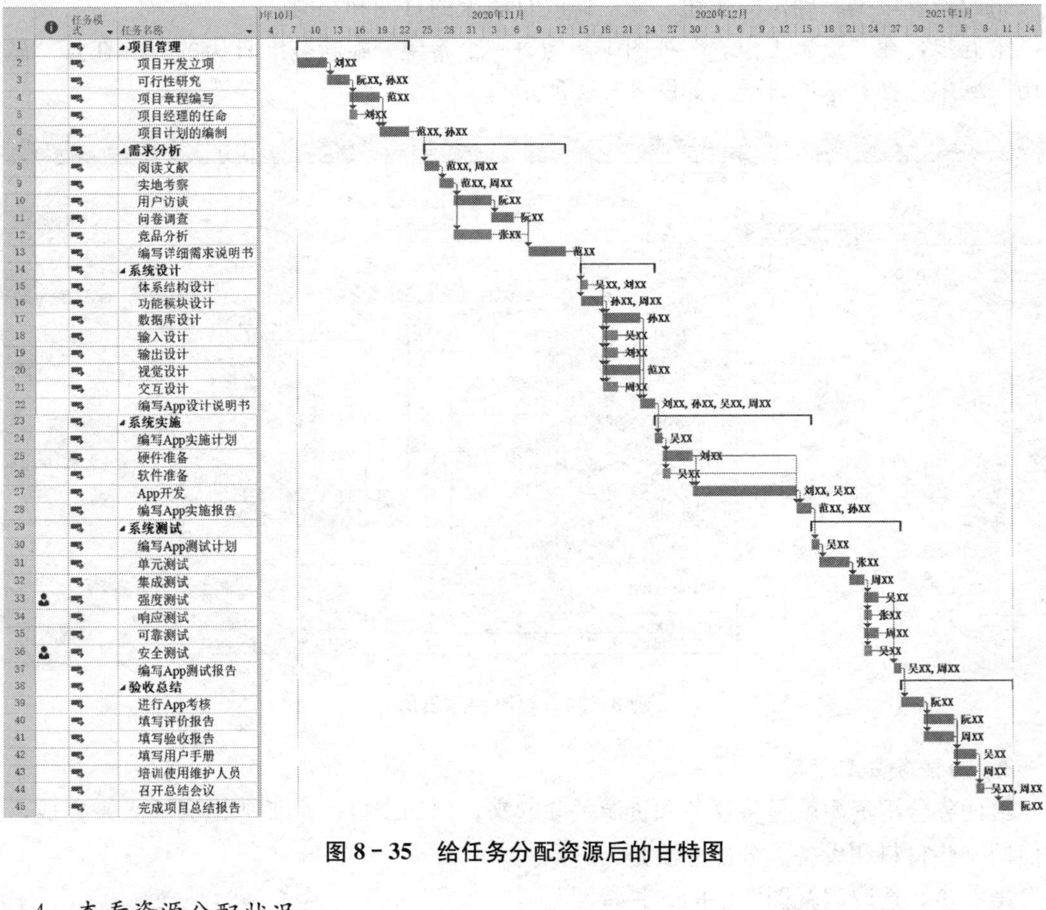


**图8－35　给任务分配资源后的甘特图**

4．查看资源分配状况

如果希望详细了解资源的分配情况，请选择“视图栏”中的“资源使用状况”，通过这个视图，可以查找在指定任务上为每个资源安排的工时数，并可以查看过度分配的资源（在“资源使用状况”视图里，如果资源名称为红色并且为粗体，则资源为过度分配）。还可确定每个资源具有多少可用时间能用于其他工作分配，如图8－36所示。

| | | | | | | 2020年11月9日 | | | | | | | 2020年11月16日 | | | | |
|---|---|---|---|---|---|---|---|---|---|---|---|---|---|---|---|---|---|
| | ❶ | 资源名称 | 工时 | 添加新列 | 详细信息 | 一 | 二 | 三 | 四 | 五 | 六 | 日 | 一 | 二 | 三 | 四 | 五 |
| 1 | | ◢刘XX | 160 工时 | | 工时 | | | | | | | | 8工时 | | | 8工时 | 8工时 |
| | | 项目开发立项 | 16 工时 | | 工时 | | | | | | | | | | | | |
| | | 项目经理的任 | 8 工时 | | 工时 | | | | | | | | | | | | |
| | | 体系结构设计 | 8 工时 | | 工时 | | | | | | | | 8工时 | | | | |
| | | 输出设计 | 16 工时 | | 工时 | | | | | | | | | | | 8工时 | 8工时 |
| | | 编写App设计说 | 16 工时 | | 工时 | | | | | | | | | | | | |
| | | 硬件准备 | 16 工时 | | 工时 | | | | | | | | | | | | |
| | | App开发 | 80 工时 | | 工时 | | | | | | | | | | | | |
| 2 | | ◢范XX | 160 工时 | | 工时 | 8工时 | 8工时 | 8工时 | 8工时 | 8工时 | | | | | | 8工时 | 8工时 |
| | | 项目章程编写 | 16 工时 | | 工时 | | | | | | | | | | | | |
| | | 项目计划的编 | 32 工时 | | 工时 | | | | | | | | | | | | |
| | | 阅读文献 | 16 工时 | | 工时 | | | | | | | | | | | | |
| | | 实地考察 | 16 工时 | | 工时 | | | | | | | | | | | | |
| | | 编写详细需求 | 40 工时 | | 工时 | 8工时 | 8工时 | 8工时 | 8工时 | 8工时 | | | | | | | |
| | | 视觉设计 | 24 工时 | | 工时 | | | | | | | | | | | 8工时 | 8工时 |
| | | 编写App实施 | 16 工时 | | 工时 | | | | | | | | | | | | |
| 3 | 👤 | ◢吴XX | 208 工时 | | 工时 | | | | | | | | 8工时 | | | 8工时 | 8工时 |
| | | 体系结构设计 | 8 工时 | | 工时 | | | | | | | | 8工时 | | | | |
| | | 输入设计 | 16 工时 | | 工时 | | | | | | | | | | | 8工时 | 8工时 |
| | | 编写App设计说 | 16 工时 | | 工时 | | | | | | | | | | | | |
| | | 编写App实施计 | 8 工时 | | 工时 | | | | | | | | | | | | |
| | | 软件准备 | 8 工时 | | 工时 | | | | | | | | | | | | |
| | | App开发 | 80 工时 | | 工时 | | | | | | | | | | | | |

**图 8-36 项目的资源使用状况**

## 8.2.5 Microsoft Project 2019 的项目成本管理

1. 项目成本的构成

在 Project 2019 软件中，项目的成本由如下公式计算获得：

成本＝固定成本＋实际可变成本＋剩余可变成本

其中：

固定成本，是指无论任务的工期或资源完成的工时怎么变化，其成本都不会更改的部分，例如设备购买成本。

$$\text{实际可变成本}=\text{实际工时}\times\text{标准工资率}+\text{实际加班工时}\times\text{加班工资率}+\text{资源每次使用成本}$$

剩余可变成本＝剩余工时×标准工资率＋剩余加班成本

也就是说，总可变成本减去实际消耗的可变成本，即为剩余可变成本，这是项目进度在成本方面的一种表示。

Project 2019 中不允许在“实际成本”和“剩余成本”中自行输入，它们是由资源的投入比例与资源成本等因素决定的，而固定成本可以通过人工设定。由上述分析可知，一个项目的成本主要分为两大类：资源成本和固定成本，下面将介绍两种成本的设定方法。

(1) 资源成本设定。

第一步，切换到“资源工作表”视图。

第二步，输入每个资源对应的标准和加班费率。

第三步，根据资源的种类，在成本累算中选择“开始时间”“结束”“按比例”其中之一，如图 8-37 所示。

| | | 资源名称 | 类型 | 材料标签 | 缩写 | 组 | 最大单位 | 标准费率 | 加班费率 | 每次使用成本 | 成本累算 | 基准日历 |
|---|---|---|---|---|---|---|---|---|---|---|---|---|
| 1 | | 刘XX | 工时 | | 刘 | | 100% | ¥5.00/工时 | ¥5.00/工时 | ¥0.00 | 按比例 | 标准 |
| 2 | | 范XX | 工时 | | 范 | | 100% | ¥5.00/工时 | ¥5.00/工时 | ¥0.00 | 开始时间 | 标准 |
| 3 | | 吴XX | 工时 | | 吴 | | 100% | ¥5.00/工时 | ¥5.00/工时 | ¥0.00 | 按比例 | 标准 |
| 4 | | 孙XX | 工时 | | 孙 | | 100% | ¥5.00/工时 | ¥5.00/工时 | ¥0.00 | 结束 | 标准 |
| 5 | | 周XX | 工时 | | 周 | | 100% | ¥5.00/工时 | ¥5.00/工时 | ¥0.00 | 按比例 | 标准 |
| 6 | | 阮XX | 工时 | | 阮 | | 100% | ¥5.00/工时 | ¥5.00/工时 | ¥0.00 | 按比例 | 标准 |
| 7 | | 张XX | 工时 | | 张 | | 100% | ¥5.00/工时 | ¥5.00/工时 | ¥0.00 | 按比例 | 标准 |

**图 8-37　项目的资源成本设置**

图 8-37 中的资源成本表中主要包括下列信息：

①资源名称：资源的名称，目的是便于区分资源。

②类型：用于指定资源类型，键入资源名称后默认的资源类型是“工时”。

③材料标签：材料资源输入的度量单位，例如吨、箱或立方米。该标签与材料资源的工作分配单位结合使用，例如，8 吨或 22 箱。

④缩写：显示资源名称的缩写，默认值是资源名称的第一个字母或汉字。

⑤组：资源所属组的名称，便于对不同资源组进行展示。

⑥最大单位：其资源是可用于在当前时间段内完成任何任务的最大容量的数量。最大单位字段的默认值为 100%。

⑦标准费率：资源完成的正常非加班工时的付费费率。

⑧加班费率：资源完成的加班工时的付费费率。

⑨每次使用成本：对于工时资源（人员和设备），“每次成本使用”显示每次使用资源时累算的成本。每次将工时资源单位分配给任务时，将增加此项。它不会随着使用资源的时间量改变。对于材料资源，“每次使用成本”显示了一次累算的成本，而不考虑单位数量。

⑩成本累算：设置资源的成本计入或累算到任务成本的时间和方式，分为“开始时间”“结束”“按比例”累算三种。对资源采用“开始时间”累算方式，意味着一旦到达开始时间，成本就会发生了，不管资源有没有真正被使用。采用“结束”的计算方式，则会在项目活动结束时才支出。采用“按比例”累算，则是 Project 2019 软件默认的计算方式，即项目进行到什么时候，就对资源付费到什么时候。

⑪基准日历：指明以何种日历作为资源日历的基准日历。该列表包括“标准”日历（默认值）、24 小时、夜班三种内置日历，以及您在“更改工作时间”对话框中创建的新基准日历。

(2) 固定成本设定。

第一步，选取“视图”中的“甘特图”。

第二步，选择“视图”选项卡下的“数据”栏的“表格”子菜单，然后单击“成本”命令。

第三步，在成本表中任务的“固定成本”域中键入固定成本，如图 8-38 所示。

| | 任务名称 | 固定成本 | 固定成本累算 | 总成本 | 基线 | 差异 | 实际 | 剩余 |
|---|---|---|---|---|---|---|---|---|
| 1 | **▲项目管理** | **¥0.00** | **按比例** | **¥800.00** | **¥0.00** | **¥800.00** | **¥45.00** | **¥755.00** |
| 2 | 项目开发立项 | ¥10.00 | 按比例 | ¥90.00 | ¥0.00 | ¥90.00 | ¥45.00 | ¥45.00 |
| 3 | 可行性研究 | ¥10.00 | 按比例 | ¥250.00 | ¥0.00 | ¥250.00 | ¥0.00 | ¥250.00 |
| 4 | 项目章程编写 | ¥10.00 | 按比例 | ¥90.00 | ¥0.00 | ¥90.00 | ¥0.00 | ¥90.00 |
| 5 | 项目经理的任命 | ¥0.00 | 按比例 | ¥40.00 | ¥0.00 | ¥40.00 | ¥0.00 | ¥40.00 |
| 6 | 项目计划的编制 | ¥10.00 | 按比例 | ¥330.00 | ¥0.00 | ¥330.00 | ¥0.00 | ¥330.00 |

**图 8-38　项目的成本表**

成本表中主要包括下列信息：

①固定成本：在一定的成本预算中，不会因某些原因而改变成本的费用。

②固定成本累算：对成本进行累加计算，分为从开始累算、结束累算、按比例累算三种方式。

③总成本：从项目开始到结束的所有成本费用。

④基线：用于显示某一任务或任务上某一资源已完成的工时的总计划成本，该值与保存比较基准时的“成本”域的内容相同。

⑤差异：用于显示任务、资源或工作分配的比较基准成本和总成本的差异值。其表达式为：成本差异＝成本－比较基准差异。

⑥实际：用于显示资源在其任务上已完成的工时相对应的成本，以及记录的与该任务有关任务的其他成本。

⑦剩余：用于显示剩余的日常安排费用，此费用将在完成剩余工时时产生。其表达式为：剩余成本＝剩余工时×标准费率＋剩余加班成本。

2. 项目实际成本的运作

在了解了资源成本的意义之后，就可以通过把资源分配到任务中，再对项目的实际成本进行计算和管理。

首先，对于任务本身，在没有资源分配的情况下，可以按照比例确定某个时点时，任务的固定成本。

第一步，选取“视图”中的“甘特图”。

第二步，双击任务的任何域，打开“任务信息”对话框，设定某项任务的“完成百分比”，如图 8－39 所示。此时，任务实际成本即会按比例产生，而剩余成本则是总成本与实际成本的差额。

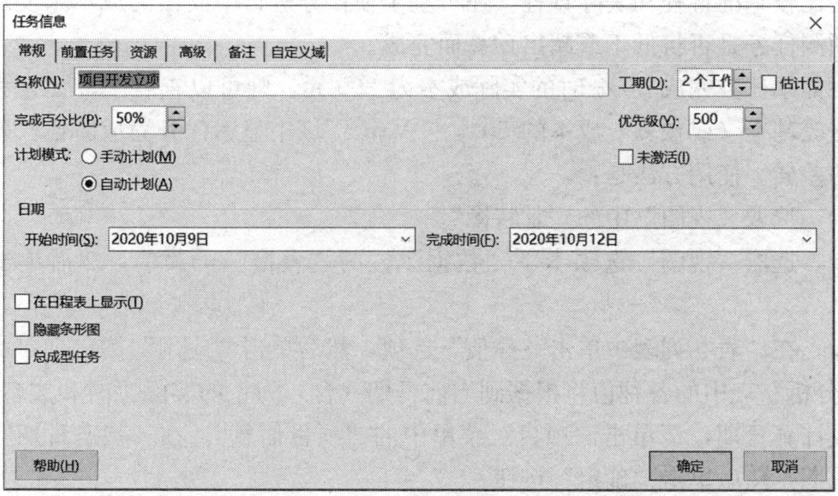


**图 8－39　项目任务的进度设置**

如果将资源分配到任务中，相应的成本计算流程如下：

第一步，确定所涉及的任务，完成百分比设定为 0%。

第二步，单击“任务信息”的“资源”选项卡，从资源名称的下拉列表中选择相应的资源，即将资源分配到相应的任务中，如图8-40所示。

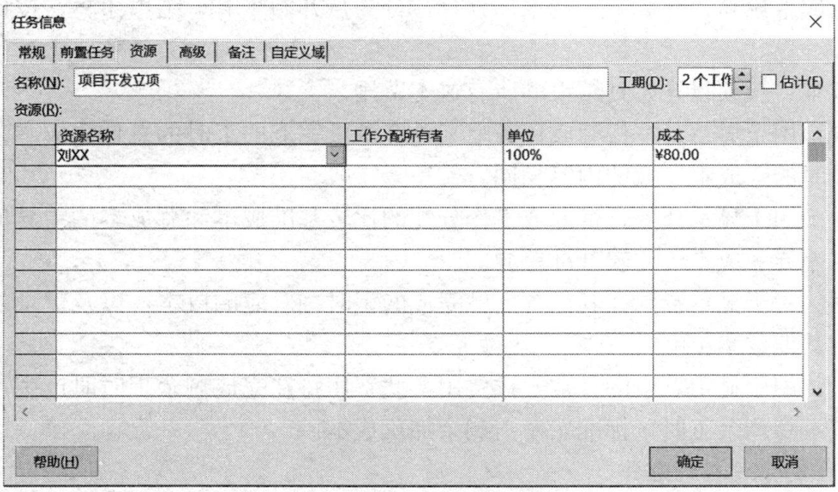


**图8-40　项目任务的资源设置**

第三步，在“任务信息”中，把任务的完成比例设置为相应的比例值。此时，任务的实际成本将会包含资源成本部分。

3. 使用“挣值分析”表来分析成本

为了在项目进展过程中，对各项活动的成本进行更好的管理，Project 2019软件提供了相应的分析功能，可以对需要进行的任务进行成本分析。

如果要按日期比较期望进度和实际进度，可以使用“挣值分析”表。它将根据成本来比较任务的比较基准日程和实际日程。还可基于在任务进行中支出的成本来使用“挣值分析”表，预测任务是否将低于或超出预算而完成。

例如，如果任务完成50%时的实际成本为200元，则可以查看200元是大于、小于还是等于比较基准（或预算）成本的50%。“VAC”域中显示任务完成时比较基准成本与实际成本的差异。使用方法是：

第一步，选取“视图”中的“甘特图”。

第二步，选取“视图”选项卡下“数据”栏的“表格”子菜单，然后单击“更多表格”。

第三步，在“表”列表中单击“挣值”选项，然后单击“应用”按钮。

“挣值分析”表中的各种值将根据到当前日期（含）为止的实际工时和成本进行计算。如果要更改计算日期，请单击“项目”菜单中的“项目信息”。在“状态日期”框中键入要使用的日期，然后单击“确定”按钮。

下面，本书以2020年10月1日、10月20日两个状态来演示“挣值分析”的使用。

第一步，将“状态日期”调至2020年10月1日。

第二步，选择“项目”，点击“设置基线”，让当前状态为一条基线。

第三步，将“状态日期”调至2020年10月20日。

第四步，选择“视图”中的“甘特图”，在“表”中选择“跟踪”，如图 8－41 所示，更新项目进度。

第五步，选择“表”中的“挣值”，如图 8－42 所示，可以查看当前的任务进展情况，比如成本差、进度差等。

| | 任务名称 | 实际开始时间 | 实际完成时间 | 完成百分比 | 实际完成百分比 | 实际工期 | 剩余工期 |
|---|---|---|---|---|---|---|---|
| 1 | **项目管理** | **2020年10月9日** | **NA** | **75%** | **0%** | **8.25 个工作日** | **2.75 个工作日** |
| 2 | 项目开发立项 | 2020年10月9日 | 2020年10月12日 | 100% | 0% | 2 个工作日 | 0 个工作日 |
| 3 | 可行性研究 | 2020年10月13日 | 2020年10月15日 | 100% | 0% | 3 个工作日 | 0 个工作日 |
| 4 | 项目章程编写 | 2020年10月16日 | 2020年10月19日 | 100% | 0% | 2 个工作日 | 0 个工作日 |
| 5 | 项目经理的任命 | 2020年10月16日 | 2020年10月16日 | 100% | 0% | 1 个工作日 | 0 个工作日 |
| 6 | 项目计划的编制 | 2020年10月20日 | NA | 25% | 0% | 1 个工作日 | 3 个工作日 |

**图 8－41　项目进度更新**

| | 任务名称 | 计划值 － PV (BCWS) | 挣值 － EV (BCWP) | AC (ACWP) | SV | CV | EAC | BAC | VAC |
|---|---|---|---|---|---|---|---|---|---|
| 1 | **项目管理** | **¥552.50** | **¥552.50** | **¥552.50** | **¥0.00** | **¥0.00** | **¥800.00** | **¥800.00** | **¥0.00** |
| 2 | 项目开发立项 | ¥90.00 | ¥90.00 | ¥90.00 | ¥0.00 | ¥0.00 | ¥90.00 | ¥90.00 | ¥0.00 |
| 3 | 可行性研究 | ¥250.00 | ¥250.00 | ¥250.00 | ¥0.00 | ¥0.00 | ¥250.00 | ¥250.00 | ¥0.00 |
| 4 | 项目章程编写 | ¥90.00 | ¥90.00 | ¥90.00 | ¥0.00 | ¥0.00 | ¥90.00 | ¥90.00 | ¥0.00 |
| 5 | 项目经理的任命 | ¥40.00 | ¥40.00 | ¥40.00 | ¥0.00 | ¥0.00 | ¥40.00 | ¥40.00 | ¥0.00 |
| 6 | 项目计划的编制 | ¥82.50 | ¥82.50 | ¥82.50 | ¥0.00 | ¥0.00 | ¥330.00 | ¥330.00 | ¥0.00 |

**图 8－42　项目的挣值分析信息**

### 8.2.6　Microsoft Project 2019 的项目跟踪管理

在项目管理中，需要监视项目的三个因素：范围、时间和费用。调整其中任何一个因素都会影响其他两个因素。意外的延迟、成本的超出和资源更改等事件都将在日程计划中导致问题。Microsoft Project 2019 提供了多种方法来保持项目信息为最新，可进行实时跟踪，及早确定可能影响项目成功的问题，并提出解决方案。

1. 跟踪日程

为了保证项目按日程进行，每个任务应尽可能地按时开始和完成。但在实际执行过程中，实际进度与计划难免会出现差异，重要的是应尽早发现偏离比较基准计划的任务，以便调整任务相关性、重新分配资源或删除某些任务来满足最终期限的要求。使用“跟踪甘特图”视图可以比较每个任务的当前日程和原始日程，显示任务完成的百分比，协助管理者发现问题，如图 8－43 所示。具体方法是：

第一步，选取“任务”中的“甘特图”下拉菜单中的“跟踪甘特图”。

第二步，如果要查看差异域，可选取“视图”选项卡下的“表”子菜单，然后单击“差异”。同样地，如果要查看工时，可单击“工时”等。

在显示差异之前必须更新任务的实际开始和完成日期、实际工时值或实际工期。Project 2019 将基于输入的信息计算其他任务信息。

输入任务的实际信息的方法是：

第一步，选取“视图”中的“甘特图”。

第二步，在“任务名称”域中选择要更新的任务。

第四步，如果任务已按日程开始，请单击“任务”选项卡下“日程”栏中的“跟踪时标记”按钮。如果任务没有按日程进展，则单击“更新任务”按钮。弹出“更新任务”对话框，如图8-44所示。

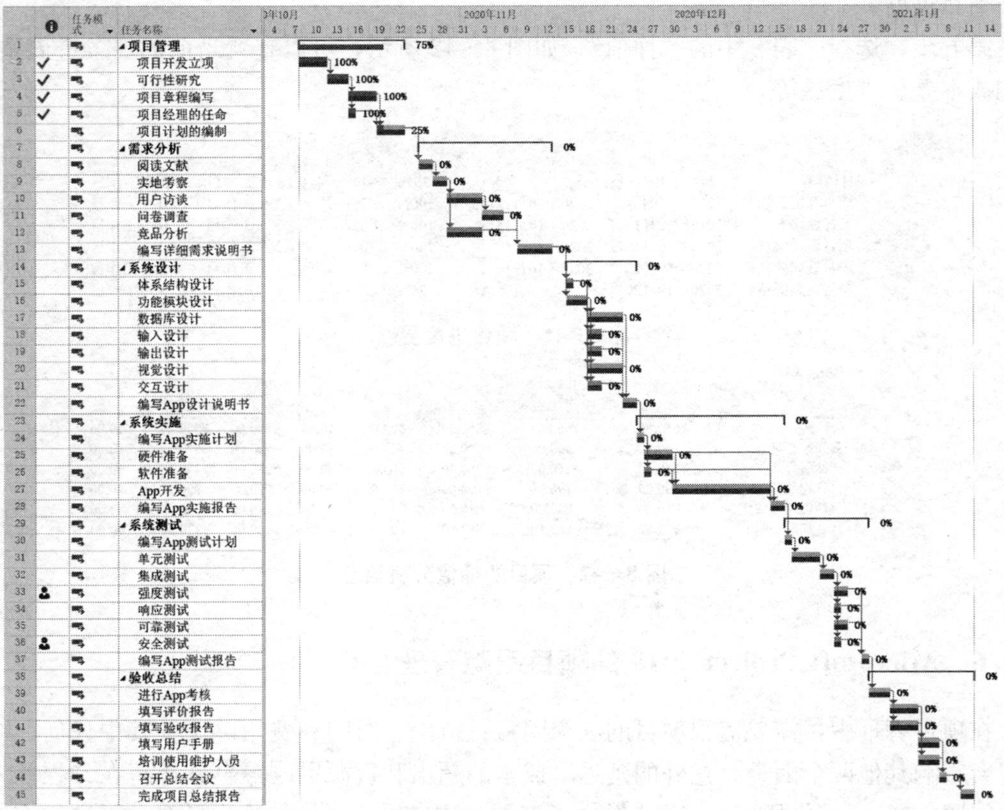


**图8-43　校园二手用品跳蚤市场移动App项目的跟踪甘特图**

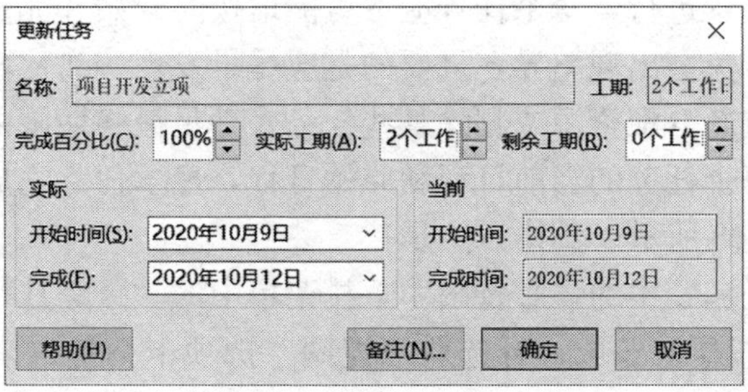


**图8-44　更新项目任务**

在“实际工期”框中键入任务的实际工期。在“完成百分比”框中键入0到100之间的数字，用百分比来更新任务的进度，在“实际”部分下的“开始时间”或“完成”框中键入或选择日期。如果输入了完成日期，请确保任务已经100%完成，Project 2019将假定日期是正确的并相应地重排其他任务的日程。

2. 跟踪成本更新

项目管理者可能希望了解资源的成本支出或项目在某一阶段的成本超出等信息。跟踪项目成本将有助于查看在何处需要进行更改来按时在预算内完成项目。

随着任务的执行，Project 2019 将基于任务成本累算方式和资源支付费率来自动更新实际成本。但如果想独立于任务的实际工时来跟踪实际成本，则可手动输入成本。如果要手动更新成本，必须先关闭实际成本的自动更新，然后在工作分配的剩余工时为零时输入自己的实际成本。具体方法是：

第一步，选择“文件”菜单中的“选项”，然后单击“日程”选项卡。

第二步，清除“Project 自动计算实际成本”复选框，如图 8－45 所示。

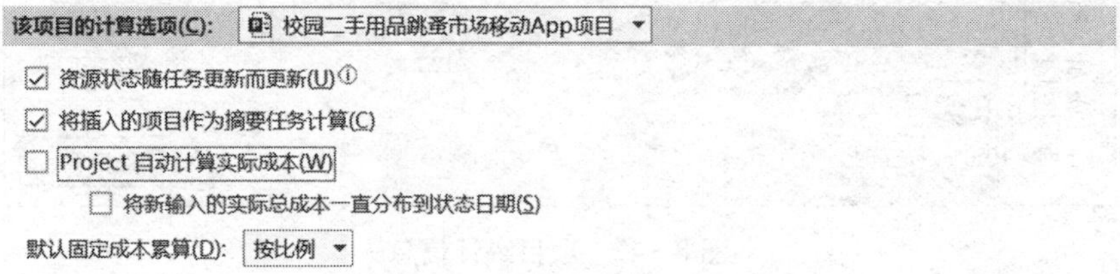


**图 8－45　更新项目计算**

第三步，选取“视图”中的“任务视图”下的“任务分配状况”。

第四步，选取“视图”菜单中的数据栏下的“表格”子菜单，然后单击“跟踪”命令。

第五步，在“实际成本”域中键入要更新成本的工作分配的实际成本。如果希望输入日程中某一天或某一段时间的实际成本，可以选取“资源”菜单中的“详细信息”子菜单，然后单击“实际成本”。从视图的时间刻度部分选择某一天或某一段时间，然后在任务的“实际成本”域中键入值。（可以单击“视图”菜单中的“显示比例”来改变时间刻度，以便按周、按月输入），如图 8－46 所示。

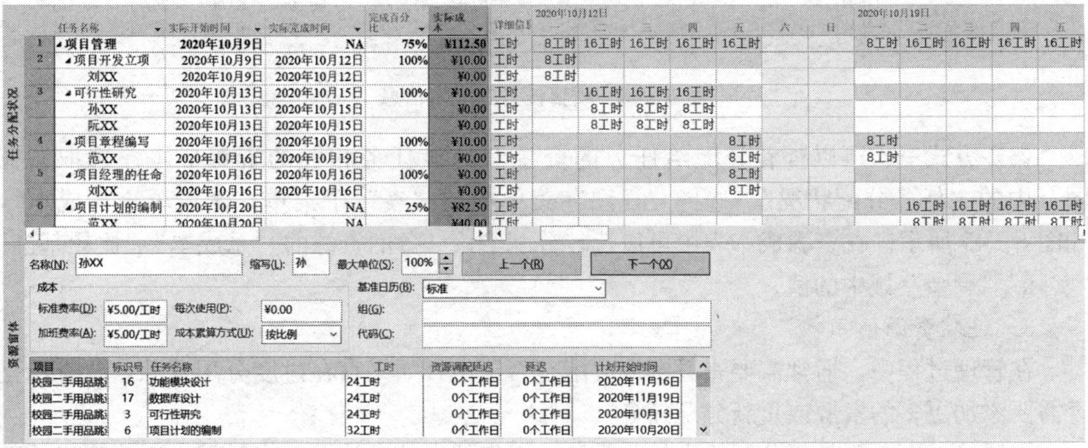

**图 8－46　跟踪实际成本更新**

在项目进行过程中，查看成本状况的方式有以下几种：

（1）方式一：通过选取“项目”菜单中的“项目信息”，然后单击“统计信息”按钮，可以检查项目的当前、比较基准、实际和剩余成本来查看项目是否在预算内，如图 8－47 所示。

"校园二手用品跳蚤市场移动App项目"的项目统计

| | 开始 | 完成 |
|---|---|---|
| 当前 | 2020年10月9日 | 2021年1月12日 |
| 基线 | 2020年10月9日 | 2021年1月12日 |
| 实际 | 2020年10月9日 | NA |
| 差异 | 0个工作日 | 0个工作日 |

| | 工期 | 工时 | 成本 |
|---|---|---|---|
| 当前 | 68个工作日 | 1,016工时 | ¥27,691.00 |
| 基线 | 68个工作日 | 1,016工时 | ¥5,131.00 |
| 实际 | 6.65个工作日 | 104工时 | ¥112.50 |
| 剩余 | 61.35个工作日 | 912工时 | ¥27,578.50 |

完成百分比：

工期：10%　工时：10%

关闭

**图 8-47　项目统计信息**

(2) 方式二：通过"甘特图"视图，也可以查看任务成本。选取"视图"中的"甘特图"，选择"视图"菜单中的"表"子菜单，然后单击"成本"，如图 8-48 所示。在任务成本表中可以比较任务的"总成本""基线""差异""实际""剩余"域中的值。

| | 任务名称 | 固定成本 | 固定成本累算 | 总成本 | 基线 | 差异 | 实际 | 剩余 |
|---|---|---|---|---|---|---|---|---|
| 1 | **项目管理** | **¥0.00** | **按比例** | **¥360.00** | **¥800.00** | **-¥440.00** | **¥112.50** | **¥247.50** |
| 2 | 项目开发立项 | ¥10.00 | 按比例 | ¥10.00 | ¥90.00 | -¥80.00 | ¥10.00 | ¥0.00 |
| 3 | 可行性研究 | ¥10.00 | 按比例 | ¥10.00 | ¥250.00 | -¥240.00 | ¥10.00 | ¥0.00 |
| 4 | 项目章程编写 | ¥10.00 | 按比例 | ¥10.00 | ¥90.00 | -¥80.00 | ¥10.00 | ¥0.00 |
| 5 | 项目经理的任命 | ¥0.00 | 按比例 | ¥0.00 | ¥40.00 | -¥40.00 | ¥0.00 | ¥0.00 |
| 6 | 项目计划的编制 | ¥10.00 | 按比例 | ¥330.00 | ¥330.00 | ¥0.00 | ¥82.50 | ¥247.50 |
| 7 | **需求分析** | **¥0.00** | **按比例** | **¥890.00** | **¥890.00** | **¥0.00** | **¥0.00** | **¥890.00** |
| 8 | 阅读文献 | ¥10.00 | 按比例 | ¥170.00 | ¥170.00 | ¥0.00 | ¥0.00 | ¥170.00 |
| 9 | 实地考察 | ¥0.00 | 按比例 | ¥160.00 | ¥160.00 | ¥0.00 | ¥0.00 | ¥160.00 |
| 10 | 用户访谈 | ¥0.00 | 按比例 | ¥120.00 | ¥120.00 | ¥0.00 | ¥0.00 | ¥120.00 |
| 11 | 问卷调查 | ¥0.00 | 按比例 | ¥120.00 | ¥120.00 | ¥0.00 | ¥0.00 | ¥120.00 |
| 12 | 竞品分析 | ¥0.00 | 按比例 | ¥120.00 | ¥120.00 | ¥0.00 | ¥0.00 | ¥120.00 |
| 13 | 编写详细需求说明书 | ¥0.00 | 按比例 | ¥200.00 | ¥200.00 | ¥0.00 | ¥0.00 | ¥200.00 |

**图 8-48　项目任务的成本信息**

(3) 方式三：可以查看分配给任务的资源和与该任务相关的资源成本。选取"视图"中的"任务分配状况"。选择"视图"菜单中的"表"子菜单，然后单击"成本"，如图 8-49 所示。在资源成本表中可以比较分配给该任务的资源的"总成本""比较基准""实际""剩余"域中的值。

3. 追踪资源使用

在管理过程中，通常需要查看资源分配是否平衡，如果存在过度分配资源，要查看是否需要添加更多的资源或重新分配任务。

资源的过度分配是指分配给人员和设备的工作超出其在计划工作时间内所能完成的工作量。查看过度分配的资源及其任务的方法是：

第一步，选取"视图"中的"资源使用状况"。

第二步，选取"视图"下的"数据"栏中的"筛选器"菜单，然后单击"过度分配的资源"。任何过度分配的资源将单独以红色来显示。

| | 任务名称 | 固定成本 | 固定成本累算 | 总成本 | 基线 | 差异 | 实际 | 剩余 |
|---|---|---|---|---|---|---|---|---|
| 1 | ◢项目管理 | ¥0.00 | 按比例 | ¥912.50 | ¥0.00 | ¥912.50 | ¥112.50 | ¥800.00 |
| 2 | ◢项目开发立项 | ¥10.00 | 按比例 | ¥100.00 | ¥0.00 | ¥100.00 | ¥10.00 | ¥90.00 |
| | 刘XX | | | ¥80.00 | ¥0.00 | ¥80.00 | ¥0.00 | ¥80.00 |
| 3 | ◢可行性研究 | ¥10.00 | 按比例 | ¥260.00 | ¥0.00 | ¥260.00 | ¥10.00 | ¥250.00 |
| | 孙XX | | | ¥120.00 | ¥0.00 | ¥120.00 | ¥0.00 | ¥120.00 |
| | 阮XX | | | ¥120.00 | ¥0.00 | ¥120.00 | ¥0.00 | ¥120.00 |
| 4 | ◢项目章程编写 | ¥10.00 | 按比例 | ¥100.00 | ¥0.00 | ¥100.00 | ¥10.00 | ¥90.00 |
| | 范XX | | | ¥80.00 | ¥0.00 | ¥80.00 | ¥0.00 | ¥80.00 |
| 5 | ◢项目经理的任命 | ¥0.00 | 按比例 | ¥40.00 | ¥0.00 | ¥40.00 | ¥0.00 | ¥40.00 |
| | 刘XX | | | ¥40.00 | ¥0.00 | ¥40.00 | ¥0.00 | ¥40.00 |
| 6 | ◢项目计划的编制 | ¥10.00 | 按比例 | ¥412.50 | ¥0.00 | ¥412.50 | ¥82.50 | ¥330.00 |
| | 范XX | | | ¥200.00 | ¥0.00 | ¥200.00 | ¥40.00 | ¥160.00 |
| | 孙XX | | | ¥200.00 | ¥0.00 | ¥200.00 | ¥40.00 | ¥160.00 |

**图 8－49　项目资源成本信息**

第三步，可以查看分配了多少资源工时量。选取“资源使用状况工具”下的“详细信息”栏中的“添加详细信息”，弹出“详细样式”对话框（见图 8－50）。在对话框中单击“使用状况细节”选项卡，选择“可用域”中的“资源分配百分比”，然后单击“显示”按钮。资源使用状况如图 8－51 所示。

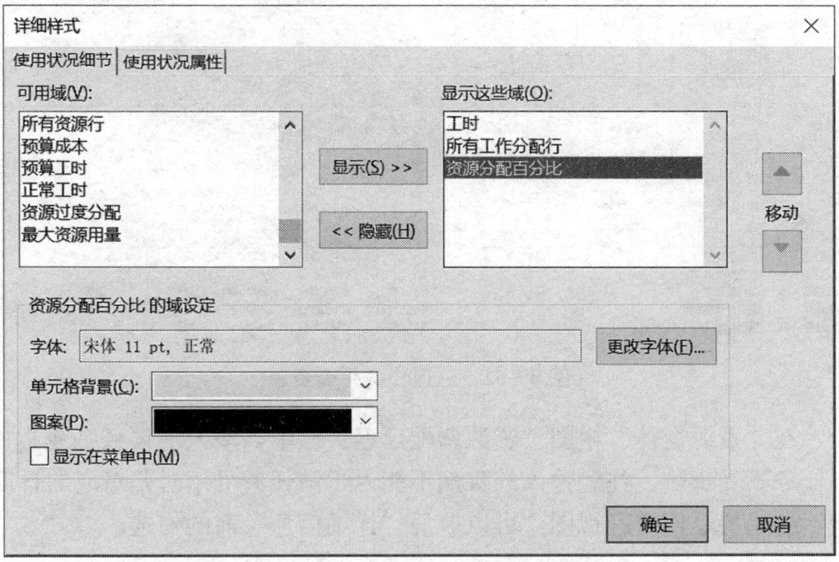


**图 8－50　查看资源分配量**

| | | 资源名称 | 工时 | 添加新列 | 详细信息 | 三 | 四 | 五 | 六 | 日 | 2020年12月28日 一 | 二 |
|---|---|---|---|---|---|---|---|---|---|---|---|---|
| 3 | 👤 | ◢吴XX | 208 工时 | | 工时 | | 16工时 | 8工时 | | | 8工时 | |
| | | | | | 资源分配百分比 | | 200% | 100% | | | 100% | |
| | | 输入设计 | 16 工时 | | 工时 | | | | | | | |
| | | | | | 资源分配百分比 | | | | | | | |
| | | 编写App实施计划 | 8 工时 | | 工时 | | | | | | | |
| | | | | | 资源分配百分比 | | | | | | | |
| | | 编写App测试计划 | 8 工时 | | 工时 | | | | | | | |
| | | | | | 资源分配百分比 | | | | | | | |
| | | 强度测试 | 16 工时 | | 工时 | | 8工时 | 8工时 | | | | |
| | | | | | 资源分配百分比 | | 100% | 100% | | | | |
| | | 安全测试 | 8 工时 | | 工时 | | 8工时 | | | | | |
| | | | | | 资源分配百分比 | | 100% | | | | | |
| | | 编写App测试报告 | 8 工时 | | 工时 | | | | | | 8工时 | |
| | | | | | 资源分配百分比 | | | | | | 100% | |
| | | 填写用户手册 | 24 工时 | | 工时 | | | | | | | |
| | | | | | 资源分配百分比 | | | | | | | |

**图 8－51　资源使用状况**

如果存在过度分配的资源，需要进行相应的调整。

一种方法是减少资源工时。可以使用“任务分配状况”视图或“资源使用状况”视图来查看和编辑工时值。在过度分配资源对应任务的“工作分配”域中，输入一个较小的值，直至消除过度分配。

还有一种方法是延迟任务。可以为任务添加延迟，检查资源分配的效果，然后在必要的情况下进一步调整延迟。这样将分配给该资源的任务延迟到资源有时间进行，而且不延误整个项目完成的日程。延迟任务的方法是：

第一步，选取“视图”菜单中的“资源使用状况”。

第二步，选中过度分配的资源，勾选“视图”下的“拆分视图”栏中的“详细信息”，在菜单中选择“资源窗体”，如图 8－52 所示。

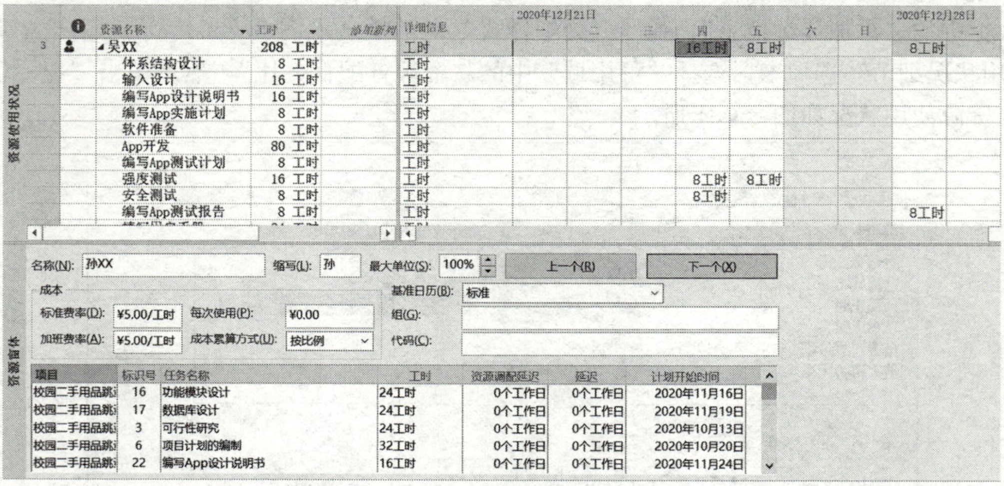


**图 8－52　延迟任务平衡资源**

第三步，在“资源窗体”视图“资源调配延迟”栏中，输入需要任务延迟的时间。为了确保后继任务不受影响，注意输入的日期不能迟于该任务可用时差对应的日期。

第四步，如果要返回单一视图，可以取消“详细信息”前的勾选。

## 思考题

1. 项目管理软件一般具有哪些功能？
2. 请应用 Microsoft Project 2019 绘制一个电子商务项目的甘特图和网络图。
3. 除了本章所介绍的软件，你还知道哪些项目管理软件？

# 参考文献


[1] 美国项目管理协会. 项目管理知识体系指南（PMBOK 指南）：第 6 版. 北京：电子工业出版社，2018.

[2] 迪奥尼西奥. 活用 PMBOK 指南：项目管理实战工具（第 3 版）. 北京：电子工业出版社，2018.

[3] 欧立雄. IPMA ICB 4.0 的六大变化. 项目管理评论. 2019（24）：36-37.

[4] 尉艳娟. IPMA ICB 4.0 聚焦能力而非认证——访 ICB 4.0 英文版主编兼项目经理马丁·塞德曼. 项目管理评论，2019（24）：32-34.

[5] 科兹纳. 项目管理：计划、进度和控制的系统方法（第 12 版）. 北京：电子工业出版社，2018.

[6] 梅雷迪思，曼特尔. 项目管理：管理新视角（第 7 版）. 北京：中国人民大学出版社，2011.

[7] 施瓦尔贝. IT 项目管理（第 6 版）. 北京：机械工业出版社，2010.

[8] 克莱门斯，吉多. 成功的项目管理（第 5 版）. 北京：机械工业出版社，2010.

[9] 艾媒新零售产业研究中心. 2019 全球跨境电商市场与发展趋势研究报告，2019.

[10] 杨波，王刊良. 电子商务创新与创业案例. 北京：中国人民大学出版社，2017.

[11] 得恩兹，雷. 电子商务项目实施管理. 北京：电子工业出版社，2004.

[12] 黄梯云，李一军. 管理信息系统. 7 版. 北京：高等教育出版社，2019.

[13] 中国高等院校信息系统学科课程体系课题组. 中国高等院校信息系统学科课程体系（2011）. 北京：清华大学出版社，2011.

[14] 左美云. 信息系统开发与管理教程. 4 版. 北京：清华大学出版社，2020.

[15] 左美云. 信息系统项目管理. 2 版. 北京：清华大学出版社，2014.

[16] 左美云. 信息系统项目管理. 2 版. 北京：电子工业出版社，2014.

[17] 左美云. 知识转移与企业信息化. 北京：科学出版社，2006.

[18] 左美云. CIO 必读教程（CIOBOK）——CIO 知识体系指南. 北京：电子工业出版社，2004.

[19] 左美云. IT 项目管理表格模板. 北京：国际文化出版公司，2004.

[20] 左美云. 实用项目管理与图解. 北京：清华大学出版社，2002.

# 附录　练习案例

本附录包括两个项目的背景描述，分别是“爱品”校园订餐 App 建设项目和“校园闪印”建设项目的背景，请读者（在校学生可以组建团队）从中选择一个，根据该项目的描述进行项目管理工具和模板的模拟练习，从实践的角度体会项目管理的内容和所要进行的工作。

## 1. “爱品”校园订餐 App 建设项目背景

在高校里，食堂几乎处于垄断性的地位。首先，有些食堂开饭时间比较固定，常常出现过了中午 12 点半就无饭可吃的现象；其次，食堂的饭菜一般都是大锅饭大锅菜，口味单一并且花色品种常年不变。所以，有一部分同学选择了到学校内部或者附近的一些小餐馆就餐，因为那里有他们爱吃的菜品，营业时间也普遍较长，而且价格总体上也相对公道。

在这种情况下，某高年级同学深受送餐公司的启发，想利用学校周围的饭馆优势，开发一个名字叫“爱品”的校园订餐 App：把各个附近餐馆的菜品信息放在手机 App 上供同学们选择浏览，选购好自己喜欢餐馆的菜式之后，相应餐馆会有专门的外送人员把订购的饭菜送过来。这样，广大同学就可以不受食堂用餐时间限制的制约，也可以足不出户地享用自己的美食了。该同学相信，这个 App 将是沟通同学和餐馆之间供求的桥梁，同学们能自由选择菜式以及享受配送服务，而餐馆也可以利用“网络效应”增加自己潜在的客户。

该同学估计，在暂时不考虑后期维护的情况下，建设这样一个“爱品”App 大约投入经费需要 5 万元，建设周期需要 3 个月。

## 2. “校园闪印”PC 端和移动 App 建设项目背景

随着校园网络的完善，网络应用得到快速发展并对校园学习、生活产生深入的影响。各高校均开设了多媒体教学，学生日常的学习、资料的搜集整理、作业的完成一般都借助电脑及信息网络，很多资料都需要借助打印机或复印机来打印复印。另外，毕业生就业简历、学生成绩表、论文的打印复印数量之大也是非常惊人的；学校日常行政管理、教务管理中的打印和复印，教师教学、科研活动中涉及的打印复印现象也普遍存在。

而传统的打印店存在着许多不足和局限，急需打印时打印店未营业、安装打印文件的U盘易中电脑病毒、排队时间长、错拿文件、商家服务态度恶劣等。对于商家来说，必须安排专人负责设备的操作和维护，传统的复印室复印模式在管理及运行方面已无法满足校园师生打印复印的需求。

有同学认识到这一问题，想要建立一个校园物联打印平台。用户通过“校园闪印”网站或App可以迅速查找到附近的打印商家，通过到店扫码、线上预约下单等方式解决传统打印排队、文件排版格式变动、U盘遗漏或中毒、文件泄密等问题。商户通过“校园闪印”可以提升打印效率，减少废纸、逃单，并且可以可视化经营数据，优化店铺管理，减少人工成本，全面提高盈利率和竞争力。

该同学估计，在暂时不考虑后期维护的情况下，建设这样一个兼具PC端和移动App的系统大约需要投入经费5万元，建设周期需要6个月。

### 3. 项目管理方法和工具的练习要求

假设你是承担此项目的项目经理，根据书中介绍的各种项目管理的方法和工具，请带领你的团队完成此项项目的计划与管理工作。具体要求如下：

（1）绘制该项目的生命期图；

（2）编制该项目的可行性研究报告；

（3）对该项目进行SWOT分析；

（4）编制该项目的项目章程；

（5）绘制该项目的工作分解结构（WBS）；

（6）绘制该项目的网络图与甘特图；

（7）编制该项目的成本计划表；

（8）设计项目团队内部的组织结构；

（9）绘制该项目团队的知识地图；

（10）绘制该团队的职责分配矩阵；

（11）设计团队成员的考核体系；

（12）设计该项目的文档管理规范；

（13）对该项目的干系人进行分析；

（14）对该项目的范围进行调整并进行相应的变更控制；

（15）对该项目的进度和成本进行一定调整并进行相应的变更控制；

（16）对该项目的风险进行识别、分析和应对；

（17）将上述工作中能够用最新版Microsoft Project软件实现的内容，Microsoft 采用Project工具实现。

撰写本案例练习的心得体会报告。

# 教学支持说明

**1. 教辅资源获取方式**

为秉承中国人民大学出版社对教材类产品一贯的教学支持，我们将向采纳本书作为教材的教师免费提供丰富的教辅资源。您可直接到中国人民大学出版社官网的教师服务中心注册下载——http://www.crup.com.cn/Teacher。

如遇到注册、搜索等技术问题，可咨询网页右下角在线 QQ 客服，周一到周五工作时间有专人负责处理。

注册成为我社教师会员后，您可长期根据您所属的课程类别申请纸质样书、电子样书和教辅资源，自行完成免费下载。您也可登录我社官网的“教师服务中心”，我们经常举办赠送纸质样书、赠送电子样书、线上直播、资源下载、全国各专业培训及会议信息共享等网上教材进校园活动，期待您的积极参与！

**2. 高校教师可加入下述学科教师 QQ 交流群，获取更多教学服务**

数学类教师交流群：1063604091

新工科教师交流群：664611337

**3. 购书联系方式**

网上书店咨询电话：010－82501766

邮购咨询电话：010－62515351

团购咨询电话：010－62513136

**中国人民大学出版社经济分社**

地址：北京市海淀区中关村大街甲 59 号文化大厦 1506 室　100872

电话：010－62511967

传真：010－62514775

E-mail：jjfs@crup.com.cn